D1719261

NOMOS**PRAXIS**

Dr. Nicolai Kaniess
Richter am Amtsgericht Tiergarten

Abschiebungshaft

Rechtshandbuch für die Praxis

Zitiervorschlag: *Kaniess* Abschiebungshaft-HdB Rn. ...

Die Deutsche Nationalbibliothek verzeichnet diese Publikation in
der Deutschen Nationalbibliografie; detaillierte bibliografische
Daten sind im Internet über http://dnb.d-nb.de abrufbar.

ISBN 978-3-8487-6616-1

1. Auflage 2020
© Nomos Verlagsgesellschaft, Baden-Baden 2020. Gedruckt in Deutschland. Alle Rechte,
auch die des Nachdrucks von Auszügen, der fotomechanischen Wiedergabe und der
Übersetzung, vorbehalten.

Vorwort

Das Recht der Abschiebungshaft ist ein Spielball aktueller politischer Auseinandersetzung und durch ständige Änderungen in Details wie auch Grundlagen geprägt. Dabei hängt es von verwaltungsrechtlichen Vorfragen ab und wurde durch zahlreiche richterrechtliche Fortbildungen aus der Judikatur des Bundesgerichtshofes und des Europäischen Gerichtshofes modifiziert. All dies macht die Anwendung der Vorschriften unübersichtlich, zumal viele Fragen allein durch Normexegese kaum mehr zu beantworten sind. Dieses Buch ist daher entstanden, um die zahlreichen Einzelaspekte in eine Struktur zu bringen, die zugehörigen Einzelfallentscheidungen aufzubereiten und durch konkrete Verweise mit den entscheidenden Randnummern in der Praxis nutzbar zu machen. Es soll für die vornehmlich amtsgerichtliche Handhabung einen Überblick geben, um schnell und auf das Wesentliche konzentriert eine Antragstellung, Rechtsverteidigung oder Entscheidung zu ermöglichen.

Die Erstellung dieses Buches wäre ohne Hilfe vieler Kollegen und Freunde nicht möglich gewesen. In alphabetischer Reihenfolge danke ich zunächst herzlich für die aufwendige und detaillierte Durchsicht und ihre genauso wertvollen wie fundierten Hinweise aus ausländerbehördlicher Perspektive Frau Buhlmann (LEA Berlin). Manch spannende praktische Frage hätte ich sonst übersehen. Gleiches gilt für Frau Kammerdiener (KG Berlin), die das Manuskript in stundenlanger Detailarbeit durchsah. Ihre Anmerkungen und ihr eigenes Skript zum Thema dienten mir als c.s.q.n. und unschätzbare Hilfe für das Verfassen dieses Werkes.

Dank gebührt ebenso Frau Knecht (AG Tiergarten), die unermüdlich die Jagd nach Verständnis- und Schreibfehlern betrieb (verbleibende Exemplare habe natürlich ich anschließend heimlich wieder eingefügt). Dasselbe gilt für Herrn Roth (Familien- und KG Berlin), der meine Darlegungen zu Rechtsanwälten, VKH und Kosten mit exakt den richtigen Fragen auseinandernahm und die entscheidenden Hinweise gab, wie sie logischer wieder zusammenzusetzen waren. Zudem danke ich herzlich Herrn Dr. Wolf (VG Berlin), der den ausländerrechtlichen Teil kritisch überprüfte, der sich gelegentlich einschleichenden amtsrichterlichen Oberflächlichkeit Einhalt gebot und sich für keine Diskussion um Detailfragen zu schade war. Und schließlich wären viele Aspekte ohne die genauso spannenden wie anregenden Diskussionen mit meinen übrigen Kollegen vom AG Tiergarten, Herrn Dr. Behringer, Frau Meyer, Herrn Opitz und Herrn Dr. Schmeding, im Dunkeln geblieben.

Die in diesem Buch im Anhang enthaltenen Muster, die ständiger Aktualisierung unterliegen, können zur einfacheren Verwendung in der jeweils neuesten Fassung unter www.abschiebungshaft-buch.de (Passwort: „Skaro-359") heruntergeladen werden. Anmerkungen, Hinweise und Kritik aus der Leserschaft sind mir unter kontakt@abschiebungshaft-buch.de stets herzlich willkommen.

Berlin, im März 2020   *Nicolai Kaniess*

Inhaltsverzeichnis

Literaturverzeichnis

Bergmann/Dienelt, Ausländerrecht, 12. Aufl. 2018

Brühl, Das Ausweisungsrecht in Studium und Praxis, JuS 2016, 23

Bumiller/Harders/Schwamb, FamFG, 12. Aufl. 2019

Dörndorfer/Neie/Wendtland/Gerlach, BeckOK Kostenrecht (BeckOK KostR), 27. Edition, Stand: 1.9.2019

Dollinger, Geordnete-Rückkehr-Gesetz, ZPR 2019, 130

Hahne/Schlögel/Schlünder, BeckOK FamFG, 33. Edition, Stand: 1.1.2020

Haußleiter, FamFG, 2. Aufl. 2017

Hörich/Tewocht, Zum Gesetz zur besseren Durchsetzung der Ausreisepflicht, NVwZ 2017, 1153

Hofmann, Ausländerrecht (NK-AuslR), 2. Aufl. 2016

Huber, Aufenthaltsgesetz, 2. Aufl. 2016

Huber/Eichenhofer/Endres de Oliveira, Aufenthaltsrecht, 2017

Husmann, Arbeitnehmerfreizügigkeitsregeln in Assoziationsabkommen der EG, ZAR 2009, 305

Keidel, FamFG, 20. Aufl. 2020

Kemper/Schreiber, Familienverfahrensrecht (HK-FamVerfR), 3. Aufl. 2015

Kluth/Heusch, BeckOK Ausländerrecht (BeckOK AuslR), 24. Edition, Stand: 1.8.2019

Korintenberg, Gerichts- und Notarkostengesetz, 20. Aufl. 2017

Martini-Emden, Die Abschiebung von ausreisepflichtigen Ausländern, jM 2017, 151

Marx, Handbuch Aufenthalts-, Asyl- und Flüchtlingsrecht, 7. Aufl. 2020

Musielak/Voit, ZPO, 16. Aufl. 2019

Neundorf/Brings, Neubestimmung des Bleiberechts und der Aufenthaltsbeendigung, ZRP 2015, 145

Rauscher, Münchener Kommentar zum FamFG (MüKoFamFG), 3. Aufl. 2018/2019

Schmidt-Räntsch, Freiheitsentziehungssachen gem. §§ 415 ff. FamFG, NVwZ 2014, 110

van Amsterdam/Nutt/Phillips/van den Brink, European rating of drug harms, Psychopharm 2015, 655

Vorwerk/Wolf, BeckOK ZPO, 34. Edition, Stand: 1.9.2019

Zeitler, Hypertextkommentar zum Ausländerrecht, 2019

Zöller, ZPO, 33. Aufl. 2020

A. Funktionale Einordnung

I. Sicherung der Verwaltungsvollstreckung

Die Abschiebungshaft ist ein Instrument zur Sicherung der Ab- bzw. Ausreise von 1
Ausländern. Sie ist eine **freiheitsentziehende Begleitmaßnahme** während behördlicher
Verwaltungsvollstreckungsverfahren zur Entfernung eines Ausländers aus dem Bundesgebiet bzw. Verweigerung der Einreise in selbiges. Dieses behördliche Verfahren ist
überwiegend im AufenthG und AsylG, zum Teil jedoch auch in europarechtlichen
Vorschriften (zB Dublin-III-Verordnung) geregelt. Wo entsprechende Regelungen fehlen, greifen die allgemeinen vollstreckungsrechtlichen Normen insbesondere in den
Verwaltungsvollstreckungsgesetzen der Länder (VwVGe).

1. Ablauf des Abschiebungsverfahrens

Im Grundsatz folgt die **Ausreisepflicht** eines Ausländers **aus dem Gesetz** (§§ 50 2
Abs. 1, 58 Abs. 2 AufenthG), soweit ihm kein Aufenthaltsrecht zusteht; einen zu vollstreckenden *Grundverwaltungsakt* (§ 6 Abs. 1 VwVGe) gibt es dabei nicht. Aufenthaltsrechte ablehnende Bescheide verweisen zwar regelmäßig auf die Pflicht, auszureisen; insofern sind sie aber nur als *Hinweis* auf die gesetzliche Pflicht zu verstehen.[1]

Nach Entstehen der Ausreisepflicht setzt die Behörde grds. eine **Frist** zur Ausreise und 3
droht die **Abschiebung an** (§ 59 AufenthG, § 34 AsylG); dies entspricht konzeptionell
der Androhung gem. § 13 VwVGe. Die Androhung soll den Ausländer durch Inaussichtstellung des Zwangsmittels zur freiwilligen Ausreise bewegen und ihm die letzte
Gelegenheit geben, Vollstreckungshindernisse in einem (einstweiligen) Rechtsschutzverfahren geltend zu machen.[2] Die freiwillige Ausreise kann zudem durch finanzielle
Mittel unterstützt werden. In dieser Androhung verwaltungsvollstreckungsrechtlich
den (nicht existierenden) Grundverwaltungsakt zu sehen,[3] wäre aber verfehlt.[4]

In manchen Fällen erfolgt statt der Androhung die direkte **Anordnung der Abschie-** 4
bung (zB § 34 a AsylG, § 58 a AufenthG) ohne eine fristgebundene Möglichkeit zur
freiwilligen Ausreise. Dies entspricht in etwa der **Festsetzung** (§ 14 VwVGe) des
Zwangsmittels. Im Übrigen ist eine solche aber nicht vorgesehen; Androhung *oder*
Anordnung genügen.[5]

Zuletzt wird die Abschiebung als **unmittelbarer Zwang** (nach Fristablauf) **angewen-** 5
det. Dabei wird der Ausländer regelmäßig von Kräften der Landespolizei an seiner
Anschrift abgeholt und zum Flughafen bzw. zur Landesgrenze verbracht; anschließend führt die Bundespolizei die Verbringung ins Flugzeug (mit ggf. notwendiger
weiterer Begleitung) bzw. die Übergabe an der Grenze durch.

---

1 BVerwG Beschl. v. 20.1.1993 – 1 B 149/92 – InfAuslR 1993, 262 – juris-Rn. 6.
2 BVerwG Urt. v. 16.11.1999 – 9 C 4/99 – BVerwGE 110, 74 – juris-Rn. 15.
3 Vgl. KG Berlin Beschl. v. 20.3.2018 – 1 W 51/18 – NJW 2018, 247 – juris-Rn. 4.
4 *Zeitler* HTK-AuslR § 58 AufenthG, zu Abs. 1 – Vollzug der Abschiebung Nr. 1.
5 OVG Berlin-Brandenburg Urt. v. 17.12.2014 – OVG 7 B 44.13 – juris-Rn. 25; OVG Münster Beschl.
v. 20.10.1997 – 18 B 834/96 – EzAR 601 Nr. 9 – juris-Rn. 12.

2. Sicherung durch Haft

6 Zur Sicherung des vorgenannten Verfahrens hält das AufenthG ein Repertoire verschiedener Mittel der **Freiheitsentziehung** bereit. Diese greifen zum Teil schon im Vorfeld, um bereits die Aufenthaltsnahme eines Ausländers im Inland durch Abwendung eines rechtswidrigen Grenzübertritts zu verhindern (*Zurückweisungshaft, Transitgewahrsam*). Sie erlauben auch eine Inhaftierung zur Rückführung kurz nach einer vollzogenen Einreise (*Zurückschiebungshaft*). Im späteren Verlauf gestatten sie die Inhaftnahme eines gefährlichen Ausländers zur Vorbereitung der Entscheidung über die Ausreisepflicht (*Vorbereitungshaft*) und im Übrigen die Haft zur Umsetzung einer bestehenden Ausreisepflicht (*Sicherungshaft, Ausreisegewahrsam* und *Überstellungshaft*).

7 Alle Haftanordnungen dienen ausschließlich dem **Zweck**, die Umsetzung der konkreten **Ab- bzw. Ausreisepflicht** zu sichern.[6] Sie sind daher immer im Kontext des verwaltungsvollstreckungsrechtlichen Zwangsverfahrens zu sehen und mithin unzulässig, wenn jenes zur Sicherung hinreicht; denn aufgrund des Übermaßverbotes geht der *unmittelbare Zwang* als weniger rechtsbeeinträchtigende Maßnahme stets vor.[7]

II. Gerichtliche Kompetenzverteilung

8 Obschon es sich funktional um ein der Verwaltungsvollstreckung zuzuordnendes Institut handelt, richtet sich das *Verfahren* der Abschiebungshaft gem. § 106 Abs. 2 S. 1 AufenthG nach Buch 7 des FamFG und obliegt damit gem. § 23 a Abs. 1 Nr. 2, Abs. 2 Nr. 6 GVG den **Amtsgerichten**. Diese haben daher die **Verwaltungsrechtsakzessorietät** zu beachten, die in den tatbestandlichen Voraussetzungen der Haftnormen zum Ausdruck kommt; sie betrifft im Wesentlichen *formale Aspekte* ua des Wirksamwerdens von (zB Ausweisungs-)Bescheiden.

9 In Abgrenzung zur Prüfungskompetenz der **Verwaltungsgerichte** sind jedoch Fragen der *inhaltlichen Richtigkeit* behördlicher Entscheidungen über die Begründung der Ausreisepflicht der Kontrolle der Amtsgerichte entzogen.[8] Dies ist (im Wesentlichen: nur) dann anders, soweit keine behördlichen Entscheidungen Grundlage der Ausreisepflicht sind, sondern unabhängig von Verwaltungsakten *selbständige Ausreisepflichten* bestehen (zB nach unerlaubter Einreise, § 58 Abs. 2 Nr. 1 AufenthG), die dann vom Haftrichter inhaltlich zu prüfen sind.[9]

10 Dieser Zusammenhang kann ein **zeitliches Zusammenfallen** verwaltungs- und amtsgerichtlicher Verfahren bedingen. Zum Teil sind behördlich verfügte Ab- bzw. Ausreisepflichten bei Rechtsmitteleinlegung nicht vollstreckbar (zB Ablehnung des Asylantrages als einfach unbegründet nebst Abschiebungsandrohung, § 75 Abs. 1 AsylG), vielfach aber sind sie es gleichwohl, wobei ggf. parallele **Eilrechtsschutzverfahren** (§§ 80, 123 Abs. 1 VwGO) vor den Verwaltungsgerichten geführt werden. Diese müssen ggf. abgewartet werden, denn sie können im Falle positiver Entscheidung die

---

6 BVerfG Beschl. v. 16.5.2007 – 2 BvR 2106/05 – NVwZ 2007, 1296 – juris-Rn. 21 ff.
7 BGH Beschl. v. 6.12.1979 – VII ZB 11/79 – NJW 1980, 891 – juris-Rn. 30 f.
8 BVerfG Beschl. v. 21.5.1987 – 2 BvR 800/84 – NJW 1987, 3076 – juris-Rn. 10.
9 BGH Beschl. v. 16.12.2009 – V ZB 148/09 – InfAuslR 2010, 118 – juris-Rn. 7.

der Haft zugrunde liegende Maßnahme suspendieren und damit die Erforderlichkeit der Inhaftierung beseitigen. Daher kann regelmäßig ein Abwarten geboten sein, um zB zunächst über die Haft nur im Wege der einstweiligen Anordnung (§ 427 FamFG) zu entscheiden und Kontakt zum Verwaltungsgericht zwecks beiderseitiger Kenntnisnahme vom Verfahren und seinem Fortgang aufzunehmen.[10]

III. Grund- und europarechtliche Vorgaben

Abschiebungshaft ist **Freiheitsentzug** gem. Art. 2 Abs. 2 S. 2, 104 GG, denn sie wird für die Dauer von Tagen, Wochen oder Monaten in speziellen Hafteinrichtungen vollzogen (§ 62 a AufenthG). Sie ist damit ein Mehr gegenüber Maßnahmen der *Direktabschiebung*, welche die Anwendung des unmittelbaren Zwanges auf das „zur Durchführung der Ausreise erforderliche" Maß beschränken und damit bloße *Freiheitsbeschränkungen* darstellen.[11] 11

Als Entzug der Freiheit unterliegen Haftanordnungen daher einer Vielzahl **grundrechtlich determinierter Entscheidungsmaßstäbe**, die vom *Richtervorbehalt* (Art. 104 Abs. 2 S. 1 GG), über die Pflicht zur *umfassenden Prüfung* der Voraussetzungen in rechtlicher und tatsächlicher Hinsicht,[12] insbesondere durch persönliche *Anhörung* des Betroffenen,[13] bis hin zum *Übermaßverbot*[14] reichen. 12

Die Rechtsmaterie ist aber auch in vielerlei Hinsicht **europarechtlich** überlagert. So sind bei der Anwendung des nationalen Rechtsstandes insbesondere die Richtlinie 2008/115/EG des Europäischen Parlamentes und des Rates vom 16.12.2008 über gemeinsame Normen und Verfahren in den Mitgliedstaaten zur Rückführung illegal aufhältlicher Drittstaatsangehöriger (*Rückführungsrichtlinie*) sowie die Richtlinie 2013/33/EU des Europäischen Parlamentes und des Rates vom 26.6.2013 (*Aufnahmerichtlinie*) auslegungsleitend zu berücksichtigen. Unmittelbare Anwendung findet in Teilbereichen der Haftanordnungen auch die Verordnung (EU) Nr. 604/2013 des Europäischen Parlamentes und des Rates vom 26.6.2013 zur Festlegung der Kriterien und Verfahren zur Bestimmung des Mitgliedstaates, der für die Prüfung eines von einem Drittstaatsangehörigen oder Staatenlosen in einem Mitgliedstaat gestellten Antrages auf internationalen Schutz zuständig ist (*Dublin-III-Verordnung*). 13

---

10 BVerfG Beschl. v. 27.2.2009 – 2 BvR 538/07 – NJW 2009, 205 – juris-Rn. 26.
11 BGH Beschl. v. 25.6.1998 – V ZB 8/98 – juris-Rn. 7; zG *Winkelmann* in Bergmann/Dienelt AufenthG § 62 Rn. 9 mwN.
12 BVerfG Beschl. v. 9.2.2012 – 2 BvR 1064/10 – InfAuslR 2012, 186 – juris-Rn. 16.
13 BVerfG Beschl. v. 27.2.2009 – 2 BvR 538/07 – NJW 2009, 2659 – juris-Rn. 33.
14 BVerfG Beschl. v. 28.11.1995 – 2 BvR 91/95 – NVwZ 1996, Beilage 3, 17 – juris-Rn. 25.

B. Haftarten und Grundvoraussetzungen

I. Grundsätzliche Einordnung

14 Das AufenthG kennt eine Vielzahl von Haft- und Gewahrsamsarten, die sich in ihren Voraussetzungen unterscheiden und teilweise im **Exklusivitätsverhältnis** zueinander stehen. Gruppieren lassen sie sich danach, ob ein Aufgriff des Ausländers **in räumlich-zeitlichem Zusammenhang mit dem Grenzübertritt** erfolgt (dann *Zurückweisungshaft* bei Grenzübertritt und *Zurückschiebungshaft* kurz danach) oder (erheblich) **nach Grenzübertritt**. In letzterem Fall ist inhaltlich zu differenzieren zwischen Inhaftierung im Zusammenhang mit im EU-Ausland laufenden oder möglichen Asylverfahren (dann *Überstellungshaft*) und im Übrigen zwischen der *Vorbereitungs-/Sicherungshaft* oder dem *Ausreisegewahrsam*.

1. Haft im Zusammenhang mit dem Grenzübertritt

15 Wird ein Ausländer im Zusammenhang mit dem *unerlaubten* Grenzübertritt aufgegriffen und soll das Land unmittelbar wieder verlassen, kommen **Zurückweisungshaft** (§ 15 Abs. 5 AufenthG) bzw. **Transitgewahrsam** (§ 15 Abs. 6 AufenthG) und die **Zurückschiebungshaft** (§ 57 Abs. 3 AufenthG) in Betracht. Diese unterscheiden sich im Grundsatz darin, ob der Grenzübertritt noch *nicht vollendet* ist (dann *Zurückweisungshaft* oder *Transitgewahrsam*) oder der Ausländer seinen Aufenthalt schon *im Inland* hat (dann *Zurückschiebungshaft*). Letzteres kommt nur in engem räumlich-zeitlichem Zusammenhang mit dem Grenzübertritt in Betracht, anschließend ist nur noch die reguläre Abschiebung möglich.

16 Dabei meint **Grenzübertritt** gem. § 13 AufenthG das tatsächliche Betreten des Hoheitsgebietes der Bundesrepublik Deutschland. Dieser ist außerhalb zugelassener Grenzübergangsstellen vollzogen, sobald der Ausländer die Grenzlinie überschritten hat (sog. „grüne Grenze").[15] Wird eine Grenzübergangsstelle benutzt, ist die Einreise erst mit Passieren derselben (also Verlassen des Transit- bzw. Grenzkontrollbereiches auf dem Bundesgebiet) vollendet.[16] Dies gilt jedoch nicht, soweit das Passieren unter Aufsicht der Grenzbehörden zwecks Prüfung weiterer Maßnahmen geschieht und der Ausländer jederzeit weiterhin dem behördlichen Zugriff unterliegt (§ 13 Abs. 2 S. 2 AufenthG).

17 Dabei ist die Frage des Grenzübertrittes **rein objektiv** zu bestimmen. Auf eine subjektive *Intention* des Ausländers zur Einreise kommt es nicht an.[17]

18 Der Grenzübertritt ist in **Zweifelsfällen** wie folgt zu beurteilen:

■ Bei einer **Zugreise** mit Grenzkontrollen nicht schon mit Überschreiten der Landesgrenze, sondern erst dann, wenn sich der Zug auf deutschem Hoheitsgebiet befindet, die grenzpolizeiliche Kontrolle im Zug beendet wurde und die Kontrollbeamten den Zug verlassen haben;[18] bei unkontrolliertem Bereich mit Überschreiten der Landesgrenze.

---

15 Vgl. *Westphal* in Huber AufenthG § 13 Rn. 12.
16 BGH Beschl. v. 22.6.2017 – V ZB 127/16 – InfAuslR 2017, 345 – juris-Rn. 12.
17 BGH Beschl. v. 21.10.2010 – V ZB 56/10 – juris-Rn. 10 zum „Verschlafen" des Bahnhofes im Zug.
18 BGH Beschl. v. 22.6.2017 – V ZB 127/16 – InfAuslR 2017, 345 – juris-Rn. 12.

- Bei einer **Flugreise mit Grenzkontrollen** mit Verlassen des Transitbereiches; uner-heblich ist, ob sich noch eine nachgelagerte Zollkontrollstelle im Gebäude befin-det, solange diese nicht die freie Bewegung ins Bundesgebiet hindert.[19] Bei einer Flugreise **ohne Grenzkontrollen** (im Schengenraum) mit Verlassen des Flugzeuges am Zielort, dh Betreten des Flughafens im Bundesgebiet.[20]
- Bei Aufenthalt in einer außerhalb des Transitbereiches gelegenen (**Flughafen-)Un-terkunft**, die gegenüber dem Bundesgebiet durch (auch privatrechtliche) Kontrol-len abgegrenzt ist, dürfte gem. § 13 Abs. 2 S. 2 AufenthG noch keine Einreise vor-liegen, da der Ausländer noch jederzeit dem behördlichen Zugriff unterliegt.[21]
- Bei einer **Schiffsreise** nicht bei bloßem Durchqueren der Hoheitsgewässer,[22] wohl aber bei Anlandung jenseits von Grenzkontrollstellen mit Einfahrt in das Küsten-meer.[23] Wird an Freihäfen lediglich ein Transit zu anderen Schiffen und kein Überschreiten der Grenzkontrollstellen vorgenommen, liegt keine Einreise vor.[24]

2. Haft nach Grenzübertritt

Ist der Ausländer bereits eingereist, kommt Haft einerseits in Betracht, um ein Über-stellungsverfahren zu sichern (**Überstellungshaft** gem. Art. 28 Abs. 2 **Dublin-III-Ver-ordnung**). Dies erfasst Fälle, in denen ein Ausländer bereits in einem anderen EU-Mitgliedsstaat einen Antrag auf internationalen Schutz (insbes. **Asylantrag**) gestellt hat oder hätte stellen können, weswegen dieser für die weitere Entscheidung zustän-dig ist. In diesen Fällen kann das Bundesamt für Migration und Flüchtlinge ein (Wie-der-)Aufnahmegesuch an den anderen Mitgliedsstaat richten (Art. 21, 23 Dublin-III-Verordnung) und einen ggf. in der Bundesrepublik gestellten Asylantrag als unzuläs-sig ablehnen (§ 29 Abs. 1 Nr. 1 a AsylG) sowie die Abschiebung des Ausländers in den anderen Mitgliedsstaat anordnen. Besteht erhebliche Fluchtgefahr, kann der Aus-länder für die Dauer des Überstellungsverfahrens in Haft genommen werden; Art. 28 Abs. 2 Dublin-III-Verordnung stellt insofern die unmittelbare Rechtsgrundlage für die Haftanordnung dar.   19

In allen anderen Fällen kommen Vorbereitungshaft, Sicherungshaft oder Ausreisege-wahrsam in Betracht. Sie dienen der Durchführung einer Abschiebung als zwangs-weise Umsetzung einer Ausreisepflicht und sind zeitlich gestaffelt: **Vorbereitungshaft** (**§ 62 Abs. 2 AufenthG**) kommt bereits *vor dem Entstehen* einer Ausreisepflicht in Be-tracht und unterliegt insofern engen Voraussetzungen; sie umfasst Fälle der *Gefähr-dung der öffentlichen Sicherheit und Ordnung* (Ausweisung, §§ 53 ff. AufenthG) bzw. *Gefährder* (§ 58 a AufenthG).   20

Nach dem Entstehen einer vollziehbaren Ausreisepflicht – wenn also der Ausländer bereits die Möglichkeit hatte, etwaige Entscheidungen der Ausländerbehörden inhalt-lich durch das Verwaltungsgericht kontrollieren zu lassen – sind die Haftanforderun-   21

---

19 *Fränkel* in NK-AuslR AufenthG § 13 Rn. 14.
20 BGH Urt. v. 26.2.2015 – 4 StR 233/14 – BGHSt 60, 205, juris-Rn. 21; Beschl. v. 28.4.2015 – 3 StR 86/15 – NJW 2015, 2276 – juris-Rn. 4; aA *Winkelmann* in Bergmann/Dienelt AufenthG § 13 Rn. 8 aE.
21 VG Potsdam Beschl. v. 23.8.2018 – 13 L 747/18.A – juris-Rn. 6.
22 VG Schleswig-Holstein Beschl. v. 14.11.2013 – 4 B 58/13 – juris-Rn. 51.
23 VG Schleswig-Holstein Urt. v. 20.2.2019 – 11 A 386/18 – juris-Rn. 88.
24 *Winkelmann* in Bergmann/Dienelt AufenthG § 13 Rn. 11.

gen geringer; kann eine Abschiebung zeitnah durchgeführt werden und hat der Ausländer ua bestimmte Pflichten im Verfahren verletzt, kommt der (auf maximal zehn Tage beschränkte, § 62 b Abs. 1 S. 1 AufenthG) **Ausreisegewahrsam** (§ 62 b AufenthG) in Betracht; er entspricht in etwa der früher sog. „kleinen Sicherungshaft" (§ 62 Abs. 2 S. 3 AufenthG aF) und stellt eine kürzere, anforderungsärmere Variante der Sicherungshaft dar.[25] Die **Sicherungshaft** (§ 62 Abs. 3 AufenthG) nämlich setzt konkrete Haftgründe wie zB Fluchtgefahr voraus, welche der Ausreisegewahrsam so nicht erfordert;[26] sie kann dafür aber grds. bis zu sechs Monate andauern (§ 62 Abs. 4 S. 1 AufenthG) und unter bestimmten Voraussetzungen sogar auf bis zu 18 Monate verlängert werden.

3. Wahl zwischen Haftarten

22 Soweit sich die Anwendungsbereiche der Haftarten überschneiden, obliegt die Wahl der Haftart der **antragstellenden Behörde**.[27] Sie wird durch die *Darlegung im Haftantrag* ausgeübt, so dass die verwendeten Begriffe entscheidend sind. Wird zB stets von „Abschiebung" geschrieben und zu den Voraussetzungen der Sicherungshaft ausgeführt, auch wenn rechtlich die (anforderungsärmere) Zurückschiebungshaft möglich gewesen wäre, ist nur die Sicherungshaft Verfahrensgegenstand.[28] Liegen deren Voraussetzungen nicht vor, ist der Haftantrag abzulehnen (im Einzelnen → Rn. 257).

II. Vollziehbare Ausreisepflicht

23 Haben die vorgenannten Haftarten (mit Ausnahme der *Zurückweisungshaft*, dem *Transitgewahrsam* und der *Vorbereitungshaft*) den Zweck der Sicherung einer Abschiebung als **zwangsweiser Durchsetzung der gegenwärtigen Ausreisepflicht**, so ist ihnen das Erfordernis einer vollziehbaren Ausreisepflicht gemein. Insofern ist zweischrittig zu prüfen: Erstens die *Ausreisepflicht* selbst (§ 50 AufenthG), zweitens ihre *Vollziehbarkeit* (§§ 58 f. AufenthG).

1. Bestehen einer Ausreisepflicht

24 Nach § 50 Abs. 1 AufenthG ist ein Ausländer zur Ausreise verpflichtet, wenn er nicht (mehr) über den erforderlichen **Aufenthaltstitel** verfügt. Dabei muss grds. *jeder Ausländer*, der einreisen möchte, über einen Aufenthaltstitel aus dem Numerus Clausus des § 4 AufenthG verfügen. Dieser kann als Aufenthaltserlaubnis (§ 7 AufenthG), Blaue Karte EU oder Daueraufenthalt EU (§§ 9 a, 19 a AufenthG), Visum (§ 6 AufenthG) oder in sonstigen Varianten vorliegen (§ 4 Abs. 1 S. 2 AufenthG) und darf nicht abgelaufen oder wirksam aufgehoben sein. Zum Teil bestehen auch, zB für Unions- oder EWR-Bürger (Island, Liechtenstein und Norwegen) und Assoziationsberechtigte (zB Türkei), Sondervorschriften.

---

25 *Winkelmann* in Bergmann/Dienelt AufenthG § 62 b Rn. 2.
26 BT-Drs. 19/10047, S. 45.
27 BGH Beschl. v. 30.7.2012 – V ZB 245/11 – juris-Rn. 9.
28 BGH Beschl. v. 14.3.2013 – V ZB 135/12 – NVwZ 2013, 1027 – juris-Rn. 9; Beschl. v. 30.10.2013 – V ZB 29/13 – juris-Rn. 5.

a) Nicht erforderlicher Aufenthaltstitel

Das Erfordernis eines **Aufenthaltstitels** ist europa- bzw. völkerrechtlich überlagert. 25
Daher ist insbesondere in folgenden Fällen ein Aufenthaltstitel **nicht erforderlich**:

- für **Unionsbürger**, die gem. § 2 Abs. 4 S. 1 FreizügG/EU einreisen dürfen; dies umfasst auch ihre Familienangehörigen, soweit diese nicht Unionsbürger sind, aber eine Aufenthaltskarte haben (§ 2 Abs. 4 S. 3 FreizügG/EU); ohne Aufenthaltskarte ist freilich ein Visum erforderlich (§ 2 Abs. 4 S. 2 FreizügG/EU).

- für **Staatsangehörige der EWR-Staaten** gem. §§ 2, 12 FreizügG/EU, soweit diese nicht ohnehin Unionsbürger sind; dies betrifft also Island, Liechtenstein und Norwegen.

- für **Staatsangehörige der Schweiz** besteht gem. § 28 S. 1 AufenthV eine Befreiung vom Erfordernis eines Aufenthaltstitels aufgrund des Freizügigkeitsabkommens EG/Schweiz.

- für **Staatsangehörige** der Länder Australien, Israel, Japan, Kanada, der Republik Korea, Neuseeland und den Vereinigten Staaten von Amerika gem. § 41 Abs. 1 AufenthV ist eine Einreise ohne Aufenthaltstitel erlaubt. Dasselbe gilt gem. § 41 Abs. 2 AufenthG für Staatsangehörige von Andorra, Brasilien, El Salvador, Honduras, Monaco und San Marino, die keine Erwerbstätigkeit mit Ausnahme der in § 17 Abs. 2 AufenthV genannten Tätigkeiten ausüben wollen.

- für **türkische Staatsangehörige** nach dem Assoziationsabkommen EWG/Türkei. Nach dem zugehörigen ARB 1/80 werden türkische Staatsangehörige mit zunehmender Beschäftigungsdauer als **Arbeitnehmer** im Inland in ihrem Rechtsstatus demjenigen von Unionsbürgern immer stärker angenähert. Dies geschieht dreischrittig (nach ein, drei und vier Jahren, Art. 6 Abs. 1 ARB 1/80), für Familienangehörige zweischrittig (nach drei und fünf Jahren, Art. 7 S. 1 ARB 1/80).[29] Entsprechende Aufenthaltsrechte greifen direkt, die gem. § 2 Abs. 5 AufenthG zu beantragende Aufenthaltserlaubnis ist deklaratorisch,[30] begründet aber nach Erteilung ein eigenes Recht, das auch bei Fortfall der Assoziationsrechte fortgilt.[31] Bei **selbstständigen Dienstleistern** besteht auch nach Maßgabe des Art. 41 Abs. 1 Zusatzprotokoll keine Visumsfreiheit,[32] bei **abhängig** Beschäftigten eines aus der Türkei nach Deutschland operierenden **Dienstleistungsunternehmens** schon (zB LKW-Fahrer im transnationalen Verkehr[33]). Türkische **Touristen** sind visumspflichtig (Art. 3 Abs. 1 Verordnung [EU] 2018/1806 [Visa-VO] iVm Anlage I; dies ist auch nicht wg. Art. 41 des Zusatzprotokolls vom 1.1.1973 anders[34]). Vorausgesetzt ist stets eine im Übrigen legale Einreise, insbesondere mit Pass (§ 3 Abs. 1 S. 1 AufenthG). Die Einzelheiten des Aufenthaltsrechtes für türkische Staatsangehörige sind in ihren Verästelungen hochkomplex, so dass sie an dieser Stelle nicht dargestellt werden können; verwiesen sei auf die Darlegungen in *Huber/*

---

29 Vgl. die instruktiven Darstellungen bei *Husmann* ZAR 2009, 305 und *Marx* AufenthaltsR-HdB § 3 Rn. 188 ff.
30 BVerwG Urt. v. 22.5.2012 – 1 C 6/11 – NVwZ 2013, 75 – juris-Rn. 14.
31 *Sußmann/Samel* in Bergmann/Dienelt AufenthG § 4 Rn. 5.
32 BVerwG Urt. v. 19.2.2015 – 1 C 9/14 – NVwZ 2015, 827 – juris-Rn. 17 ff.
33 EuGH Urt. v. 19.2.2009 – C-228/06 – NVwZ 2009, 513 – juris-Rn. 62 – Soysal.
34 EuGH Urt. v. 24.9.2013 – C-221/11 – NVwZ 2013, 1465 – juris-Rn. 61, 63; *Marx* AufenthaltsR-HdB § 2 Rn. 19.

Eichenhofer/Endres de Oliveira Aufenthaltsrecht Rn. 1587 ff. und *Marx* AufenthaltsR-HdB § 3 Rn. 188 ff.

■ für **Drittstaatsangehörige** gem. Art. 4 Abs. 1 Visa-VO (vgl. vorigen Spiegelstrich) iVm Anlage II iVm Art. 20 Abs. 1 Schengener Durchführungsübereinkommen (SDÜ), die für Kurzaufenthalte bis zu 90 Tagen je Zeitraum von 180 Tagen. Betrifft Ausländer der Staaten, für die die Europäische Gemeinschaft die **Visumspflicht aufgehoben** hat.

■ für **Drittstaatsangehörige**, die über einen **nationalen Aufenthaltstitel** eines Schengen-Staates verfügen. Diese dürfen sich nach Art. 21 Abs. 1 und 2 SDÜ unter den weiteren Voraussetzungen des Art. 6 Verordnung (EU) 2016/399 (Schengener Grenzcodex) bis zu 90 Tage je Zeitraum von 180 Tagen im Hoheitsgebiet anderer Vertragsstaaten des Schengener Übereinkommens bewegen.[35]

26 Die vorgenannten Begünstigungstatbestände können zT durch **Spezialvorschriften** entfallen (zB für den Daueraufenthalt EU § 51 Abs. 9 AufenthG), wodurch die Ausreisepflicht wieder auflebt. Dies kann auch **Unions- und EWR-Bürger** und ihre Familienangehörigen betreffen, soweit *Verlust* oder *Nichtbestehen* des Rechtes auf Einreise und Aufenthalt behördlich *festgestellt* wurde (§§ 2 Abs. 7, 5 Abs. 4 und Abs. 6, 6 FreizügG/EU). Eine Verlustfeststellung löst eine ggü. § 50 AufenthG *speziell* normierte **Ausreisepflicht** aus (§ 7 Abs. 1 FreizügG/EU), im Fall der §§ 2 Abs. 7, 6 Abs. 1 FreizügG/EU (Verlustfeststellung wg. Täuschung oder aus Gründen öffentlicher Sicherheit, Ordnung und Gesundheit) zusätzlich (ggf. nach Ermessensausübung) eine **Aufenthalts- und Einreisesperre** (§ 7 Abs. 2 FreizügG/EU; diese fällt nicht unter § 14 Abs. 1 Nr. 3 AufenthG → Rn. 46).

27 Auch kann eine **Befreiungsfrist** abgelaufen sein (insbes. bei 90-Tages-Grenzen für erlaubten Aufenthalt). Im Übrigen regelt § 51 Abs. 5 AufenthG, dass die **Ausweisung, Zurückschiebung** oder **Abschiebung** die Befreiung von der Erforderlichkeit eines Aufenthaltstitels entfallen lässt. In diesen Fällen wird der ehemals vom Titelerfordernis befreite Ausländer einem nicht befreiten Ausländer gleichgestellt.[36] Dabei erfasst die *Ausweisung* gem. §§ 53 ff. AufenthG Fälle von Gefahren für die öffentliche Sicherheit und Ordnung, die *Zurückschiebung* gem. § 57 Abs. 1 AufenthG den Aufgriff im Zusammenhang mit unerlaubter Einreise (zB wegen Verstoßes gegen die Passpflicht, § 3 AufenthG) und die *Abschiebung* eine Entscheidung gem. § 58 AufenthG, aber auch eine solche für *Gefährder* nach § 58 a AufenthG.[37] Entscheidend ist insofern für den Haftrichter die Wirksamkeit, nicht aber die inhaltliche Richtigkeit der Entscheidung.

b) Aufenthaltsgestattung durch Asylantrag

28 Eine Aufenthaltsgestattung, die zwar nicht zur Rechtmäßigkeit des Aufenthaltes führt, aber die Ausreisepflicht gem. § 50 AufenthG sperrt,[38] entsteht mit **Asylantragstellung** gem. § 55 AsylG. Praktisch wird ein um Asyl nachsuchender Ausländer („Asylgesuch" im Vorfeld der förmlichen Antragstellung, vgl. §§ 13 f. AsylG)[39] nach

---

35 BGH Beschl. v. 17.6.2010 – V ZB 3/10 – NVwZ 2011, 317 – juris-Rn. 15.
36 *Tanneberger* in BeckOK AuslR AufenthG § 51 Rn. 25.
37 *Möller* in NK-AuslR AufenthG § 51 Rn. 39.
38 BGH Beschl. v. 1.3.2012 – V ZB 183/11 – NVwZ-RR 2012, 574 – juris-Rn. 11.
39 Vgl. *Bergmann* in Bergmann/Dienelt AsylG § 13 Rn. 3 mwN.

der Einreise zur nächsten *Erstaufnahmeeinrichtung* weitergeleitet (§§ 18 Abs. 1, 19 Abs. 1 AsylG). Dort erhält er binnen weniger Stunden einen **Ankunftsnachweis** (§ 63a AsylG), mit dessen Aushändigung gem. § 55 Abs. 1 S. 1 AsylG die Aufenthaltsgestattung entsteht. Anschließend hat er den förmlichen Asylantrag bei der örtlich zuständigen *Außenstelle* des Bundesamtes für Migration und Flüchtlinge zu stellen.

Ausländer, die *nicht* in einer Erstaufnahmeeinrichtung leben, erhalten **keinen Ankunftsnachweis**. Für sie entsteht gem. § 55 Abs. 1 S. 3 AsylG die Aufenthaltsgestattung erst mit *Eingang des (förmlichen) Antrages* beim Bundesamt für Migration und Flüchtlinge in Nürnberg; dies betrifft gem. § 14 Abs. 2 AsylG im Wesentlichen Ausländer, die bereits einen noch länger als sechs Monate gültigen Aufenthaltstitel haben, sich in Haft oder im Krankenhaus befinden oder unbegleitete Minderjährige (diese sind in Obhut des Jugendamtes zu nehmen, § 42 Abs. 1 S. 1 Nr. 3 SGB VIII; ohne Vormund ist die Antragstellung schwebend unwirksam). **29**

Asylbewerbern, die aus einem **sicheren Drittstaat** einreisen (§ 26a Abs. 2 AsylG iVm Anlage I: *EU-Mitgliedsstaaten, Norwegen* und *Schweiz*), wird regelmäßig die Einreise verweigert, wenn Grenzkontrollen stattfinden (§ 18 Abs. 2 AsylG, ggf. *Zurückweisungshaft* → Rn. 264 ff.). Nach Vollendung des Grenzübertritts können sie in zeitlicher und räumlicher Nähe zur Einreise noch *zurückgeschoben* werden (§ 19 Abs. 3 AsylG iVm § 57 Abs. 1 und 2 AufenthG → Rn. 244 ff.). Ansonsten sind sie jedoch wie sonstige Asylbewerber zu behandeln: ihnen ist ein Ankunftsnachweis auszustellen, der die Aufenthaltsgestattung (§ 55 Abs. 1 S. 1 AsylG) entstehen lässt. Die früher gegenteilige Rspr. (Aufenthaltsgestattung erst mit Antragseingang beim Bundesamt für Migration und Flüchtlinge[40]) ist seit der Änderung des § 55 Abs. 1 S. 3 AsylG durch das Integrationsgesetz vom 31.7.2016 überholt. **30**

Die Aufenthaltsgestattung gem. § 55 AsylG besteht als ein **Recht unabhängig** von ihrer *schriftlichen Fixierung*. Der dem Ausländer ausgestellte **papierne Ausweis** („Aufenthaltsgestattung zur Durchführung des Asylverfahrens") ist insofern kein Verwaltungsakt; er kann daher inhaltlich falsch sein, soweit zB ein Asylantrag bereits bestandskräftig abgelehnt wurde, der Ausländer die Gestattung aber wg. Untertauchens bisher nicht abgegeben hatte. **31**

aa) Praxisrelevante Zweifelsfälle

Die Frage des Verhältnisses der Aufenthaltsgestattung zur Haftanordnung ist insbesondere in den folgenden Fällen praktisch relevant: **32**

- bei Ausstellung des **Ankunftsnachweises** erlischt gem. § 67 Abs. 1 Nr. 2 AsylG die Aufenthaltsgestattung, wenn der Ausländer **nicht innerhalb von zwei Wochen** (oder später, wenn ihm behördlicherseits ein späterer Termin vorgegeben war, § 67 Abs. 1 S. 2 AsylG) den formalen Asylantrag stellt (Erlöschen kraft Gesetzes, ohne dass ein Bescheid nötig wäre[41]). Sie lebt erst wieder auf, wenn der Antrag nunmehr dort eingegangen ist, § 67 Abs. 2 Nr. 2 AsylG.

---

40 BGH Beschl. v. 25.2.2016 – V ZB 171/13 – InfAuslR 2016, 294 – juris-Rn. 10.
41 *Bergmann* in Bergmann/Dienelt AsylG § 67 Rn. 4.

- bei Asylantragstellung **bei den Grenzbehörden** nach Einreise aus einem **EU-Mitgliedsstaat** oder sonst **sicherem Drittstaat** kann sogleich ein Zurückweisungs- (§ 18 Abs. 3 AsylG → Rn. 268) oder Zurückschiebungsverfahren (§ 57 AufenthG → Rn. 251 ff.) eingeleitet werden. Wird der Ausländer dabei nicht in eine Erstaufnahmeeinrichtung weitergeleitet, wird auch kein Ankunftsnachweis mit der Folge der Aufenthaltsgestattung gem. §§ 63 a, 55 Abs. 1 S. 3 AsylG ausgestellt. In dem Fall und wenn er in Zurückweisungs- oder Zurückschiebungshaft genommen wird, muss ein zuvor grenzbehördlich aufgenommenes Ersuchen (anders als eines bei der Ausländerbehörde, § 14 Abs. 2 S. 2 AsylG) zwar nicht weitergeleitet werden, kann es aber; geht es beim Bundesamt für Migration und Flüchtlinge ein, stellt es ab diesem Moment einen hinreichenden Antrag dar.[42] Ggf. befindet sich der Ausländer dann aber schon in Haft (übernächstes Beispiel).

- bei Asylantragstellung in der **haftrichterlichen Anhörung** befindet sich der Ausländer in sonstigem öffentlichen Gewahrsam, so dass eine Aufenthaltsgestattung erst mit Eingang des schriftlichen Asylantrages beim Bundesamt für Migration und Flüchtlinge in Nürnberg entsteht, §§ 55 Abs. 1 S. 3, 14 Abs. 2 Nr. 2 AsylG. Daher kann Haft angeordnet werden. Dasselbe gilt für **Polizeigewahrsam** (zB nach vorläufiger Festnahme[43]). Haft ist jedoch unverhältnismäßig, wenn der (noch nicht weitergeleitete, also nicht beim Bundesamt eingegangene) Asylantrag erkennbar nach § 14 Abs. 3 S. 1 Nr. 2 AsylG beachtlich werden wird. Dies ist der Fall, wenn allein aufgrund der unerlaubten Einreise und fehlenden Aufenthaltstitels Haft angeordnet würde und sodann zwischen dem (ggf. schlüssig vorgetragenen bzw. glaubhaft gemachten[44]) Einreisezeitpunkt und Entstehen der Aufenthaltsgestattung eine Aufenthaltsdauer von weniger als einem Monat im Bundesgebiet läge; dann wäre Haft ohnehin aufzuheben.

- bei Stellung eines (beim Bundesamt für Migration und Flüchtlinge eingegangenen) Asylantrages aus **Untersuchungs-, Straf-, Abschiebungshaft** (inkl. **Überstellungshaft**[45] und **Zurückschiebungshaft**;[46] im Übrigen ist die Aufzählung der Haftarten aber abschließend und umfasst daher zB nicht den polizeilichen Gewahrsam[47]), steht dies gem. § 14 Abs. 3 S. 1 AsylG der Anordnung von Abschiebungshaft nicht entgegen, solange der Antrag noch nicht beschieden ist und seit Eingang des Antrages beim Bundesamt für Migration und Flüchtlinge noch keine vier Wochen vergangen sind (§ 14 Abs. 3 S. 3 AsylG). Für Sicherungs- und Überstellungshaft gilt allerdings gem. § 14 Abs. 3 S. 1 Nr. 2 AsylG die im vorigen Punkt beschriebene Besonderheit: wurde Haft allein wg. unerlaubter Einreise und fehlendem Aufenthaltstitel angeordnet und liegt zwischen Einreise und Entstehen der Aufenthaltsgestattung höchstens ein Monat, ist der Asylantrag erheblich und hindert (weitere) Haft. Gegebenenfalls kann eine Haftanordnung entsprechend zu

---

42 BGH Beschl. v. 6.5.2010 – V ZB 213/09 – NVwZ 2010, 1510 – juris-Rn. 11.
43 BGH Beschl. v. 1.3.2012 – V ZB 206/11 – InfAuslR 2012, 326 – juris-Rn. 11.
44 OVG Saarlouis Beschl. v. 11.1.2001 – 9 V 52/00 – InfAuslR 2001, 172 – juris-Rn. 10; *Marx* AufenthaltsR-HdB § 8 Rn. 44, 49 ff.
45 BGH Beschl. v. 20.5.2016 – V ZB 24/16 – NVwZ 2016, 335 – juris-Rn. 20.
46 BGH Beschl. v. 25.2.2016 – V ZB 171/13 – InfAuslR 2016, 294 – juris-Rn. 1.
47 BGH Beschl. v. 14.10.2010 – V ZB 78/10 – NVwZ 2011, 574 – juris-Rn. 29.

befristen sein.[48] Wird der Antrag innerhalb der Frist als unzulässig oder unbegründet abgelehnt, greift grds. die Aufenthaltsgestattung (§ 55 AsylG) für die Dauer der Rechtsmittelfrist (§ 74 Abs. 1 AsylG: grds. zwei Wochen) ein und die Haft ist aufzuheben (§ 14 Abs. 3 S. 3 AsylG). Bei einer Ablehnung als unzulässig wg. Zuständigkeit eines anderen EU-Mitgliedsstaates (§ 29 Abs. 1 S. 1 Nr. 1 a AsylG), Drittstaates, in dem der Ausländer vor Verfolgung sicher ist (§ 29 Abs. 1 S. 1 Nr. 4 AsylG), oder als offensichtlich unbegründet (§ 30 AsylG) steht der Fortdauer der Abschiebungshaft indes auch über den Bescheid (auch bei anschließendem Rechtsmittelverfahren) und den Ablauf der vier-Wochen-Frist hinaus nichts entgegen, § 14 Abs. 3 S. 3 Var. 1 AsylG; ebenso, wenn innerhalb der vier-Wochen-Frist ein (Wieder-)Aufnahmeersuchen nach der Dublin-III-Verordnung gestellt wurde (§ 14 Abs. 3 S. 3 Var. 2 AsylG → Rn. 207 f., 216).

- die Stellung eines **Asylfolgeantrages** (Antrag in Deutschland nach Rücknahme oder erfolglosem Abschluss eines inländischen Asylverfahrens) steht gem. § 71 Abs. 8 AsylG der Anordnung von Abschiebungshaft nur entgegen, wenn ein weiteres Asylverfahren durchgeführt wird. Hierzu bedürfte es einer Entscheidung des Bundesamtes für Migration und Flüchtlinge, ob die Voraussetzungen des § 51 Abs. 1 bis 3 VwVfGe vorliegen. Solange eine solche Entscheidung nicht vorliegt, ist dem Ausländer der Aufenthalt nicht nach § 55 AsylG gestattet,[49] allerdings besteht bis zu einer Ablehnung ein Abschiebungshindernis, das im Rahmen der Prognose der Durchführbarkeit der Abschiebung berücksichtigt werden muss (es sei denn, die Abschiebung soll in einen sicheren Drittstaat erfolgen, § 71 Abs. 5 S. 2 AsylG).[50] Vergleichbares gilt auch für **Zweitanträge** (Antrag in Deutschland nach Rücknahme oder erfolglosem Abschluss eines Asylverfahrens in einem sicheren Dritt- oder Dublin-Staat [→ Rn. 205 ff.]), § 71 a Abs. 2 S. 3 AsylG; insofern gilt der Ausländer bis zu einer Ablehnung durch das Bundesamt für Migration und Flüchtlinge lediglich als geduldet (§ 71 a Abs. 3 S. 1 AsylG; zur Duldung → Rn. 37), so dass Haft angeordnet werden kann.[51]

- die Stellung eines sog. **isolierten Folgeschutzgesuches** (Antrag auf teilweises Wiederaufgreifen des Verfahrens bzgl. zielstaatsbezogener Abschiebungshindernisse) begründet keine Aufenthaltsgestattung und löst auch nicht analog § 71 Abs. 5 S. 2 AsylG ein Abschiebungshindernis aus;[52] ohne eine gegenteilige Mitteilung des Bundesamtes für Migration und Flüchtlinge darf daher abgeschoben werden.

- bei Stellung eines **unzulässigen Asylantrages**, zB wegen der Einreise über **sichere Drittstaaten** (§ 26 a Abs. 2 AsylG) oder **Zuständigkeit anderer EU-Mitgliedsstaaten** (§ 29 Abs. 1 Nr. 1 a AsylG) entsteht gleichwohl bis zur Antragsablehnung

48 Offengelassen in BGH Beschl. v. 8.6.2010 – V ZB 203/09 – juris-Rn. 8: Befristungserfordernis sei „zweifelhaft".
49 BGH Beschl. v. 10.1.2019 – V ZB 159/17 – juris-Rn. 20.
50 BGH Beschl. v. 10.9.2018 – V ZB 182/17 – InfAuslR 2019, 73 – juris-Rn. 6.
51 *Dickten* in BeckOK AuslR AsylG § 71 a Rn. 6 aE.
52 OVG Lüneburg Beschl. v. 26.2.2018 – 13 ME 438/17 – AuAS 2018, 77 – juris-Rn. 19; OVG Münster Beschl. v. 11.9.2017 – 18 B 1033/17 – Rn. 18; *Dickten* in BeckOK AuslR AsylG § 71 Rn. 41; aA VGH Mannheim Beschl. v. 29.5.2017 – 11 S 2493/16 – InfAuslR 2017, 404 – juris-Rn. 4.

durch das Bundesamt für Migration und Flüchtlinge die Aufenthaltsgestattung gem. § 55 AsylG.[53]

bb) Erlöschen der Aufenthaltsgestattung

33 Die Aufenthaltsgestattung nach § 55 AsylG **erlischt** gem. § 67 Abs. 1 AsylG in den dort genannten Fällen. Regelmäßig ist das mit Unanfechtbarkeit der **Ablehnungsentscheidung** des Bundesamtes für Migration und Flüchtlinge der Fall (§ 67 Abs. 1 Nr. 6 AsylG). Der Ablehnungsbescheid ist *zuzustellen*, § 31 Abs. 1 S. 3 AsylG; die *wirksame Zustellung* ist Haftvoraussetzung und vom Amtsgericht zu prüfen.[54]

34 Für die **Zustellung** sieht § 10 AsylG **erhebliche Erleichterungen** vor; die Norm sanktioniert die Verletzung verfahrensrechtlicher Obliegenheiten des Ausländers zur Sicherstellung seiner Erreichbarkeit. Insbesondere gilt insofern auch eine Zustellung an die *letzte mitgeteilte Adresse* (unabhängig von deren Richtigkeit[55]) als bewirkt (§ 10 Abs. 2 AsylG) oder eine solche durch Übergabe an die *Aufnahmeeinrichtung* am dritten Tag danach (§ 10 Abs. 4 S. 4 HS 2 AsylG); auch, wenn der Ausländer die Einrichtung bereits verlassen hat (und es sich damit nur um die letzte bekannte Anschrift nach § 10 Abs. 2 AsylG handelt).[56] Allerdings muss er zuvor in einer ihm verständlichen Sprache[57] schriftlich und gegen Empfangsbestätigung in hinreichender Deutlichkeit auf diese Zustellungsvorschriften *hingewiesen* worden sein.[58]

35 Soweit Normen des AsylG **Rücknahmefiktionen** aufstellen (zB Meldeversäumnis, § 22 AsylG; Untertauchen oder Ausreise in den Fluchtstaat, § 33 Abs. 2 S. 1 Nr. 2, Abs. 3 AsylG), führt nicht schon das Erfüllen der Fiktionstatbestände zum Erlöschen der Aufenthaltsgestattung. Vielmehr muss zunächst das Bundesamt für Migration und Flüchtlinge das Verfahren durch Bescheid *einstellen* (§ 33 Abs. 5 AsylG) und die Einstellung (ggf. unter den in der vorigen Randnummer genannten Erleichterungen) *zustellen* (§ 67 Abs. 1 S. 1 Nr. 3 AsylG). Erst dadurch wird die Beendigung der Aufenthaltsgestattung herbeigeführt.[59]

c) Ablauf oder Aufhebung eines Aufenthaltstitels

36 Besteht ein (wirksamer) Aufenthaltstitel, erlischt dieser gem. § 51 Abs. 1 AufenthG zB mit **Ablauf der Geltungsdauer**, **Aufhebung** oder **Ausweisung**. Der letztgenannte Fall (§ 51 Abs. 1 Nr. 5 AufenthG) ist in der Haftrichterpraxis der bedeutsamste. Aufgrund der formalen Prüfungskompetenz des Haftrichters ist bei behördlichen Entscheidungen nicht die inhaltliche Richtigkeit maßgeblich, sondern nur ihre Wirksamkeit. Soweit sie (was der Regelfall ist) mit dem Hinweis auf die Ausreisepflicht (§ 50 Abs. 1 AufenthG), einer Fristsetzung und Abschiebungsandrohung verbunden wird (§ 59 Abs. 1 S. 1 AufenthG), ist sie wegen § 13 Abs. 7 S. 2 VwVGe *zuzustellen*. In diesem Fall ist haftrichterlich die **wirksame Zustellung** zu prüfen, ansonsten die wirksame reguläre Bekanntgabe (§ 41 VwVfGe).

---

53 BGH Beschl. v. 1.3.2012 – V ZB 183/11 – NVwZ-RR 2012, 574 – juris-Rn. 12 f.
54 BVerfG Beschl. v. 9.2.2012 – 2 BvR 1064/10 – InfAuslR 2012, 186 – juris-Rn. 24.
55 *Bergmann* in Bergmann/Dienelt AsylG § 10 Rn. 16.
56 *Bruns* in NK-AuslR AsylVfG § 10 Rn. 31.
57 OVG Sachsen Beschl. v. 30.1.2019 – 3 A 862/18 A – juris-Rn. 7 f.
58 BGH Beschl. v. 21.8.2019 – V ZB 10/19 – juris-Rn. 8.
59 BGH Beschl. v. 11.10.2017 – V ZB 41/17 – InfAuslR 2018, 93 – juris-Rn. 18.

d) Duldung

Eine dem Ausländer erteilte **Duldung** (§ 60 a AufenthG) ist **kein Aufenthaltstitel** und 37
berechtigt mithin nicht zum Aufenthalt. Sie ist ein befristeter Verzicht auf den *Vollzug* der (fortbestehenden, § 60 a Abs. 3 AufenthG) Ausreisepflicht gem. § 50 Abs. 1
AufenthG.[60] Eine Duldung ist daher haftrichterlich nur insofern relevant, als das
Haftrecht die Prognose fordert, ob eine Abschiebung während der beantragten Haftdauer durchgeführt werden kann.[61] Soweit die Duldung innerhalb dieser Zeit abläuft, aufgehoben wird oder werden soll, wird dies für eine Haftanordnung sprechen
(→ Rn. 147 ff.).

e) Ausreisepflicht wg. unerlaubter Einreise

Eine **Ausreisepflicht** gem. § 50 Abs. 1 AufenthG besteht im **Regelfall** auch bei uner- 38
laubter Einreise (vgl. § 58 Abs. 2 S. 1 Nr. 1 AufenthG); anders ist dies nur, soweit
nach der Einreise ein *Aufenthaltsrecht* begründet wurde (oder zB Aufenthaltsgestattung nach § 55 AsylG wg. Stellung eines Asylantrages → Rn. 28 ff.). Da sich bei unerlaubter Einreise die Ausreisepflicht nicht aus einem Bescheid, sondern aus dem Gesetz
ergibt, muss der Haftrichter deren Entstehungstatbestand inhaltlich *selbst feststellen*.[62]

Wann eine Einreise **unerlaubt** ist, regelt grds. § 14 Abs. 1 AufenthG. Für **Unions-** und 39
EWR-Bürger nach Verlustfeststellung (→ Rn. 26) ist indes § 7 Abs. 2 S. 1
FreizügG/EU ein Spezialgesetz, soweit eine Einreisesperre verhängt wurde (→ Rn. 26;
ohne diese ist die Wiedereinreise bei Erfüllung von Freizügigkeitstatbeständen erlaubt). Die fehlende Erlaubtheit einer Einreise ist stets *objektiv* zu bestimmen, eine
dahinter stehende **Intention** des Ausländers ist irrelevant.[63]

aa) Fehlender Pass oder Passersatz

Eine Einreise ist zunächst unerlaubt bei fehlendem Besitz eines **Passes** oder **Passersat-** 40
zes (§§ 14 Abs. 1 Nr. 1, 3 AufenthG). Dies ist unabhängig vom *Grund* des Fehlens,
seien es mangelnde Ausstellung, Verlust oder Diebstahl.[64] Auch die Entfernung von
Seiten oder sonstige Manipulation können zur *Ungültigkeit* und damit dem Fehlen
im Rechtssinne führen.[65] **Mittelbarer Besitz** genügt, wenn das Papier zurückgefordert
und in angemessener Zeit vorgelegt werden kann;[66] so auch, wenn Abgabe bei einer
(ausländischen) Behörde vorliegt.[67]

Im Falle fehlenden Passes bei *Einreise* (nicht bei erst *anschließendem* Verlust) erübrigt 41
sich die weitere inhaltliche Prüfung.[68] Dabei sind jedoch **Unions-** und **EWR-Bürger**

60 BGH Beschl. v. 22.7.2010 – V ZB 29/10 – InfAuslR 2011, 27 – juris-Rn. 13.
61 StRspr BGH Beschl. v. 17.10.2013 – V ZB 172/12 – InfAuslR 2014, 52 – juris-Rn. 18; Beschl.
   v. 12.5.2011 – V ZB 309/10 – juris-Rn. 13; Beschl. v. 22.7.2010 – V ZB 29/10 – InfAuslR 2011, 27 – juris-
   Rn. 13.
62 BGH Beschl. v. 16.12.2009 – V ZB 148/09 – InfAuslR 2010, 118 – juris-Rn. 7; BVerfG Beschl. v. 21.5.1987
   – 2 BvR 800/84 – NJW 1987, 3076 – juris- Rn. 10.
63 BGH Beschl. v. 21.10.2010 – V ZB 56/10 – juris-Rn. 10 zum „Verschlafen" des Bahnhofes im Zug.
64 *Zeitler* HTK-AuslR § 14 AufenthG, zu Abs. 1 Nr. 1, Nr. 2.
65 *Westphal* in Huber AufenthG § 3 Rn. 5.
66 LG Köln Beschl. v. 27.6.2014 – 39 T 119/14 – juris-Rn. 18.
67 *Winkelmann* in Bergmann/Dienelt AufenthG § 14 Rn. 5.
68 BGH Beschl. v. 16.12.2009 – V ZB 148/09 – InfAuslR 2010, 118 – juris-Rn. 8.

mit Familienangehörigen (§§ 11 Abs. 1 S. 1, 12 FreizügG/EU) und *Schweizer Staatsangehörige* nebst Familienangehörigen (Art. 3 Freizügigkeitsabkommen EG/Schweiz) von der Passpflicht befreit. Für *türkische Staatsbürger*, die dem Assoziationsabkommen EWR/Türkei unterliegen und nur kurzzeitig aus dem Bundesgebiet ausgereist waren, kann man Ähnliches erwägen.[69]

42 Auch **Asylbewerber** benötigen jedenfalls einen Pass, wenn sie aus einem *sicheren Drittstaat* zur Asylantragstellung einreisen; im Übrigen wäre ihre Einreise zur unverzüglichen Asylantragstellung jedoch nicht unerlaubt.[70] In Haftfällen ist daher praktisch eher problematisch, ob die unerlaubte Einreise wg. zwischenzeitlichen Entstehens einer *Aufenthaltsgestattung* (→ Rn. 28 ff.) als *Haftgrund* ununterbrochen fortbesteht (→ Rn. 82 f.).

bb) Fehlender erforderlicher Aufenthaltstitel

43 Auch das Fehlen eines **erforderlichen Aufenthaltstitels** (§§ 14 Abs. 1 Nr. 2, 4 AufenthG) begründet eine unerlaubte Einreise. Zur Erforderlichkeit → Rn. 25; diese ist objektiv zu bestimmen, auf eine etwaige Intention des Ausländers, die Befugnis des Titels zeitlich oder inhaltlich zu überschreiten, kommt es (abseits der Ausnahme → Rn. 44) nicht an.[71] Mithin genügt *irgendein* zur Einreise berechtigender Aufenthaltstitel, auch wenn er ggf. im Einzelfall für die konkrete Tätigkeit im Inland nicht ausreichen mag;[72] zB bei einer Arbeitsaufnahme bei nur touristischem Visum.[73]

cc) Visumsrücknahme oder -annullierung

44 Ebenso ist die Einreise unerlaubt, wenn sie zwar mit einem **Visum** erfolgt, dieses aber durch Drohung, Bestechung oder Kollusion erwirkt oder durch unrichtige oder unvollständige Angaben erschlichen wurde und deshalb mit Wirkung für die Vergangenheit **zurückgenommen oder annulliert** wird (§ 14 Abs. 1 Nr. 2 a AufenthG). Dabei muss die Rücknahme (§ 48 Abs. 1 VwVfGe) bzw. Annullierung (Art. 34 Abs. 1 VO [EG] 8102009 – Visacodex) gerade aus den genannten Gründen erfolgen[74] und ex tunc auf den *Zeitpunkt der Einreise* zurückwirken.[75]

dd) Einreise- und Aufenthaltsverbot

45 Zuletzt ist die Einreise gem. §§ 14 Abs. 1 Nr. 3, 11 AufenthG unerlaubt, wenn ein Ausländer nach einer Ausweisung, Zurück- oder Abschiebung entgegen § 11 Abs. 1 S. 2 AufenthG (**Einreise- und Aufenthaltsverbot**) einreist, ohne im Besitz einer *Betretenserlaubnis* gem. § 11 Abs. 8 AufenthG zu sein. Insofern muss die Wirksamkeit der Bescheide, nicht aber ihre Berechtigung, vom Haftrichter festgestellt werden (eingehend → Rn. 102). Dies kann insbesondere bei fehlender Befristung alter Bescheide problematisch sein (→ Rn. 103).

---

69 Eingehend *Westphal* in Huber AufenthG § 14 Rn. 8.
70 *Westphal* in Huber AufenthG § 14 Rn. 6; *Winkelmann* in Bermann/Dienelt AufenthG § 14 Rn. 7 – jew. mwN.
71 BVerwG Urt. v. 11.1.2011 – 1 C 23/09 – BVerwGE 138, 353 – juris-Rn. 20; OVG Lüneburg Beschl. v. 7.4.2011 – 11 ME 72/11 – InfAuslR 2011, 249 – juris-Rn. 6; eingehend *Westphal* in Huber AufenthG § 14 Rn. 17 ff. mwN zum Streitstand; aA zB *Dollinger* in BeckOK AuslR AufenthG § 14 Rn. 12.
72 BGH Urt. v. 27.4.2005 – 2 StR 457/04 – BGHSt 50, 105 – Rn. 19.
73 BGH Urt. v. 11.2.2000 – 3 StR 308/99 – NJW 2000, 1732 – juris-Rn. 10.
74 *Fränkel* in NK-AuslR AufenthG § 14 Rn. 9.
75 *Westphal* in Huber AufenthG § 14 Rn. 27.

Ein Einreise- und Aufenthaltsverbot für **Unions-** und **EWR**-Bürger (→ Rn. 39) fällt   46
nicht unter §§ 14 Abs. 1 Nr. 3, 11 AufenthG, da § 7 Abs. 2 FreizügG/EU insofern eine
Spezialvorschrift darstellt.[76] Auch allein die **Ausschreibung zur Einreiseverweigerung**
im Schengener Informationssystem (**SIS**) begründet als formaler Datenbankeintrag
kein Einreiseverbot iSd § 14 Abs. 1 Nr. 3 AufenthG; sie kann viele Gründe haben (zB
§ 30 Abs. 2 BPolG, z.T. auch ausländische Entscheidungen), daher kommt es auf den
Ausschreibungsgrund an, der das Verbot nach § 11 Abs. 1 AufenthG sein muss.[77]

2. Vollziehbarkeit der Ausreisepflicht

Die Ausreisepflicht muss auch vollziehbar sein, also mit den **Mitteln des Verwaltungs-**   47
zwanges vollstreckbar.[78] Letztlich handelt es sich bei der Abschiebung um ein norma-
les, indes weitgehend spezialgesetzlich normiertes Verwaltungsvollstreckungsverfahren. Allerdings stammt die zu vollstreckende Pflicht aus dem Gesetz (→ Rn. 2), nicht
aus Verwaltungsakt. Soweit Ausländerbehörden bzw. das Bundesamt für Migration
und Flüchtlinge zusammen mit einer negativen Entscheidung über den Aufenthaltstitel bzw. Asylantrag eine Ausreisepflicht positiv feststellen, ist dies *kein Verwaltungs-*
akt, sondern bloßer Hinweis auf die Pflicht des § 50 Abs. 1 AufenthG.[79]

Allerdings wird dem Ausländer (regelmäßig: gleichzeitig) grds. eine **Ausreisefrist ge-**   48
setzt und sodann für den Fall der Nichtbefolgung die **Abschiebung angedroht** (zB
§ 59 Abs. 1 AufenthG; § 34 AsylG; § 7 Abs. 1 S. 2 FreizügG/EU). Frist und Androhung sind Teil des Verwaltungsvollstreckungsverfahrens und ua in § 59 AufenthG
spezialgesetzlich geregelt; andernfalls würden sie sich nach § 13 VwVGe richten. Beides – Vollziehbarkeit der Ausreisepflicht und Androhung – sind haftrichterlich **zu**
prüfende Vollstreckungsvoraussetzungen. Es ist daher zu untersuchen, ob *erstens* die
Ausreisepflicht aus § 50 Abs. 1 AufenthG vollziehbar ist und *zweitens* die Androhung
der Abschiebung hinreichend erfolgt ist.

a) Vollziehbarkeit (1. Schritt)

Wann die Ausreisepflicht **vollziehbar** ist, bestimmt sich nach § 58 Abs. 2 AufenthG.   49
In den praktisch relevantesten Fällen[80] ist dies so, wenn

- die **Erteilung** oder **Verlängerung** eines **Aufenthaltstitels abgelehnt** wird, mit **Wirk-**
  samkeit des Bescheides (§ 58 Abs. 2 S. 2 AufenthG), da Rechtsmittel keine aufschiebende Wirkung haben (§ 84 Abs. 1 Nr. 1 AufenthG); es bedürfte also zur Be-
  seitigung der Vollziehbarkeit, je nach Konstellation, einer einstweiligen Entscheidung des Verwaltungsgerichtes (§§ 80 Abs. 5, 123 Abs. 1 VwGO).

- ein **Aufenthaltstitel zunächst nicht erforderlich** war, aber (zB nach Ablauf von 90
  Tagen visumsfreien Aufenthalts) **erforderlich geworden** ist, mit Eintritt der Erforderlichkeit (§ 58 Abs. 2 S. 1 Nr. 2 AufenthG).[81]

---

76 *Dienelt* in Bergmann/Dienelt FreizügG/EU § 7 Rn. 45
77 *Westphal* in Huber AufenthG § 11 Rn. 36.
78 *Masuch/Gordzielik* in Huber AufenthG § 58 Rn. 7.
79 BVerwG Beschl. v. 20.1.1993 – 1 B 149/92 – InfAuslR 1993, 262 – juris-Rn. 6
80 Vgl. iÜ die Übersicht bei *Kluth* in BeckOK AuslR AufenthG § 58 Rn. 10 ff.
81 *Kluth* in BeckOK AuslR AufenthG § 58 Rn. 15 ff.

- ein **Aufenthaltstitel abgelaufen** ist (und auch keine Verlängerungsfiktion greift, § 81 Abs. 3 bis 5 AufenthG) bzw. der Titel wg. **Bedingungseintrittes unwirksam** geworden ist, mit Ablauf der Zeit (§ 58 Abs. 2 S. 1 Nr. 2 AufenthG).[82]
- ein **Aufenthaltstitel aufgehoben** (zB Rücknahme, Widerruf) wird, je nach Fall der § 84 Abs. 1 Nr. 4, 5 AufenthG mit **Wirksamkeit** und ggf. bei Rechtsmittelverfahren mit **Bestandskraft**.
- ein **Asylantrag abgelehnt** wird, wie folgt: Grds. wird mit der Ablehnung zugleich die Abschiebungsandrohung erlassen (§ 34 Abs. 2 S. 1 AsylG). Ihre Vollziehbarkeit führt gem. § 67 Abs. 1 S. 1 Nr. 4 AsylG zum Erlöschen der Aufenthaltsgestattung und damit zur Vollziehbarkeit der Ausreisepflicht. Die Vollziehbarkeit der Ausreisepflicht richtet sich damit grds. nach derjenigen der Abschiebungsandrohung:
  - Wird der Asylantrag als (**einfach**) **unbegründet** abgelehnt, wird mit der Abschiebungsandrohung eine Ausreisefrist von 30 Tagen gesetzt (§ 38 Abs. 1 S. 1 AsylG). Eine Klage hat daher aufschiebende Wirkung (§ 75 Abs. 1 AsylG verweist auf § 38 Abs. 1 AsylG). Die Rechtsmittelfrist beträgt zwei Wochen (§ 74 AsylG).
  - Wird der Asylantrag als **offensichtlich unbegründet** abgelehnt, wird mit der Abschiebungsandrohung eine Ausreisefrist von nur einer Woche gesetzt (§ 36 Abs. 1, 34, 59 AsylG). Eine Klage hat daher keine aufschiebende Wirkung (§ 75 Abs. 1 AsylG verweist nicht auf § 36 AsylG), die Rechtsmittelfrist ist auf eine Woche verkürzt (§§ 74 Abs. 1, 36 Abs. 3 S. 1 AsylG). Eine fristgemäße Eilantragstellung führt aber gem. § 36 Abs. 3 S. 8 AsylG zu einem Verbot der Vollstreckung bis zur (ablehnenden) Eilentscheidung des Verwaltungsgerichtes.
  - Wird der Asylantrag als **unzulässig** wg. **Schutzgewährung andernorts in der EU** (§ 29 Abs. 1 Nr. 2 AsylG) oder wg. eines **Verfolgungssicherheit bietenden Drittstaates** (§ 29 Abs. 1 Nr. 4 AsylG) abgelehnt, gilt dasselbe wie bei der Ablehnung als offensichtlich unbegründet.
  - Wird der Asylantrag als **unzulässig** wg. **Zuständigkeit eines anderen Staates** für die Prüfung des Asylantrages (§ 29 Abs. 1 Nr. 1 AsylG, regelmäßig Dublin-III-Fälle → Rn. 206 ff.) abgelehnt, wird grds. eine (die Abschiebungsandrohung ersetzende) **Abschiebungsanordnung** ohne eine Ausreisefrist erlassen (§ 34 a Abs. 1 S. 1 und 2 AsylG). Diese lässt mit ihrer Vollziehbarkeit nach Zustellung die Aufenthaltsgestattung erlöschen (§ 67 Abs. 1 Nr. 5 AsylG) und macht damit die Ausreisepflicht vollziehbar. Eine Klage hiergegen hat keine aufschiebende Wirkung (§ 75 Abs. 1 AsylG) und die Rechtsmittelfrist beträgt eine Woche (§§ 74 Abs. 1, 34 a Abs. 2 AsylG). Eine fristgemäße Eilantragstellung führt gem. § 34 a Abs. 2 S. 2 AsylG zu einem Verbot der Vollstreckung bis zur (ablehnenden) Eilentscheidung des Verwaltungsgerichtes. Darf wg. noch nicht feststehender Durchführbarkeit der Abschiebung (zB inlandsbezogene Überstellungshindernisse wie fortgeschrittene Schwangerschaft) keine Abschiebungsanordnung erlassen werden, muss eine **Abschiebungsandrohung**

---

82 *Masuch/Gordzielik* in Huber AufenthG § 58 Rn. 8.

(§§ 34 a Abs. 1 S. 4, 34 AsylG) mit Fristsetzung von 30 Tagen (§ 38 Abs. 1 S. 1 AsylG) ergehen (kein Fall einer kürzeren Frist gem. § 36 Abs. 1 AsylG). Das hat zur Folge, dass eine Klageerhebung aufschiebende Wirkung hat (§§ 75 Abs. 1 S. 1, 38 Abs. 1 AsylG)[83] und somit die Vollziehbarkeit der Ausreisepflicht bis zum Eintritt der Bestandskraft hindert.

- Wird die **Abschiebung** in einen **sicheren Drittstaat** angedroht (§ 26 a AsylG), gilt dasselbe wie bei der Ablehnung als unzulässig wg. Zuständigkeit eines anderen Staates.

- eine **Ausweisung, Zurück-** oder **Abschiebung** ergangen ist, grds. mit **Wirksamkeit**, bei Rechtsmitteleinlegung erst mit **Bestandskraft**, weil hier das Rechtsmittel aufschiebende Wirkung hat (§ 84 Abs. 1 AufenthG, § 80 Abs. 1 VwGO). Bis dahin liegen trotz § 84 Abs. 2 S. 1 AufenthG die Voraussetzungen des § 58 Abs. 2 AufenthG nicht vor.[84]

- eine **Abschiebungsanordnung gem. § 58 a AufenthG (Gefährder)** ergangen ist, ist sie sofort vollziehbar, dh mit **Wirksamkeit** (§ 58 a Abs. 1 S. 2 AufenthG), wobei für einen Antrag auf einstweiligen Rechtsschutz vor dem Verwaltungsgericht eine Frist von sieben Tagen gilt (§ 58 a Abs. 4 S. 2 AufenthG).

- ein **Unions-** oder **EWR-Bürger** seines Freizügigkeits- bzw. Daueraufenthaltsrechtes für verlustig erklärt wurde (Ausreisepflicht spezialgesetzlich aus § 7 Abs. 1 FreizügG/EU), mit **Wirksamkeit** und ggf. bei Rechtsmittelverfahren mit **Bestandskraft**.

- eine **unerlaubte Einreise** vorliegt (§ 58 Abs. 2 S. 1 Nr. 1 AufenthG; ggf. auch für **Unions-** und **EWR-Bürger** eine solche nach § 7 Abs. 2 FreizügG/EU).

Ist eine **vollziehbare Ausreisepflicht** unter **mehreren Gesichtspunkten** gegeben, weil mehrere Varianten erfüllt sind, kann die *Behörde* (nicht aber das Gericht) *wählen*, weswegen sie die Vollstreckung betreibt.[85]   50

b) Androhung (2. Schritt)

Auch die **Androhung** der Abschiebung ist haftrichterlich zu prüfende *Vollstreckungsvoraussetzung*[86] und **grds. in jedem Fall erforderlich** (zur Ausnahme bei *Zurückweisung* → Rn. 271 und *Zurückschiebung* → Rn. 256); auch dann, wenn sich die Ausreisepflicht wg. unerlaubter Einreise ohne vorige Entscheidung der Behörden aus dem Gesetz ergibt.[87] Fehlt es (noch) an einer hinreichenden Androhung (und ist diese nicht entbehrlich → Rn. 53), kommt grds. allenfalls eine **vorläufige Freiheitsentziehung** gemäß § 427 FamFG in Betracht;[88] vgl. aber zur Ausnahme im Asylrecht → Rn. 56 f.   51

---

83 VG Augsburg Beschl. v. 30.7.2019 – Au 3 S 19.50597 – juris-Rn. 15.
84 OVG Berlin-Brandenburg Beschl. v. 8.5.2012 – OVG 11 S 22.12 – juris-Rn. 7.
85 *Bauer/Dollinger* in Bergman/Dienelt AufenthG § 58 Rn. 12.
86 StRspr BGH Beschl. v. 11.1.2018 – V ZB 62/17 – juris-Rn. 11; Beschl. v. 27.9.2012 – V ZB 31/12 – InfAuslR 2013, 38 – juris-Rn. 6; Beschl. v. 28.4.2011 – V ZB 252/10 – juris-Rn. 16.
87 BGH Beschl. v. 17.3.2016 – V ZB 39/15 – juris-Rn. 5; Beschl. v. 14.1.2016 – V ZB 18/14 – juris-Rn. 7
88 BGH Beschl. v. 20.9.2018 – V ZB 102/16 – juris-Rn. 25; Beschl. v. 16.5.2013 – V ZB 44/12 – NVwZ 2013, 1361 – juris-Rn. 11.

aa) Regelfall (Nicht-Asylverfahren)

52 Die **Bescheidtenorierung** einer Androhung lautet regelmäßig dahin gehend, dass der Adressat aufgefordert wird, *„das Bundesgebiet binnen ... zu verlassen. Sollten Sie dem nicht freiwillig nachkommen, werden Sie nach ... abgeschoben.“* Eine derartige **Fristsetzung** zur freiwilligen Ausreise wird mit der Androhung im Regelfall verbunden, § 59 Abs. 1 S. 1 AufenthG. Sie ist aber, anders als die Androhung selbst, keine Vollstreckbarkeitsvoraussetzung.

53 Eine Fristsetzung **unterbleibt** zudem bei *Gefahr der Entziehung* (§ 59 Abs. 1 S. 2 Nr. 1 AufenthG) oder *gefährlichen Ausländern* (§ 59 Abs. 1 S. 2 Nr. 2 AufenthG) und bei Ausländern, die sich zum Zeitpunkt der Androhung *in Haft befinden* (§§ 59 Abs. 5, 58 Abs. 3 Nr. 1 AufenthG). Auch die **Androhung** selbst kann im Einzelfall **entbehrlich** sein (§ 59 Abs. 1 S. 3 AufenthG), was freilich selten ist.[89]

54 Da die Androhung Verwaltungsakt ist, **erledigt** sie sich (§ 43 Abs. 2 letzter Hs. VwVfGe) mit Ausreise, soweit dadurch die Verlassenspflicht erfüllt wird. Das ist der Fall, wenn in den Zielstaat oder einen sonstigen Staat ausgereist wird; bei Ausreise in einen EU- oder Schengen-Staat jedoch nur, soweit dort Einreise und Aufenthalt gestattet sind (§ 50 Abs. 3 AufenthG). Wird die Verlassenspflicht erfüllt, ist die auf das **konkrete Verfahren** bezogene Androhung verbraucht, kann also für künftige Verfahren (nach erneuter **Wiedereinreise**) keine Vollstreckungsgrundlage mehr sein.[90] Sie kann auch nicht für den Fall der Wiedereinreise *vorsorglich* erteilt werden.[91] Bei einer die Verlassenspflicht nicht erfüllenden Ausreise bleibt die Androhung jedoch wirksam und kann nach Wiedereinreise weiter Vollstreckungsgrundlage sein.[92]

55 Die Abschiebungsandrohung ist **zuzustellen** (§ 13 Abs. 7 S. 1 VwVGe).[93] Eine wirksame Zustellung genügt, denn die inhaltliche Richtigkeitskontrolle des Bescheides obliegt den **Verwaltungsgerichten**. Widerspruch und Anfechtungsklage haben idR keine aufschiebende Wirkung (§ 80 Abs. 2 S. 2 VwGO iVm VwVGe bzw. VwGO-AGe), so dass nur eine *einstweilige Entscheidung* des Verwaltungsgerichtes die Androhung suspendieren würde.

bb) Ausnahmefall (Asylverfahren)

56 In Asylverfahren ergeht grds. eine **Abschiebungsandrohung** gem. § 34 Abs. 1 AsylG, die grds. wie im Regelfall (→ Rn. 52 ff.) zu beurteilen ist. Allerdings kann eine einmal erteilte Androhung auch über die Ausreise und Wiedereinreise **fortwirken**, wenn ein **Asylfolgeantrag** (§ 71 AsylG, neuer Antrag nach Antragsrücknahme oder erfolglosem Abschluss eines inländischen Asylverfahrens) gestellt ist. Hier braucht bei zwischenzeitlicher Aus- und Wiedereinreise *keine neue Androhung* zu ergehen (§ 71 Abs. 5 und 6 AsylG).[94]

---

89 BGH Beschl. v. 14.7.2016 – V ZB 32/15 – InfAuslR 2016, 432 – juris-Rn. 10.
90 BGH Beschl. v. 11.1.2018 – V ZB 62/17 – Asylmagazin 2018, 182 – juris-Rn. 12 für zwangsweise Ausreise und BGH Beschl. v. 17.3.2016 – V ZB 39/15 – NVwZ 2016, 1112 – juris-Rn. 8 für freiwillige Ausreise.
91 BGH Beschl. v. 14.1.2016 – V ZB 18/14 – juris-Rn. 9.
92 *Marx* AufenthaltsR-HdB § 7 Rn. 331; BGH Beschl. v. 16.9.2015 – V ZB 194/14 – NVwZ 2016, 549 – juris-Rn. 10.
93 BGH Beschl. v. 10.12.2019 – XIII ZB 47/19 – juris-Rn. 3.
94 BGH Beschl. v. 7.2.2019 – V ZB 216/17 – InfAuslR 2019, 228 – juris-Rn. 14.

In den praktisch häufigen Fällen der Abschiebung in einen *sicheren Drittstaat* bzw. 57
einen *Dublin-Staat* (→ Rn. 206 ff.) wird statt der Androhung grds. eine **Abschiebungsanordnung** erlassen (§ 34 a Abs. 1 S. 1 und 2 AsylG). Auch sie wird durch Ausreise **nicht verbraucht**, wenn nach *Wiedereinreise* ein neuer Asylantrag gestellt wird
(§§ 71 a Abs. 5, 71 Abs. 5 und 6 AsylG). Die Anordnung enthält **keine Fristsetzung**
zur Ausreise und entspricht, verwaltungsvollstreckungsrechtlich gedacht, der *Festsetzung* des Zwangsmittels (§ 14 VwVGe). Sie muss **nicht vor der Haftentscheidung** ergangen sein, sondern es genügt auch für Haftanordnungen in der Hauptsache, wenn
ihr Erlass in der Haftfrist zu erwarten ist.[95]

c) Rückkehrentscheidung

Nach Art. 6 Abs. 1 Richtlinie 2008/115/EG (Rückführungsrichtlinie) ist für **Dritt-** 58
staatsangehörige (dh Nicht-Unions- und EWR-Bürger) eine **Rückkehrentscheidung**
erforderlich. Damit stellt das Unionsrecht das Erfordernis auf, dass jeder Abschiebung eine Einzelfallentscheidung zugrunde liegt (Art. 3 Nr. 4 2008/115/EG). Dieses
Erfordernis gilt gem. Art. 6 Abs. 2 Richtlinie 2008/115/EG (bei fehlender freiwilliger
Ausreise) unabhängig davon, ob die Rückkehr in das Herkunftsland oder in einen
anderen Mitgliedsstaat erfolgen soll.[96]

Nach nationalem Recht erfüllt jedenfalls die **Abschiebungsandrohung** diese Funkti- 59
on;[97] ist sie entbehrlich, genügt auch ein ihr sonst vorgelagerter Verwaltungsakt (zB
Ausweisung).[98] Ebenso reicht eine **Abschiebungsanordnung** als Rückkehrentscheidung hin.[99]

III. Haftvollzug

Der **Vollzug** von Abschiebungshaft unterliegt dem **Trennungsgebot** nach Art. 16 60
Abs. 1 Richtlinie 2008/115/EG (Rückführungsrichtlinie). Das meint, dass die Inhaftierung grundsätzlich in *speziellen Hafteinrichtungen* zu erfolgen hat. Nur soweit ein
Mitgliedsstaat nicht über solche Einrichtungen verfügt, ist eine *getrennte Unterbringung* von gewöhnlichen Strafgefangenen in derselben Haftanstalt möglich.

1. Anwendungsbereich und Haftrichterentscheidung

Das Trennungsgebot ist für die Auslegung nationalen Rechtes (insbes. § 62 a 61
AufenthG) maßgeblich und gilt für **alle Ausländer**, unabhängig davon, ob sie Drittstaatsangehörige oder Unionsbürger sind.[100] Es erfasst die **Haftarten** der *Vorberei-*

---

95   BGH Beschl. v. 21.8.2019 – V ZB 60/17 – juris-Rn. 9 ff., bes. 12 aE.
96   Vgl. BGH Beschl. v. 21.8.2019 – V ZB 60/17 – juris-Rn. 13; Beschl. v. 20.11.2014 – V ZB 54/14 –
      InfAuslR 2015, 104 – juris-Rn. 8.
97   BT-Drs. 17/5470, S. 24.
98   BGH Beschl. v. 12.7.2013 – V ZB 92/12 – InfAuslR 2013, 382 – juris-Rn. 17; Beschl. v. 14.3.2013 – V ZB
      135/12 – NVwZ 2013, 1027 – juris-Rn. 7.
99   BGH Beschl. v. 21.8.2019 – V ZB 60/17 – juris-Rn. 13; sie kann insofern auch während der Haft ergehen,
      juris-Rn. 12 aE.
100 BGH Beschl. v. 25.9.2014 – V ZB 194/13 – InfAuslR 2015, 187 – juris-Rn. 1.

tungs- und *Sicherungshaft, Überstellungshaft,*[101] *Zurückschiebungshaft*[102] und *Zurückweisungshaft.*[103] Zum *Ausreise-* und *Transitgewahrsam* → Rn. 73 ff.

62 Die **unionsrechtskonforme Unterbringung** muss gem. des effet-utile-Grundsatzes von den Mitgliedstaaten sichergestellt werden. Deswegen sind **Haftanträge abzulehnen,** wenn absehbar ist, dass der Ausländer (unions-)rechtswidrig untergebracht wird.[104] Eine **Einwilligung** des Ausländers zur Unterbringung in einer Straf- bzw. Untersuchungshaftanstalt ist unerheblich.[105]

63 Über Einwendungen, welche die **Art und Weise** des Haftvollzuges betreffen, entscheiden die ordentlichen Gerichte, nicht der Haftrichter.[106]

2. Inhalt des Trennungsgebotes

64 Die Unterbringung von Ausländern in speziellen Haftanstalten ist derzeit in Deutschland in 487 **Abschiebungshaftplätzen** möglich.[107] Dass *nicht alle Bundesländer* entsprechende Anstalten haben, ist unerheblich; die föderale Struktur der Bundesrepublik kann nicht von der Pflicht zur Einhaltung unionsrechtlicher Vorgaben entbinden.[108] Da die Bundesrepublik faktisch Abschiebungshaftanstalten hat, ist eine von Art. 16 Abs. 1 S. 2 Rückführungsrichtlinie für den Fall des Fehlens solcher Anstalten vorgesehene gesonderte Unterbringung von Ausländern in allgemeinen **Justizvollzugsanstalten** in Deutschland „**generell nicht zulässig**".[109]

65 Verfügt ein Bundesland daher nicht über eine entsprechende Haftanstalt, muss die Inhaftierung in einem **anderen Bundesland** vollzogen werden.[110] Lediglich **unterschiedliche Gebäude** auf dem Gelände einer Justizvollzugsanstalt erfüllen das Trennungsgebot nicht.[111]

66 Für **Minderjährige** sieht die Rückführungsrichtlinie **besondere Anforderungen** vor. Für sie müssen Gelegenheiten zu *Freizeitbeschäftigungen* einschließlich altersgerechter *Spiel-* und *Erholungsmöglichkeiten* und, je nach Dauer ihres Aufenthaltes, Zugang zu *Bildung* bestehen (Art. 17 Abs. 3 Rückführungsrichtlinie). Insbesondere für *unbegleitete Minderjährige* müssen die Anstalten personell und materiell besonders ausgestattet sein (Art. 17 Abs. 4 Rückführungsrichtlinie). Dass die konkrete Haftanstalt diesen Voraussetzungen genügt, muss haftrichterlich für eine Haftanordnung *festgestellt* werden.[112]

---

101 BGH Beschl. v. 21.4.2016 – V ZB 73/15 – juris-Rn. 10; Beschl. v. 20.11.2014 – V ZB 54/14 – InfAuslR 2015, 104 – juris-Rn. 8.
102 BGH Beschl. v. 7.3.2012 – V ZB 41/12 – NVwZ 2012, 775 – juris-Rn. 7.
103 *Fränkel* in NK-AuslR AufenthG § 15 Rn. 22 aE; *Westphal* in Huber AufenthG § 15 Rn. 29.
104 BGH Beschl. v. 17.9.2014 – V ZB 189/13 – InfAuslR 2015, 23 – juris-Rn. 4; Urt. v. 18.4.2019 – III ZR 67/18 – NVwZ 2019, 2400 – juris-Rn. 35.
105 EuGH Urt. v. 17.7.2014 – C-474/13 – NVwZ 2014, 1218 – Rn. 23.
106 BGH Beschl. v. 17.9.2014 – V ZB 49/14 – juris-Rn. 8; LG Berlin Beschl. v. 11.8.2008 – 84 T 304/08 B – nv.
107 BT-Drs. 19/10047, S. 44.
108 BGH Urt. v. 18.4.2019 – III ZR 67/18 – NJW 2019, 2400 – juris-Rn. 32.
109 BGH Beschl. v. 25.7.2014 – V ZB 137/14 – InfAuslR 2014, 441 – juris-Rn. 7 ff., bes. 9; EuGH Urt. v. 17.7.2014 – C-473/13 und C-514/13 – NVwZ 2014, 1217 – Rn. 30 ff.
110 BGH Beschl. v. 17.9.2014 – V ZB 56/14 – juris-Rn. 5.
111 BGH Beschl. v. 25.7.2014 – V ZB 137/14 – InfAuslR 2014, 441 – Ls. 3 und juris-Rn. 9.
112 BGH Beschl. v. 12.2.2015 – V ZB 185/14 – NVwZ 2015, 840 – juris-Rn. 8 ff.; Beschl. v. 7.3.2012 – V ZB 41/12 – NVwZ 2012, 775 – juris-Rn. 8.

3. Nationale Rechtslage

Dass Abschiebungshaft grundsätzlich in speziellen Hafteinrichtungen vollzogen wird, regelt § 62 a Abs. 1 S. 1 AufenthG in der bis 20.8.2019 und künftig wieder ab 1.7.2022 geltenden Fassung. Die im **Zwischenzeitraum** geltende Normfassung sieht abweichend hiervon vor, dass lediglich die **Unterbringung getrennt von Strafgefangenen** zu erfolgen hat (§ 62 a Abs. 1 S. 1 AufenthG idF des Zweiten Gesetzes zur besseren Durchsetzung der Ausreisepflicht vom 15.8.2019, BGBl. I S. 1294) In Anwendung dieser Regelung sollen bundesweit ca. 500 Plätze in Justizvollzugsanstalten für Abschiebungshaft genutzt werden.[113]

Der Gesetzgeber möchte hiermit eine von Art. 18 der Rückführungsrichtlinie vorgesehene Sonderregelung für und während **Notlagen** treffen.[114] Diese erlaubt bei einer *außergewöhnlich großen Zahl* von Ausreisepflichtigen und *unvorhersehbaren Überlastung*, für die Dauer dieser *außergewöhnlichen Situation* eine Abweichung vom Trennungsgebot. Ein plötzlicher Zustrom von Drittstaatsangehörigen kann dabei grds. eine Notlage begründen,[115] konkrete Rechtsprechung zu Art. 18 gibt es jedoch bisher nicht.[116] Insofern ist festzustellen, dass sich seit dem Jahr 2015 die Zahl der **Abschiebungen** und **Überstellungen** (Dublin III) **signifikant erhöht** hat und seitdem relativ konstant auf hohem Niveau liegt. Mithin liegt jedenfalls eine Korrelation mit der Steigerung der Zahl der Flüchtlinge aufgrund der Ereignisse des Jahres 2015 vor. Dies zeigen die folgenden Zahlen:

> 2013: 10.198 Abschiebungen, 4.741 Überstellungen[117]
> 2014: 10.884 Abschiebungen, 4.772 Überstellungen[118]
> 2015: 20.888 Abschiebungen, 3.597 Überstellungen[119]
> 2016: 25.355 Abschiebungen, 3.968 Überstellungen[120]
> 2017: 23.966 Abschiebungen, 7.102 Überstellungen[121]
> 2018: 21.059 Abschiebungen, 9.209 Überstellungen[122]
> 2019: 11.496 Abschiebungen, 4.215 Überstellungen (1. Halbjahr)[123]

Zieht man daraus den Schluss, dass seit 2015 eine Notlage vorliege und eine *unvorhersehbare* Überlastung auch fünf Jahre nach dem ggf. auslösenden Ereignis noch bestehe, spräche dies für die Europarechtskonformität der aktuellen Rechtslage. Andernfalls ließe sich der Begriff der *getrennten Unterbringung* (Art. 62 Abs. 1 S. 1 AufenthG) richtlinienkonform weiter dahin gehend verstehen, dass der Vollzug in **speziellen Haftanstalten** erfolgen muss.[124]

67

68

69

---

113 BT-Drs. 19/10047, S. 44.
114 BT-Drs. 19/10047, S. 44.
115 EuGH Urt. v. 26.7.2017 – C-646/16 – NVwZ 2017, 1357 – Rn. 98.
116 Offengelassen daher von *Dollinger* ZRP 2019, 130 (133).
117 BT-Drs. 18/782.
118 BT-Drs. 18/4025.
119 BT-Drs. 18/7588.
120 BT-Drs. 18/11112.
121 BT-Drs. 19/800.
122 BT-Drs. 19/8021.
123 BT-Drs. 19/12240.
124 Dies dürfte aufgrund des Zeitablaufs näher liegen; so wohl auch *Marx* AufenthaltsR-HdB § 8 Rn. 84.

70 Ob Ausnahmen für **Gefährder** zulässig sind (aktuelle Rechtslage: § 62 a Abs. 1 S. 1 AufenthG [keine Unterscheidung]; frühere/künftige Rechtslage: Sonderregelung § 62 a Abs. 1 S. 2 AufenthG [JVA nach Ermessen]), ist Gegenstand einer EuGH-Vorlagefrage.[125] Dies wird zT kritisch gesehen,[126] dürfte aber zulässig sein, da Art. 72 AEUV gefahrenabwehrrechtliche Sonderregelungen erlaubt.[127] Bei der Entscheidung muss der Haftrichter die erhebliche Gefahr für Leib, Leben oder besondere Rechtsgüter feststellen; der Begründungsaufwand ist nach rechtskräftigem Abschluss eines verwaltungsgerichtlichen Verfahrens gegen eine Abschiebungsanordnung (§ 58 a AufenthG) aber gering.

4. Überführungszeiten in Polizeigewahrsam

71 Der polizeiliche Gewahrsam, in dem der Ausländer regelmäßig im zeitlichen Zusammenhang mit der **gerichtlichen Vorführung** untergebracht ist, ist keine *getrennte Haftanstalt* und ermöglicht grds. keine *getrennte Unterbringung*. In ihm darf daher zwar der vorläufige Gewahrsam bis zur Entscheidung des Gerichtes (§ 62 Abs. 5 AufenthG), nicht aber eine gerichtlich angeordnete Haft vollzogen werden. Die Behörde ist vielmehr verpflichtet, den Ausländer nach einer Haftanordnung **unverzüglich** in eine zulässige Haftanstalt zu überführen.

72 Ist dies wegen einer Haftanordnung am (späten) Abend **organisatorisch** nicht mehr **möglich** oder wegen mehrstündiger Transportzeiten und der Aufnahmeprozedur für den Ausländer **belastender**, kann die Nacht im Polizeigewahrsam bis zur Überführung am Folgetag rechtmäßig sein.[128] Keinesfalls darf so aber die Zeit bis zum Freiwerden eines Haftplatzes überbrückt[129] oder eine mehrtägige Gewahrsamsdauer begründet[130] werden. Wenn derlei ersichtlich ist, muss Haft abgelehnt werden.

5. Ausreise- und Transitgewahrsam

73 Der **Ausreisegewahrsam** wird im *Transitbereich* eines Flughafens oder in einer *Unterkunft*, von der aus die Ausreise des Ausländers ohne Zurücklegen einer größeren Entfernung zu einer Grenzübergangsstelle möglich ist, vollzogen (§ 62 b Abs. 2 AufenthG). Dies umfasst den Nahbereich von Flughäfen bzw. Grenzübergangsstellen mit einer Fahrzeit von bis zu *einer Stunde*.[131] Dem Ausländer soll während des Gewahrsams eine freiwillige Ausreise jederzeit möglich sein,[132] eine Verschärfung durch die Neufassung der Norm hat der Gesetzgeber insofern nicht beabsichtigt (nur „klargestellt"[133]).

---

125 BGH, EuGH-Vorlage vom 22.11.2018 – V ZB 180/17 – juris-Rn. 13 ff.
126 *Hörich/Tewocht* NVwZ 2017, 1153 (1155).
127 *Kluth* in BeckOK AuslR AufenthG § 62 a Rn. 11 a; *Winkelmann* in Bergmann/Dienelt AufenthG § 62 a Rn. 13.
128 LG Köln Beschl. v. 18.8.2017 – 39 T 142/17 – juris-Rn. 50.
129 LG Köln Beschl. v. 18.8.2017 – 39 T 142/17 – juris-Rn. 50.
130 LG Wuppertal Beschl. v. 5.1.2015 – 9 T 2/15 – juris-Rn. 8.
131 BT-Drs. 19/10047, S. 45.
132 *Winkelmann* in Bergmann/Dienelt AufenthG § 62 b Rn. 8 zum früheren Recht.
133 BT-Drs. 19/10047, S. 45.

Diese Anforderungen, insbes. zur jederzeitigen Ausreisemöglichkeit,[134] gelten auch   74
für den **Transitgewahrsam,** bei dem jedoch der systematische Vergleich eine örtliche
Beschränkung auf den Transitbereich und Unterkünfte *auf dem Flughafengelände*
(§ 65 AufenthG) zeigt.[135] Von diesen muss die Abreise grundsätzlich jederzeit eigenständig möglich sein.[136]

---

134 BGH Beschl. v. 20.4.2018 – V ZB 226/17 – NVwZ-RR 2018, 746 – juris-Rn. 5.
135 *Westphal* in Huber AufenthG § 15 Rn. 30.
136 BGH Beschl. v. 16.12.2019 – XIII ZB 136/19 – juris-Rn. 8; Beschl. v. 30.6.2011 – V ZB 274/10 – InfAuslR
     2011, 450 – juris-Rn. 8; *Westphal* in Huber AufenthG § 15 Rn. 30.

C. Spezielle Haftvoraussetzungen

75 Die einzelnen im AufenthG geregelten Haft- und Gewahrsamsarten haben jeweils spezifische Voraussetzungen, auf die im Folgenden eingegangen wird.

I. Sicherungshaft (§ 62 Abs. 3 AufenthG)

76 Die **Sicherungshaft** ist (neben der Überstellungshaft → Rn. 206 ff.) der **Regelfall** der Abschiebungshaft. Sie geht ua zurück auf die *Ausländer-Polizeiverordnung* vom 22.8.1938 und *§ 57 Ausländergesetz (1965)*.[137] Die Haft sichert insbesondere bei Flugabschiebungen das regelmäßig stark terminsabhängige Durchlaufen der Verfahrensschritte und vereinfacht damit den behördlichen Vollzug einer Ausreisepflicht erheblich.[138]

77 Haft nach dieser Vorschrift setzt voraus, dass der Ausländer **vollzieh- und vollstreckbar ausreisepflichtig** (→ Rn. 78 f.) ist. Darüber hinaus muss, um die Art. 2 Abs. 2 S. 2 GG beeinträchtigende Anordnung zu rechtfertigen, ein **Haftgrund** (→ Rn. 80 ff.) vorliegen. Zudem dürfen der Abschiebung keine **Gründe entgegenstehen** (→ Rn. 138 ff.). Diese Anforderungen sind nur teilweise gesetzlich fixiert; im Übrigen hat sich eine reichhaltige Judikatur (insbesondere) des BGH ergeben, die bei allen Haftentscheidungen zu beachten ist.

1. Vollzieh- und vollstreckbare Ausreisepflicht

78 Der Ausländer muss für eine Haftanordnung **vollziehbar ausreisepflichtig** sein (→ Rn. 47 ff.). Auch müssen die **Vollstreckungsvoraussetzungen** (Androhung, zB gem. § 59 AufenthG mit Fristsetzung oder Entbehrlichkeit derselben) vorliegen (→ Rn. 51 ff.); mangelt es hieran, kommen nur eine vorläufige Entscheidung gem. § 427 FamFG[139] oder die Vorbereitungshaft (→ Rn. 175 ff.) in Betracht.

79 Die darüber hinaus gelegentlich in Haftbeschlüssen erwähnten[140] Voraussetzungen für eine **zwangsweise Durchsetzung** der Ausreisepflicht (**Abschiebung**, § 58 Abs. 1 und 3 AufenthG), sind kein haftrechtlicher Prüfungsmaßstab. Denn weder werden sie in den haftrechtlichen Befugnisnormen referenziert, noch hat das Amtsgericht zu kontrollieren, ob die Behörde die Abschiebung inhaltlich zu Recht betreibt.[141] Letzteres ist ausschließliche Kompetenz der Verwaltungsgerichte (→ Rn. 143 ff.).

2. Haftgründe

80 Aus § 62 Abs. 3 AufenthG ergeben sich drei verschiedene Haftgründe: Zunächst können die beiden Sonderfälle der **unerlaubten Einreise** (§ 62 Abs. 3 S. 1 Nr. 2 AufenthG) und der **Abschiebungsanordnung** gem. § 58 a AufenthG (**Gefährder**; § 62 Abs. 3 S. 1 Nr. 3 AufenthG) einschlägig sein. Im Übrigen ist **Fluchtgefahr** als Haftgrund denkbar (§ 62 Abs. 1 S. 1 Nr. 1 AufenthG) und im Gros der Fälle auch einschlägig.

---

137 Zur Historie *Marx* AufenthaltsR-HdB § 8 Rn. 9 ff.
138 *Kluth* in BeckOK AuslR AufenthG § 62 Rn. 3.
139 BGH Beschl. v. 16.5.2013 – V ZB 44/12 – NVwZ 2013, 1361 – juris-Rn. 11.
140 ZB AG Solingen Beschl. v. 14.11.2017 – 8 XIV 11/17 – juris-Rn. 28 ff.; AG Lüneburg Beschl. v. 8.2.2011 – 101 XIV 126 B – juris-Rn. 18 ff.
141 StRspr BGH Beschl. v. 21.8.2019 – V ZB 174/17 – juris-Rn. 8; Beschl. v. 25.9.1980 – VII ZB 5/80 – BGHZ 78, 145 – juris-Rn. 8.

a) Unerlaubte Einreise

Ein Haftgrund ergibt sich aus § 62 Abs. 3 S. 1 Nr. 2 AufenthG, wenn der Ausländer   81
aufgrund einer **unerlaubten Einreise** vollziehbar ausreisepflichtig ist; dieser Haftgrund
ist ohne inhaltliche Änderung aus dem früheren Recht übernommen worden.[142]
Wann die unerlaubte Einreise vorliegt, richtet sich nach § 14 AufenthG (→ Rn. 38 ff.;
für Unions- und EWR-Bürger aber → Rn. 39), wann die daraus resultierende Ausreisepflicht vollziehbar ist, nach §§ 50, 58 AufenthG (→ Rn. 38, 49).

Der Wortlaut der Norm zeigt eine **Kausalverknüpfung**: Danach muss die vollziehbare   82
Ausreisepflicht *auf der unerlaubten Einreise basieren*, also seit dieser ununterbrochen
fortbestehen.[143] Daran fehlt es, wenn der Ausländer zwischen Einreise und Haftentscheidung (und sei es auch kurzfristig) nicht vollziehbar ausreisepflichtig war.

Insbesondere ein zwischenzeitlich gestellter **Asylantrag** lässt, soweit er die **Aufent-**   83
haltsgestattung nach § 55 AsylG ausgelöst hat (→ Rn. 28 ff.), diese Fortwirkung entfallen.[144] Ergeben sich aus dem Vorbringen des Ausländers oder der Akte Anhaltspunkte hierfür, hat der Haftrichter dem nachzugehen.[145] Eine **Duldung** hindert die
Kausalität hingegen nicht, da sie die vollziehbare Ausreisepflicht nicht entfallen lässt,
sondern nur einen zeitweisen Vollstreckungsverzicht begründet (§ 60 a Abs. 3
AufenthG).[146]

Die Voraussetzungen des § 14 Abs. 1 AufenthG muss der **Haftrichter selbst positiv**   84
feststellen.[147] Insofern kann in der Entscheidung zum Haftgrund auf die Darlegungen
zur vollziehbaren Ausreisepflicht verwiesen werden („Stoffgleichheit"[148]). Soweit die
Ausländerbehörde wegen unerlaubter Einreise einen *bestandskräftigen* Abschiebungs-
bzw. Zurückschiebungsbescheid erlassen hat, darf er inhaltlich ungeprüft zugrunde
gelegt werden.[149]

Ausnahmsweise kann gem. § 62 Abs. 3 S. 2 AufenthG von der Haftanordnung abge-   85
sehen werden, wenn der Ausländer **glaubhaft** macht, dass er sich der Abschiebung
nicht entziehen will. Glaubhaftmachung meint keine solche gem. § 294 ZPO.[150] Vielmehr kommt es auf die Glaubwürdigkeit des Betroffenen und die Glaubhaftigkeit seines Vorbringens an,[151] die aufgrund persönlicher Anhörung haftrichterlich zu beurteilen ist.[152] Entgegen dem Wortlaut muss der Bezugspunkt nicht die Abschiebung
selbst, sondern kann (als weniger rechtsbeeinträchtigendes Mittel) die freiwillige Aus-

---

142 BT-Drs. 19/10047, S. 41.
143 BGH Beschl. v. 28.10.2010 – V ZB 210/10 – InfAuslR 2011, 71 – juris-Rn. 19.
144 StRspr BGH Beschl. v. 10.1.2019 – V ZB 159/17 – juris-Rn. 19; Beschl. v. 20.12.2018 – V ZB 80/17 –
     NVwZ-RR 2019, 662 – juris-Rn. 10; Beschl. v. 28.10.2010 – V ZB 210/10 – InfAuslR 2011, 71 – juris-
     Rn. 19.
145 BGH Beschl. v. 14.10.2010 – V ZB 78/10 – NVwZ 2011, 574 – juris-Rn. 18; Beschl. v. 25.2.2010 – V ZB
     172/09 – NVwZ 2010, 726 – juris-Rn. 20.
146 BGH Beschl. v. 12.5.2011 – V ZB 309/10 – juris-Rn. 13.
147 BGH Beschl. v. 16.12.2009 – V ZB 148/09 – InfAuslR 2010, 118 – juris-Rn. 7; BVerfG Beschl.
     v. 21.5.1987 – 2 BvR 800/84 – NJW 1987, 3076 – juris- Rn. 10.
148 *Winkelmann* in Bergmann/Dienelt AufenthG § 62 Rn. 58.
149 BGH Beschl. v. 16.12.2009 – V ZB 148/09 – InfAuslR 2010, 118 – juris-Rn. 7; Beschl. v. 6.5.2010 – V ZB
     193/09 – InfAuslR 2010, 361 – juris-Rn. 19.
150 *Beichel-Benedetti* in Huber AufenthG § 62 Rn. 13.
151 BGH Beschl. v. 8.4.2010 – V ZB 51/10 – juris-Rn. 19.
152 BGH EuGH-Vorlage vom 11.7.2013 – V ZB 144/12 – NVwZ 2014, 167 – juris-Rn. 19.

reise sein. Denkbar sind zB ein bereits gebuchtes (Rück-)Flugticket,[153] eine Sicherheitsleistung bei bestehender Leistungsfähigkeit oder sonst ersichtliche (Rück-)Reisebemühungen wie Kündigungen von Wohnung und Arbeitsverhältnis oder dergleichen. Eine glaubhaft gemachte Ausreiseabsicht kann aber nicht genügen, wenn sie ggü. dem Zielstaat eine *unerlaubte Einreise* bedingen würde,[154] da ein Ausreiseerfolg wegen Grenzkontrollen dann nicht zu erwarten ist; im unkontrollierten EU-Mitglieds- bzw. Schengen-Raum kann eine unerlaubte Einreise in den Zielstaat die Ausreisepflicht ohnehin nicht erfüllen (§ 50 Abs. 3 S. 1 AufenthG).

b) Abschiebungsanordnung (§ 58 a AufenthG)

86   Ein weiterer Haftgrund ergibt sich aus § 62 Abs. 3 S. 1 Nr. 3 AufenthG, wenn eine **Abschiebungsanordnung** nach § 58 a AufenthG (**Gefährder** → Rn. 181 ff.) ergangen ist, diese aber nicht unmittelbar vollzogen werden kann. Auch dieser Haftgrund wurde (ohne dass inhaltliche Änderung beabsichtigt ist[155]) aus der früheren Rechtslage übernommen.

87   Da die Anordnung ohne Abschiebungsandrohung **sofort vollziehbar** ist (§ 58 a Abs. 1 S. 2 AufenthG), ist lediglich die wirksame *Bekanntgabe* (§ 41 VwVfGe) entscheidend; eine Zustellung (§ 41 Abs. 5 VwVfGe iVm VwZGe) ist zulässig, aber nicht erforderlich.[156] Das Bestehen einer entsprechenden Anordnung nach § 58 a AufenthG hat der Haftrichter ohne Prüfung von deren inhaltlichen Voraussetzungen zugrunde zu legen; inhaltliche Fragen sind allein dem Bundesverwaltungsgericht (§ 50 Abs. 1 Nr. 3 VwGO) zur Prüfung zugewiesen.[157]

88   Die Haftvoraussetzung, dass die Anordnung *faktisch* **nicht unmittelbar vollzogen** werden kann, betrifft ua Fälle, in denen aktuell noch Abschiebungsverbote (§§ 58 a Abs. 3, 60 AufenthG) bestehen, das Aufnahmeland noch Unterlagen bereitstellen muss oder derzeit ein einstweiliges Rechtsschutzverfahren läuft (Nr. 62.2.1.2 VwV-AufenthG). Eine Begrenzung auf lediglich kurzfristige Abschiebungsverbote[158] ist aufgrund des systematischen Zusammenhanges mit § 62 Abs. 4 S. 3 AufenthG nicht geboten.

c) Fluchtgefahr

89   Der Haftgrund der Fluchtgefahr ist **strukturell untergliedert**: Die Regelung des § 62 Abs. 3 a AufenthG enthält Tatbestände, bei deren Erfüllung die Fluchtgefahr (widerleglich) *vermutet* wird. Hingegen finden sich in § 62 Abs. 3 b AufenthG Tatbestände, welche bei Erfüllung *Indizwirkung* für das Vorliegen von Fluchtgefahr haben.

aa) Vermutungstatbestände (Abs. 3 a)

90   Fluchtgefahr ist bei Erfüllung der nachfolgenden Tatbestände **zu vermuten**, wobei der Ausländer die Vermutung **widerlegen** kann; ob die Widerlegung gelingt, ist im Rah-

---

153 *Beichel-Benedetti* in Huber AufenthG § 62 Rn. 13.
154 AA BGH Beschl. v. 17.6.2010 – V ZB 13/10 – juris-Rn. 26; OLG Schleswig-Holstein Beschl. v. 10.11.2005 – 2 W 187/05 – SchlHA 2006, 403 – juris-Rn. 5.
155 BT-Drs. 19/10047, S. 41.
156 *Möller* in NK-AuslR AufenthG § 58 a Rn. 35.
157 BGH Beschl. v. 21.12.2017 – V ZB 249/17 – InfAuslR 2018, 99 – juris-Rn. 11.
158 *Keßler* in NK-AuslR AufenthG § 62 Rn. 27.

men einer Würdigung *aller Umstände des Einzelfalles* festzustellen.[159] Dabei ist das Gewicht der Tatbestandserfüllung hoch, weil sie über reine Indizwirkung hinausgehen; mithin müssen auch gegenläufige Darlegungen von *erheblichem Gewicht* sein. Insofern wird es, wie bei § 62 Abs. 3 S. 2 AufenthG, auf die Glaubwürdigkeit des Betroffenen und die Glaubhaftigkeit seines Vorbringens ankommen, die aufgrund persönlicher Anhörung haftrichterlich zu beurteilen sind (→ Rn. 376 ff.).

(1) Identitätstäuschung (Nr. 1)

Eine Fluchtgefahr wird gem. § 62 Abs. 3 a Nr. 1 AufenthG vermutet, wenn der Ausländer über seine **Identität** täuscht oder getäuscht hat. Die Täuschung muss **aktuell** sein, mindestens aber noch auf eine bevorstehende Abschiebung fortwirken.[160] Dies zeigt der Wortlaut mit der *Präsensformulierung* (Var. 1) bzw. dem *zeitlichen Zusammenhang* mit der Abschiebung (Var. 2).   **91**

Dabei sind die Anforderungen an das **Gewicht** der Täuschungshandlung umso höher, je weiter sie zurückliegt.[161] Beispielsweise genügen falsche Angaben über die Identität bei einer Erstantragstellung nicht, wenn sie vor mehreren Jahren erfolgte.[162] Ist die Täuschungshandlung für die aktuelle Abschiebung nicht mehr von Bedeutung, begründet sie keine Vermutung, kann aber einen **Anhaltspunkt** für Fluchtgefahr gem. § 62 Abs. 3 b Nr. 1 AufenthG (→ Rn. 114 f.) darstellen.   **92**

In jedem Fall muss die Täuschung nach Abs. 3 a Nr. 1 **erheblich** für die Durchführbarkeit der Abschiebung sein, also den Entscheidungsprozess beeinflussen können,[163] und darf nicht vom Ausländer selbst aufgedeckt sein. Eine erhebliche Täuschung liegt regelmäßig bei Unterdrückung oder Vernichtung von **Identitäts-** oder **Reisedokumenten** oder dem Vorgeben einer **falschen Identität** vor. Dabei kann zwar denkbar sein, dass andere Motive als die Abschiebungsvereitelung zugrunde liegen (zB um sich im Alltag mit einem falschen Ausweis jünger oder älter zu machen oder dem Druck von Dritten zu entgehen[164]). Dies ist aber regelmäßig nicht der Fall, wenn die Falschangaben gerade gegenüber den Ausländerbehörden bzw. der Polizei gemacht werden.[165] Klassische **Beispiele** sind   **93**

- **falsche Personenangaben** bei einer **Polizeikontrolle**.[166]
- Stellung eines **Asylantrages** unter **Aliaspersonalien**, ohne offenzulegen, dass es sich um einen Folgeantrag handelt.[167]
- **gefälschter Pass** wird benutzt, um eine **Einreise** als scheinbarer EU-Bürger zu ermöglichen.[168]

Die Täuschung muss gegenüber den *mit der Ausführung des AufenthG* betrauten **Behörden** erfolgen, was weit zu verstehen ist. Insbesondere sind das die Ausländerbe-   **94**

---

159 BT-Drs. 19/10047, S. 41.
160 Vgl. schon für die frühere Rechtslage BT-Drs. 18/4097, S. 33.
161 BT-Drs. 19/10047, S. 41.
162 BGH Beschl. v. 19.7.2018 – V ZB 223/17 – InfAuslR 2018, 413 – juris-Rn. 18.
163 *Marx* AufenthaltsR-HdB § 8 Rn. 16.
164 BT-Drs. 18/4097, S. 33.
165 Vgl. BGH Beschl. v. 20.5.2016 – V ZB 24/16 – NVwZ 2016, 1582 – juris-Rn. 13.
166 BGH Beschl. v. 19.7.2018 – V ZB 223/17 – InfAuslR 2018, 413 – juris-Rn. 18.
167 BGH Beschl. v. 20.9.2018 – V ZB 102/16 – juris-Rn. 18.
168 LG Traunstein Beschl. v. 11.11.2015 – 4 T 3843/15 – juris-Rn. 16.

hörden (§ 71 Abs. 1 AufenthG), Landes- und Bundespolizei (§ 71 Abs. 4 und 5 AufenthG), Auslandsvertretungen und Grenzbehörden (§ 72 Abs. 2 und 3 AufenthG) und das Bundesamt für Migration und Flüchtlinge (§ 5 Abs. 1 AsylG).

(2) Nichterscheinen bei Anhörung bzw. Untersuchung (Nr. 2)

95   Eine Fluchtgefahr wird gem. § 62 Abs. 3 a Nr. 2 AufenthG vermutet, wenn der Ausländer unentschuldigt einer **Anhörung** oder **ärztlichen Untersuchung** ferngeblieben ist. Der Wortlaut des *Nichtantreffens* bei *Durchführung* zeigt, dass auch ein zu spätes Erscheinen, das die Durchführung verhindert, objektiv ausreicht (vgl. aber zur Entschuldigung → Rn. 97). Bei Terminsmitteilung muss ein **Hinweis** auf die Haft als mögliche Folge des Nichterscheinens erfolgt sein und zwar in einer dem Ausländer *verständlichen Sprache*. Dies folgt aus dem Gebot des fairen Verfahrens; andernfalls kann der Hinweis seinen Zweck nicht erfüllen.[169]

96   Die Anhörung oder Untersuchung kann **nur** eine solche im Rahmen einer **Mitwirkungsanordnung** nach § 84 Abs. 4 S. 1 AufenthG sein; regelmäßig also ein Erscheinen bei der konsularischen Vertretung des Herkunftslandes oder eine ärztliche Untersuchung zur Feststellung der Reisefähigkeit.[170] *Unions- und EWR-Bürger* nebst Familienangehörigen fallen nicht unter die Norm (§§ 11 Abs. 1 S. 1, 12 FreizügG/EU). Dabei ist das Entstehen des Haftgrundes eine scharfe Sanktion; in § 33 Abs. 2 S. 1 Nr. 1 AsylG führt Vergleichbares nur zur Folge der *Verfahrenseinstellung*, was allein aus Gründen der *Entlastung* der Behörde normiert wurde.[171]

97   Insofern dürfen die Anforderungen an das **unentschuldigte** Fernbleiben nicht überspannt werden; maßgeblich ist, ob auf eine **Entziehungsabsicht** geschlossen werden kann. Bei kurzfristiger (schwerer) Erkrankung oder Unfall ist dies ebensowenig der Fall wie bei der Unzumutbarkeit des Erscheinens wg. plötzlicher familiärer Probleme.[172] Eine bloße **Arbeitsunfähigkeitsbescheinigung**, die praktisch häufig (und gelegentlich unter Inkaufnahme erheblicher Wege zum ausstellenden Arzt) vorgelegt wird, wird dies ohne Weiteres eher nicht belegen. Die Beweislast für die hinreichende Entschuldigung liegt beim Ausländer.[173] Dabei hat der Haftrichter eine ggf. konkret überfordernde Situation des Ausländers zu berücksichtigen, zB bei komplexen laufenden verwaltungsgerichtlichen Eilrechtsschutzverfahren[174] oder Verspätungen. Insofern kann als Maßstab dienen, ob ein *Terminsverlegungsantrag* für die Anhörung begründet gewesen wäre.

(3) Aufenthaltswechsel ohne Anzeige (Nr. 3)

98   Eine Fluchtgefahr wird gem. § 62 Abs. 3 a Nr. 3 AufenthG vermutet, wenn eine gesetzte **Ausreisefrist abgelaufen** ist und der Ausländer seinen **Aufenthaltsort gewechselt** hat, ohne der Behörde eine Anschrift mitzuteilen, unter der er erreichbar ist. Allerdings muss er zuvor auf die Anzeigepflicht des Ortswechsels *und* die Möglichkeit sei-

---

169   Vgl. BGH Beschl. v. 14.1.2016 – V ZB 178/14 – InfAuslR 2016, 234 – juris-Rn. 9.
170   BT-Drs. 19/10047, S. 41.
171   BT-Drs. 18/7538, S. 16.
172   BT-Drs. 19/10047, S. 41.
173   *Marx* AufenthaltsR-HdB § 8 Rn. 19.
174   *Marx* AufenthaltsR-HdB § 8 Rn. 20.

ner sonst erfolgenden Inhaftierung[175] in einer ihm **verständlichen Sprache hingewie-sen** worden sein.[176] Es genügt die Belehrung, dass *„unter Umständen"* Haft angeord-net werden könne.[177]

Die **Anzeigepflicht** folgt aus § 50 Abs. 4 AufenthG. Dabei kommen nur Aufenthalts-wechsel nach dem Entstehen der **Ausreisepflicht** und **Ablauf der Ausreisefrist** in Be-tracht.[178] Beides muss kumulativ vorliegen. Entfällt während laufender Frist die Voll-ziehbarkeit der Ausreisepflicht, zB wegen Rechtsmittels, ist der Haftgrund nicht gege-ben.[179] Ebenso, wenn (noch) *keine Frist* gesetzt wurde bzw. diese von vornherein ent-behrlich ist.[180] Die Fristsetzung ist Teil der Vollstreckung, mit der Abschiebungsan-drohung zu verbinden (§ 59 Abs. 1 S. 1 AufenthG) sowie *zuzustellen* (§ 13 Abs. 7 S. 1 VwVGe). Inwiefern dies geschehen ist, muss der Haftantrag darlegen. 99

Ein **Aufenthaltswechsel** kann auch durch Ausreise in ein anderes Land geschehen,[181] allerdings erfasst die Norm **kein vorübergehendes Verbergen**.[182] Ein *einmaliges Nichtantreffen*[183] genügt daher ebensowenig wie ein Nichtaufenthalt an der bekann-ten Anschrift für höchstens *drei Tage* (vgl. § 50 Abs. 4 AufenthG).[184] Auf ein Verber-gen deuten aber zB die Mitnahme persönlicher Gegenstände oder entsprechende Er-klärungen ggü. Mitbewohnern oder sonstigen Dritten hin.[185] Es genügt **beispielsweise** für die Annahme eines nichtangezeigten Aufenthaltswechsels, 100

- wenn nach dem Wechsel nur noch eine **rein postalische Erreichbarkeit** über einen **Bevollmächtigten** besteht, da der Ausländerbehörde so der erforderliche Zugriff für Zwangsmaßnahmen fehlt.[186]
- **nicht**, wenn der Ausländer lediglich (obschon mehr als drei Tage) stationär im Krankenhaus war.[187]
- **nicht**, wenn Mitteilung einer **Kirchenasyladresse** erfolgt,[188] an welcher der Aus-länder konkret aufhältig ist; die praktisch häufige Mitteilung lediglich der Haupt-anschrift der Kirchengemeinde reicht dafür nicht hin (vgl. noch → Rn. 242).
- **nicht**, wenn der Ausländerbehörde nach wie vor eine fortbestehende **feste Voll-zeitarbeitsadresse** bekannt ist.[189]

---

175 StRspr BGH Beschl. v. 23.5.2019 – V ZB 236/17 – juris-Rn. 12; Beschl. v. 20.7.2017 – V ZB 5/17 – InfAuslR 2017, 449 – juris-Rn. 4.
176 StRspr BGH Beschl. v. 19.7.2018 – V ZB 223/17 – InfAuslR 2018, 413 – juris-Rn. 14; Beschl. v. 14.1.2016 – V ZB 178/14 – InfAuslR 2016, 234 – juris-Rn. 9.
177 BGH Beschl. v. 20.10.2016 – V ZB 33/15 – InfAuslR 2017, 60 – juris-Rn. 11.
178 BGH Beschl. v. 19.5.2011 – V ZB 15/11 – InfAuslR 2011, 361 – juris-Rn. 12.
179 BT-Drs. 12/2062, S. 45.
180 AA LG Arnsberg Beschl. v. 16.9.2014 – 5 T 287/14 – juris-Rn. 27 ohne Begründung, obwohl zB § 58 Abs. 1 S. 1 AufenthG Fristablauf und Entbehrlichkeit referenziert, § 62 Abs. 3a Nr. 3 AufenthG aber gera-de nicht.
181 BGH Beschl. v. 20.10.2016 – V ZB 33/15 – InfAuslR 2017, 60 – juris-Rn. 10.
182 BGH Beschl. v. 4.4.2019 – V ZB 33/18 – juris-Rn. 6.
183 BGH Beschl. v. 12.5.2011 – V ZB 299/10 – juris-Rn. 12.
184 OLG München Beschl. v. 22.11.2006 – 34 Wx 121/06 – OLGR 2007, 144 – juris-Rn. 12; Beschl. v. 26.8.2005 – 34 Wx 108/05 – BayVBl 2006, 54 – juris-Rn. 9.
185 *Marx* AufenthaltsR-HdB § 8 Rn. 23.
186 LG Nürnberg-Fürth Beschl. v. 9.2.2006 – 18 T 108/06 – InfAuslR 2006, 227 – juris-Orientierungssatz 1; aA wohl OLG Köln Beschl. v. 1.9.1997 – 16 Wx 237/97 – StV 1997, 652 – juris-Orientierungssatz 2.
187 BGH Beschl. v. 20.7.2017 – V ZB 50/17 – juris-Rn. 6.
188 *Keßler* in NK-AuslR AufenthG § 62 Rn. 28.
189 *Zeitler* HTK-AuslR § 62 AufenthG, zu Abs. 3 S. 1 Nr. 2, Nr. 4.

101 Die Vermutung ist **widerlegt**, wenn ersichtlich ist, dass sich der Ausländer durch sein Verhalten *nicht* der Abschiebung *entziehen wollte*. Denkbar ist dies **beispielsweise**, wenn

- nicht die **Ausländerbehörde**, wohl aber die **Meldebehörde** unverzüglich über die neue Adresse informiert wird, und ersichtlich ist, dass dies nur im Zuge des Zusammenzuges mit der Partnerin aus **Nachlässigkeit** geschah.[190] Haft ist in solchen Fällen regelmäßig unverhältnismäßig.[191]
- **zusätzlich zur** (ggf. taktisch motivierten) **Rückkehr** in den Zugriffsbereich der Ausländerbehörde noch **weitere Umstände** hinzukommen, die auf eine künftige Rechtstreue schließen lassen.[192]

(4) Einreise trotz Einreise- und Aufenthaltsverbots (Nr. 4)

102 Eine Fluchtgefahr wird gem. § 62 Abs. 3 a Nr. 4 AufenthG vermutet, wenn ein Ausländer sich unter Verstoß gegen ein **Einreise- und Aufenthaltsverbot** (§ 11 Abs. 1 S. 2 AufenthG) im Inland aufhält und er nicht durch eine *Betretenserlaubnis* (§ 11 Abs. 8 AufenthG) gerechtfertigt ist. Inhaltliche Fragen der Rechtmäßigkeit des Verbotes sind dabei haftrichterlich nicht zu prüfen, es muss nur die **Wirksamkeit** des das Verbot aufstellenden Bescheides festgestellt werden. Aufgrund des eindeutigen Wortlautes schließt nur die Betretenserlaubnis nach § 11 Abs. 8 AufenthG den Haftgrund aus, nicht aber zB eine Einreisegestattung nach § 18 a Abs. 6 AsylG.

103 Einreise- und Aufenthaltsverbote sind grds. **befristet**, § 11 Abs. 2 S. 3 AufenthG, so dass die Einreise nach Fristablauf den Haftgrund nicht erfüllt. Bei einer Einreise *vor Fristablauf* wird der Fristablauf bei Fehlen einer Betretenserlaubnis gehemmt, § 11 Abs. 9 S. 1 AufenthG. Nach früherem Recht waren gesetzlich entstehende **unbefristete** Einreise- und Aufenthaltsverbote vorgesehen. Wegen Art. 11 Abs. 2 Richtlinie 2008/115/EG entsteht ein wirksames Verbot aber nur, wenn eine Befristungsentscheidung als (konstitutiv wirkender) Verwaltungsakt ergangen ist.[193] Soweit dieser *vor* der Einreise nachgeholt wird, können die §§ 14 Abs. 1 Nr. 3, 62 Abs. 3 S. 1 Nr. 2, Abs. 3 a Nr. 4 AufenthG erfüllt sein. Eine nach der Einreise ergehende, ggf. rückwirkende Befristungsentscheidung wird den Haftgrund aber mangels Vorwerfbarkeit des Rechtsverstoßes im Einreisezeitpunkt nicht mehr auslösen können.[194] Soll eine alte (noch unverbrauchte → Rn. 54 ff.) Rückkehrentscheidung ohne Befristung vollzogen werden, ist bei der Prognose iRd § 62 Abs. 4 S. 1 AufenthG zu berücksichtigen, ob eine nachzuholende Befristung rechtzeitig vor der Abschiebung vorgenommen wird und nicht verwaltungsgerichtlicher Eilrechtsschutz zur Verhinderung einer Abschiebung droht;[195] da eine etwaige Rechtswidrigkeit der Befristung aber die Rechtmäßig-

---

190 OLG Karlsruhe Beschl. v. 11.2.1993 – 4 W 20/93 – NVwZ 1993, 813 – juris-Rn. 12.
191 BVerfG Beschl. v. 13.7.1994 – 2 BvL 12/93 – NVwZ 1994, Beilage 8, 57 – juris-Rn. 19.
192 OLG München Beschl. v. 22.11.2006 – 34 Wx 121/06 – OLGR 2007, 144 – juris-Rn. 18; LG Arnsberg Beschl. v. 16.9.2014 – 5 T 287/14 – juris-Rn. 34.
193 BVerwG Urt. v. 21.8.2018 – 1 C 21/17 – BVerwGE 162, 382 – juris-Rn. 21, 23, 25; Urt. v. 27.7.2017 – 1 C 28/16 – BVerwGE 159, 270 – juris-Rn. 42; Beschl. v. 13.7.2017 – 1 VR 3/17 – NVwZ 2017, 1531 – juris-Rn. 71.
194 AA BGH Beschl. v. 16.9.2015 – V ZB 194/14 – NVwZ 2016, 549 – juris-Rn. 8; Beschl. v. 8.1.2014 – V ZB 137/12 – NVwZ 2014, 1111 – juris-Rn. 8, 13; dies ist aber durch die in der vorigen FN benannten Entscheidungen des BVerwG überholt.
195 BGH Beschl. v. 16.9.2015 – V ZB 194/14 – NVwZ 2016, 549 – juris-Rn. 9 iVm 5.

keit der Rückkehrentscheidung und Abschiebung nicht berührt,[196] wird dies kaum der Fall sein.

Die Vermutung ist **widerlegt**, wenn ersichtlich ist, dass sich der Ausländer durch sein Verhalten *nicht* der Abschiebung *entziehen wollte*. Denkbar ist dies **beispielsweise,** wenn

- ein Ausländer aufgrund einer **Ladung zum Strafantritt** zum Zwecke der Selbststellung eingereist ist.[197]
- ein Ausländer aufgrund eines **erkennbar kurzfristigen Anlasses**, zB für Geburt, Hochzeit oder Beerdigung eines Familienangehörigen eingereist ist.[198]

(5) Entziehung in der Vergangenheit (Nr. 5)

Eine Fluchtgefahr wird gem. § 62 Abs. 3 a Nr. 5 AufenthG vermutet, wenn der Ausländer sich bereits in der Vergangenheit der Abschiebung entzogen hat. Bezugspunkt ist eine **konkrete**, auf seine Abschiebung gerichtete **Maßnahme** der Behörde, welche der Ausländer durch sein Verhalten **vereitelt** hat.[199] Der Wortlaut zeigt, dass *Vollendung* des Entziehens vorliegen muss („entzogen hat"). Ein Versuch genügt nicht. Es muss also schon eine Abschiebung erfolglos versucht worden sein.[200]

Die Maßnahme muss durch eine *deutsche Behörde*[201] erfolgt und hinreichend konkretisiert gewesen sein, regelmäßig durch das Ansetzen eines **Abschiebungstermins**.[202] Ein Untertauchen *vor* der Einleitung eines Abschiebungsverfahrens genügt nicht.[203] Auch allein der Umstand, dass der Ausländer beim Abschiebungstermin in der Unterkunft **nicht angetroffen** wird, genügt nicht für ein Entziehen, soweit er hiervon nichts weiß.[204]

Das maßgebliche Verhalten des Ausländers muss über eine lediglich **passive Nichtmitwirkung** hinausgehen.[205] Daher genügt zB kein bloßes Schweigen auf Nachfrage nach seiner Person beim Abschiebungstermin. **Beispiele** sind insofern:

- **Aktives Leugnen** (unter Verwendung falscher Personalien) der Anwesenheit im **Abschiebetermin** genügt.[206]
- **Flucht im Abschiebungstermin** und anschließendes **Untertauchen** genügt.[207]
- **Falsche Angabe** der Staatsangehörigkeit gegenüber den **Behörden des Zielstaates** und dadurch bedingtes Erzwingen des **Rücktransportes** nach Deutschland genügt.[208]

104

105

106

107

196 BVerwG Urt. v. 21.8.2018 – 1 C 21/17 – BVerwGE 162, 382 – juris-Rn. 22 f.
197 LG Görlitz Beschl. v. 21.2.2006 – 2 T 17/06 – juris-Rn. 7.
198 *Marx* AufenthaltsR-HdB § 8 Rn. 24.
199 BGH Beschl. v. 22.6.2017 – V ZB 21/17 – InfAuslR 2017, 345 – juris-Rn. 6.
200 LG Münster Beschl. v. 22.2.2016 – 5 T 42/16 – EzAR-NF 57 Nr. 46 – juris-Rn. 11.
201 BGH Beschl. v. 22.6.2017 – V ZB 21/17 – NVwZ 2017, 1640 – juris-Rn. 7.
202 LG Heidelberg Beschl. v. 13.4.2017 – 3 T 18/17 – juris-Rn. 7.
203 LG Köln Beschl. v. 6.7.2018 – 34 T 91/18 – InfAuslR 2019, 154 – juris-Rn. 13.
204 BGH Beschl. v. 21.6.2018 – V ZB 129/17 – juris-Rn. 5.
205 LG Heidelberg Beschl. v. 13.4.2017 – 3 T 18/17 – juris-Rn. 15.
206 LG Münster Beschl. v. 15.1.2016 – 5 T 681/15 – juris-Rn. 20.
207 AG Borken (Westfalen) Beschl. v. 25.9.2015 – 29 XIV B 23/15 – juris-Rn. 6.
208 OLG Bayern Beschl. v. 13.3.1998 – 3Z BR 65/98 – InfAuslR 1998, 455 – juris-Rn. 11.

- **Hungerstreik**, der zum Abbruch der Abschiebungsmaßnahme führte;[209] dass dieser Ausdruck von Verfolgungsfurcht bzgl. des Zielstaates sein kann, stellt die Vereitelungsabsicht nicht in Frage.[210]
- **Weigerung**, auf einem **Umsteigeflughafen** in das für die letzte Reiseetappe gebuchte Flugzeug **einzusteigen**, wenn hierdurch die Rückreise erzwungen wird.[211]
- Die **Nichteinhaltung** der **Zusage** einer freiwilligen Ausreise genügt **nicht**, da hierdurch keine Abschiebung vereitelt, sondern lediglich nötig wird.
- Die **Urkundenunterdrückung** durch Vernichtung einzelner **Seiten des Passes** genügt **nicht**, soweit sie nicht die Aufnahme im Zielstaat hindert, sondern nur dazu dient, ein Aufenthaltsrecht zu erschleichen; denn der Ausländer muss sich der Abschiebung entziehen, nicht der Ausreisepflicht.[212]

108 Derselbe Maßstab gilt auch für **Flugreisen**: Verhält sich der Ausländer **ruhig** und leistet keinen *aktiven Widerstand*, entzieht er sich nicht; auch dann nicht, wenn er Argumente gegen den Flug vorbringt (zB Fluguntauglichkeit), die keine von vornherein falschen Angaben darstellen.[213] Auch *lautstarke Diskussionen* genügen für sich genommen nicht,[214] können aber dann die Grenze überschreiten, wenn der die Polizeigewalt (§ 12 LuftSiG) innehabende Flugkapitän daraufhin (zB wegen lautstarken Schreiens bei Linienflügen) vernünftigerweise die Mitnahme verweigert hat. Gleiches gilt, wenn *aktiver Widerstand* beim Besteigen des Flugzeuges die Mitnahme verhindert hat.[215]

(6) Erklärung der Entziehung (Nr. 6)

109 Eine Fluchtgefahr wird gem. § 62 Abs. 3 a Nr. 6 AufenthG vermutet, wenn der Ausländer ausdrücklich erklärt hat, sich der Abschiebung entziehen zu wollen. Er muss also klar zum Ausdruck bringen, **nicht freiwillig** in den Zielstaat zu reisen und sich vor allem auch nicht für eine (ggf. zwangsweise) **behördliche Durchsetzung** der Ausreisepflicht zur Verfügung zu halten.[216]

110 Die Erklärung kann zwar im einfachsten Fall **verbal** dahin gehend erfolgen, der Ausländer werde das zur Abschiebung verwendete Transportmittel nicht besteigen.[217] Einer (ggf. unterzeichneten) schriftlichen Erklärung des Ausländers bedarf es nicht,[218] denn sie ist auch **konkludent** möglich.[219] **Beispiele** sind:

- Der Ausländer erklärt, er werde **untertauchen**, nicht mitfliegen und für den Fall einer Entlassung aus der Haft zu Verwandten gehen, die sich in verschiedenen Orten verteilt aufhielten.[220]

---

209 Vgl. OLG Bayern Beschl. v. 4.10.1996 – 3Z BR 257/96 – EzAR 048 Nr 31 – juris-Rn. 9.
210 AA *Marx* AufenthaltsR-HdB § 8 Rn. 26.
211 OLG München Beschl. v. 19.7.2006 – 34 Wx 74/06 – FGPrax 2006, 223 – juris-Rn. 16.
212 LG Münster Beschl. v. 22.2.2016 – 5 T 42/16 – EzAR-NF 57 Nr. 46 – juris-Rn. 12.
213 BGH Beschl. v. 12.12.2013 – V ZB 220/12 – ZAR 2014, 247 – juris-Rn. 6.
214 OLG Karlsruhe Beschl. v. 23.1.2009 – 11 Wx 121/08 – juris-Rn. 11.
215 LG Münster Beschl. v. 22.2.2016 – 05 T 62/16 – ZAR 2016, 153 – juris-Rn. 12.
216 BGH Beschl. v. 23.1.2018 – V ZB 53/17 – InfAuslR 2018, 187 – juris-Rn. 10; Beschl. v. 12.5.2016 – V ZB 27/16 – juris-Rn. 5.
217 BGH Beschl. v. 2.6.2016 – V ZB 26/16 – juris-Rn. 2.
218 AA wohl *Marx* AufenthaltsR-HdB § 8 Rn. 26.
219 BGH Beschl. v. 20.7.2017 – V ZB 5/17 – InfAuslR 2017, 449 – juris-Rn. 6.
220 BGH Beschl. v. 12.5.2016 – V ZB 27/16 – juris-Rn. 5.

- Die **Gewaltanwendung** durch Widerstand gegen die Festnahme bzw. den Transport nach Ausschreibung zur Festnahme durch die Ausländerbehörde.[221]
- Der Ausländer erklärt, lieber „**lebenslang inhaftiert**" zu sein, als abgeschoben zu werden; er habe sein **Leben riskiert** und viel **Geld bezahlt**, um nach Deutschland zu kommen.[222]
- Die **Suizidankündigung**.[223]
- Angabe des Ausländers, er **habe niemanden** in Afghanistan, seine gesamte Familie lebe im Iran, **genügt nicht**. Dies zeigt nur eine Präferenz für den Iran als Aufenthaltsort, ist aber keine Ankündigung einer Entziehung.[224]
- Angabe des Ausländers, eine Abschiebung stelle eine **psychische Belastung** und **erhebliche Zumutung** dar, **genügt nicht**. Dies indiziert kein Entziehen.[225]
- Die fehlende Glaubhaftigkeit der Erklärung, sich der **Abschiebung fügen** zu wollen, **genügt grds. nicht**. Der Tatbestand fordert nicht die Feststellung der Bereitschaft zur Abschiebung, sondern der **Verweigerung** derselben.[226]

Die insbesondere aus der **persönlichen Anhörung** des Ausländers gewonnenen Angaben unterliegen der Rechtskontrolle nur dahin, ob sie verfahrensfehlerfrei festgestellt sind und die Schlussfolgerung als möglich erscheinen lassen.[227]   111

bb) Indiztatbestände (Abs. 3 b)

Einzelne **Anhaltspunkte** für das Vorliegen von Fluchtgefahr sind in § 62 Abs. 3 b   112
AufenthG geregelt, die bei ihrer Erfüllung Indizwirkung entfalten. Insofern zeigt der Wortlaut („können"), dass die Feststellung der Fluchtgefahr jedoch erst nach **einzelfallbezogener Prüfung** unter Einbeziehung sämtlicher Umstände[228] festgestellt werden kann, wobei auch Entlastendes zu berücksichtigen ist.[229]

Insofern führt die Norm die früher in §§ 62 Abs. 3 S. 1 Nr. 5, 2 Abs. 14 AufenthG ge-   113
regelte Abwägung fort. Die Frage, ob der **Katalog** auch außerhalb der Überstellungshaft (insofern → Rn. 222 ff.) **abschließend** ist,[230] wird man trotz des offeneren Wortlautes (kein „beruhen" gerade „auf den … festgelegten Anhaltspunkten" mehr, so noch § 62 Abs. 3 S. 1 Nr. 5 AufenthG aF) zu bejahen haben. Denn nach wie vor ist die Determinationsdichte der Art. 15 Abs. 1, 3 Nr. 7 Richtlinie 2008/115/EG hoch.[231] Gerade die dort genannten *objektiven, gesetzlich festgelegten Kriterien* wollte der Gesetzgeber in der früheren Norm umsetzen[232] und nun in § 62 Abs. 3 a und 3 b AufenthG ohne inhaltliche Änderung des grundsätzlichen Prüfungskonzeptes fortfüh-

---

221   BGH Beschl. v. 20.7.2017 – V ZB 5/17 – InfAuslR 2017, 449 – juris-Rn. 6; Beschl. v. 26.4.2018 – V ZB 57/17 – juris-Rn. 9.
222   LG Paderborn Beschl. v. 14.7.2017 – 5 T 199/17 – juris-Rn. 23.
223   BGH Beschl. v. 20.10.2016 – V ZB 13/16 – juris-Rn. 5.
224   BGH Beschl. v. 13.9.2018 – V ZB 151/17 – NVwZ-RR 2019, 166 – juris-Rn. 10.
225   AG Tiergarten Beschl. v. 19.4.2018 – 382 XIV 39/18 B – juris-Rn. 23.
226   LG Köln Beschl. v. 6.7.2018 – 34 T 91/18 – InfAuslR 2019, 154 – juris-Rn. 19.
227   BGH Beschl. v. 23.1.2018 – V ZB 53/17 – juris-Rn. 11; Beschl. v. 13.2.2012 – V ZB 46/11 – juris-Rn. 8 f.
228   Vgl. BT-Drs. 19/10047, S. 41.
229   Vgl. zum früheren Recht BGH Beschl. v. 23.1.2018 – V ZB 53/17 – InfAuslR 2018, 187 – juris-Rn. 9.
230   Vgl. *Winkelmann* in Bergmann/Dienelt AufenthG § 82 Rn. 86; *Beichel-Benedetti* in Huber AufenthG § 2 Rn. 31.
231   So auch BGH Beschl. v. 23.1.2018 – V ZB 53/17 – InfAuslR 2018, 135 – juris-Rn. 8
232   BT-Drs. 18/4097, S. 32.

ren.[233] Ein **Anhaltspunkte-Erfindungsrecht** für neue Gründe für Fluchtgefahr besteht daher nicht; die Frage wird aber praktisch wegen des umfassenden Kataloges der Abs. 3 a und 3 b in § 62 AufenthG kaum relevant.

(1) Identitätstäuschung (Nr. 1)

114 Für Fluchtgefahr spricht gem. § 62 Abs. 3 b Nr. 1 AufenthG, wenn ein Ausländer gegenüber den mit der Ausführung dieses Gesetzes betrauten Behörden **abschiebungserheblich** über seine **Identität getäuscht** hat, insbesondere durch Unterdrückung oder Vernichtung von Identitäts- oder Reisedokumenten oder das Vorgeben einer falschen Identität. Die Norm entspricht weitgehend § 62 Abs. 3 a Nr. 1 AufenthG, so dass auf die obigen Ausführungen zu verweisen ist (→ Rn. 91 ff.).

115 Sie erfasst aber Fälle, die mangels **zeitlicher Aktualität** nicht unter § 62 Abs. 3 a Nr. 1 AufenthG fallen, mithin schon zu lange her sind und keinen hinreichenden Bezug mehr zur aktuellen Abschiebung haben. Diese sollen **keine Vermutung** begründen, wohl aber einen Anhaltspunkt für Fluchtgefahr darstellen.[234]

(2) Schleuserkosten (Nr. 2)

116 Für Fluchtgefahr spricht gem. § 62 Abs. 3 b Nr. 2 AufenthG, wenn der Ausländer zu seiner unerlaubten Einreise **Geldbeträge** gezahlt hat, die derart **erheblich** sind, dass daraus geschlossen werden kann, dass er die Abschiebung verhindern wird, damit die Aufwendungen nicht vergeblich waren. Dabei müssen die Zahlungen nicht zwangsläufig („insbesondere") an **Schleuser** geleistet, sondern können auch für Dokumentenfälscher oder Transportmittel aufgewendet worden sein.[235]

117 Die Norm geht von der Überlegung aus, dass eine abschiebungsbedingte **Frustration** der Aufwendung wesentlicher Teile des **Vermögens** ein erhebliches Bleibeinteresse begründen kann.[236] Insofern ist unerheblich, ob die Zahlungen für einzelne Reiseabschnitte oder insgesamt geleistet wurden, solange sie in *Summe* erheblich sind.[237] Wann sie für den konkreten Ausländer so bedeutsam sind, dass Fluchtgefahr besteht, kann nur in haftrichterlicher Wertung der Lebensumstände des Betroffenen festgestellt werden. Dabei wird auch der konkrete Zielstaat von Bedeutung sein (zB Überstellung in ein anderes EU-Land → Rn. 206 ff.).[238] Als **Beispiele** mögen dienen:

- Zahlung von **720 Euro bis 800 Euro** durch einen **mittellosen Ausländer** an einen Schleuser für die Überfahrt von der Türkei nach Griechenland.[239]
- Zahlung von **500 Euro bis 4.000 Euro** durch einen **mittellosen Ausländer** an einen Schleuser für die Überfahrt von der Türkei nach Griechenland.[240]

---

233 BT-Drs. 19/10047, S. 41.
234 BT-Drs. 19/10047, S. 42.
235 BT-Drs. 19/10047, S. 42.
236 BGH Beschl. v. 25.2.2016 – V ZB 157/15 – NVwZ 2016, 1111 – juris-Rn. 10.
237 BGH Beschl. v. 16.2.2017 – V ZB 115/16 – NVwZ 2017, 816 – juris-Rn. 5.
238 *Beichel-Benedetti* in Huber AufenthG § 2 Rn. 35.
239 LG Traunstein Beschl. v. 22.1.2016 – 4 T 4350/15 – juris-Rn. 14; Beschl. v. 22.1.2016 – 4 T 4349/15 – juris-Rn. 16.
240 LG Traunstein Beschl. v. 16.2.2016 – 4 T 186/16 – juris-Rn. 27.

- Zahlung von **90 Euro** an einen Schlepper für die Reise von Italien nach Deutschland **genügt nicht**, da der Betrag trotz des Umstandes, dass er das **gesamte Vermögen** des Ausländers darstellt, objektiv nicht erheblich ist.[241]
- Zahlung von **8.000 US-Dollar** durch einen Ausländer für die Reise vom **Irak** über Ungarn bis nach Deutschland.[242]

Nicht unter die Norm fallen die (seltenen) Fälle rein **altruistischer Schlepper**, die ohne Zahlung Transportleistungen erbringen.[243] Auch Fälle **erlaubter Einreise** (zB mit gültigem Visum, das nicht nach § 14 Abs. 1 Nr. 2 a AufenthG rückwirkend aufgehoben wurde → Rn. 43 f.) sind vom Wortlaut nicht umfasst.[244]   **118**

(3) Präventivgewahrsam (Nr. 3)

Für Fluchtgefahr spricht gem. § 62 Abs. 3 b Nr. 3 AufenthG, wenn von einem Ausländer eine **erhebliche Gefahr** für Leib und Leben Dritter oder bedeutende Rechtsgüter der inneren Sicherheit ausgeht. Während die Var. 1 der Norm Gefahren durch **Gewalttaten** oder ähnlich schwere Delikte erfasst,[245] betrifft Var. 2 den Bestand und die Funktionsfähigkeit des Staates und seiner Einrichtungen, welche durch Anschläge gegen Unbeteiligte zwecks Verbreitung allgemeiner Unsicherheit gestört würde[246] und daher bereits durch die Anwesenheit ausländischer **Terrorhelfer** beeinträchtig wird.[247]   **119**

Die Norm erfasst mithin **Gefährder**, von denen eine terroristische Gefahr ausgeht.[248] Sie ist aber auch schon bei im Übrigen **gefährlichen Ausländern** einschlägig und normiert damit eine Art Präventivgewahrsam.[249] Dafür wird sie scharf kritisiert,[250] allerdings zeigt der systematische Vergleich mit ua §§ 62 Abs. 3 S. 4, 53, 58 a AufenthG, dass gefahrenabwehrrechtliche Gesichtspunkte dem AufenthG insgesamt nicht fremd sind,[251] was ebenso auch für die Richtlinie selbst der Fall ist (vgl. Art. 7 Abs. 4 Richtlinie 2008/115/EG).   **120**

Soweit ein **Verstoß** gegen Art. 15 Abs. 1 **Richtlinie 2008/115/EG** mit dem dort geregelten Erfordernis der *Fluchtgefahr* gerügt wird,[252] ist dagegen zweierlei zu erinnern: Erstens gestattet die Norm durch die Formulierung „insbesondere" weitere Aspekte,[253] wobei gem. Art. 72 AEUV gerade auch der Schutz der öffentlichen Ordnung und inneren Sicherheit den Mitgliedstaaten obliegt. Zweitens erfolgt die Inhaftierung, wie von der Norm gefordert, wegen Fluchtgefahr *zur Sicherung der Abschiebung*. Die Gefahrenabwehr ist nur Indiz für die Annahme der Fluchtgefahr, aber   **121**

---

241 BGH Beschl. v. 25.2.2016 – V ZB 157/15 – NVwZ 2016, 1111 – juris-Rn. 12.
242 BGH Beschl. v. 16.2.2017 – V ZB 115/16 – juris-Rn. 8.
243 *Winkelmann* in Bergmann/Dienelt AufenthG § 2 Rn. 91.
244 LG Münster Beschl. v. 22.2.2016 – 5 T 42/16 – juris-Rn. 30.
245 AG Tiergarten Beschl. v. 19.4.2018 – 382 XIV 39/18 B – juris-Rn. 26.
246 BVerwG Beschl. v. 16.1.2018 – 1 VR 12/17 – InfAuslR 2018, 124 – juris-Rn. 19.
247 BVerwG Urt. v. 15.3.2005 – 1 C 26/03 – BVerwGE 123, 114 – juris-Rn. 17.
248 LG Bremen Beschl. v. 15.9.2017 – 10 T 488/17 – juris-Rn. 60 ff.
249 *Zeitler* HTK-AuslR § 2 AufenthG, zu Abs. 14 Nr. 7.
250 *Hörich/Tewocht* NVwZ 2017, 1153.
251 *Zeitler* HTK-AuslR § 2 AufenthG, zu Abs. 14 Nr. 7.
252 *Hörich/Tewocht* NVwZ 2017, 1153.
253 BGH Beschl. v. 18.2.2016 – V ZB 23/15 – InfAuslR 2016, 235 – juris-Rn. 11; *Dollinger* ZRP 2019, 130 (132).

nicht der Zweck der Maßnahme.[254] Zuletzt ist Präventivgewahrsam nationalrechtlich zum Schutz hochwertiger Rechtsgüter unter strikter Beachtung der Verhältnismäßigkeit zulässig.[255] Insofern wird zwar nicht der Drogenhändler[256] unter die Norm fallen, erst recht nicht bei für Erwachsene kaum gesundheitsschädlichen Betäubungsmitteln wie Cannabis;[257] gefährliche Gewalttäter und Terrorunterstützer hingegen schon.

122　Die **Bewertung der Gefahr** als hinreichend und insbesondere gegenwärtig[258] muss der *Haftrichter* selbst vornehmen, wobei der *Haftantrag* die nötigen Tatsachen zur Wahrscheinlichkeit eines Schadenseintritts und der Gefahrenprognose mitzuteilen hat.[259] Ein alleiniger Verweis auf Urteile und Aktenzeichen genügt dabei nicht, sondern es müssen die Besonderheiten der Tatbegehung dargestellt werden.[260] Dabei kann den entsprechenden strafgerichtlichen Entscheidungen, insbesondere zur Aussetzung einer (Rest-)Strafe zur Bewährung, eine erhebliche Indizwirkung zukommen.[261]

(4) Strafrechtliche Verurteilungen (Nr. 4)

123　Für Fluchtgefahr spricht gem. § 62 Abs. 3 b Nr. 4 AufenthG, wenn der Ausländer wiederholt wegen **vorsätzlicher Straftaten** rechtskräftig zu mindestens einer **Freiheitsstrafe** verurteilt worden ist. Erforderlich sind daher mindestens *zwei Verurteilungen* wegen Vorsatztaten und in mindestens *einem Fall* muss eine Freiheitsstrafe verhängt worden sein. Dabei soll aus diesem Umstand zu schließen sein, dass der jeweilige Ausländer der deutschen Rechtsordnung ablehnend oder gleichgültig gegenüberstehe, weswegen eine freiwillige Erfüllung der Ausreisepflicht nicht zu erwarten sei.[262]

124　Dieser Gedankengang zeigt, dass nur Verurteilungen durch **deutsche Gerichte** einschlägig sein können. Da Abschiebungshaft keinen Sanktionscharakter hat, sondern einzig der *Sicherung der Ausreise* dient,[263] kann nicht schon jede Vorsatztat genügen.[264] Auch in zB § 112 StPO wäre der einfache Schluss vom dringenden Tatverdacht einer Vorsatztat auf das automatische Bestehen von Fluchtgefahr undenkbar. Daher muss in den beiden **konkreten Verfahren** die beschriebene Einstellung zu Tage treten, um ein Indiz für Fluchtgefahr zu gewinnen.[265] Dies ist zB denkbar, wenn

- Delikte der §§ 113 f. StGB im konkreten Tatablauf zeigen, dass der Ausländer gerade **behördliche Anordnungen** für ihn missachtet und sich ihnen in gewichtiger Weise **gewaltsam** widersetzt.

- die **Feststellungen** im Urteil Angaben des Ausländers offenbaren, er nehme die **Rechtsordnung** nicht ernst bzw. sie sei ihm gleichgültig.

254　Vgl. LG Bremen Beschl. v. 6.11.2017 – 10 T 569/17 – juris-Rn. 27.
255　BVerfG Beschl. v. 18.4.2016 – 2 BvR 1833/12 – NVwZ 2016, 1079 – juris-Rn. 25.
256　BR-Drs. 179/17, S. 13.
257　Vgl. zum aktuellen Stand der naturwissenschaftlichen Forschung bzgl. des Gefährdungspotentials von BtM *van Amsterdam/Nutt/Phillips/van den Brink*, Psychopharm 2015, 655 (659).
258　*Marx* AufenthaltsR-HdB § 8 Rn. 32.
259　AG Tiergarten Beschl. v. 3.1.2020 – 383 XIV 2/20 B – juris-Rn. 15; *Zeitler* HTK-AuslR § 2 AufenthG, zu Abs. 14 Nr. 7.
260　AG Tiergarten Beschl. v. 3.1.2020 – 383 XIV 2/20 B – juris-Rn. 15 f.
261　AG Tiergarten Beschl. v. 19.4.2018 – 382 XIV 39/18 B – juris-Rn. 25.
262　BT-Drs. 19/10047, S. 42.
263　BVerfG Beschl. v. 16.5.2007 – 2 BvR 2106/05 – NVwZ 2007, 1296 – juris-Rn. 21 ff.
264　Vgl. schon BGH Beschl. v. 14.7.2011 – V ZB 50/11 – juris-Rn. 12.
265　AG Tiergarten Beschl. v. 3.1.2020 – 383 XIV 2/20 B – juris-Rn. 18.

- der konkrete **Verfahrensgang** zeigt, dass der Ausländer schon strafrechtlich in **Untersuchungshaft** genommen werden musste.

Der Haftrichter darf sich daher *nicht* nur auf Angaben im **Bundeszentralregister** stützen, sondern muss die **konkreten Verfahren** würdigen. Entsprechend muss sich auch der Antrag der Behörde hierzu verhalten.   125

(5) Fehlende Mitwirkung (Nr. 5)

Für Fluchtgefahr spricht gem. § 62 Abs. 3 b Nr. 5 AufenthG, wenn der Ausländer gesetzliche **Mitwirkungshandlungen** zu der **Identitätsfeststellung** verweigert oder unterlässt. Die (nicht abschließende) Aufzählung erfasst die Pflichten zur **Vorlage von Identitätsdokumenten** (§ 48 Abs. 3 S. 1 AufenthG) und die **Pass(ersatz)beschaffungspflicht** (§ 60 b AufenthG), soweit diese *zumutbar* ist (nach der insofern abschließenden Regelung ist dies der Fall bei: Mitwirkung ggü. den *Heimatbehörden* nebst persönlicher *Vorsprache* und biometrischer Erfassung sowie ggf. erforderlicher *Wiederholung*, § 60 b Abs. 3 S. 1 Nr. 1, 2 und 6 AufenthG; nicht hingegen haftrechtlich bei Zwang zur Erklärung *freiwilliger Ausreisebereitschaft*, Zurverfügunghaltung für *Wehrdienst* oder Zahlung von *Gebühren*, § 60 b Abs. 3 S. 1 Nr. 3, 4, 5 AufenthG).   126

Dabei genügt nach dem Wortlaut bereits die **Verweigerung** bzw. **Unterlassung**. Ein aktives Gegenwirken ist nicht (mehr[266]) erforderlich. Da die Norm auf die Mitwirkung des Ausländers abstellt, nicht diejenige der Auslandsvertretung, muss grds. keine Erfolgsaussicht der Mitwirkungshandlung geprüft werden; der Indiztatbestand kann aber fehlen, wenn zB eine geforderte Terminswiederholung (§ 60 b Abs. 3 S. 1 Nr. 6 AufenthG) erkennbar sinnlos ist.[267] In jedem Fall kommen nur Handlungen in Betracht, die nach einer **Belehrung** erfolgt sind, die sowohl auf die Pflicht als auch die Möglichkeit zur Inhaftierung bezogen und in einer für den Ausländer verständlichen Sprache[268] erfolgt sein muss.   127

Folgende **Beispielsfälle** illustrieren die Zusammenhänge: 128

- **Weigerung** der Teilnahme an einem **Termin im Generalkonsulat** zur Beschaffung von Passersatzpapieren.[269]
- **Falschangaben** gegenüber den **Heimatstaatbehörden**,[270] weil der Wortlaut der „Verweigerung" weit ist.
- **Nicht erfasst** sind Fälle identitätsbezogener **Falschangaben** gegenüber **deutschen Behörden**, da §§ 60 Abs. 3 a Nr. 1, Abs. 3 b Nr. 1 AufenthG hierfür Spezialvorschriften darstellen. Dabei können gesetzliche Mitwirkungshandlungen nur solche aus dem AufenthG sein; daher fallen falsche Angaben zB gegenüber Gerichten in Strafsachen nicht darunter.
- **Nicht erfasst** ist die **Vernichtung** von **Identitätsdokumenten** auf dem Reiseweg oder bei Ankunft, da sie nicht **nach hinreichender Belehrung** erfolgt ist.

---

266 Vgl. BGH Beschl. v. 13.9.2018 – V ZB 151/17 – Asylmagazin 2018, 459 – juris-Rn. 6 zum früheren Recht.
267 *Marx* AufenthaltsR-HdB § 8 Rn. 36.
268 Vgl. BGH Beschl. v. 14.1.2016 – V ZB 178/14 – InfAuslR 2016, 234 – juris-Rn. 9.
269 LG Gießen Beschl. v. 17.7.2017 – 7 T 100/17 – juris-Rn. 14.
270 Vgl. zur Botschaftsvorführung LG Paderborn Beschl. v. 17.11.2017 – 5 T 344/17 – juris-Rn. 32.

■ **Nicht erfasst** sind Verstöße in der **Vergangenheit** (zB jahrelange Mitwirkungsver-
weigerung), wenn der Ausländer **aktuell** an der Ausstellung von Dokumenten
hinreichend mitwirkt.[271]

(6) Räumliche Beschränkung, Auflage (Nr. 6)

129 Für Fluchtgefahr spricht gem. § 62 Abs. 3 b Nr. 6 AufenthG, wenn der Ausländer
nach Ablauf der Ausreisepflicht gegen bestimmte **räumliche Beschränkungen** (§ 61
Abs. 1 a bis 1 c AufenthG) oder eine **Auflage** (§ 61 Abs. 1 e AufenthG) verstoßen hat.
Dabei gilt das Erfordernis der **wiederholten Pflichtverletzung** für beide Varianten.[272]
Die in Frage kommenden Pflichten sind *abschließend* aufgezählt:

■ gesetzliche räumliche Beschränkung auf das Gebiet eines Bundeslandes (§ 61
Abs. 1 S. 1 AufenthG), die ab der vollziehbaren Ausreisepflicht greift; sie erlischt,
sobald sich der Ausländer seit drei Monaten ununterbrochen erlaubt, geduldet
oder gestattet aufhält (§ 61 Abs. 1 b AufenthG),

■ durch Verwaltungsakt angeordnete **räumliche Beschränkung** auf den **Zuständigkeitsbereich** (Bezirk) einer konkreten Ausländerbehörde im Falle einer **Duldung**
(§ 61 Abs. 1 a AufenthG); auch sie erlischt unter den Voraussetzungen des § 61
Abs. 1 b AufenthG (s. voriges Beispiel),

■ durch Verwaltungsakt angeordnete **räumliche Beschränkung** auf den **Zuständigkeitsbereich** (Bezirk) einer konkreten Ausländerbehörde wegen **vorsätzlicher
Falschangaben** (§ 61 Abs. 1 c S. 2 AufenthG),

■ durch Verwaltungsakt angeordnete **räumliche Beschränkung** wegen konkret bevorstehender **Abschiebungsmaßnahmen** (§ 61 Abs. 1 c S. 1 Nr. 3, S. 2 AufenthG),
oder

■ durch Verwaltungsakt angeordnete **Auflage** wegen **konkret bevorstehender Abschiebungsmaßnahmen** (§ 61 Abs. 1 e AufenthG); dies erfasst die Auflage, in einer
Ausreiseeinrichtung zu wohnen, aber auch **Meldeauflagen**[273] und selbst Sparauf-
lagen für Rückreisekosten u.dgl.[274]

130 Entsprechende **Verwaltungsakte** sind haftrichterlich ohne inhaltliche Prüfung zugrunde zu legen. *Räumliche Beschränkungen* nach § 61 Abs. 1 bis 1 c AufenthG sind jedoch wegen aufschiebender Wirkung suspendiert, soweit ein Rechtsmittelverfahren
läuft; anders indes die *Auflagen* nach § 61 Abs. 1 e AufenthG, gegen die Rechtsmittel
gem. § 84 Abs. 1 S. 1 Nr. 2, 2 a AufenthG keine aufschiebende Wirkung haben. Soweit Auflagen (zT erheblich) *rechtswidrig* sind,[275] sind sie regelmäßig gleichwohl
wirksam (§ 44 Abs. 1 VwVfGe). Indes kann dann ein Verstoß in der Gesamtwürdigung keine Fluchtgefahr begründen bzw. Haft ist wegen des Übermaßverbotes unan-
gemessen; dies kann auch bei erkennbar kurzfristigen bloßen Besuchen jenseits des
Bereiches anzunehmen sein.[276]

---

271 LG Nürnberg-Fürth Beschl. v. 2.6.2017 – 18 T 3423/17 – GSZ 2018, 81 – juris-Rn. 28.
272 BT-Drs. 19/10047, S. 43.
273 ZG *Masuch/Gordzielik* in Huber AufenthG § 61 Rn. 21 ff.
274 *Bauer/Dollinger* in Bergmann/Dienelt AufenthG § 61 Rn. 10 mwN.
275 Vgl. OVG Lüneburg Beschl. v. 7.12.2010 – 8 PA 257/10 – juris-Rn. 9: „Sanktionscharakter ... rein schika-
nös".
276 *Marx* AufenthaltsR-HdB § 8 Rn. 40.

Der **wiederholte Verstoß** erfordert mindestens *zwei Fälle*, die nach dem Wortlaut bei- 131
de **nach Ablauf der Ausreisefrist** stattgefunden haben müssen. Wurde (noch) keine
Frist gesetzt, fehlt es daran; die Fristsetzung ist Teil der Vollstreckung, mit der Abschiebungsandrohung zu verbinden (§ 59 Abs. 1 S. 1 AufenthG) sowie *zuzustellen*
(§ 13 Abs. 7 S. 1 VwVGe). Inwiefern dies geschehen ist, muss der Haftantrag genauso
darlegen, wie die Wirksamkeit der Beschränkungs- bzw. Auflagenbescheide oder das
Entstehen der gesetzlichen Beschränkung.

Eine **Belehrung** über die Inhaftierung als eine Folge der Pflichtverletzung sieht die 132
Norm nicht vor. Folgt aber nach der Rechtsprechung des BGH schon die „Pflicht zur
Erteilung des Hinweises aus dem Gebot eines fairen Verfahrens",[277] ergibt sich das
Erfordernis einer *Belehrung in verständlicher Sprache* durch die **analoge Anwendung**
der Regelung des § 62 Abs. 3 b Nr. 5 AufenthG (→ Rn. 127), zumal die Frage im gesamten Gesetzgebungsverfahren nicht diskutiert wurde;[278] die Belehrung wird mindestens vor dem zweiten Verstoß nötig sein und ist auch im Haftantrag darzulegen.
Sieht man derlei anders, wird ohne Belehrung jedenfalls der Verstoß kaum Indizwirkung für Fluchtgefahr entfalten können.

(7) Sog. „Overstayer" (Nr. 7)

Für Fluchtgefahr spricht gem. § 62 Abs. 3 b Nr. 7 AufenthG, wenn der Ausländer 133
nach erlaubter Einreise und nachfolgendem Entstehen der vollziehbaren Ausreisepflicht dem behördlichen Zugriff entzogen ist, weil er **keinen gewöhnlichen Aufenthaltsort** hat. Damit erfasst die Norm Ausländer, die legal eingereist sind, aber deren
Aufenthaltstitel abgelaufen ist oder die zB nach Ablauf von 90 Tagen visumspflichtig
geworden sind (sog. „Overstayer").[279]

Der Wortlaut indiziert, dass es auf die rein **objektive Zugriffsmöglichkeit** ankommt; 134
eine subjektive Entziehungsabsicht ist nicht erforderlich („entzogen *ist*"). Im Übrigen
ist die Norm nach ihrem systematischen Zusammenhang **gestuft**: *Zunächst* genügt
eine **postalische Erreichbarkeit**, soweit die Ausreisepflicht von Overstayern *vollziehbar*, aber noch nicht *vollstreckbar* ist, da es noch an einer Abschiebungsandrohung
mit Fristsetzung (§ 59 AufenthG) fehlt (→ Rn. 51 ff.). Eine Adresse von zB *Obdach-
losenunterkünften*, in denen die Post abgeholt wird, oder von *Bevollmächtigten* genügt in diesem Verfahrensstadium (anders als bei § 62 Abs. 3 a Nr. 3 AufenthG →
Rn. 100). Erst *anschließend* ist eine **faktische Erreichbarkeit** auch für Zwangsmaßnahmen erforderlich; in diesen Fällen erfasst Abs. 3 b Nr. 7 das Verhalten bei gänzlich
fehlendem Aufenthaltsort (Indizwirkung) und Abs. 3 a Nr. 3 bei *Wechsel* des Aufenthaltsortes nach Belehrung (Vermutungswirkung).

Ein hinreichender **Aufenthaltsort** ist der, an dem sich der Ausländer **überwiegend auf-** 135
hält. Das kann ein Wohnsitz oder ein Ort sein, an dem er sich freiwillig ständig oder
längere Zeit, obschon ggf. nicht ununterbrochen, aufhält (→ Rn. 293 ff.). Ist ein solcher objektiv vorhanden, wenn auch der Behörde unbekannt, fehlt der Tatbestand.
Die Behörde muss im Haftantrag darlegen, dass sie ihrer Amtsermittlungspflicht

---

277 BGH Beschl. v. 14.1.2016 – V ZB 178/14 – InfAuslR 2016, 234 – juris-Rn. 9.
278 Vgl. BR-Drs. 179/19, BT-Drs. 19/10047 und 19/10706.
279 BT-Drs. 19/10047, S. 43.

(§ 24 VwVfGe) genügt und mit Meldeanfrage und Hausermittlungen an der letzten bekannten Anschrift (soweit nicht von vornherein aussichtslos) vergeblich ermittelt hat.

136 Eine vorherige **Belehrung** ist nach der Norm nicht erforderlich. Denkbar ist zwar, dies über eine Analogie zu § 11 Abs. 9 S. 3 AufenthG zu begründen;[280] allerdings dürfte die Interessenlage nicht vergleichbar sein, weil im Falle der *Overstayer* gerade noch *kein* Kontakt bzw. voriger Bescheid durch die Ausländerbehörde erforderlich ist, im Rahmen dessen belehrt worden sein könnte. Die entsprechende Frage sollte daher eher bei der Würdigung des Gewichtes des Tatbestandes für die Fluchtgefahr in der Gesamtwürdigung berücksichtigt werden. Dies gilt auch für den **Grund** der Nichtmeldung bei der Ausländerbehörde, zB Krankheit oder erkennbar fehlende Fluchtintention aufgrund falscher Berechnung der 90-Tage-Frist.[281]

3. Durchführbarkeit der Abschiebung

137 Haft darf nur angeordnet werden, wenn die Abschiebung, deren Vollzug sie sichern soll, überhaupt und innerhalb der Haftfrist durchgeführt werden kann. Da die Abschiebungshaft **Zeitbeschränkungen** unterliegt, ist eine haftrichterliche Prognose über die fristgemäße Durchführbarkeit erforderlich. Auch, soweit **Beteiligungserfordernisse** der Staatsanwaltschaft zu beachten sind, kann dies einer Haftanordnung entgegenstehen.

a) Haftdauer und Abschiebungshindernisse

138 Die Sicherungshaft ist **zeitlich begrenzt**. Die Abschiebung muss, was aus § 62 Abs. 1 S. 2 AufenthG und dem Übermaßverbot folgt, innerhalb des *kürzestmöglichen Zeitraumes*[282] stattfinden. Daher ist haftrichterlich eine **Prognose** der konkreten Durchführbarkeit der Abschiebung innerhalb der Haftzeit erforderlich. Dies ist immer und unabhängig davon der Fall, ob die Haft für wenige Wochen oder viele Monate angeordnet wird.[283] Der maßgebliche Haftzeitraum ist die *beantragte Dauer*, weil das Gericht über diesen Antrag nicht hinausgehen darf.[284]

139 Im ersten Prüfungsschritt ist daher zu bestimmen, wann die Abschiebung voraussichtlich erfolgen wird. Für die darauf bezogene **Dauer der Haft** gilt sodann das nachfolgende **Stufenkonzept**:

- ■ **Erste Stufe:** Haft **bis drei Monate** (§ 62 Abs. 3 S. 3 AufenthG) stellt den Regelzeitraum dar. Sie ist grds. zulässig, es sei denn, die Abschiebung kann nicht innerhalb dieser Zeit durchgeführt werden und der Ausländer hat die Verzögerung nicht zu vertreten (oder das Beschleunigungsgebot ist verletzt → Rn. 161 ff.). Steht das fest, darf Haft nicht (auch nicht kurzzeitig oder über drei Monate hinaus) angeordnet werden, es sei denn, der Ausländer ist gefährlich (§ 62 Abs. 3 S. 4 AufenthG → Rn. 119 ff.), was haftrichterlich positiv festgestellt werden muss.

---

280 *Schmidt-Räntsch*, Vortrag „Abschiebungshaft", JAK NRW 24.9.2019.
281 *Marx* AufenthaltsR-HdB § 8 Rn. 42.
282 BGH Beschl. v. 20.9.2018 – V ZB 102/16 – juris-Rn. 22.
283 BGH Beschl. v. 11.5.2011 – V ZB 265/10 – InfAuslR 2011, 302 – juris-Rn. 9.
284 OLG Brandenburg Beschl. v. 28.8.2002 – 8 Wx 32/02 – InfAuslR 2002, 478 – juris-Rn. 17.

- **Zweite Stufe:** Haft über drei Monate hinaus **bis sechs Monate** (§ 62 Abs. 4 S. 1 AufenthG) stellt die Ausnahme und damit den grds. Maximalzeitraum dar.[285] In diesem Fall muss ein Vertretenmüssen des Ausländers für Verzögerungsgründe positiv festgestellt werden,[286] es sei denn, er ist gefährlich (vgl. § 62 Abs. 3 S. 4 AufenthG).[287]

- **Dritte Stufe:** Haft über sechs Monate hinaus **bis 18 Monate** (§ 62 Abs. 4 S. 2 bis 4 AufenthG) ist nur als **Verlängerung** möglich, nicht iRd Erstanordnung. Sie setzt wie im Bereich drei bis sechs Monate ein positiv festgestelltes Vertretenmüssen des Ausländers voraus (§ 62 Abs. 4 S. 2 AufenthG); alternativ kann verlängert werden, wenn der Haftgrund der Abschiebungsanordnung (Gefährder) vorliegt und dabei der Drittstaat das Verfahren durch schleppende Bereitstellung von Unterlagen verzögert (§ 62 Abs. 4 S. 3 AufenthG). Einzelne Verlängerungen dürfen jeweils nicht für mehr als zwölf Monate angeordnet werden und insgesamt darf die Maximaldauer von 18 Monaten (§ 62 Abs. 4 S. 4 AufenthG) nicht überschritten werden. Eine etwaige Vorbereitungshaft (§ 62 Abs. 2 AufenthG) ist dabei anzurechnen (§ 62 Abs. 4 S. 5 AufenthG). Auch bei zwischenzeitlicher Freilassung werden Haftzeiten, die auf demselben Sachverhalt beruhen, zusammengerechnet, soweit sie dieselbe Ausreisepflicht betreffen.[288] Ein (kürzeres) Untertauchen während der Entlassungszeit begründet noch keine rechnerische Zäsur,[289] dies ist erst bei längeren Lücken der Fall, zB bei einer Dauer von mehreren Jahren,[290] etwa aufgrund von Duldungen.[291]

Diese Zusammenhänge illustrieren folgende **Beispielsfälle:**   140

- Die **Abschiebung** soll **in zwei Monaten** erfolgen: Die beantragte Haft liegt im Regelzeitraum (0-3 Monate) und kann daher angeordnet werden, soweit die Behörde nicht das Beschleunigungsgebot verletzt hat (→ Rn. 161 ff.). Die Ausnahme des § 62 Abs. 3 S. 3 AufenthG ist wg. Durchführbarkeit nicht einschlägig.

- Die **Abschiebung** soll **zunächst in zwei Monaten** erfolgen und wird vom Gericht so angeordnet. Es kommt zu einer Verzögerung (ohne Verstoß gegen das Beschleunigungsgebot → Rn. 161 ff.) und die Behörde beantragt eine **Verlängerung um einen Monat.** Die Verlängerung kann erfolgen, denn die Haft liegt weiterhin im Regelzeitraum (0-3 Monate), ohne dass die Ausnahme des § 62 Abs. 3 S. 3 AufenthG greift. Ob gleich drei Monate beschlossen werden oder der Zeitraum wg. Verzögerung durch die Verlängerung erreicht wird, ist unerheblich.

- Die **Abschiebung** soll **zunächst in zwei Monaten** erfolgen und wird vom Gericht so angeordnet. Es kommt zu einer Verzögerung (ohne Verstoß gegen das Beschleunigungsgebot → Rn. 161 ff.) und die Behörde beantragt eine **Verlängerung um zwei Monate.** Jetzt kann die Abschiebung nicht mehr im Regelzeitraum (0-3

285 BGH Beschl. v. 17.5.2018 – V ZB 54/17 – InfAuslR 2018, 339 – juris-Rn. 7.
286 BGH Beschl. v. 2.6.2016 – V ZB 26/16 – juris-Rn. 9; Beschl. v. 9.2.2012 – V ZB 305/10 – juris-Rn. 27.
287 LG Bremen Beschl. v. 15.9.2017 – 10 T 488/17 – juris-Rn. 50 ff., 66; vgl. BGH Beschl. v. 21.12.2017 – V ZB 249/17 – InfAuslR 2018, 99 – juris-Rn. 13.
288 BGH Beschl. v. 13.2.2012 – V ZB 46/11 – juris-Rn. 13.
289 KG Berlin Beschl. v. 7.1.2000 – 25 W 10139/99 – InfAuslR 2000, 233 – juris-Rn. 7.
290 BGH Beschl. v. 12.11.2019 – XIII ZB 5/19 – juris-Rn. 18.
291 *Beichel-Benedetti* in Huber AufenthG § 62 Rn. 25.

Monate), aber im grds. Maximalzeitraum (0-6 Monate) erfolgen, so dass ein **Vertretenmüssen** (§ 62 Abs. 3 S. 3 AufenthG) oder eine **Gefährlichkeit** (§ 62 Abs. 3 S. 4 AufenthG) positiv festgestellt werden müssen; gelingt dies nicht, ist der Verlängerungsantrag abzulehnen und der Ausländer freizulassen.

- Die **Abschiebung** soll zunächst **in zwei Monaten** erfolgen und wird vom Gericht so angeordnet. Es kommt zu einer Verzögerung (ohne Verstoß gegen das Beschleunigungsgebot → Rn. 161 ff.) und die Behörde beantragt eine **Verlängerung um fünf Monate**. Jetzt kann die Abschiebung weder im Regelzeitraum (0-3 Monate), noch im grds. Maximalzeitraum (0-6 Monate) erfolgen; sie unterfällt daher § 62 Abs. 4 S. 2 ff. AufenthG. Es müssen mithin ein nicht mehr durch bloße Gefährlichkeit substituierbares **Vertretenmüssen** (§ 62 Abs. 4 S. 2 AufenthG) oder eine Haft wg. **Abschiebungsanordnung** (Gefährder) bei Verzögerung durch den Drittstaat (§ 62 Abs. 4 S. 3 AufenthG) positiv festgestellt werden; gelingt dies nicht, ist der Verlängerungsantrag abzulehnen und der Ausländer freizulassen.

- Die **Abschiebung** wird zunächst **rechtswidrig für vier Monate** angeordnet, obwohl die Voraussetzungen des Vertretenmüssens oder der Gefährlichkeit (§ 62 Abs. 3 S. 3 und 4 AufenthG) nicht vorlagen. Nunmehr wird **Verlängerung um einen Monat** beantragt, weil der Ausländer durch selbstverletzendes Verhalten den für das Haftende geplanten Abschiebungstermin vereitelt hat. Die Verlängerung kann erfolgen, weil das für die Verlängerung erneut inhaltlich zu prüfende **Vertretenmüssen** (§ 62 Abs. 3 S. 3 AufenthG) nunmehr wegen der Terminsvereitelung vorliegt.[292]

- Die **Abschiebung** kann (ohne Verstoß gegen das Beschleunigungsgebot → Rn. 161 ff.) wg. der Beschaffung von Ersatzpapieren erst **in fünf Monaten** erfolgen; der Ausländer hatte seinen Pass zur Vereitelung dieser Maßnahme selbst vernichtet (→ Rn. 146). Die Abschiebung ist im Regelzeitraum (0-3 Monate) undurchführbar, aber der Ausländer hat dies zu **vertreten** (§ 62 Abs. 3 S. 3 AufenthG). Die Haftdauer liegt im grds. Maximalzeitraum (0-6 Monate) und auch hierfür ist das Erfordernis des **Vertretenmüssens** erfüllt. Die Haft kann angeordnet werden.

- Der wg. erheblicher **Gewalttaten** ausgewiesene Ausländer soll, was (ohne Verstoß gegen das Beschleunigungsgebot → Rn. 161 ff.) wg. Zusicherungsfragen des Zielstaates nicht schneller möglich ist, **in fünf Monaten** abgeschoben werden. Die Abschiebung ist damit im Regelzeitraum (0-3 Monate) undurchführbar, aber das ist unerheblich, wenn auch aktuell noch **weitere Gewalttaten** drohen (§ 62 Abs. 3 S. 4 AufenthG). Im grds. Maximalzeitraum (0-6 Monate) gilt dasselbe, weil es im Falle des § 62 Abs. 3 S. 4 AufenthG **nicht** auf ein **Vertretenmüssen** (an dem es hier mangeln würde) ankommt.

141 Die **Fristen** beginnen mit der **ersten gerichtlichen Haftanordnung** zu laufen.[293] Auf eine (frühere vorläufige oder später erfolgende) *Festnahme* kommt es nicht an.[294] Unerheblich ist auch der (zB wg. noch zu vollstreckender Reststrafhaft als Überhaft erst

---

292 BGH Beschl. v. 12.11.2019 – XIII ZB 5/19 – juris-Rn. 19.
293 BGH Beschl. v. 9.2.2012 – V ZB 305/10 – juris-Rn. 20; Beschl. v. 1.4.2011 – V ZB 26/11 – juris-Rn. 9.
294 BGH Beschl. v. 9.6.2011 – V ZB 26/11 – juris-Rn. 7.

spätere) *Beginn des Vollzuges* der Abschiebungshaft.[295] Auch gerichtlich kann nicht angeordnet werden, dass die Frist erst ab Ergreifung läuft,[296] denn es handelt sich um ein zwingendes Fristensystem; einen Abschiebungs-„Haftbefehl" (auf Vorrat) gibt es daher nicht.[297]

Dabei ist zu berücksichtigen, dass sich die **Prognose** auf die konkrete **Durchführbar-** 142 **keit der Abschiebung** im Haftzeitraum bezieht, **nicht** auf eine (ggf. erforderliche) **Ver-** **längerung**. Ist also zum Anordnungs- oder Verlängerungszeitpunkt bereits ersichtlich, dass die Abschiebung nur unter späterer (weiterer) Verlängerung vollzogen werden kann, ist der Haftantrag *abzulehnen*; denn die Haft sichert dann nur die Entscheidung über den Verlängerungsantrag und nur *mittelbar* die Abschiebung; dies ist unzulässig.[298] Scheitert eine Abschiebung hingegen *während der Haftdauer*, kann die Haft mit Blick auf eine mögliche rechtzeitige Verlängerung beibehalten werden (§ 62 Abs. 4 a AufenthG).[299]

aa) Mögliche Hindernisse

Das Abschiebungsverfahren ist ein **Verwaltungsvollstreckungsverfahren**, so dass *voll-* 143 *streckungsrechtliche Hindernisse* für die Durchführbarkeit der Abschiebung als Realakt von Bedeutung sein können. Sie können aus tatsächlicher oder rechtlicher Unmöglichkeit folgen (§ 60 Abs. 2 S. 1 AufenthG) und liegen an der **Schnittstelle** zwischen *Verwaltungs-* und *Haftrecht*. Denn zwar ist die inhaltliche Prüfung von Hindernissen Sache der Verwaltungsgerichte, das Haftgericht muss aber die *faktische* *Durchführbarkeit* der Abschiebung in der beantragten Haftdauer prognostizieren.[300]

Inwieweit Hindernisse danach beachtlich sind, zeigen folgende **Beispielsfälle**: 144

■ Ausstehende **Entscheidung über Asylfolgeantrag**: Sie hindert eine Abschiebung in einen sicheren Drittstaat nicht (§ 71 Abs. 5 S. 2 AsylG). Ist kein solcher Ziel der Abschiebung, ist die Entscheidung jedoch abzuwarten; dann muss ermittelt werden, ob innerhalb der Zeit mit einer Entscheidung des Bundesamtes für Migration und Flüchtlinge gerechnet werden kann.[301] Nachfrage beim Bundesamt mit entsprechender Auskunft nebst Aufnahme eines entsprechenden Vermerkes in der Akte genügen hierfür.

■ Ausstehende **Entscheidung durch den Petitionsausschuss**: Es ist nachzufragen, wann mit der Entscheidung zu rechnen ist; ist das innerhalb der Haftfrist der Fall, kann Hauptsachehaft angeordnet werden.[302] Andernfalls sind die Behörden vielfach durch Landesministerialerlasse verpflichtet, die Entscheidungen abzuwarten;

---

295 BGH Beschl. v. 4.12.2014 – V ZB 77/14 – BGHZ 203, 323 – juris-Rn. 5; Beschl. v. 12.5.2011 – V ZB 309/10 – Rn. 15.
296 BGH Beschl. v. 9.6.2011 – V ZB 26/11 – juris-Rn. 8.
297 BGH Beschl. v. 20.10.2016 – V ZB 167/14 – juris-Rn. 13; Beschl. v. 4.12.2014 – V ZB 77/14 – BGHZ 203, 323 – juris-Rn. 6.
298 BGH Beschl. v. 21.3.2013 – V ZB 122/12 – juris-Rn. 9.
299 BGH Beschl. v. 19.7.2018 – V ZB 179/15 – InfAuslR 2018, 415 – juris-Rn. 21.
300 BGH Beschl. v. 11.10.2018 – V ZB 70/17 – juris-Rn. 6; Beschl. v. 10.9.2018 – V ZB 182/17 – InfAuslR 2019, 73 – juris-Rn. 6.
301 BGH Beschl. v. 10.9.2018 – V ZB 182/17 – InfAuslR 2019, 73 – juris-Rn. 6; Beschl. v. 21.7.2011 – V ZB 222/10 – juris-Rn. 11.
302 BGH Beschl. v. 30.6.2011 – V ZB 40/11 – juris-Rn. 10.

dies ist im Haftantrag mit der dadurch entstehenden Verzögerung darzulegen. Ansonsten ist eine Petition **kein Abschiebungshindernis.**[303]

■ Fehlende **Erklärung der Aufnahmebereitschaft** oder fehlende **Zusicherungen** des Zielstaates können ein zeitweiliges Abschiebungshindernis darstellen,[304] ebenso eine zögerliche Bearbeitung durch den Zielstaat.[305] Der Haftantrag hat sich hierzu zu verhalten. Fehlt die **Aufnahmebereitschaft gänzlich** (steht also fest, dass der Zielstaat den Ausländer nicht aufnehmen wird), ist Haft zur Sicherung der Abschiebung ungeeignet, nicht erforderlich und damit abzulehnen.[306]

■ Fehlende **Reisedokumente**, insbes. **Pass(ersatz):** Sie sind stets beachtlich und müssen durch Ausstellung eines Passes bzw. Passersatzpapiers beseitigt werden. Inwieweit dies innerhalb der Haftfrist möglich ist, muss der Haftantrag darlegen; insbesondere können aus (bundesweiten) Fallsammlungen der Ausländerbehörden regelmäßige Zeitrahmen für die Ausstellung von Personalersatzpapieren entnommen werden[307] oder aus zeitnahen Vergleichsfällen;[308] insofern stellt sich die Frage des Vertretenmüssens für das Nichtvorhandensein der Papiere (→ Rn. 146). Die Beschaffung darf nicht aussichtslos sein, da dann nicht mehr die Sicherung der Abschiebung im Vordergrund stünde, sondern es sich um eine unzulässige Beugehaft zur Erzwingung der Mitwirkung des Ausländers handeln würde.[309] Zum regelmäßigen Ablauf der Passbeschaffung über die Clearingstellen vgl. *Martini-Emden* jM 2017, 151 (153 ff.).

■ **(Flug-)Reisefähigkeit** wird gem. § 60 a Abs. 2 c S. 1 AufenthG vermutet, regelmäßig aber auch haftärztlich festgestellt und ist damit zugrunde zu legen. Gegenteiliges wäre ein zur Duldung führendes Abschiebungshindernis, so dass es vor den Verwaltungsgerichten durch eine qualifizierte ärztliche Bescheinigung iSd Norm glaubhaft zu machen ist.[310] Solange ein entsprechender Rechtsschutzantrag dort nicht gestellt ist, ist nichts zu veranlassen, wenn die Behörde der Frage nachgeht und nach ihren Darlegungen eine Abschiebung gleichwohl durchgeführt werden kann;[311] ansonsten ist die Entscheidung zu prognostizieren (→ Rn. 149). Bloße, durch eine **ärztliche Begleitung** lösbare Probleme hindern dabei die Durchführung nicht (zB Methadon-Substitution;[312] Sicherheitsbegleitung und ärztliche Aufsicht wg. Suizidversuchs[313]).

■ **Suizidgefahr:** Sie ist nur zu berücksichtigen, wenn sie die Frage der **Haftfähigkeit** (bis zur Abschiebung → Rn. 172) betrifft; im Übrigen ist sie als potenzielles Ab-

---

303 OVG Münster Beschl. v. 24.2.2005 – 18 B 332/05 – juris-Rn. 2; Beschl. v. 21.1.2002 – 18 B 73/02 – juris-Rn. 12.
304 BGH Beschl. v. 21.12.2017 – V ZB 249/17 – InfAuslR 2018, 99 – juris-Rn. 15.
305 BGH Beschl. v. 10.6.2010 – V ZB 204/09 – NVwZ 2010, 1172 – juris-Rn. 19.
306 BGH Beschl. v. 16.6.2016 – V ZB 12/15 – InfAuslR 2016, 429 – juris-Rn. 17; Beschl. v. 17.6.2010 – V ZB 13/10 – juris-Rn. 18.
307 BGH Beschl. v. 10.6.2010 – V ZB 205/09 – juris-Rn. 10.
308 BGH Beschl. v. 6.5.2010 – V ZB 193/09 – juris-Rn. 21.
309 BGH Beschl. v. 25.2.2010 – V ZA 2/10 – juris-Rn. 15.
310 BGH Beschl. v. 1.6.2017 – V ZB 163/15 – InfAuslR 2017, 380 – juris-Rn. 8; OLG München Beschl. v. 11.5.2009 – 34 Wx 029/09 – OLGR 2009, 601 – juris-Rn. 13.
311 BGH Beschl. v. 1.6.2017 – V ZB 163/15 – InfAuslR 2017, 380 – juris-Rn. 8 und 12.
312 LG Paderborn Beschl. v. 31.1.2018 – 5 T 29/18 – juris-Rn. 33.
313 BGH Beschl. v. 14.4.2016 – V ZB 112/15 – juris-Rn. 18.

schiebungshindernis (Reisefähigkeit, voriges Beispiel aE) allein durch die Verwaltungsgerichte zu beurteilen.[314]

- Vorbringen, dem Ausländer **drohe Misshandlung pp.** nach der Abschiebung, betrifft die Rechtmäßigkeit der Bescheide, über die allein die Verwaltungsgerichte zu entscheiden haben.[315]

- **Familienbegründung** im Inland, insbes. durch Geburt eines Kindes mit deutscher Staatsangehörigkeit und **Schwangerschaften** können ebenfalls die Rechtmäßigkeit der behördlichen Abschiebungsentscheidung betreffen[316] und sind daher allein Sache der Verwaltungsgerichte. Anders, wenn die **Schwangerschaft** weit fortgeschritten ist und sich damit die Frage nach dem **Übermaßverbot** stellt → Rn. 168.

bb) Vertretenmüssen

Das Vertretenmüssen des Ausländers für Verzögerungsgründe muss sich auf **Umstän-** 145 de beziehen, die entweder zu einem temporären *Hindernis geführt* haben oder seiner *Behebung entgegenstehen*.[317] Dafür muss eine vom **Willen des Ausländers** abhängige pflichtwidrige Handlung ursächlich für das Hindernis sein;[318] ein *aktives Verhindern* ist nicht (mehr[319]) erforderlich, auch ein *Unterlassen* genügt. Das Verhalten muss aber **kausal** sein, woran es mangelt, wenn die Abschiebung auch aus anderen Gründen in der fraglichen Zeit scheitern würde (zB wg. mangelnder Kooperation der Zielstaatsbehörden[320]).

Folgende **Beispiele** mögen dies illustrieren: 146

- Die **Einlegung von Rechtsmitteln** oder **Stellung von Asylanträgen** begründet kein Vertretenmüssen, da sie gem. Art. 19 Abs. 4 GG nur Wahrnehmung der durch die Rechtsordnung eingeräumten subjektiven Rechte ist.

- Einen **Passverlust** auf der Flucht hat der Ausländer grds. nicht zu vertreten; es sei denn, er hat ihn absichtlich vernichtet (zB über Bord geworfen[321]), unzureichend gesichert aufbewahrt[322] oder sogar weggegeben.[323]

- Die **Dauer der Passersatzbeschaffung** hat der Ausländer aber jedenfalls dann zu vertreten, wenn er ohne Pass einreist, die Beschaffung regelmäßig länger dauert und er nicht hinreichend selbst mitwirkt.[324] Dies ist nur dann anders, wenn im Zielstaat aufgrund äußerer Umstände (zB Bürgerkrieg) eine Bearbeitung auf absehbare Zeit unmöglich ist.[325]

---

314 BGH Beschl. v. 14.4.2016 – V ZB 112/15 – juris-Rn. 16.
315 BGH Beschl. v. 29.4.2010 – V ZB 202/09 – juris-Rn. 11.
316 OVG Berlin-Brandenburg Beschl. v. 6.6.2019 – 11 S 38.19 – juris-Rn. 5; VG Hamburg Beschl. v. 5.8.2010 – 4 E 1981/10 – juris-Rn. 33.
317 BGH Beschl. v. 19.1.2017 – V ZB 99/16 – NVwZ 2017, 737 – juris-Rn. 6; Beschl. v. 25.3.2010 – V ZA 9/10 – NVwZ 2010, 1175 – juris-Rn. 20.
318 BGH Beschl. v. 25.2.2010 – V ZA 2/10 – juris-Rn. 13.
319 BT-Drs. 19/10047, S. 43.
320 BGH Beschl. v. 19.1.2017 – V ZB 99/16 – NVwZ 2017, 737 – juris-Rn. 6.
321 BGH Beschl. v. 17.5.2018 – V ZB 54/17 – NVwZ-RR 2018, 710 – juris-Rn. 6, es sei denn, das Gepäck samt Pass wurde über Bord geworfen, um ein Sinken des Bootes zu verhindern.
322 BGH Beschl. v. 16.3.2017 – V ZB 61/16 – juris-Rn. 2.
323 BGH Beschl. v. 13.7.2017 – V ZB 69/17 – InfAuslR 2017, 454 – juris-Rn. 7.
324 BGH Beschl. v. 2.6.2016 – V ZB 26/16 – juris-Rn. 10; Beschl. v. 25.3.2010 – V ZA 9/10 – juris-Rn. 20.
325 BGH Beschl. v. 9.2.2012 – V ZB 305/10 – juris-Rn. 28.

- **Widersprüchliche Angaben** über die Identität sowie den Besitz und Verlust von Identitätsdokumenten, welche eine (zeitaufwändige) Überprüfung durch die Behörden im Zielstaat erforderlich machen.[326]

- Die **fehlende freiwillige Rückkehrbereitschaft** begründet kein Vertretenmüssen iSd Norm; denn dabei handelt es sich um den **Grund**, dass überhaupt ein Abschiebungsverfahren betrieben werden muss, nicht um ein konkretes Hindernis.[327]

cc) Duldung und verwaltungsgerichtlicher Rechtsschutz

147 Fragen von Abschiebungshindernissen ordnet das Ausländerrecht dem Institut der **Duldung** (§ 60 a AufenthG) als temporärem Verzicht auf den Vollzug der Abschiebung zu. Liegen Hindernisse vor, die *nicht kurzfristig* (dh während der Haftdauer) behebbar sind, ist eine Duldung zu erteilen und die Abschiebung auszusetzen. Daher können Hindernisse in Haftfällen in zwei Varianten vorkommen:

148 **Erstens** kann ein **Abschiebungshindernis** bestanden haben, aber **weggefallen** sein. In diesen Fällen besteht ggf. (noch) eine Duldung, welche den Vollzug der Abschiebung hindert und damit grundsätzlich der Durchführbarkeitsprognose entgegensteht. Allerdings ist sie stets **befristet**, so dass denkbar ist, dass sie während der Haftdauer **abläuft**. Ebenso kann sie, was nicht selten ist, unter **auflösender Bedingung** der Mitteilung eines Abschiebungstermins stehen.[328] In beiden Fällen erlischt sie ipso iure und ohne besondere Vorankündigungspflicht,[329] so dass sie der Durchführbarkeit prognostisch nicht entgegensteht.[330] Andernfalls kann sie widerrufen werden (§ 60 a Abs. 5 AufenthG), wobei der **Widerruf** einer Duldung mit einer Geltungsdauer von mehr als einem Jahr grds. einer Vorankündigung von einem Monat bedarf (§ 60 a Abs. 5 S. 4 AufenthG, Ausnahme bei Täuschung oder Nichterfüllung zumutbarer Mitwirkungsanforderungen, S. 5). Eine Klage gegen den Widerruf hat, da es sich um eine Maßnahme der Verwaltungsvollstreckung handelt, gem. § 80 Abs. 2 S. 2 VwGO iVm VwVGe bzw. VwGO-AGe keine aufschiebende Wirkung,[331] so dass nur ein Eilantrag den Widerruf suspendieren könnte (dazu sogleich).

149 **Zweitens** kann ein **Abschiebungshindernis** (nach Auffassung des Ausländers) bestehen, aber **(noch) keine Duldung** existieren. In diesem Fall muss der Ausländer im Wege einstweiligen Rechtsschutzes die Duldungsvoraussetzungen geltend machen, wobei je nach Fallgestaltung die §§ 123 Abs. 1, 80 Abs. 5 VwGO in Betracht kommen;[332] die konkrete Verfahrensart ist haftrichterlich bedeutungslos, denn für alle Varianten verwaltungsgerichtlichen Eilrechtsschutzes gilt:

- **Verwaltungsgerichtlicher Eilrechtsschutz (beantragt):** Ist zum Entscheidungszeitpunkt des Haftgerichts Eilrechtsschutz beim Verwaltungsgericht beantragt, so

---

326 BGH Beschl. v. 12.5.2016 – V ZB 25/16 – juris-Rn. 7.
327 BGH Beschl. v. 30.6.2011 – V ZB 261/10 – NVwZ 2011, 1535 – juris-Rn. 23; Beschl. v. 6.5.2010 – V ZB 193/09 – InfAuslR 2010, 361 – juris-Rn. 24 f.
328 VGH Mannheim Urt. v. 24.2.2016 – 11 S 1626/15 – InfAuslR 2016, 177 – juris-Rn. 27.
329 OVG Lüneburg Beschl. v. 11.1.2019 – 13 ME 220/18 – InfAuslR 2019, 145 – juris-Rn. 11; aA zB VGH München Beschl. v. 16.2.2015 – 10 C 14.1183 – juris-Rn. 24.
330 BGH Beschl. v. 22.7.2010 – V ZB 29/10 – InfAuslR 2011, 27 – juris-Rn. 14.
331 VG Düsseldorf Beschl. v. 9.11.2017 – 22 L 5379/17 – juris-Rn. 4; VG Oldenburg Beschl. v. 2.2.2015 – 11 B 676/15 – juris-Rn. 2.
332 Vgl. zur Abgrenzung zB OVG Lüneburg Beschl. v. 29.3.2019 – 13 ME 519/18 – InfAuslR 2019, 252 – juris-Rn. 9.

muss der Haftrichter prüfen, ob die Abschiebung gleichwohl in den nächsten drei Monaten durchgeführt werden kann (§ 62 Abs. 3 S. 3 AufenthG, allein der Rechtsschutzantrag ist kein „zu vertretendes" Hindernis). Haben die Verwaltungsgerichte eine einheitliche Spruchpraxis, dass sie stattgeben, ist die Haft wegen **zu erwartender Stattgabe** abzulehnen.[333] Dies ist zB der Fall, soweit Asylsysteme in EU-Mitgliedsstaaten wegen grundlegend defizitärer Ausstattung elementare Grundbedürfnisse (zB Nahrung, Unterkunft, medizinische Versorgung) von Asylbewerbern nicht erfüllen können und sie daher mit hoher Wahrscheinlichkeit der die Menschenwürde verletzenden Gefahr ernsthafter Armut aussetzen (sog. **systemische Mängel**, Art. 3 Abs. 2 UAbs. 2 und 3 Dublin-III-Verordnung).[334] Die Einheitlichkeit der Spruchpraxis ist je nach zuständigem Verwaltungsgericht zu beurteilen. Sie ist im Zuständigkeitsbereich größerer Verwaltungsgerichte praktisch selten, zumal sich die Bedingungen binnen weniger Monate ändern können und die Frage von verschiedenen Kammern für bestimmte Personengruppen (zB Kranke, Kinder, etc) oftmals unterschiedlich entschieden wird. Selbst eine vollständige Juris-Recherche ist mangels Vollständigkeit und wegen der Zeit bis zum Einstellen von Entscheidungen nur ein Anhaltspunkt. Praktisch werden regelmäßig allenfalls dienstliche Erkenntnisse aus übrigen Verfahren das notwendige Bild ergeben. Besteht keine Einheitlichkeit, ist zu **prognostizieren**, ob der Rechtsschutzantrag innerhalb der Haftdauer entschieden werden kann. Dazu ist eine **Mitteilung** an das und **Nachfrage** beim Verwaltungsgericht erforderlich.[335] Es ist dann grds. nur eine **vorläufige Entscheidung** gem. § 427 FamFG zu treffen.[336] Entscheidet das Verwaltungsgericht nicht innerhalb der sechs Wochen Höchstdauer (§ 427 Abs. 1 S. 2 FamFG), muss es dem Haftgericht Rückmeldung geben. Der Haftrichter muss dann in der **Hauptsache entscheiden** und prognostizieren, ob auf Grundlage der Rückmeldung und der bekannten Informationen eine stattgebende Entscheidung durch das Verwaltungsgericht wahrscheinlich ist oder nicht; in letzterem Falle darf er in der Hauptsache Haft anordnen, denn das anhängige Eilverfahren vor dem Verwaltungsgericht hindert nicht die Abschiebung.[337]

■ **Verwaltungsgerichtlicher Eilrechtsschutz (noch nicht beantragt):** Ist zum Entscheidungszeitpunkt des Haftgerichtes ein Eilantrag zwar möglich, aber (noch) **nicht beantragt**, so sind die behördlichen Entscheidungen ohne Weiteres zugrunde zu legen. Es kann dann in der Hauptsache entschieden werden; gegebenenfalls ist die Haft später (von Amts wegen) gem. § 426 Abs. 1 S. 1 FamFG aufzuheben, wenn ein Eilantrag gestellt und seine Stattgabe zu erwarten ist.[338] Ist eine Stattgabe nicht zu erwarten oder der Ausgang unklar, muss lediglich das Verwaltungsge-

---

333 BGH Beschl. v. 21.10.2010 – V ZB 96/10 – juris-Rn. 16.
334 Grundlegend nunmehr EuGH Urt. v. 19.3.2019 – C-163/17 – InfAuslR 2019, 236 – Jawo; Urt. v. 19.3.2019 – C-297/17 ua – Asylmagazin 2019, 195 – Ibrahim.
335 BGH Beschl. v. 1.6.2017 – V ZB 163/15 – InfAuslR 2017, 380 – juris-Rn. 8; Beschl. v. 25.2.2010 – V ZB 172/09 – NVwZ 2000, 726 – juris-Rn. 24.
336 BVerfG Beschl. v. 27.2.2009 – 2 BvR 538/07 – NJW 2009, 2659 – juris-Rn. 26.
337 BVerfG Beschl. v. 27.2.2009 – 2 BvR 538/07 – NJW 2009, 2659 – juris-Rn. 23.
338 BGH Beschl. v. 20.9.2017 – V ZB 118/17 – juris-Rn. 18.

richt um laufende Mitteilung zum Verfahren gebeten werden, um auf eine ggf. stattgebende Entscheidung reagieren zu können. Mehr ist nicht zu veranlassen.

150 Hat das Verwaltungsgericht eine (ausländergünstige) **Eilentscheidung getroffen** und die Abschiebung untersagt, wird die **Prognose** ihrer Durchführbarkeit regelmäßig **negativ** ausfallen. Etwas anderes ist nur denkbar, soweit sich das Gericht auf einen *behebbaren Fehler* (wie zB falscher, aber ohne Weiteres korrigierbarer Zielstaatbestimmung) bezieht und die Behörde mittels Bescheiderlass und *Abänderungsantrag* (§ 80 Abs. 7 VwGO) die Aufhebung der Verwaltungsgerichtsanordnung erreichen kann.[339] Dies ist aber ein äußerst seltener Ausnahmefall.

b) Strafrechtliche Ermittlungsverfahren

151 Werden gegen den Ausländer **strafrechtliche Ermittlungsverfahren** geführt, darf eine Abschiebung grds. nur im **Einvernehmen** mit der Staatsanwaltschaft erfolgen, § 72 Abs. 4 AufenthG. Dabei greift dieses Erfordernis bereits ab der *polizeilichen Einleitung* des Ermittlungsverfahrens, also unabhängig davon, ob die Staatsanwaltschaft davon bereits Kenntnis hat.[340] Auch vorläufig eingestellte Verfahren (zB gem. § 154 f StPO) lösen das Beteiligungserfordernis aus,[341] erst mit *rechtskräftigem Abschluss* ist die Norm nicht mehr einschlägig.[342] Sie sichert insofern die Strafverfolgung, nicht Strafvollstreckung.

152 Das Einvernehmen muss **zum Zeitpunkt der Haftanordnung** für **alle einzelnen Verfahren** vorliegen. Es kann insofern *telefonisch* eingeholt und vom staatsanwaltschaftlichen *Bereitschaftsdienst* erteilt werden (nicht aber von den Ermittlungspersonen der Staatsanwaltschaft[343]); ein entsprechender Vermerk muss die konkreten Verfahren benennen.[344] Die Zustimmung muss ausdrücklich erklärt werden, ein reines *Inaussichtstellen* genügt nicht.[345]

153 Bestimmte **Taten** sind jedoch gesetzlich **ausgenommen**, in diesen Fällen muss *kein Einvernehmen* eingeholt werden. Ein Zusammenhang der Taten mit dem unerlaubten Aufenthalt ist dabei nicht (mehr[346]) erforderlich. Dies betrifft die nachfolgend genannten Delikte, es sei denn, sie sind durch verschiedene Handlungen *mehrfach verletzt* worden (Tatmehrheit, § 53 StGB) oder es wurde ein *Strafantrag*[347] gestellt (§ 72 Abs. 4 S. 5 AufenthG):

- **§ 95 AufenthG** (Verstoß gegen das Aufenthaltsgesetz),
- **§ 9 FreizügG/EU** (Verstoß gegen das Freizügigkeitsgesetz/EU),
- **§§ 113 Abs. 1, 115 StGB** (Widerstand gegen Vollstreckungsbeamte oder Gleichstehende),

---

339 BGH Beschl. v. 9.6.2011 – V ZB 26/11 – juris-Rn. 7 f.
340 BGH Beschl. v. 3.2.2011 – V ZB 224/10 – NVwZ 2011, 767 – juris-Rn. 10.
341 BGH Beschl. v. 13.9.2018 – V ZB 231/17 – InfAuslR 2018, 418 – juris-Rn. 5.
342 BGH Beschl. v. 12.3.2015 – V ZB 197/14 – InfAuslR 2015, 343 – juris-Rn. 5.
343 BGH Beschl. v. 24.2.2011 – V ZB 202/10 – InfAuslR 2011, 253 – juris-Rn. 23.
344 BGH Beschl. v. 19.9.2011 – V ZB 212/11 – juris-Rn. 7.
345 BGH Beschl. v. 13.10.2011 – V ZB 126/11 – juris-Rn. 6.
346 BT-Drs. 19/10047, S. 46.
347 Nach dem Zweck der Vorschrift zur Sicherung des staatlichen (nicht: privaten) Strafanspruches wird ein Antrag nur bei Antragsdelikten von Bedeutung sein; nicht diskutiert in BT-Drs. 19/10047, S. 46 und BT-Drs. 18/5420, S. 28.

- § 123 StGB (Hausfriedensbruch),
- §§ 166, 167 StGB (Beschimpfung von Bekenntnissen, Störung der Religionsausübung),
- § 169 StGB (Personenstandsfälschung),
- § 185 StGB (Beleidigung),
- § 223 StGB (Vorsätzliche Körperverletzung),
- § 240 Abs. 1 StGB (Nötigung, bei sinngemäß analoger Anwendung auch der Versuch nach Abs. 3, was der Gesetzgeber in BT-Drs. 19/10047, S. 46 übersehen hat; nicht jedoch der besonders schwere Fall nach Abs. 4),
- §§ 242, 246, 248 b StGB (Diebstahl, Unterschlagung, unbefugter Fahrzeuggebrauch),
- § 263 Abs. 1, 2 und 4 StGB (Betrug, nicht aber im besonders schweren Fall),
- § 265 a StGB (Erschleichen von Leistungen),
- § 267 Abs. 1 und 2 (Urkundenfälschung),
- § 271 Abs. 1, 2 und 4 StGB (Mittelbare Falschbeurkundung),
- §§ 273, 274, 276 Absatz 1 (Verändern von amtlichen Ausweisen, Urkundenunterdrückung und Verschaffen von falschen Ausweisen),
- §§ 279, 281 StGB (Gebrauch unrichtiger Gesundheitszeugnisse, Missbrauch von Ausweispapieren),
- § 303 StGB (Sachbeschädigung),
- § 21 StVG (Fahren ohne Fahrerlaubnis) und
- § 6 PflVersG (Fahrzeuggebrauch ohne Haftpflichtversicherung).

Darüber hinaus haben viele Generalstaatsanwaltschaften in den einzelnen Bundesländern ihr Einvernehmen für bestimmte Delikte generell erteilt. Die Erteilungen sind bisweilen wenig praktisch, wenn sie zB *Wertgrenzen* (deren Einschlägigkeit gerade in frischen Verfahren weder der Ausländerbehörde noch dem Haftgericht bekannt ist) oder nur geringe *Reichweiten* (zB nur für die Ausländerbehörde des eigenen Bundeslandes) enthalten. Jedenfalls muss der Haftantrag konkret darlegen, inwiefern und für welche Delikte unter welchen Voraussetzungen das Einvernehmen erteilt wurde; auch dann, wenn dies dem Gericht bekannt ist.[348] 154

Das Fehlen des Einvernehmens lässt sich **nicht** über die **Prognose**, es werde innerhalb der Haftzeit eingeholt werden können, kompensieren,[349] denn es ist kein lediglich zeitweiliges Abschiebungshindernis.[350] Daher kommt bei fehlendem Einvernehmen nur eine **vorläufige Entscheidung** gem. § 427 FamFG in Betracht.[351] 155

Der **Haftantrag** muss darlegen, ob und welche Verfahren gegen den Betroffenen geführt werden, ob Einvernehmen *vorliegt* oder warum es *nicht erforderlich* ist.[352] Dies muss auch geschehen, wenn ein Einvernehmen *generell erteilt* wurde oder *gerichtsbekannt* ist;[353] die Angaben müssen überprüfbar sein, die generelle Erteilung also zB als 156

---

348 BGH Beschl. v. 31.5.2012 – V ZB 167/11 – NJW 2012, 2448 – juris-Rn. 8.
349 BGH Beschl. v. 10.2.2011 – V ZB 49/10 – juris-Rn. 7.
350 BGH Beschl. v. 17.6.2010 – V ZB 93/10 – NVwZ 2010, 1574 – juris-Rn. 9.
351 BGH Beschl. v. 16.12.2012 – V ZB 320/10 – juris-Rn. 11; Beschl. v. 10.2.2011 – V ZB 49/10 – juris-Rn. 8; Beschl. v. 10.6.2010 – V ZB 204/09 – NVwZ 2010, 1172 – juris-Rn. 33.
352 BGH Beschl. v. 13.9.2018 – V ZB 145/17 – juris-Rn. 15.
353 BGH Beschl. v. 31.5.2012 – V ZB 167/11 – NJW 2012, 2448 – juris-Rn. 8.

Anlage enthalten oder mit Datum und Aktenzeichen referenzieren.[354] Andernfalls ist der Antrag bereits **unzulässig**.[355] Ergeben sich Anhaltspunkte für weitere Ermittlungsverfahren aus der **Ausländerakte**, muss der Haftrichter diesen nachgehen.[356]

4. Haftausschließungsgründe

157 Können die oben (→ Rn. 143 f.) benannten Umstände den **Vollzug der Abschiebung** hindern, ist auch denkbar, dass bestimmte Gründe genuin der **Haftanordnung** als solcher entgegenstehen. Denn jede Haft muss dem *Übermaßverbot* genügen, so dass immer das öffentliche Interesse am Abschiebungsvollzug mit dem Freiheitsanspruch des Ausländers in Einklang zu bringen ist.[357]

a) Erforderlichkeit der Haft

158 Eine Haft ist nicht erforderlich, wenn der Betroffene **freiwillig ausreist**.[358] Diese Frage ist rechtsdogmatisch von der Gesamtwürdigung zur Annahme der Fluchtgefahr zu trennen; denn soweit diese die Frage aufwirft, ob der Ausländer sich *gerade der Abschiebung* zur Verfügung stellen wird, ist jene auf die Klärung gerichtet, ob er *vorher freiwillig ausreisen* wird, es also gar nicht erst zur Abschiebung kommen muss. Die Gewährung dieser Möglichkeit stellt aus grundrechtlicher Sicht ein weniger rechtsbeeinträchtigendes Mittel dar,[359] zu dem sich die Behörde freilich im Antrag nicht verhalten muss.[360]

159 Zu dieser Frage muss der Ausländer **angehört** werden.[361] Die Würdigung der Angaben ist haftrichterliche Aufgabe. Zu beachten ist dabei, dass das Abschiebungsverfahren regelmäßig überhaupt erst in Gang gesetzt wird, soweit eine Frist zur freiwilligen Ausreise fruchtlos verstrichen ist (§ 58 Abs. 1 S. 1 AufenthG → Rn. 2 ff.). In den meisten Fällen sind daher Erklärungen der Ausreisebereitschaft kaum hinreichend glaubhaft und schon das bisherige Verhalten spricht dagegen.[362] Ohnehin genügt eine unter Bedingungen angekündigte Ausreisebereitschaft nicht.[363] Zu erwägen ist auch, ob der Ausländer über hinreichende finanzielle Mittel für die freiwillige Ausreise verfügt[364] und **konkrete Vorbereitungen** zur Ausreise getroffen hat.[365] Werden nicht gerade Pass und zB gebuchtes Flugticket vorgelegt, wird eine Entlassung zur Ermöglichung freiwilliger Ausreise kaum zur Sicherung der Ausreise *gleich geeignet* aus Sicht des Übermaßverbotes sein (eingehend → Rn. 85).

354 BGH Beschl. v. 11.10.2012 – V ZB 72/12 – juris-Rn. 8.
355 StRspr BGH Beschl. v. 9.5.2019 – V ZB 188/17 – juris-Rn. 8; Beschl. v. 3.2.2011 – V ZB 224/10 – NVwZ 2011, 767 – juris-Rn. 7; Beschl. v. 20.1.2011 – V ZB 226/10 – InfAuslR 2011, 202 – juris-Rn. 9.
356 BGH Beschl. v. 24.1.2019 – V ZB 72/18 – juris-Rn. 9.
357 BVerfG Beschl. v. 15.11.2000 – 2 BvR 347/00 – juris-Rn. 27; BGH Beschl. v. 30.6.2011 – V ZB 261/10 – NVwZ 2011, 1535 – juris-Rn. 17.
358 BGH Beschl. v. 17.6.2010 – V ZB 13/10 – juris-Rn. 26.
359 Vgl. LG Hamburg Beschl. v. 11.1.2018 – 329 T 99/17 – juris-Rn. 11.
360 BGH Beschl. v. 30.3.2017 – V ZB 128/16 – NVwZ 2017, 185 – juris-Rn. 11.
361 EuGH Urt. v. 11.6.2015 – C-554/13 – NVwZ 2015, 280 – juris-Rn. 69.
362 Vgl. LG Arnsberg Beschl. v. 16.9.2014 – 5 T 287/14 – juris-Rn. 35.
363 LG Detmold Beschl. v. 7.11.2013 – 3 T 177/13 – juris-Rn. 17.
364 LG Münster Beschl. v. 1.6.2018 – 5 T 316/18 – juris-Rn. 39.
365 LG Hannover Beschl. v. 17.1.2018 – 8 T 4/18 – juris-Rn. 21.

b) Angemessenheit der Haft

In der konkreten Abwägung des Freiheitsgrundrechts (Art. 2 Abs. 2 S. 2 GG) mit dem **160** Interesse an einer Sicherung des Ausreisevollzugs kann ersteres überwiegen. Hierzu haben sich die folgenden **Fallgruppen** herauskristallisiert.

aa) Beschleunigungsgebot

Da das Grundrecht des Art. 2 Abs. 2 S. 2 GG ein **Beschleunigungsgebot** aufstellt,[366] **161** sind Behörden wie auch Gerichte verpflichtet, die Haft so kurz wie möglich zu halten. Daher muss insbesondere die Behörde die Abschiebung des Ausländers „ernstlich" und „mit der größtmöglichen Beschleunigung" betreiben.[367]

Sobald absehbar ist, dass eine Abschiebung erforderlich ist, muss die Behörde daher **162** alle ihr möglichen **Anstrengungen unternehmen**, um die notwendigen Papiere zu beschaffen und damit eine möglichst kurze Haftdauer sicherzustellen.[368] Dabei sind mit zunehmender Haftdauer verstärkte Anstrengungen notwendig.[369] Dies schließt einen gewissen organisatorischen Spielraum nicht aus, der jedoch bei *sachfremdem Vorgehen* überschritten ist.[370]

Welche **konkreten Maßnahmen** in welcher Zeit erforderlich sind, richtet sich nach **163** dem Einzelfall; Bearbeitungsverzögerungen durch *ausländische Behörden* sind nicht **zuzurechnen**.[371] Verzögerungen durch *deutsche Behörden*, welche für die Ausländerbehörden zB in die Passbeschaffung eingebunden sind, jedoch schon;[372] dies kann zB das Auswärtige Amt zur Erteilung einer Verbalnote sein, wenn die Zielstaatbehörden nicht fristgemäß reagieren, oder das Bundesamt für Migration und Flüchtlinge nach § 2 Abs. 1 AsylZBV bei Überstellungen nach der Dublin-III-Verordnung.

Der Haftrichter muss daher bei der **Erstanordnung** prüfen, ob nach dem Haftantrag **164** ein schlüssiges Konzept besteht, die notwendigen Verfahrensschritte bis zum Haftende möglichst kurz zu halten; während des **Verlängerungs-** oder **Beschwerdeverfahrens** ist auch zu prüfen, ob die konkrete Handhabung zwischen Haftbeginn und Entscheidung den Anforderungen genügt hat. Zur Ermittlung sind die **Ausländerakten** beizuziehen,[373] dort (und bei Verlängerung bzw. Beschwerde ggf. in den Gerichtsakten) müssen die Beschleunigungsanstrengungen ersichtlich sein.[374] Wie einzelne Fälle zu beurteilen sein können, zeigen folgende **Beispiele**:

- Erkennt die Behörde zutreffend die **Notwendigkeit einer begleiteten Abschiebung**, „versucht" aber gleichwohl eine **unbegleitete**, die fehlschlägt, verletzt sie bzgl. daraus entstehender Verzögerungen das Beschleunigungsgebot.[375]

---

366 Vgl. nur BVerfG Beschl. v. 17.1.2013 – 2 BvR 2098/12 – StV 2013, 640 – juris-Rn. 41; Beschl. v. 19.10.1977 – 2 BvR 1309/76 – BVerfGE 46, 194 – juris-Rn. 1.
367 StRspr BGH Beschl. v. 17.10.2013 – V ZB 172/12 – InfAuslR 2014, 52 – juris-Rn. 13; Beschl. v. 10.6.2010 – V ZB 204/09 – NVwZ 2010, 1172 – juris-Rn. 21.
368 BGH Beschl. v. 25.3.2010 – V ZA 9/10 – NVwZ 2010, 1175 – juris-Rn. 22.
369 BGH Beschl. v. 9.6.2011 – V ZB 230/10 – juris-Rn. 7.
370 BGH Beschl. v. 19.5.2011 – V ZB 247/10 – juris-Rn. 7; Beschl. v. 21.10.2010 – V ZB 56/10 – juris-Rn. 13.
371 StRspr BGH Beschl. v. 20.9.2018 – V ZB 102/16 – juris-Rn. 22; Beschl. v. 25.2.2010 – V ZA 2/10 – juris-Rn. 16.
372 BGH Beschl. v. 8.2.2018 – V ZB 92/17 – juris-Rn. 12.
373 BGH Beschl. v. 18.8.2010 – V ZB 119/10 – juris-Rn. 17.
374 BGH Beschl. v. 7.10.2013 – V ZB 24/13 – EzAR-NF 57 Nr. 31 – juris-Rn. 17.
375 BGH Beschl. v. 11.10.2012 – V ZB 104/12 – juris-Rn. 8.

- Ist die **Identität** des Ausländers **nicht geklärt,** muss die Behörde den Antrag auf Identifizierung und auf Ausstellung von Ersatzpapieren unverzüglich an das zuständige Generalkonsulat des (angeblichen) Zielstaates richten und bei **fehlender fristgemäßer Rückmeldung** von dort **reagieren.**[376]

- Bei **Ablehnung** eines **Asylantrages als offensichtlich unbegründet** während der Haft darf die Behörde nicht erst zwei Wochen ungenutzt verstreichen lassen, bevor sie sich um die Beschaffung von Passersatzpapieren bemüht.[377] Diese Zeit wird aber entgegen der zitierten Entscheidung des BGH erst ab Bestandskraft des Bescheides relevant, da vorher wg. § 15 Abs. 2 Nr. 6 AsylG noch keine Pflicht zur Mitwirkung an der Passersatzbeschaffung besteht[378] und zudem Postlaufzeiten und Rechtsmittelfrist zu berücksichtigen sind.

- Fragt der **Zielstaat** bei Dublin-III-Überstellungen während der Haft nach **Beweismitteln,** dürfen diese nicht mit einer Woche Verzögerung und im normalen Postlauf übermittelt werden.[379]

- Während **Strafhaft** muss die Behörde **Kontakt mit der Vollstreckungsbehörde** aufnehmen, um ihre Bemühungen auf eine etwaige vorzeitige Haftentlassung ausrichten zu können; bloße Mitteilung an die Haftanstalt genügt nicht. Die **Abschiebung** ist hinreichend vorzubereiten, so dass sie **unmittelbar im Anschluss an die Strafhaft** durchgeführt werden kann;[380] das ist nicht der Fall, wenn der Ausländer erstmals 14 Tage nach Untersuchungs- bzw. Strafhaftantritt zur Identitätsfeststellung und Antragstellung für Passersatz aufgesucht wird, der Antrag erst nach weiteren 14 Tagen weitergeleitet wird und sodann nach zwölf Wochen noch keine Ersatzpapiere vorliegen, obwohl deren Beschaffung ohne besondere Schwierigkeiten möglich gewesen wäre.[381] Es entspricht insofern dem Beschleunigungsgebot, noch während der Strafhaft das ggf. nötige Passersatzpapierbeschaffungsverfahren einzuleiten.[382]

- Lässt die Behörde **nach Haftanordnung** ohne zureichenden Grund eine knappe Woche verstreichen, ehe sie den Antrag auf Passersatzpapiere bei der Botschaft einreicht, und weist sie dabei nicht auf die besondere Dringlichkeit wegen Inhaftierung hin, verletzt sie das Beschleunigungsgebot.[383]

- Wenn während eines noch laufenden Asylverfahrens aus der Haft die Beschaffung von **Passersatzpapieren vorübergehend unmöglich** ist, darf die Behörde insofern zuwarten.[384]

- Die **Bestandskraft** einer **Ausweisungsverfügung** darf die Behörde abwarten, während der Ausländer in Strafhaft sitzt; in dieser Zeit müssen noch keine Ersatzpapiere beschafft werden.[385]

---

376 BGH Beschl. v. 7.10.2013 – V ZB 24/13 – EzAR-NF 57 Nr. 31 – juris-Rn. 12.
377 BGH Beschl. v. 26.9.2013 – V ZB 2/13 – InfAuslR 2014, 54 – juris-Rn. 10.
378 VGH Mannheim Urt. v. 6.10.1998 – A 9 S 856/98 – InfAuslR 1999, 287 – juris-Rn. 32.
379 BGH Beschl. v. 7.4.2011 – V ZB 111/10 – NVwZ 2011, 1214 – juris-Rn. 19 f.
380 BGH Beschl. v. 28.10.2010 – V ZB 210/10 – InfAuslR 2011, 71 – juris-Rn. 25 ff.
381 OLG Köln Beschl. v. 8.11.2007 – 16 Wx 255/07 – FGPrax 2008, 91 – juris-Rn. 17 ff.
382 BGH Beschl. v. 25.3.2010 – V ZA 9/10 – NVwZ 2010, 1175 – juris-Rn. 22.
383 BGH Beschl. v. 10.10.2013 – V ZB 25/13 – juris-Rn. 9.
384 BGH Beschl. v. 1.3.2012 – V ZB 206/11 – InfAuslR 2012, 271 – juris-Rn. 16.
385 BGH Beschl. v. 28.10.2010 – V ZB 210/10 – InfAuslR 2011, 71 – juris-Rn. 27.

- Eine **mangelnde Personalausstattung** rechtfertigt grds. keine Verzögerungen, es sei denn, es handelt sich um eine ganz **kurzfristige Überlastung** aufgrund eines außerordentlichen Geschäftsanfalles.[386]
- Auch **Großlagen der Polizei** vermögen, wenn sie als **Überlastung** nicht nur ganz kurzfristig sind, Verzögerungen nicht zu rechtfertigen.[387]

bb) Ehe und Familie (Art. 6 Abs. 1 und 2 GG)

Auch das Grundrecht des Art. 6 GG kann eine Unangemessenheit der Haft begründen. Dies ist stets von Amts wegen zu prüfen, soweit es Anhaltspunkte hierfür gibt.[388] Dabei kann Unangemessenheit sowohl aus einer **Ehe** (Art. 6 Abs. 1 Var. 1 GG) als auch einer **Familie** (Art. 6 Abs. 1 Var. 2 GG) bzw. **Elternteil-Kind-Beziehung** erwachsen.   165

Diese beiden Gesichtspunkte sind jedoch zuvörderst Abschiebungshindernisse und daher im Rahmen verwaltungsgerichtlichen Eilrechtsschutzes (→ Rn. 147 ff.) geltend zu machen;[389] sie sind **haftrichterlich** nur beachtlich, soweit diese Grundrechte spezifisch *durch den Vollzug* der Haftanordnung beeinträchtigt werden. Dies wird regelmäßig nur dann der Fall sein, wenn über die durch eine Abschiebung ohnehin erfolgende Trennung des Ausländers von Bezugspersonen hinaus weitere (aktuelle) Umstände hinzutreten.   166

Insofern kann die Haft **unverhältnismäßig** sein, wenn zwischen einem Ausländer und seiner Partnerin eine *Beistandsgemeinschaft* besteht und sie oder ihre Kinder aktuell auf die *Unterstützung* durch den Ausländer *angewiesen* sind; insofern kann nach ggf. vorläufiger Entscheidung gem. § 427 FamFG die Einvernahme der Partnerin als Zeugin für die Hauptsache-Entscheidung in Betracht kommen.[390] Handelt es sich um eine **bloße Begegnungsgemeinschaft**, also Kontakt ohne vertiefte Verantwortungsübernahme und/oder gemeinsamen Lebensmittelpunkt, so kann Haft ohne Weiteres angeordnet werden.[391] Wird aber in einer **gelebten Verantwortungsgemeinschaft** durch den Ausländer ein *eigenständiger Erziehungsbeitrag* geleistet,[392] so gebietet das Wohl des deutschen Kindes[393] oder bei Kindern ausländischer Staatsangehörigkeit dessen Umgangsrecht mit seiner deutschen Mutter,[394] dass dem **Grundrecht Vorrang** vor ausländerrechtlichen Belangen eingeräumt wird.[395] Dabei ist zu berücksichtigen, dass   167

- bei ausländischem **Elternteil mit gelebter Beziehung zum minderjährigen Kind** eine Abschiebungshaft nur im äußersten Fall und für die kürzestmögliche angemessene Dauer zulässig ist;[396] insbesondere, wenn das **Kind noch jung** ist (2,5

386 BGH Beschl. v. 11.7.2019 – V ZB 28/18 – juris-Rn. 8.
387 BGH Beschl. v. 16.2.2012 – V ZB 320/10 – InfAuslR 2012, 225 – juris-Rn. 17.
388 OLG München Beschl. v. 18.9.2006 – 34 Wx 113/06 – BayVBl 2007, 30 – juris-Rn. 17.
389 BGH Beschl. v. 6.12.2012 – V ZB 218/11 – InfAuslR 2013, 154 – juris-Rn. 10.
390 BGH Beschl. v. 6.12.2012 – V ZB 218/11 – InfAuslR 2013, 154 – juris-Rn. 11.
391 BGH Beschl. v. 21.10.2010 – V ZB 56/10 – juris-Rn. 12.
392 BVerfG Beschl. v. 30.1.2002 – 2 BvR 231/00 – NVwZ 2002, 849 – juris-Rn. 22.
393 BVerfG Beschl. v. 1.10.1992 – 2 BvR 1365/92 – InfAuslR 1993, 10 – juris-Rn. 3.
394 BVerfG Beschl. v. 10.8.1994 – 2 BvR 1542/94 – NJW 1994, 3155 – juris-Rn. 11.
395 BVerfG Beschl. v. 1.8.1996 – 2 BvR 1119/96 – NVwZ 1997, 479 – juris-Rn. 5.
396 BGH Beschl. v. 17.6.2010 – V ZB 127/10 – NVwZ 2010, 1318 – juris-Rn. 27.

Jahre alt[397]), der Ausländer sich **um das Kind kümmert** (zB während die Mutter arbeitet[398]) oder sonst erhebliche **negative Auswirkungen** auf das Kind zu erwarten sind, ist eine Haft unverhältnismäßig,[399]

■ bei Familien mit minderjährigen Kindern – wenn überhaupt (voriges Beispiel) – idR nur **Abschiebungshaft für einen Elternteil** beantragt werden soll (Nr. 62.0.5 VwV-AufenthG),

■ bei ausländischem **Elternteil**, das seit geraumer Zeit **getrennt** von Frau und Kind **lebt**, die Frage nur die Abschiebung (Prüfungskompetenz der Verwaltungsgerichte) betrifft, aber nicht schon eine Grundrechtsverletzung durch die Haft bedingt,[400]

■ keine hafthindernde gelebte Beziehung besteht, wenn der Ausländer sein **Kind nur ab und zu besucht**,[401]

■ Haft angeordnet werden kann, wenn eine **Eheschließung** ohnehin auf absehbare Zeit **unmöglich** ist und eine **gelebte Partnerschaft** nicht besteht.[402]

cc) Schwangerschaft der Ausländerin

168 Eine bestehende Schwangerschaft der in Haft zu nehmenden Ausländerin ist unter **drei Gesichtspunkten** zu berücksichtigen:

■ Sie kann sich auf eine **Gesamtwürdigung bzgl. der Fluchtgefahr** auswirken. Denn die mit der Schwangerschaft einhergehenden Belastungen und Einschränkungen machen es, zumal bei eingeschränkten Sprachfähigkeiten, ggf. erheblich schwerer, unterzutauchen.[403]

■ Sie kann die **Prognose der Durchführbarkeit** der Abschiebung (→ Rn. 138) beeinflussen. Viele Fluggesellschaften verweigern ab der 29. (achter Monat) bis 35. Schwangerschaftswoche die Mitnahme, je nach Gesellschaft müssen ärztliche Bescheinigungen vorgelegt werden.[404]

■ Ohnehin ist Haft **innerhalb der Fristen des § 3 MuSchG** (Beginn: sechs Wochen vor der Geburt; Ende: acht Wochen nach Entbindung, zwölf Wochen bei Früh-, Mehrlings- und Behindertengeburten) nach 62.0.5 VwV-AufenthG grds. nicht zu verhängen und regelmäßig **unverhältnismäßig**;[405] Ausnahmen sind aber im Falle des § 58 a AufenthG denkbar, soweit mit ärztlicher Bestätigung der Reisefähigkeit eine Zulässigkeit des Fluges nach IATA-Regeln besteht.

dd) Minderjährigkeit des Ausländers

169 Die besondere Belastung von Haft für Minderjährige macht ihre Anordnung aus grundrechtlicher Sicht zum **Ausnahmefall**.[406] So regelt auch § 61 Abs. 1 S. 3 AufenthG, dass Minderjährige und Familien mit Minderjährigen nur in besonderen

---

397 LG Frankfurt Beschl. v. 11.6.2007 – 2-28 T 121/07 – InfAuslR 2007, 300 – juris-Rn. 5
398 BGH Beschl. v. 12.12.2013 – V ZB 214/12 – juris-Rn. 12.
399 BGH Beschl. v. 6.12.2012 – V ZB 218/11 – InfAuslR 2013, 154 – juris-Rn. 12.
400 BGH Beschl. v. 17.9.2014 – V ZB 159/13 – juris-Rn. 1.
401 LG Hannover Beschl. v. 4.11.2013 – 8 T 20/13 – BeckRS 2015, 1459 – nrkr.
402 BGH Beschl. v. 22.7.2010 – V ZB 29/10 – InfAuslR 2011, 27 – juris-Rn. 20.
403 OLG Brandenburg Beschl. v. 11.5.2009 – 11 Wx 12/09 – juris-Rn. 18.
404 BGH Beschl. v. 11.5.2011 – V ZB 265/10 – InfAuslR 2011, 302 – juris-Rn. 12.
405 BGH Beschl. v. 26.5.2011 – V ZB 264/10 – NVwZ-RR 2011, 838 – juris-Rn. 10.
406 BGH Beschl. v. 29.9.2010 – V ZB 233/10 – NVwZ 2011, 320 – juris-Rn. 9.

Ausnahmefällen und nur so lange in Abschiebungshaft genommen werden, wie es unter Berücksichtigung des Kindeswohls angemessen ist. Insofern kommt ihre Unterbringung nur in **besonders ausgestatteten Haftanstalten** in Betracht (→ Rn. 66). Zu beachten ist dabei, dass

- bei **unbegleiteten Minderjährigen** Haft nur im äußersten Fall für kürzestmögliche Dauer anzuordnen ist,[407]
- anstelle von Haft vorrangig die **Unterbringung** in einer **Einrichtung für Jugendliche** nebst zB **Meldepflichten** oder sonstigen **räumlichen Beschränkungen** in Betracht kommt.[408]

Der **Haftantrag** muss sich dazu verhalten, warum und inwiefern **weniger rechtsbeeinträchtigende Mittel** nicht in Betracht kommen. Zwar muss das Haftgericht das Übermaßverbot auch ohne behördliche Darlegungen beachten; da aber die konkreten behördlichen Gestaltungsmöglichkeiten dem Gericht und dem Ausländer zT unbekannt sind, sind hierzu Ausführungen erforderlich.[409]   170

Bestehen **Zweifel** über das Alter des Ausländers, muss der Haftrichter ihnen nachgehen; dabei begründet aber nicht schon die *bloße Angabe* des Ausländers, er sei minderjährig, Zweifel, wenn der Haftrichter nachvollziehbar darlegen kann, warum die Angabe zum Erscheinungsbild und übrigen Aspekten aus der Akte nicht passt.[410] Verbleiben jedoch Zweifel, ist gem. § 49 Abs. 3, Abs. 6 AufenthG zu verfahren und bei Unaufklärlichkeit von Minderjährigkeit auszugehen.[411] Insofern kann zunächst **vorläufig entschieden** werden (§ 427 FamFG), um der Behörde die weitere Sachaufklärung innerhalb der Frist aufzugeben.   171

c) Haftunfähigkeit

Eine Haft darf nicht angeordnet werden, wenn es an einer Haftfähigkeit des Ausländers fehlt. Diese zu **prüfen**, ist **Aufgabe des Haftrichters**.[412] Ermittlungen ins Blaue hinein sind jedoch nicht erforderlich, Anlass besteht nur *bei konkreten Anhaltspunkten*.[413] Solche Anhaltspunkte können **beispielsweise** sein: 172

- **Angabe des Ehepartners**, der Ausländer sei wg. **Krebserkrankung** „sterbenskrank",[414]
- **Vorlage eines Arztberichtes**, der eine posttraumatische Belastungsstörung (**PTSD**) mit aktueller Gefahr der **Eigen- und Fremdgefährdung** diagnostiziert, auch wenn der polizeiärztliche Dienst zuvor Verwahrfähigkeit bescheinigt hat,[415]
- **Suizidversuche** in der Haft geben zur Prüfung Anlass, ob diese auf die Haft oder die bevorstehende Abschiebung zurückzuführen ist; in letzterem Fall (was die Re-

---

407 BGH Beschl. v. 12.2.2015 – V ZB 185/14 – NVwZ 2015, 840 – juris-Rn. 5.
408 BGH Beschl. v. 29.9.2010 – V ZB 233/10 – NVwZ 2011, 320 – juris-Rn. 9.
409 Vgl. nur *Winkelmann* in Bergmann/Dienelt AufenthG § 62 Rn. 106 mwN.
410 BGH Beschl. v. 10.8.2018 – V ZB 123/18 – NVwZ 2018, 1903 – juris-Rn. 10; zB frühere Angaben, wissenschaftliche Gutachten, BGH ebd. juris-Rn. 12.
411 BGH Beschl. v. 10.8.2018 – V ZB 123/18 – NVwZ 2018, 1903 – juris-Rn. 10 ff.; Beschl. v. 29.9.2010 – V ZB 233/10 – NVwZ 2011, 320 – juris-Rn. 11.
412 BGH Beschl. v. 1.6.2017 – V ZB 163/15 – InfAuslR 2017, 380 – juris-Rn. 8.
413 BGH Beschl. v. 30.10.2013 – V ZB 69/13 – juris-Rn. 7; Beschl. v. 12.5.2011 – V ZB 299/10 – juris-Rn. 8.
414 BGH Beschl. v. 30.10.2013 – V ZB 69/13 – juris-Rn. 8.
415 KG Beschl. v. 7.2.2005 – 25 W 74/04 – Beschlussabdruck S. 3 – nv.

gel sein wird[416]) betreffen sie ein potenzielles Abschiebungshindernis ($\rightarrow$ Rn. 144 „Suizidgefahr"), hindern weitere Haft jedoch nicht.[417]

173 Insofern darf die **anstaltsärztliche Untersuchung** des Ausländers haftrichterlich als gewichtiger Aspekt zugrunde gelegt werden,[418] wobei aber konkrete Angaben über den **Befund** und die **Behandlung** einzuholen sind.[419]

174 Stellt das Haftgericht nach dem Ergebnis der Ermittlungen **dauerhafte Haftunfähigkeit** fest, ist der Haftantrag abzulehnen bzw. angeordnete Haft aufzuheben. Ist der Ausländer nur **vorübergehend** haftunfähig, kommt nach Ersetzung des FreihEntzG durch das FamFG[420] eine *Aussetzung gegen Auflagen* in Betracht (§ 424 FamFG), insbesondere Meldeauflagen und Mitteilungspflichten.[421]

II. Vorbereitungshaft (§ 62 Abs. 2 AufenthG)

175 Die Vorbereitungshaft dient der Vollzugssicherung einer beabsichtigten Abschiebung im Vorfeld des Erlasses einer **Ausweisung** (Var. 1) oder **Abschiebungsanordnung** nach § 58 a AufenthG **(Gefährder)** (Var. 2). Sie betrifft also Fälle, in denen *noch keine vollziehbare Ausreisepflicht* besteht, in denen sie aber gerade durch eines dieser beiden Institute hergestellt und vollzogen werden soll. Dabei ist die Vorbereitungshaft auf diese beiden Varianten begrenzt, andere Zwecke dürfen mit ihr nicht verfolgt werden.[422]

176 Die **Voraussetzung** der Haftanordnung ist damit, dass ein Erlass der entsprechenden *Verwaltungsakte möglich* ($\rightarrow$ Rn. 177 ff.) und hinreichend sicher *zu erwarten* ist ($\rightarrow$ Rn. 183 ff.), die Haft zur Vermeidung *wesentlicher Erschwernis oder Vereitelung* des Verfahrens erforderlich ist ($\rightarrow$ Rn. 168 ff.) und der Haft keine *Gründe entgegenstehen* ($\rightarrow$ Rn. 188 ff.).

1. Möglichkeit des Verwaltungsaktes

177 Eine *Ausweisung* oder *Abschiebungsanordnung (§ 58 a AufenthG)* muss **rechtlich möglich** sein. Bestehen bei der Sicherungshaft behördliche Bescheide, deren inhaltliche Prüfung dem Haftgericht versagt ist, ist hier eine rechtliche Prüfung der Voraussetzung der benannten Verwaltungsakte erforderlich.[423] Dabei ist allerdings Haft nach der Norm schon dann anzuordnen, wenn über die Bescheide *noch nicht* entschieden werden kann; Maßstab der haftrichterlichen Prüfung ist damit nur, ob (offensichtliche) **Rechtsfehler** einem Bescheiderlass entgegenstehen würden.[424]

178 Die **Grundlage** der Prüfung stellt der **Haftantrag** dar, welcher Ausführungen auch zur Möglichkeit des Bescheiderlasses enthalten muss.[425]

---

416 Vgl. LG Bochum Beschl. v. 17.11.2010 – 7 T 501/10 – juris-Rn. 26.
417 BGH Beschl. v. 14.4.2016 – V ZB 112/15 – Rn. 17 ff.
418 LG Bochum Beschl. v. 17.11.2010 – 7 T 501/10 – juris-Rn. 24.
419 *Winkelmann* in Bergmann/Dienelt AufenthG § 62 Rn. 148 mwN.
420 Zur Rechtslage bis 2009 vgl. OLG Saarbrücken Beschl. v. 11.5.2006 – 5 W 68/06–24 – juris-Rn. 17.
421 Vgl. LG München II Beschl. v. 16.10.2013 – 6 T 4334/13 – InfAuslR 2013, 441 – juris-Rn. 1 ff.; AG Bremen Beschl. v. 1.10.2009 – 92 XIV 71/09 – InfAuslR 2009, 461 – juris-Rn. 1.
422 LG Saarbrücken Beschl. v. 21.3.2011 – 5 T 41/11 – juris-Rn. 36.
423 Vgl. *Zeitler* HTK-AuslR § 62 AufenthG, zu Abs. 2 Nr. 2.2.
424 IdS wohl LG Hamburg Beschl. v. 8.5.2012 – 329 T 23/12 – juris-Rn. 5.
425 BGH Beschl. v. 9.2.2012 – V ZB 305/10 – juris-Rn. 14.

a) Möglichkeit einer Ausweisung

Eine **Ausweisung** hat das Ziel, gefährliche Ausländer aus dem Bundesgebiet zu entfer-   179
nen und ihnen die Wiedereinreise nebst Erlangung eines Aufenthaltstitels zu verweh-
ren. Es handelt sich damit um ein Institut des **Gefahrenabwehrrechts**, das automa-
tisch etwaige Aufenthaltstitel zum Erlöschen bringt (§ 51 Abs. 1 Nr. 5 AufenthG) und
damit eine Ausreisepflicht begründet (§ 50 Abs. 1 AufenthG). Dies geht auch mit
einem (Wieder-)Einreise- und Aufenthaltsverbot einher (§ 11 Abs. 1 AufenthG).

Eine Ausweisung ist möglich, wenn die **Voraussetzungen der §§ 53 bis 55 AufenthG**   180
vorliegen. Diese sind:[426]

- Der **Anwendungsbereich** darf nicht durch Sonderregelungen gesperrt sein. §§ 6,
  11 S. 1 FreizügG/EU schließt die Norm für Unions- und EWR-Bürger und ihre
  Familienangehörigen aus, eine Ausweisung ist aber möglich für sonstige Privile-
  gierte, zB Schweizer und Türken.[427]
- Es darf **kein Ausweisungsschutz** nach § 53 Abs. 3 bis 4 AufenthG einschlägig sein.
  Dies betrifft Ausländer mit Aufenthaltsrecht nach **Assoziierungsabkommen
  EWG/Türkei** und **Dauerhaufenthalt EU** (Abs. 3, Ausweisung nur bei gegenwärti-
  ger schwerwiegender Gefahr für die öffentliche Sicherheit und Ordnung darstellt,
  die ein Grundinteresse der Gesellschaft berührt, berührt, insbesondere bei BtM-
  Handel,[428] wobei Bewährungsaussetzung eine eigene Behördenprognose nicht
  hindert[429]), **anerkannte Asylbewerber** (Abs. 3 a, Ausweisung nur bei Gefahr für
  die Sicherheit der Bundesrepublik Deutschland, Terrorgefahr/Gefährder[430] oder
  bei rechtskräftiger Verurteilung wegen einer schweren Straftat[431]), **anerkannte
  subsidiär Schutzberechtigte** (Abs. 3 b, Ausweisung nur nach Begehen einer schweren Straftat [keine Rechtskraft erforderlich, vgl. Systematik Abs. 3a] oder bei Gefahr für die Allgemeinheit oder Sicherheit der Bundesrepublik), **Asylantragsteller**
  (Abs. 4, Ausweisung nur bei unanfechtbarer Ablehnung, im Falle einer Variante
  des Abs. 3 oder bei Bestehen einer Abschiebungsandrohung nach § 34 a AsylG).
- Es müssen die **Ausweisungsinteressen** gem. § 54 AufenthG ermittelt und gewichtet werden. Dabei sind die **Kataloge** des Abs. 1 und 2 gesetzliche Umschreibungen
  öffentlicher Ausweisungsinteressen[432]; insbesondere fallen hierunter **Verurteilungen** wegen bestimmter Straftaten. Fehlen diese, ist ein Rückgriff auf die allgemeinen Abwägungskriterien des § 53 Abs. 1 AufenthG erforderlich (also sogleich
  nächster Prüfungspunkt).
- Es muss eine **Gefahr für die öffentliche Sicherheit oder Ordnung**, die **freiheitlich
  demokratische Grundordnung** oder sonst **erhebliche Interessen** der Bundesrepublik bestehen, § 53 Abs. 1 AufenthG. Dabei ist der Blickwinkel jener nach künfti-

---

426 Vgl. die kompakten Darlegungen bei *Neidhardt* in Zeitler HTK-AuslR § 53 AufenthG, Prüfungsschema
     einer Ausweisung und *Brühl* JuS 2016, 23.
427 *Neidhardt* in Zeitler HTK-AuslR § 53 AufenthG, Abs. 1 Nr. 2.2.
428 BVerwG Urt. v. 13.12.2012 – 1 C 20/11 – NVwZ 2013, 733 – juris-Rn. 19; dies wird man aber nicht bei
     Abgabe von für Erwachsene wenig gefährlichen Betäubungsmitteln wie zB Cannabis an Erwachsene an-
     nehmen können, vgl. zum aktuellen Stand der naturwissenschaftlichen Forschung bzgl. des Gefährdungs-
     potentials von BtM *van Amsterdam/Nutt/Phillips/van den Brink* Psychopharm 2015, 655 (659).
429 BVerwG Urt. v. 15.1.2013 – 1 C 10/12 – NVwZ-RR 2013, 435 – juris-Rn. 18.
430 BT-Drs. 19/10047, S. 34.
431 Kein Maßstab dargetan in BT-Drs. 19/10047, S. 34.

gen Verstößen; diesen soll vorgebeugt werden, es geht nicht um Bestrafung für vergangene Taten.[433] Eine Gefahr setzt ordnungsrechtlich die Wahrscheinlichkeit eines künftigen Schadenseintritts voraus, wobei an die Wahrscheinlichkeit umso geringere Anforderungen zu stellen sind, je höherwertig das Schutzgut ist.[434] Ein künftiger Schaden kann sich aus **individualpräventiven (Wiederholungsgefahr)**, aber auch (ausschließlich[435]) **spezialpräventiven Gesichtspunkten** ergeben; Letzteres kommt insbesondere bei schweren Straftaten wie Unterstützung terroristischer Vereinigungen, Totschlag, (erheblicher) BtM-Handel, Raub, Sexualdelikte, Waffeneinfuhr, Zigarettenschmuggel, selbst aber das Fahren ohne Fahrerlaubnis und Verkehrsunfallflucht sollen schon darunter fallen – ausgenommen wären dann nur noch Leidenschafts- und Hangtaten, die keinen Bezug zu anderen Tätern haben.[436]

■ Es müssen die **Bleibeinteressen** gem. § 55 AufenthG ermittelt und gewichtet werden. Auch dabei handelt es sich um Kataloge, die insbesondere im Bundesgebiet geborene (Abs. 1 Nr. 2), mit Deutschen verheiratete (Abs. 1 Nr. 4), minderjährige (Abs. 2 Nr. 1) und bereits fünf Jahre rechtmäßig hier lebende (Abs. 2 Nr. 2) Ausländer erfasst.

■ Es muss eine **Interessenabwägung** unter Berücksichtigung aller Umstände des Einzelfalles stattfinden, § 53 Abs. 1 und 2 AufenthG. Dabei gibt **Abs. 2** bereits **Abwägungspunkte** vor, nämlich Dauer des Aufenthalts und bisheriger Rechtstreue, persönliche und wirtschaftliche Bindungen und die Folgen der Ausweisung für Familienangehörige und Partner. Darüber hinaus sind die **Kriterien des EGMR** zu berücksichtigen,[437] insbes. die Art und Schwere der Straftat, Nachtatverhalten bis heute, Aufenthaltsdauer im Zielstaat, Staatsangehörigkeit, Familiensituation, Kenntnis des Ehepartners von der Straftat und dessen Bezug zum Zielstaat, ob und in welchem Alter Kinder vorhanden sind und inwiefern ihr Wohl beeinträchtigt würde, Stabilität der Bindungen zum Gast- und Zielstaat. Die Abwägung ist gerichtlich voll kontrollierbar, es ist das Übermaßverbot zu beachten.[438] Ein **Ermessen** gibt es nicht, die nach altem Recht bestehende Dreistufigkeit der „ist"-, „Regel"- und „kann"-Ausweisung ist nicht mehr von Belang.[439]

b) Möglichkeit einer Abschiebungsanordnung (§ 58 a AufenthG)

181 Die Abschiebungsanordnung ist ein *Sonderfall der Ausweisung*, der inhaltlich deren Teilmenge **ideologisch-radikal** geprägter gefährlicher Ausländer erfasst.[440] Er dient insofern der Terrorismusabwehr und ist mit verkürzten Rechtsmittelfristen und sofortiger Vollziehbarkeit (§ 58 a Abs. 1 S. 2 AufenthG) privilegiert. Die Entscheidung

432 BVerwG Urt. v. 22.2.2017 – 1 C 3/16 – BVerwGE 157, 325 – juris-Rn. 26.
433 BVerwG Urt. v. 31.3.1998 – 1 C 28/97 – BVerwGE 106, 302 – juris-Rn. 13.
434 BVerwG Urt. v. 4.10.2012 – 1 C 13/11 –, BVerwGE 144, 230 – juris-Rn. 18.
435 BVerwG Urt. v. 12.7.2018 – 1 C 16/17 –, BVerwGE 162, 349 – juris-Rn. 16.
436 Dazu und zG *Bauer/Dollinger* in Bergmann/Dienelt AufenthG § 53 Rn. 36 mwN aus der Judikatur.
437 EGMR Urt. v. 2.8.2001 – 54273/00 – InfAuslR 2001, 476 – Boultif; Urt. v. 5.7.2005 – 46410/99 – InfAuslR 2005, 450 – Üner.
438 BVerwG Urt. v. 22.2.2017 – 1 C 3/16 – BVerwGE 157, 325 – juris-Rn. 21.
439 BT-Drs. 18/4097, S. 49; zG *Brühl* JuS 2016, 23 (24).
440 BVerwG Beschl. v. 25.6.2019 – 1 VR 1/19 – Rn. 17.

wird durch das *Landes-* oder *Bundesinnenministerium* getroffen (§ 58 a Abs. 1 S. 1, Abs. 2 AufenthG). Die Norm ist **verfassungsgemäß**.[441]

Ihre **Voraussetzungen** normiert § 58 a AufenthG in gerichtlich (und damit für die Beurteilung eines möglichen Erlasses auch *haftrichterlich*) vollständig kontrollierbarer Weise; eine **Einschätzungsprärogative** der Behörde besteht nicht:[442]

182

- Der **Anwendungsbereich** darf nicht durch Sonderregelungen gesperrt sein. §§ 6, 11 S. 1 FreizügG/EU schließt die Norm für Unions- und EWR-Bürger und ihre Familienangehörigen aus.[443] Die Norm ist aber anwendbar für sonstige Privilegierte, zB Schweizer und Türken.[444]

- Es muss die **Sicherheit der Bundesrepublik Deutschland** betroffen sein. Dies umfasst die innere wie äußere Sicherheit und schützt den Bestand und die Funktionstüchtigkeit des Staates und seiner Einrichtungen. Gemeint sind Einwirkungen durch Gewalt und Drohungen mit Gewalt auf staatliche Funktionen und damit **Gewaltanschläge** gegen Unbeteiligte zum Zwecke der Verbreitung **allgemeiner Unsicherheit**.[445]

- Für das vorgenannte Schutzgut muss eine **besondere Gefahr** ausgehen, also eine Sachlage, die bei ungehinderter Fortentwicklung typischerweise zu gewichtigen Tathandlungen und erheblichen Schäden führen wird. Es ist nicht erforderlich, dass schon mit Vorbereitungen oder Ausführung in einer Weise begonnen wurde, die einen Straftatbestand erfüllt und etwa bereits zur Einleitung strafrechtlicher Ermittlungen geführt hat,[446] gesteigerte zeitliche Anforderungen bestehen nicht.[447]

- Statt oder neben der besonderen Gefahr für die Sicherheit der Bundesrepublik kann auch eine **terroristische Gefahr** vorliegen. Diese ist gemeint, wenn politische oder ideologische Ziele unter Einsatz gemeingefährlicher Waffen oder durch Angriffe auf das Leben Unbeteiligter verfolgt werden.[448] Es muss keine **unmittelbare räumliche Beziehung** zur Bundesrepublik bestehen; die Anwesenheit von Terroristen im Bundesgebiet genügt, weil dies die Sicherheitsinteressen der Staatengemeinschaft insgesamt, und damit auch der Bundesrepublik, beeinträchtigt.[449] Die Terrorgefahr kann von **Organisationen** und/oder **Einzelpersonen** ausgehen, auch solchen, die nicht Mitglieder oder Unterstützer einer Terrororganisation sind oder in einer entsprechenden Beziehung zu ihr stehen. Erfasst sind auch lose verkoppelte **Netzwerke** (virtueller oder realer) Kommunikationszusammenhänge oder auch „Szeneeinbindungen", die auf die Realitätswahrnehmung einwirken und ge-

---

441 BVerwG Beschl. v. 21.3.2017 – 1 VR 2/17 – BVerwGE 158, 249 – juris-Rn. 7 ff.; BVerfG Beschl. v. 24.7.2017 – 2 BvR 1487/17 – NVwZ 2017, 1526 – juris-Rn. 20.
442 BVerwG Beschl. v. 22.5.2018 – 1 VR 3/18 – Buchholz 402.242 § 58 a AufenthG Nr. 13 – juris-Rn. 24.
443 *Masuch/Gordzielik* in Huber AufenthG § 58 a Rn. 6.
444 BVerwG Beschl. v. 22.5.2018 – 1 VR 3/18 – Buchholz 402. 242 § 58 a AufenthG Nr. 13 – juris-Rn. 12 ff.
445 BVerwG Beschl. v. 25.6.2019 – 1 VR 1/19 – juris-Rn. 9; Urt. v. 22.8.2017 – 1 A 3/17 – BVerwGE 159, 296 – juris-Rn. 21.
446 BVerwG Beschl. v. 25.6.2019 – 1 VR 1/19 – juris-Rn. 10; Urt. v. 22.8.2017 – 1 A 3/17 – BVerwGE 159, 296 – juris-Rn. 23.
447 BVerwG Beschl. v. 21.3.2017 – 1 VR 2/17 – BVerwGE 158, 249 – juris-Rn. 19,
448 BVerwG Beschl. v. 25.6.2019 – 1 VR 1/19 – juris-Rn. 11; Urt. v. 25.10.2011 – 1 C 13/10 – BVerwGE 141, 100 – juris-Rn. 19 mwN.
449 BVerwG Urt. v. 6.2.2019 – 1 A 3/18 – NVwZ-RR 2019, 738 – juris-Rn. 31.

eignet sind, die Bereitschaft zu Terrortaten im Einzelfall zu wecken oder zu för-dern.[450]

■ Die Gefahrenlage muss noch **nicht** im polizeirechtlichen Sinne **konkret** sein (ab-strakte Gefahr genügt), aber aus einer **auf Tatsachen gestützten Prognose** folgen. Dies setzt das Bestehen tatsächlicher Anhaltspunkte für ein beachtliches Risiko in der Person des Ausländers voraus, das jederzeit in eine konkrete Gefahr umschla-gen kann, wenn nicht eingeschritten wird.[451] Wenn sich der Ausländer in hohem Maße mit einer militanten, gewaltbereiten **Auslegung des Islam** identifiziert, den Einsatz von Gewalt zur Durchsetzung dieser radikal-islamischen Auffassung für gerechtfertigt und die Teilnahme am sog. Jihad als verpflichtend ansieht, ist das der Fall.[452]

■ Die Entscheidung liegt im **Ermessen** der Behörde. Aus gerichtlicher Perspektive sind lediglich Ermessensfehler relevant (§ 114 VwGO); da bei der Haft eine Ent-scheidung zu prognostizieren ist, ist also zu prüfen, ob diese ermessensfehlerhaft wäre.[453] Da der Schutz der Allgemeinheit vor Anschlägen zu den wichtigsten öf-fentlichen Aufgaben zählt, rechtfertigt er regelmäßig auch sehr weitreichende Ein-griffe in die Rechte Einzelner;[454] daher wird eine Anordnung regelmäßig ermes-sensgerecht sein.

2. Zu erwartender Bescheiderlass

183 Die Entscheidung über eine Ausweisung oder Abschiebungsanordnung (§ 58 a AufenthG) darf **nicht sofort möglich**, muss aber hinreichend sicher zu erwarten sein. Sie ist aktuell nicht möglich, wenn noch **Ermittlungen** (auch zu entgegenstehenden Gründen) erforderlich sind, eine Anhörung aussteht[455] und/oder noch Zeit zum Ab-fassen *der Entscheidung* benötigt wird.[456] Das **Abwarten** des **Ausgangs eines Strafver-fahrens** ist *kein* hinreichender Grund, denn vor dessen Abschluss besteht noch keine hinreichend sichere Beurteilungsgrundlage für die Prüfung der rechtlichen Möglich-keit einer *Ausweisung*.[457] Ob vor Erlass einer *Abschiebungsanordnung* eine **Anhö-rung** überhaupt erforderlich ist, kann offen bleiben;[458] denn jedenfalls hat die Behör-de insofern gem. § 28 Abs. 2 VwVfGe Ermessen, weswegen sie entscheiden darf, vor einer solchen noch keine Anordnung erlassen zu können.

184 Der Bescheiderlass muss mit **hoher Wahrscheinlichkeit zu erwarten** sein. Da es um die Prognose behördlichen Verhaltens geht, können Grundlage hierfür nur **Angaben im Haftantrag** sein; hieraus muss sich ergeben, inwiefern ein Bescheid wann zu erwarten ist und warum derzeit noch keine Entscheidung ergeht.[459] Dabei muss konkret auf

450 BVerwG Beschl. v. 25.6.2019 – 1 VR 1/19 – Rn. 11; Urt. v. 22.8.2017 – 1 A 3/17 – BVerwGE 159, 296 – juris-Rn. 22.
451 BVerwG Urt. v. 22.8.2017 – 1 A 3/17 – BVerwGE 159, 296 – juris-Rn. 25.
452 BVerwG Beschl. v. 25.6.2019 – 1 VR 1/19 – juris-Rn. 12 f.; Beschl. v. 19.9.2017 – 1 VR 8/17 – juris-Rn. 18.
453 *Zeitler* HTK-AuslR § 62 AufenthG, zu Abs. 2 Nr. 2.2.
454 BVerwG Urt. v. 21.8.2018 – 1 A 16/17 – juris-Rn. 83.
455 *Winkelmann* in Bergmann/Dienelt AufenthG § 62 Rn. 40.
456 *Kluth* in BeckOK AuslR AufenthG § 62 Rn. 11.
457 OLG München Beschl. v. 16.11.2005 – 34 Wx 147/05 – OLGR 2006, 205 – juris-Rn. 12.
458 BVerwG Urt. v. 6.2.2019 – 1 A 3/18 – NVwZ-RR 2019, 738 – juris-Rn. 20 ff.
459 BGH Beschl. v. 9.2.2012 – V ZB 305/10 – juris-Rn. 14.

die beiden Varianten *Ausweisung* und *Abschiebungsanordnung (§ 58 a AufenthG)* Bezug genommen werden; noch Zeit für zB den Erlass der Androhung nach § 59 AufenthG zu benötigen, um dann Sicherungshaft gem. § 62 Abs. 3 AufenthG zu beantragen, genügt nicht.[460]

Die **Prognose** kann aus *rechtlichen* oder *tatsächlichen* Gründen schwierig sein. Dies   185
zeigen folgende **Beispiele:**

■ Mit einer **Ausweisung** ist iSd Norm nicht zu rechnen, wenn der Ausländer bereits wg. **unerlaubter Einreise** vollziehbar ausreisepflichtig ist. Denn zwar kann in diesen Fällen eine (ggf. Zweit-)Ausweisung ergehen und auch beabsichtigt sein, jedoch kann der Ausländer schon jetzt abgeschoben werden, so dass die Sicherungshaft gem. § 62 Abs. 3 AufenthG vorrangig ist; das etwaige Interesse an einer (Zweit-)Ausweisung zwecks Entscheidung über Sperrfristen gem. § 11 Abs. 2 ff. AufenthG erlaubt nicht die Anordnung von Vorbereitungshaft.[461]

■ Ob die **zuständige Behörde** eine Entscheidung beabsichtigt, kann schwierig zu beurteilen sein, wenn der Haftantrag von einer anderen Behörde (in **Notzuständigkeit**) gestellt wird, zB bei Haftanträgen durch Polizeivollzugsbehörden oder bei aktuell noch mangelnder Absprache mit dem Ministerium (§ 58 a Abs. 1 S. 1, Abs. 2 AufenthG). Insofern muss eine **Behördenpraxis** dargelegt werden, sonst kann ein Erlass nicht positiv prognostiziert werden.[462]

3. Wesentliche Erschwernis oder Vereitelung

Die *Abschiebung* muss ohne die Haftanordnung mindestens wesentlich erschwert   186
werden. Dabei ist anhand **konkreter Verdachtsmomente** zu begründen,[463] inwiefern der Ausländer versucht, die Abschiebung zu verhindern.[464] Während sich für die Sicherungshaft im Laufe der Zeit nach Konkretisierung durch Rechtsprechung und den Gesetzgeber ein immer konkreterer Katalog gebildet hat (vgl. nunmehr § 62 Abs. 3 a und 3 b AufenthG), ist dies bei der Vorbereitungshaft nicht der Fall. Sie hat weiterhin einen offenen Tatbestand. Die bei der Sicherungshaft genannten Fällen können aber für die Vorbereitungshaft **Indizwirkung** haben.[465]

In der **haftrichterlichen Prüfung** wird daher insbesondere bei **Fluchtgefahr** und bei   187
einer **Überwachungsbedürftigkeit** gem. § 58 Abs. 3 AufenthG eine wesentliche Erschwernis nahe liegen.[466] Erforderlich ist aber eine Einzelfallprüfung unter Abwägung aller Aspekte, ähnlich der Prüfung bei einem Haftbefehl gem. § 112 StPO. Der Haftantrag muss sich hierzu verhalten.

4. Haftdauer und Vollzug durch Abschiebung

Auch für die Vorbereitungshaft muss die **Haftzeit** so *kurz wie möglich* gehalten wer-   188
den (→ Rn. 138), insofern stellen **sechs Wochen** (§ 62 Abs. 2 S. 2 AufenthG) grund-

---

460   BGH Beschl. v. 12.7.2013 – V ZB 92/12 – InfAuslR 2013, 382 – juris-Rn. 14.
461   BGH Beschl. v. 12.7.2013 – V ZB 92/12 – InfAuslR 2013, 382 – juris-Rn. 10.
462   *Neidhardt* in Zeitler HTK-AuslR § 62 AufenthG, Abs. 2 Nr. 2.2.
463   OLG Zweibrücken Beschl. v. 9.12.2003 – 3 W 247/03 – FGPrax 2004, 95 – juris-Rn. 9.
464   AG Hannover Beschl. v. 16.12.2005 – 44 XIV 301/05 – NdsRpfl 2006, 93 – juris-Rn. 9.
465   OLG Bayern Beschl. v. 1.6.2001 – 3Z BR 110/01 – InfAuslR 2001, 445 – juris-Rn. 15.
466   *Winkelmann* in Bergmann/Dienelt AufenthG § 62 Rn. 41.

sätzlich die *Maximaldauer* dar.[467] Bezugspunkt der Haftdauer ist nach dem Wortlaut (und der Systematik → Rn. 191) der Norm der **Verwaltungsakt**, so dass der BGH auch auf das Ergehen desselben innerhalb der Frist abstellt.[468] Die nachfolgende Abschiebung muss aber dem Telos der Norm gemäß jedenfalls beabsichtigt sein (vgl. den Bezug zur Erschwerung bzw. Vereitelung derselben), so dass Haft unzulässig ist, wenn sich die Behörde diese Entscheidung noch vorbehalten will.

189   Die **haftrichterliche Prognose** muss sich daher bei der Vorbereitungshaft nur auf den möglichen Bescheiderlass innerhalb der Frist[469] und den Umstand, dass die Abschiebung beabsichtigt ist, beziehen; inwiefern Letzterer Gründe entgegenstehen (→ Rn. 143 ff.), ist damit zunächst unerheblich. Soweit aber **Haftausschließungsgründe** bestehen (→ Rn. 157 ff.), ist der Haftantrag ggf. abzulehnen.

190   Der Wortlaut „soll" in der Norm impliziert, dass mit einer **Dauer** von **sechs Wochen** ein **Regelfall** gemeint ist, von dem im *atypischen Fall* Ausnahmen gemacht werden können. Dass bei während der Haft auftretender Verzögerung aus besonderen, unvorhersehbaren Gründen eine **Verlängerung** möglich ist, ist daher nicht umstritten.[470] Überwiegend wird jedoch davon ausgegangen, dass eine längere Haftdauer als sechs Wochen bei **Erstanordnung** unzulässig sei.[471] Nimmt man den Wortlaut ernst, wird jedoch in atypischen Fällen auch dies jedenfalls bei geringfügiger Überschreitung möglich sein.[472]

191   Erfolgt während der Haftdauer der Bescheiderlass, kann gem. § 62 Abs. 2 S. 3 AufenthG bei einer *Ausweisung* der Haftvollzug bis zum Ablauf der angeordneten Haftfrist fortgesetzt werden; kann die **Abschiebung** innerhalb dieser Zeit durchgeführt werden, muss keine neue Haft beantragt und angeordnet werden. Dies gilt angesichts des klaren Wortlautes der Norm aber nur für die Ausweisung, nicht für die *Abschiebungsanordnung* (§ 58 a AufenthG).[473] Für Letztere muss daher nach Bescheiderlass wegen Wegfalls der Voraussetzungen der Vorbereitungshaft mit einem neuen Antrag und einer neuen Haftanordnung zur **Sicherungshaft übergegangen** werden (vgl. den Haftgrund § 62 Abs. 3 S. 1 Nr. 3 AufenthG → Rn. 86 ff.), um die Ausreise zu sichern.[474]

---

467   BGH Beschl. v. 9.2.2012 – V ZB 305/10 – juris-Rn. 14; *Beichel/Benedetti* in Huber AufenthG § 62 Rn. 7.

468   BGH Beschl. v. 9.2.2012 – V ZB 305/10 – juris-Rn. 14; Beschl. v. 12.7.2013 – V ZB 92/12 – InfAuslR 2013, 279 – juris-Rn. 8, ersichtlich auch durch die vom BGH zitierten Entscheidungen, etwa OLG München Beschl. v. 16.11.2005 – 34 Wx 147/05 – OLGR 2006, 205 – juris-Rn. 10: „mit der Ausweisungsverfügung ... zu rechnen ist".

469   AA (Durchführung der Abschiebung in der Frist) zB *Beichel-Benedetti* in Huber AufenthG § 62 Rn. 7; *Keßler* in NK-AuslR AufenthG § 62 Rn. 21.

470   Vgl. zB *Winkelmann* in Bergmann/Dienelt AufenthG § 62 Rn. 42; *Keßler* in NK-AuslR AufenthG § 62 Rn. 22.

471   *Winkelmann* in Bergmann/Dienelt AufenthG § 62 Rn. 42; so wohl auch BGH Beschl. v. 9.2.2012 – V ZB 305/10 – juris-Rn. 14.

472   So ausdrücklich OLG Bayern Beschl. v. 25.11.1993 – 3Z BR 262/93 – NVwZ 1994, 726 – juris-Rn. 7, direkt zitiert von BGH Beschl. v. 9.2.2012 – V ZB 305/10 – juris-Rn. 14; *Zeitler* HTK-AuslR § 62 AufenthG, zu Abs. 2 Nr. 3.

473   Offenbar ein Redaktionsversehen, denn der Gesetzgeber wollte den Fall des § 58 a AufenthG der Ausweisung insgesamt gleichstellen, BT-Drs. 19/10047, S. 40 f.

474   Vgl. *Winkelmann* in Bergmann/Dienelt AufenthG § 62 Rn. 42; ohne einen solchen Antrag müsste vAw ein Haftaufhebungsverfahren eingeleitet werden (→ Rn. 500 ff.).

III. Ausreisegewahrsam (§ 62 b AufenthG)

Der **Ausreisegewahrsam** ist ein Institut, das den Ausländer zur Sicherung seiner Ab- 192
schiebung im **Transitbereich** des Flughafens oder in seiner räumlichen Nähe (Fahrzeit
bis zu einer Stunde[475]) festhält. Inwiefern es sich dabei wegen der Möglichkeit zur jederzeitigen freiwilligen Ausreise um eine Freiheitsentziehung gem. Art. 104 Abs. 2
S. 1 GG handelt, ist umstritten, aber rechtlich aufgrund der in jedem Fall nötigen
richterlichen Haftanordnung ohne Belang.[476] Der Ausreisegewahrsam setzt voraus,
dass der Ausländer *vollzieh- und vollstreckbar ausreisepflichtig* ist (→ Rn. 193) und
der Gewahrsam aus bestimmten *Gründen erforderlich* ist (→ Rn. 194 ff.).

1. Vollzieh- und vollstreckbare Ausreisepflicht

Der Ausländer muss für eine Haftanordnung **vollziehbar ausreisepflichtig** sein (→ 193
Rn. 47 ff.). Auch müssen die allgemeinen, für die Abschiebung erforderlichen **Voll-**
streckungsvoraussetzungen (§ 59 AufenthG) vorliegen (→ Rn. 51 ff.).[477]

2. Erforderlichkeit des Gewahrsams

Die **Voraussetzungen** der Gewahrsamsanordnung normiert § 62 b Abs. S. 1 Nr. 1 194
bis 3 AufenthG eigenständig und unabhängig von Fragen der Fluchtgefahr der Sicherungshaft. Sie untergliedern sich in die *Grundvoraussetzungen* (Nr. 1 und 2) und den
Gewahrsamsgrund (Nr. 3) sowie die notwendige gerichtliche Ermessensausübung.

a) Grundvoraussetzungen

Es muss eine **Ausreisefrist abgelaufen** sein (§ 62 b Abs. 1 S. 2 Nr. 1 AufenthG) und 195
das Überschreiten dieser Frist darf weder **unerheblich** noch **unverschuldet** sein. Erheblich ist die Fristüberschreitung nach den Umständen des Einzelfalles, aber jedenfalls bei mehr als einem *Drittel* der gesetzten Frist bzw. ab *zehn Tagen*.[478] Fehlendes
Verschulden ist jedenfalls anzunehmen, wenn die Nichtausreise des Ausländers einer
kurzfristigen Erkrankung geschuldet ist.[479]

Darüber hinaus muss gem. § 62 b Abs. 1 S. 1 Nr. 2 AufenthG (positiv) feststehen, 196
dass die **Abschiebung** innerhalb einer Frist von **höchstens zehn Tagen** durchgeführt
werden kann. Der Tag der Festnahme ist mitzuzählen.[480] Insofern ist eine haftrichterliche **Prognose** zu erstellen, zu deren Ermöglichung die Behörde im Haftantrag in
einem konkreten Ablaufplan[481] zu Transportmitteln, Organisationsschritten und Vorliegen der nötigen Dokumente vorzutragen hat (→ Rn. 328 ff.).

b) Gewahrsamsgrund

Als funktionales *Äquivalent des Haftgrundes* muss der Ausländer gem. § 62 b Abs. 1 197
S. 1 Nr. 3 AufenthG ein Verhalten gezeigt haben, das die Erwartung begründet, dass
er die **Abschiebung erschweren** oder **vereiteln** wird. Dass es sich dabei um fortgesetz-

---

475 BT-Drs. 19/10047, S. 45.
476 BGH Beschl. v. 20.4.2018 – V ZB 226/17 – NVwZ-RR 2018, 746 – juris-Rn. 5.
477 *Winkelmann* in Bergmann/Dienelt AufenthG § 62 b Rn. 3.
478 BT-Drs. 18/4097, S. 56.
479 *Winkelmann* in Bergmann/Dienelt AufenthG § 62 b Rn. 5.
480 LG Berlin Beschl. v. 2.3.1999 – 84 T XIV 29/99 B – InfAuslR 1999, 239 – juris-Orientierungssatz 1.
481 *Zeitler* HTK-AuslR § 62 b AufenthG Nr. 5.

tes, dh mehrmaliges Verhalten handelt, ist nicht (mehr[482]) erforderlich. Dafür stellt die Norm in den lit. a bis d **Vermutungstatbestände** auf, die der Ausländer gem. § 62 b Abs. 1 S. 2 AufenthG widerlegen kann; letztlich ist damit eine Art *Beweislastumkehr* begründet.[483]

198   Die Vermutung wird widerlegt, wenn der Ausländer gem. § 62 b Abs. 1 S. 2 AufenthG Umstände **glaubhaft** macht (oder diese **offensichtlich** sind), die zeigen, dass er sich der Abschiebung **nicht entziehen** will. Vorgelegte Unterlagen sind dabei zu berücksichtigen.[484] Ob sie hinreichen, ist Wertungsfrage (→ Rn. 85, 112).

199   Gegen eine solche Konstruktion ist **verfassungsrechtlich** nichts zu erinnern.[485] Soweit wegen *unscharfer Tatbestandsmerkmale*[486] und verkürzter Gelegenheit für *Rechtsschutz*[487] Bedenken geltend gemacht werden, sind die Normen einer hinreichend konkretisierenden Auslegung fähig. Überdies ist es kein Spezifikum gerade des Abschiebungsgewahrsams, dass Rechtsschutz gegen vollstreckungsrechtliche Handlungen oftmals erst nach ihrer Erledigung erlangt werden kann.[488] Dies nicht ausreichen zu lassen, hieße, behördliche (insbesondere Vollstreckungs-)Befugnisse bis zur faktischen Wirkungslosigkeit zu beschneiden.

aa) Verletzung von Mitwirkungspflichten

200   Eine Erschwerung oder Vereitelung der Abschiebung wird gem. § 62 b Abs. 1 Nr. 3 lit. a AufenthG vermutet, wenn der Ausländer seine **gesetzlichen Mitwirkungspflichten** verletzt hat. Dies betrifft insbesondere die aus §§ 49, 82 AufenthG folgenden Pflichten zur Mitwirkung bei der Pass(ersatz)beschaffung und dem Erscheinen zu Abschiebungsterminen.[489] Die Pflichtverletzung muss schuldhaft sein, insbesondere darf sich der Ausländer auf Angaben der Behörden (auch derjenigen seines Heimatstaates) in Sachen der Unterlagenbeschaffung verlassen.[490]

bb) Täuschungsverhalten

201   Eine Erschwerung oder Vereitelung der Abschiebung wird gem. § 62 b Abs. 1 Nr. 3 lit. b AufenthG vermutet, wenn der Ausländer über seine **Identität** oder **Staatsangehörigkeit getäuscht** hat. Insofern gilt das oben (→ Rn. 91 ff.) Ausgeführte. Dabei zeigt der systematische Bezug zum 1. Hs. des § 62 b Abs. 1 S. 1 Nr. 3 AufenthG, dass auch ohne die differenzierende Regelung wie in § 62 Abs. 3 a Nr. 1, Abs. 3 b Nr. 1 AufenthG nicht jede Täuschung hinreicht. Sie muss zwar nicht gegenwärtig sein, aber hinreichend aktuell, um eine Erschwerung bzw. Vereitelung auch der aktuellen Abschiebung vermuten zu lassen.[491]

---

482   BT-Drs. 19/10047, S. 45.
483   *Zeitler* HTK-AuslR § 62 b AufenthG Nr. 3.
484   Vgl. BGH Beschl. v. 17.6.2010 – V ZB 3/10 – NVwZ 2011, 317 – juris-Rn. 18.
485   Offengelassen von BGH Beschl. v. 20.4.2018 – V ZB 226/17 – NVwZ-RR 2018, 746 – juris-Rn. 8.
486   *Hörich/Tewocht* NVwZ 2017, 1153 (1155).
487   *Neundorf/Brings* ZRP 2015, 145 (146).
488   Vgl. BVerfG Beschl. v. 5.12.2001 – 2 BvR 527/99 – BVerfGE 104, 220 – juris-Rn. 36 zum Polizeigewahrsam.
489   BGH Beschl. v. 20.4.2018 – V ZB 226/17 – NVwZ-RR 2018, 746 – juris-Rn. 9.
490   BGH Beschl. v. 20.4.2018 – V ZB 226/17 – NVwZ-RR 2018, 746 – juris-Rn. 10.
491   Vgl. *Winkelmann* in Bergmann/Dienelt AufenthG § 62 Rn. 4 aE.

cc) Strafrechtliche Verurteilung

Eine Erschwerung oder Vereitelung der Abschiebung wird gem. § 62 b Abs. 1 Nr. 3   202
lit. c AufenthG vermutet, wenn der Ausländer wegen einer im Bundesgebiet begangenen vorsätzlichen Straftat mindestens zu einer **Geldstrafe von mehr 50 Tagessätzen**
verurteilt wurde. Die Norm ist richtlinienkonform gem. Art. 15 Abs. 1 lit. b Richtlinie 2008/115/EG und im systematischen Kontext dahin gehend auszulegen, dass
nicht jede Verurteilung die Vermutung begründet; vielmehr muss die konkret abgeurteilte Tat, ggf. auch durch die Mehrzahl von Taten, nahe legen, dass der Ausländer
den Anforderungen der Rechtsordnung und damit auch des ausländerrechtlichen Verfahrens *mindestens gleichgültig gegenübersteht* und daher prognostisch nicht zu erwarten ist, er werde sich für die Abschiebung verfügbar halten (→ Rn. 123).

dd) Fristüberschreitung um mehr als 30 Tage

Eine Erschwerung oder Vereitelung der Abschiebung wird gem. § 62 b Abs. 1 Nr. 3   203
lit. d AufenthG vermutet, wenn der Ausländer die Frist zur Ausreise um **mehr als 30
Tage** überschritten hat.

c) Ermessensausübung

Die Anordnung des Ausreisegewahrsams steht im **Ermessen des Gerichtes.** Dabei ist   204
insbesondere das aus Art. 2 Abs. 2 S. 2 GG folgende **Übermaßverbot** zu beachten,
ggf. kann eine *Direktabschiebung* daher vorrangig sein, wenn sie gleichermaßen Erfolg verspricht. Dabei wird der Eingriff umso eher zulässig sein, je stärker die Gefahr
der Erschwerung und Vereitelung ist. Zu berücksichtigen ist auch, inwiefern bspw.
die Reisedokumente nur eine eingeschränkte Gültigkeitsdauer haben oder die Maßnahme zB eine Sammelabschiebung ermöglicht.[492] Damit im Zusammenhang stehende Erwägungen zu den Kosten, die bei möglichst hoher Auslastung von Sammel-
Charterflügen für den einzelnen Ausländer sinken, dürfen aber keinesfalls allein maß-
gebliches Kriterium sein.[493]

Die oben ausgeführten **Fallgruppen** einer unverhältnismäßigen Haft (→ Rn. 157 ff.)   205
sind auch hier entsprechend zu berücksichtigen. Die wesentlichen Aspekte des Ermessens muss der **Haftrichter** in der **Begründung** darlegen.[494]

IV. Überstellungshaft (Art. 28 Abs. 2 Dublin-III-Verordnung)

Die in Art. 28 Abs. 2 Verordnung (EU) Nr. 604/2013 (Dublin-III-Verordnung) gere-   206
gelte Überstellungshaft ist ein **spezialgesetzlicher Fall der Sicherungshaft.** Sie betrifft
eine praktisch häufige Konstellation im europäischen Asylsystem (sog. *Sekundärmi-
gration*): Ein Drittstaatsangehöriger oder staatenloser Ausländer wird zB bei der
Asylantragstellung, dem *illegalen Grenzübertritt* oder dem *illegalen Aufenthalt* in
einem Dublin-Staat (**EU-Mitgliedsstaaten** und Island, Norwegen, Liechtenstein,
Schweiz) aufgegriffen. Dort werden seine Fingerabdrücke aufgenommen und in der
Eurodac-Datenbank niedergelegt (Art. 9, 14, 17 Verordnung [EU] Nr. 603/2013 [Eu-

---

492 BT-Drs. 18/4097, S. 56.
493 *Winkelmann* in Bergmann/Dienelt AufenthG § 62 b Rn. 5.
494 BGH Beschl. v. 19.1.2012 – V ZB 221/11 – InfAuslR 2012, 189 – juris-Rn. 4.

rodac-Verordnung]). Anschließend reist er vor einer Schutz-, insbes. Asylantragstellung bzw. während oder nach (negativem) Abschluss des dortigen Asylverfahrens nach **Deutschland** weiter, wo er grds. einen (weiteren) **Asylantrag** stellt.

207 In diesem Fall verbleibt es dabei, dass grds. der **erste Staat** für die Bearbeitung des Schutzantrages **zuständig** ist (Art. 7 ff., 20 Dublin-III-Verordnung). Auch in Deutschland werden die Fingerabdrücke geprüft und über den Eurodac-Abgleich ermittelt, in welchem Staat der Ausländer bereits erfasst wurde. Bei einem im Inland gestellten Asylantrag führt das Bundesamt für Migration und Flüchtlinge sodann mit dem Ausländer ein persönliches Gespräch (Art. 5 Dublin-III-Verordnung) und richtet ein **(Wieder-)Aufnahmegesuch** an den zuständigen Staat (Art. 21 f., 23 ff. Dublin-III-Verordnung). Dieses muss binnen zwei Monaten nach einem Eurodac-Treffer geschehen, andernfalls geht die Zuständigkeit für das Asylverfahren auf Deutschland über (Art. 21 Abs. 1 UAbs. 2 und 3, 23 Abs. 2 UAbs. 1, Abs. 3, 24 Abs. 2 und 3 Dublin-III-Verordnung; ohne Eurodac-Treffer: drei Monate).

208 Der angefragte Staat muss sodann grds. binnen einer **Frist** von zwei Wochen bis zu zwei Monaten antworten (zwei Wochen bei *Wiederaufnahmegesuch* [→ Rn. 216] und Eurodac-Treffer, Art. 25 Abs. 2 Dublin-III-Verordnung, ein Monat ohne Treffer; ein bis zwei Monate bei *Aufnahmegesuch* [→ Rn. 216], Art. 22 Abs. 7 Dublin-III-Verordnung). Erfolgt eine positive, keine oder keine fristgemäße Antwort, ist der angefragte Staat zur **Rückübernahme** des Ausländers verpflichtet (Art. 22 Abs. 7, 25 Abs. 2 Dublin-III-Verordnung).

209 Das Bundesamt für Migration und Flüchtlinge lehnt anschließend den in Deutschland gestellten Asylantrag als *unzulässig ab* (§ 29 Abs. 1 Nr. 1 a AsylG), stellt fest, dass *keine Abschiebungsverbote* vorliegen (§ 60 AsylG), ordnet die *Abschiebung* in den zuständigen Staat an (§ 34 a Abs. 1 S. 1 AsylG) und erlässt ein *Einreise- und Aufenthaltsverbot* (§ 11 Abs. 1 AufenthG). Die Abschiebung (in Dublin-Fällen sog. *Überstellung*) muss sodann binnen **sechs Monaten** (bei Haft: zwölf Monate, bei Untertauchen: 18 Monate) durchgeführt werden, andernfalls geht die Zuständigkeit für das Asylverfahren auf Deutschland über (Art. 29 Abs. 1 und 2 Dublin-III-Verordnung).

210 Dieses in vielfacher Hinsicht durch enge Fristen getaktete Verfahren der Überstellung des Ausländers in den zuständigen Staat erforderlichenfalls durch Haft zu sichern, ist Aufgabe der Überstellungshaft gem. Art. 28 Abs. 2 Dublin-III-Verordnung. Sie hat damit die **Voraussetzung**, dass der Ausländer *vollzieh- und vollstreckbar ausreisepflichtig* ist (→ Rn. 212 ff.), ein *sicherungsfähiges Überstellungsverfahren* besteht (→ Rn. 216 ff.), ein *Haftgrund* vorliegt (→ Rn. 222 ff.), die *Überstellung durchführbar* ist (→ Rn. 234 ff.) und ihr und der Haft *keine Gründe entgegenstehen* (→ Rn. 243).

211 Die Voraussetzungen richten sich nach der **Befugnisnorm** für die Haftanordnung in **Art. 28 Abs. 2 Dublin-III-Verordnung** iVm § 2 Abs. 14 AufenthG, so dass ein Rückgriff auf das *lex generalis* der Sicherungshaft in § 62 Abs. 3 AufenthG ausscheidet (vgl. aber → Rn. 220, 239).[495]

---

495 BGH Beschl. v. 7.7.2016 – V ZB 21/16 – InfAuslR 2017, 59 – juris-Rn. 4; Beschl. v. 26.6.2014 – V ZB 31/14 – NVwZ 2014, 1397 – juris-Rn. 11.

1. Vollzieh- und vollstreckbare Ausreisepflicht

Im Falle der Überstellungshaft ergibt sich die vollzieh- und vollstreckbare Ausreise- 212
pflicht regelmäßig insofern aus § 50 Abs. 1 AufenthG, als wegen der **Ablehnung des Asylantrages** die *Aufenthaltsgestattung* (§ 55 AsylG) erloschen ist. Damit die Ausreisepflicht vollstreckbar ist, bedarf es gem. Art. 6 Abs. 2 Richtlinie 2008/115/EG bei fehlender freiwilliger Ausreise auch in Dublin-III-Fällen einer *Rückkehrentscheidung* (eingehend → Rn. 58 f.).[496]

Wird wegen der Zuständigkeit eines anderen Mitgliedsstaates der nationale Asylan- 213
trag als *unzulässig abgelehnt* (§ 29 Abs. 1 Nr. 1 a AsylG), wird bei Durchführbarkeit der Abschiebung gleichzeitig eine (als Rückkehrentscheidung hinreichende[497]) **Abschiebungsanordnung** (§ 34 a AsylG) erlassen. Mit deren Vollziehbarkeit erlischt die Aufenthaltsgestattung (§ 67 Abs. 1 Nr. 5 AsylG). Eine Klage hiergegen hat keine aufschiebende Wirkung (§ 75 Abs. 1 AsylG), die Rechtsmittelfrist beträgt lediglich eine Woche (§§ 74 Abs. 1, 34 a Abs. 2 AsylG). Nur, soweit *innerhalb* der Wochenfrist ein **Eilantrag** vor dem Verwaltungsgericht gestellt wird, darf die Ausreisepflicht *bis zur Entscheidung* des Verwaltungsgerichtes nicht vollstreckt werden (§ 34 a Abs. 2 S. 2 AsylG). Solange ein dergestalt zulässiges Eilverfahren anhängig ist, darf daher nur eine *vorläufige Freiheitsentziehung* (§ 427 FamFG) angeordnet werden.

Wenn die Durchführbarkeit der Überstellung noch von inlandsbezogenen Abschie- 214
bungshindernissen abhängig ist (zB fortgeschrittene Schwangerschaft), ergeht keine Abschiebungsanordnung. Stattdessen wird eine (als Rückkehrentscheidung hinreichende) **Abschiebungsandrohung** (§§ 34 a Abs. 1 S. 4, 34 AsylG) mit Fristsetzung erlassen. Die Frist beläuft sich auf 30 Tage (§ 38 Abs. 1 S. 1 AsylG). Das hat zur Folge, dass eine Klageerhebung aufschiebende Wirkung hat (§§ 75 Abs. 1 S. 1, 38 Abs. 1 AsylG)[498] und somit die Vollziehbarkeit der Ausreisepflicht bis zum Eintritt der Bestandskraft hindert (§ 67 Abs. 1 S. 1 Nr. 4 AsylG).

Wird im Inland **kein Asylantrag** gestellt, sondern der Ausländer lediglich bei einer 215
Kontrolle nebst anschließender Verteilung (§ 15 a AufenthG) aufgegriffen (sog. „**Aufgrifffall**"), wird gleichwohl durch das Bundesamt für Migration und Flüchtlinge die Abschiebung *angeordnet* bzw. *angedroht* (§ 34 a Abs. 1 S. 2 und 4 AsylG).[499] Darin liegt auch die Rückkehrentscheidung; die vollziehbare Ausreisepflicht folgt im Übrigen schon aus der *unerlaubten Einreise* (→ Rn. 38 ff.).

2. Sicherungsfähiges Überstellungsverfahren

Da die Haft gem. Art. 28 Abs. 2 Dublin-III-Verordnung der **Sicherung eines Überstel-** 216
lungsverfahrens dient, muss ein solches vorliegen. Das ist in zwei Konstellationen der Fall:

- **Aufnahmeverfahren:** Ein solches liegt vor, wenn der Ausländer im **ersten Staat** keinen, dafür aber in **Deutschland** einen **Schutzantrag** gestellt hat (Art. 18 Abs. 1 lit. a, 21 f. Dublin-III-Verordnung).

---

496 BGH Beschl. v. 21.8.2019 – V ZB 60/17 – juris-Rn. 13.
497 BGH Beschl. v. 21.8.2019 – V ZB 60/17 – juris-Rn. 13.
498 VG Augsburg Beschl. v. 30.7.2019 – Au 3 S 19.50597 – juris-Rn. 15.
499 VG Düsseldorf Beschl. v. 29.9.2017 – 12 L 3583/17.A – juris-Rn. 32 mwN.

■ **Wiederaufnahmeverfahren:** Ein solches liegt vor, wenn der Ausländer im **ersten Staat einen Schutzantrag** gestellt hat und während dessen Prüfung, nach Ablehnung oder nach Rücknahme **nach Deutschland weitergereist** ist – unabhängig davon, ob hier ein (weiterer) Asylantrag gestellt wurde (Art. 18 Abs. 1 lit. b bis d, 20 Abs. 5 Dublin-III-Verordnung). Dabei werden Fälle des bloßen Aufgriffs (keine Antragstellung in Deutschland) nach Art. 23 Dublin-III-Verordnung und Fälle des Antrages in Deutschland nach Art. 24 Dublin-III-Verordnung beurteilt.

217 Für den **Haftrichter** zu prüfen ist daher, ob ein Überstellungsverfahren vorliegt. Dies ist bei Haft in der **Hauptsache** regelmäßig **unproblematisch.** Denn die dem Ausländer zuzustellende *Rückkehrentscheidung* darf erst ergehen, nachdem das (Wieder-)Aufnahmegesuch an den zuständigen Staat gerichtet und von diesem *positiv beantwortet* wurde bzw. seine positive Antwort durch einen Fristablauf *fingiert* ist.[500] Daher hat das Bundesamt für Migration und Flüchtlinge die (Fiktion der) Zustimmung abzuwarten, bevor die Ablehnung (→ Rn. 209, 213) eines im Inland gestellten Asylantrages nebst Abschiebungsanordnung bzw. Abschiebungsandrohung erfolgt.

218 Im Wege der **einstweiligen Anordnung** (§ 427 FamFG) ist Haft aber auch schon im Vorfeld denkbar. Sie kann bereits vor der Stellung eines (Wieder-)Aufnahmegesuchs angeordnet werden (Art. 29 Abs. 3 UAbs. 2 Dublin-III-Verordnung). Da es dann an entsprechenden Bescheiden mangelt, ist haftrichterlich zu prüfen, ob **dringende Gründe** für das Vorliegen einer Überstellung sprechen; dies kann *jedenfalls* der Fall sein, wenn *erstens* ein Eurodac-Treffer vorliegt (dieser hat gem. Anhang II Verzeichnis A II Nr. 1 der Durchführungsverordnung [EU] Nr. 118/2014 Beweiskraft), *zweitens* die Fristen (→ Rn. 207) nicht abgelaufen sind und *drittens* nach Angaben des Antragstellers ein solches Verfahren betrieben werden soll.

219 Im Übrigen unterliegt die **inhaltliche Richtigkeit** der Überstellungsentscheidung nicht der haftrichterlichen Prüfung, sondern der Kontrollkompetenz der Verwaltungsgerichte. Etwaige *Einwendungen* des Ausländers sind insofern daher regelmäßig nur bei entsprechender Eilantragstellung (→ Rn. 213 f.) beachtlich. Auch die inhaltliche Frage, an **welchen Dublin-Staat** richtigerweise zu überstellen ist, was bei der Durchreise durch mehrere Staaten oder einer Verteilung von Familienangehörigen auf mehrere Staaten problematisch sein kann, ist haftrichterlich nicht zu prüfen.[501] Mitreisende **Minderjährige** genauso wie im Bundesgebiet nachgeborene Kinder werden von dem Überstellungsverfahren der Eltern miterfasst (Art. 20 Abs. 3 Dublin-III-Verordnung).

220 Von der Verordnung **nicht erfasst** ist der Fall, dass der Ausländer in Europa **nirgendwo** (also auch nicht in Deutschland) **einen Schutzantrag** gestellt hat (kein Anwendungsbereich in Art. 1 Dublin-III-Verordnung) oder dass er schon **andernorts in Europa Schutz erhalten hat** (Art. 18 Abs. 1 lit. d Dublin-III-Verordnung erfasst die *Ablehnung,* nicht *Stattgabe*). Dies gilt auch, soweit er dort nur geringeren (zB subsidiären oder Flüchtlings-)Schutz erlangt hat und nun in Deutschland als sog. „Aufsto-

---

500 EuGH Urt. v. 31.5.2018 – C-647/16 – NJW 2018, 2855 – juris-Rn. 39 ff., bes. 75.
501 BGH Beschl. v. 20.9.2017 – V ZB 118/17 – NVwZ 2018, 349 – juris-Rn. 18.

ckcr" um vollen Asylstatus nachsucht;[502] diese Fälle richten sich nach den allgemeinen Vorschriften (Sicherungshaft → Rn. 76 ff.).

Auch im Übrigen wird der **Vorrang** des Überstellungsverfahrens und damit **der Überstellungshaft** gegenüber der Sicherungshaft in zwei Fällen **durchbrochen:**   221

- Wird der Ausländer **nach bestandskräftiger Ablehnung** seines Asylantrages durch einen anderen Mitgliedsstaat **in Deutschland** ohne Aufenthaltstitel aufgegriffen und stellt **keinen (weiteren) Asylantrag,** kann die deutsche Behörde gem. Art. 24 Abs. 4 Dublin-III-Verordnung wählen, ob sie eine Überstellung in den zuständigen Staat (§ 18 Abs. 1 lit. d, 24 Dublin-III-Verordnung) oder eine Abschiebung nach allgemeinen Vorschriften (zB in den Herkunftsstaat) vornimmt. Die Entscheidung muss im Haftantrag zum Ausdruck kommen; dass parallel ein Wiederaufnahmeersuchen gestellt wird, hindert eine Sicherungshaft nicht.[503]

- Geht zB wg. Überschreitung der Fristen des Art. 29 Abs. 1 Dublin-III-Verordnung bei einer gescheiterten Überstellung die **Zuständigkeit** für ein Asylverfahren **auf Deutschland über,** ist die Überstellungshaft nicht (mehr) zulässig.[504] Dabei ist nicht entscheidend, ob die Behörde zu Recht davon ausgeht, das Dublin-III-Verfahren sei beendet; diese Beurteilung obliegt dem Verwaltungsgericht. **Haftrichterlich** ist nur zu prüfen, ob das gewählte Verfahren in seinen Voraussetzungen vorliegt.[505] Es kann auch (wenn zB Fristablauf innerhalb der Haft geschieht) von der Überstellungs- in **Sicherungshaft übergegangen** werden, was einen Antrag der Behörde nebst Erklärung für die Gründe für den Wechsel und Darlegung der neuen Haftvoraussetzungen erfordert.[506]

3. Haftgrund

Die Überstellungshaft setzt einen **Haftgrund** voraus, der *nicht* allein darin liegen darf,   222
dass der Ausländer überhaupt den Mitgliedsstaat gewechselt hat, also *der Überstellung unterliegt* (Art. 28 Abs. 1 Dublin-III-Verordnung). Vielmehr muss nach der **Legaldefinition** in Art. 28 Abs. 2, 2 lit. n Dublin-III-Verordnung **erhebliche Fluchtgefahr** vorliegen, also im Einzelfall bestehende Gründe, die auf *objektiven gesetzlich festgelegten Kriterien* beruhen und zur Annahme Anlass geben, dass sich ein Ausländer, gegen den ein Überstellungsverfahren läuft, diesem Verfahren möglicherweise *durch Flucht entziehen* könnte.

Die Festlegung der Kriterien für die Fluchtgefahr obliegt der **Gesetzgebung** der Mit-   223
gliedsstaaten.[507] Sie müssen hinreichend **präzise** und **vorhersehbar geregelt** sein, um Willkürgefahr zu vermeiden; reine *Fallgruppen* der Rechtsprechung genügen genauso wenig[508] wie *Generalklauseln,* die kein konkretes Verhalten benennen.[509] Zur natio-

---

502 EuGH Urt. v. 19.3.2019 – C-297/17 ua – NVwZ 2019, 785 – juris-Rn. 80, 101; im Haftverfahren ohnehin irrelevant, weil die von der Behörde konkret gewählte Verfahren zugrunde zu legen ist, BGH Beschl. v. 10.1.2019 – V ZB 159/17 – juris-Rn. 13 ff.
503 BGH Beschl. v. 20.10.2016 – V ZB 26/15 – juris-Rn. 12.
504 Vgl. LG Bamberg Beschl. v. 8.12.2017 – 3 T 241/16 – InfAuslR 2018, 189 – juris-Rn. 3.
505 BGH Beschl. v. 20.12.2018 – V ZB 80/17 – NVwZ-RR 2019, 662 – juris-Rn. 7.
506 BGH Beschl. v. 22.10.2015 – V ZB 79/15 – NVwZ 2016, 711 – juris-8 n. 17.
507 BGH Beschl. v. 26.6.2014 – V ZB 31/14 – NVwZ 2014, 1397 – juris-Rn. 10.
508 EuGH Urt. v. 15.3.2017 – C-528/15 – NVwZ 2017, 777 – Rn. 38, 45.
509 BGH Beschl. v. 26.6.2014 – V ZB 31/14 – NVwZ 2014, 1397 – juris-Rn. 23.

nalrechtlichen Ausfüllung des Begriffs der erheblichen Fluchtgefahr dient die *abschließend* regelnde Norm des § 2 Abs. 14 AufenthG.[510]

224 Damit verweist das nationale Recht auf die **Kataloge der Sicherungshaft**. Dass dort (lediglich) *Fluchtgefahr* definiert wird, ist praktisch nicht von Bedeutung; sie soll (ggf. unter besonderer Beachtung des Übermaßverbotes[511]) nach dem ausdrücklichen Verweis in § 2 Abs. 14 S. 1 AufenthG auf Art. 2 lit. n Dublin-III-Verordnung auch die unionsrechtlich geforderte *Erheblichkeit* begründen. Insofern greifen grds. *alle Vermutungstatbestände* des § 62 Abs. 3 a AufenthG (→ Rn. 226) und *einige Anhaltspunkte* in § 62 Abs. 3 b AufenthG (→ Rn. 227) sowie daneben zwei *weitere Anhaltspunkte* für Fluchtgefahr in § 2 Abs. 14 S. 2 AufenthG (→ Rn. 228 ff.). Insgesamt stellt dabei die erhebliche Fluchtgefahr einen **einheitlichen Haftgrund** dar, so dass nicht entscheidend ist, durch welche Einzelaspekte er begründet wird;[512] das Gericht kann daher eine Haftanordnung auch auf andere Tatbestände stützen als im behördlichen Antrag ausgeführt (→ Rn. 323 ff.).

a) Verweis auf die Sicherungshaft

225 Nach dem Verweis in § 2 Abs. 14 S. 1 AufenthG sind aus dem Katalog der **Vermutungstatbestände** des § 62 Abs. 3 a AufenthG alle Varianten anwendbar, aus dem Katalog der **Anhaltspunkte** des § 62 Abs. 3 b AufenthG die Nummern 1 bis 5. In der Vergangenheit hat sich eine *ausdifferenzierte Rechtsprechung* des BGH dazu ergeben, welche der bisherigen Tatbestände hinreichend präzise und vorhersehbar geregelt (→ Rn. 223) waren, um zur Ausfüllung des unionsrechtlichen Begriffs der *erheblichen Fluchtgefahr* herangezogen werden zu können.[513] Soweit die Tatbestände des früheren Rechtes in das aktuelle Recht überführt wurden, können die vorigen Wertungen beibehalten werden.

226 Danach ergibt sich bei der **Auslegung der Vermutungstatbestände** des § 62 Abs. 3 a AufenthG (→ Rn. 90 ff.) im Rahmen der Anwendung des Art. 28 Abs. 2 Dublin-III-Verordnung neben dem Umstand, dass auch sie einer **Gesamtwürdigung** unterzogen werden müssen,[514] Folgendes:

- ■ **Nr. 1 (Identitätstäuschung):** Die in §§ 62 Abs. 3 Nr. 5, 2 Abs. 14 Nr. 2 AufenthG aF erheblich anforderungsärmer und weniger differenziert geregelte Identitätstäuschung war **schon nach altem Recht anwendbar**.[515] Sie ist damit erst recht nach aktuellem Recht anwendbar.

- ■ **Nr. 2 (Nichterscheinen bei Anhörung bzw. Untersuchung):** Eine entsprechende Regelung gab es nicht nach altem Recht; ähnlich war § 2 Abs. 14 Nr. 3 AufenthG aF, nach der ein Anhaltspunkt für Fluchtgefahr war, wenn der Ausländer gesetzliche Mitwirkungshandlungen zur Identitätsfeststellung verweigert oder unterlassen hatte und aus den Umständen des Einzelfalls geschlossen werden konnte, dass

---

510 BGH Beschl. v. 7.7.2016 – V ZB 21/16 – InfAuslR 2017, 59 – juris-Rn. 4 zur Vorgängernorm.
511 AG Rosenheim Beschl. v. 26.10.2015 – 8 XIV 133/15 – juris-Rn. 32.
512 BGH Beschl. v. 11.1.2018 – V ZB 28/17 – InfAuslR 2018, 184 – Rn. 10.
513 ZB BGH Beschl. v. 26.6.2014 – V ZB 31/14 – NVwZ 2014, 1397 – juris-Rn. 13 ff.
514 BT-Drs. 19/10047, S. 30; so auch BGH Beschl. v. 25.2.2016 – V ZB 157/15 – NVwZ 2016, 1111 – juris-Rn. 18 zum früheren Recht.
515 BGH Beschl. v. 20.5.2016 – V ZB 24/16 – NVwZ 2016, 337 – juris-Rn. 8; Beschl. v. 25.2.2016 – V ZB 157/15 – NVwZ 2016, 1111 – juris-Rn. 15 ff.

er einer Abschiebung aktiv entgegenwirken wollte; dies sollte nach der Instanz-rechtsprechung **unionsrechtlich genügen**.[516] Soweit in der nF das Erfordernis der Einzelfall-Würdigung durch dasjenige der Belehrung ersetzt und der Kreis der Mitwirkungshandlung verändert wurde, wird dies der Anwendbarkeit nicht entgegenstehen; denn dass eine Einzelfall-Würdigung erforderlich ist, ist bereits durch Art. 2 lit. n Dublin-III-Verordnung vorgegeben und die hiesige Norm ist hinreichend klar und durch das Belehrungserfordernis willkürunanfällig. Sie ist allerdings nur bzgl. ärztlicher Untersuchung praxisrelevant, da bei Überstellungen regelmäßig keine gesonderte Identitätsprüfung erfolgt (→ Rn. 227, dort zu Nr. 5).

- **Nr. 3 (Aufenthaltswechsel ohne Anzeige):** Die in § 62 Abs. 2 S. 1 Nr. 2 AufenthG aF geregelte Tatbestandsvariante war **schon nach altem Recht anwendbar**.[517] Sie ist es auch nach aktuellem Recht. Die Behörde muss auch nicht beweisen, dass der Aufenthaltswechsel von einer Entziehungsabsicht getragen ist.[518] Praktisch wird die Vorschrift selten relevant, da bei der *Abschiebungsanordnung* gem. § 34a AsylG keine Ausreisefrist gesetzt wird (→ Rn. 49, 213); ohne diese fehlt der Tatbestand (→ Rn. 99), zumal Art. 2 lit. n Dublin-III-Verordnung mit dem Erfordernis gesetzlich festgelegter Kriterien keine Analogie erlaubt.

- **Nr. 4 (Einreise trotz Einreise- und Aufenthaltsverbots):** Der Haftgrund der unerlaubten Einreise (§ 62 Abs. 3 S. 1 Nr. 1 AufenthG aF) wurde als zu unbestimmt abgelehnt, da er nicht, wie unionsrechtlich erforderlich, auf die näheren Umstände der Einreise abstelle.[519] Soweit die nF eine konkrete Einreisemodalität mit entsprechendem Vorverhalten (das zum Erlass des Einreise- und Aufenthaltsverbots geführt hat) und damit eine nachfolgend bewusst rechtswidrige Einreise erfasst, dürfte dies jedoch **nunmehr hinreichen**.

- **Nr. 5 (Entziehung in der Vergangenheit):** In § 62 Abs. 3 S. 1 Nr. 4 AufenthG aF war geregelt, dass ein Anhaltspunkt für Fluchtgefahr sei, wenn der Ausländer „sich in sonstiger Weise der Abschiebung entzogen hat". Diese Regelung war generalklauselartig und enthielt keine hinreichenden objektiven Kriterien; sie war **nicht anwendbar**.[520] Dass die nF das „in sonstiger Weise" durch „bereits in der Vergangenheit" ersetzt, bringt keinen Mehrwert an Normenklarheit; den Vergangenheitsbezug ergab bereits in aF der Wortlaut („hat"), konkrete Kriterien zur Ausfüllung des Entzugsverhaltens fehlen nach wie vor. Es bleibt damit bei der Unanwendbarkeit.

- **Nr. 6 (Erklärung der Entziehung):** Die in §§ 62 Abs. 3 Nr. 5, 2 Abs. 14 Nr. 5 AufenthG aF geregelte Tatbestandsvariante war **schon nach altem Recht anwendbar**.[521] Sie ist es auch nach aktuellem Recht.

---

516 LG Traunstein Beschl. v. 29.1.2016 – 4 T 45/16 – juris-Rn. 23.
517 BGH Beschl. v. 16.2.2017 – V ZB 10/16 – juris-Rn. 7; Beschl. v. 26.6.2014 – V ZB 31/14 – NVwZ 2014, 1397 – juris-Rn. 31.
518 EuGH Urt. v. 19.3.2019 – C-163/17 – InfAuslR 2019, 236 – juris-Rn. 57 und 63 zur ausdrücklichen Billigung der deutschen Regelung.
519 BGH Beschl. v. 22.10.2014 – V ZB 124/14 – NVwZ 2015, 607 – juris-Rn. 11 f.
520 BGH Beschl. v. 7.7.2016 – V ZB 106/14 – InfAuslR 2016, 428 – juris-Rn. 8.
521 BGH Beschl. v. 6.4.2017 – V ZB 126/16 – InfAuslR 2017, 290 – juris-Rn. 13.

227 Bei der **Auslegung der Indiztatbestände** im Katalog des § 62 Abs. 3 b AufenthG (→ Rn. 112 ff.) gilt im Rahmen der Anwendung des Art. 28 Abs. 2 Dublin-III-Verordnung Folgendes:

- ■ **Nr. 1 (Identitätstäuschung):** Dieser Tatbestand war **schon nach altem Recht anwendbar** (→ Rn. 226). Soweit die nF die Identitätstäuschung noch klarer und differenzierter, auch nach zeitlicher Relevanz, regelt, ist dies erst recht nach aktuellem Recht der Fall.

- ■ **Nr. 2 (Schleuserkosten):** Die in §§ 62 Abs. 3 Nr. 5, 2 Abs. 14 Nr. 4 AufenthG aF geregelte, nunmehr nur leicht veränderte Tatbestandsvariante war **schon nach altem Recht anwendbar**,[522] soweit es dem Ausländer gerade um die Einreise in einen **bestimmten Mitgliedsstaat** ging.[523] Sie ist es auch nach aktuellem Recht.

- ■ **Nr. 3 (Präventivgewahrsam):** Die in § 2 Abs. 14 Nr. 5 a AufenthG aF geregelte Variante wurde **nach altem Recht nicht** vom BGH auf seine Unionsrechtskonformität hin **abgeklärt**. Sie ähnelt nach ihrem Wortlaut den polizeirechtlichen Generalklauseln und ist durch Rechtsprechung konkretisiert (→ Rn. 119 ff.).[524] Eine nur dadurch erreichte Bestimmtheit genügt aber unionsrechtlich nicht.[525] Die Regelung dürfte damit **unanwendbar** sein.

- ■ **Nr. 4 (Strafrechtliche Verurteilungen):** Eine entsprechende Regelung gab es nicht nach altem Recht. Durch die konkrete Bezugnahme auf mindestens zwei Vorsatztaten und die als hinreichende Strafform benannte Freiheitsstrafe dürften aber konkrete Kriterien iSd Unionsrechts vorliegen. Die Vorschrift ist damit **anwendbar**.

- ■ **Nr. 5 (Fehlende Mitwirkung):** Eine entsprechende Regelung gab es nicht nach altem Recht. Durch die konkrete Bezugnahme auf spezifisch genannte Mitwirkungspflichten dürften aber hinreichend konkrete Kriterien vorliegen. Auch die unbenannten „anderen" Pflichten iSd Norm sind durch die Referenzierung der Zweckgebundenheit (Identitätsfeststellung) eingegrenzt. Die Vorschrift ist damit **anwendbar**. Praktisch wird sie indes kaum relevant, da eine klassische Identitätsklärung kaum stattfindet und die Überstellung regelmäßig mit einem EU-Standard-Reisedokument erfolgt, das durch das Bundesamt auf die im Verfahren verwendeten Personalien ausgestellt wird.

b) Originäre Indiztatbestände

228 Neben dem Verweis auf die Sicherungshaft sind in § 2 Abs. 14 S. 2 AufenthG zwei nur für die Überstellungshaft anwendbare originäre Indiztatbestände enthalten.

aa) Nicht nur vorübergehender Staatenwechsel

229 Nach § 2 Abs. 14 S. 2 Nr. 1 AufenthG kann ein Anhaltspunkt für Fluchtgefahr sein, wenn ein Ausländer einen **Mitgliedsstaat** *vor Abschluss* eines dort laufenden Verfahrens zur Zuständigkeitsbestimmung (Var. 1) oder zur Prüfung eines Antrags auf internationalen Schutz (Var. 2) **verlassen** hat und die **Umstände der Feststellung** im Bun-

---

522 BGH Beschl. v. 25.2.2016 – V ZB 157/15 – NVwZ 2016, 1111 – juris-Rn. 10.
523 BGH Beschl. v. 16.2.2017 – V ZB 115/16 – NVwZ 2017, 816 – juris-Rn. 5 f., bes. 7.
524 LG Bremen Beschl. v. 15.9.2017 – 10 T 488/17 – juris-Rn. 54 ff.
525 Vgl. BGH Beschl. v. 26.6.2014 – V ZB 31/14 – NVwZ 2014, 1397 – juris-Rn. 23 f.

desgebiet konkret darauf hindeuten, dass er den zuständigen Mitgliedsstaat in absehbarer Zeit nicht aufsuchen will. Die Norm ist hinreichend konkret, um *für das Unionsrecht anwendbar* zu sein.[526]

Der Ausländer muss also einen Mitgliedsstaat vor bestandskräftiger Entscheidung **230** verlassen haben, nachdem er dort aufgegriffen wurde und ein Verfahren zur **Bestimmung der Zuständigkeit** nach der Dublin-III-Verordnung eingeleitet wurde (Var. 1); dies meint dieselbe Konstellation, die der hiesigen Überstellungshaft zugrunde liegt (→ Rn. 206 ff.), nur dass sie im betreffenden Mitgliedsstaat noch nicht bis zur Haft fortgeschritten war. Oder der Ausländer hat im betreffenden Mitgliedsstaat (erstmalig oder wiederholt) einen **Schutzantrag** gestellt (Var. 2). Dies kann anhand des Eurodac-Registers festgestellt werden. Den dortigen Eintragungen kommt gem. Anhang II Verzeichnis A II Nr. 1 der Durchführungsverordnung (EU) Nr. 118/2014 Beweiskraft zu, so dass sich der **Haftrichter** auf die Richtigkeit verlassen darf; es müssten gewichtige gegenteilige Anhaltspunkte vorliegen, um eine Amtsermittlungspflicht auszulösen.[527]

Eine **Belehrung** über die Pflicht zum Verbleib im anderen Mitgliedsstaat ist **nicht er-** **231** **forderlich**.[528] Ob Anhaltspunkte dafür sprechen, dass der Ausländer bzgl. des anderen Mitgliedsstaates **keine** (absehbare) **Rückkehrbereitschaft** zeigt, ist anhand der **konkreten Auffindesituation** zu beurteilen, soweit sie auf die Zielrichtung des Aufenthaltes schließen lässt.[529] Folgende **Beispiele** illustrieren dies:

- Ein nur kurzfristiger Aufenthalt zu **Besuchszwecken** in Deutschland indiziert **keine** fehlende Rückkehrbereitschaft.[530]
- Die Einreise nach Deutschland, **um hier Arbeit zu finden**, indiziert einen längeren Aufenthalt und damit fehlenden Rückkehrwillen, zumal die Überstellung den Aufenthaltszweck vereiteln würde.[531]
- **Angabe** des Ausländers bei Aufgriff oder gerichtlicher Anhörung, er werde sich nicht für eine Überstellung zur Verfügung halten, sondern **untertauchen**[532] bzw. **keinesfalls freiwillig** zurückkehren;[533] zugleich auch ein Fall des §§ 2 Abs. 14 S. 1, 62 Abs. 3 a Nr. 6 AufenthG.
- **Vorzeigen falscher** bzw. nicht auf den Ausländer ausgestellter **Papiere** bei Aufgriff, um die Identität zu verschleiern;[534] zugleich auch ein Fall der §§ 2 Abs. 14 S. 1, 62 Abs. 3 a Nr. 1 bzw. 3 b Nr. 1 AufenthG.

bb) Asyl-Hopping

Nach § 2 Abs. 14 S. 2 Nr. 2 AufenthG kann ein Anhaltspunkt für Fluchtgefahr sein, **232** wenn ein Ausländer zuvor **mehrfach** einen **Asylantrag** in anderen Mitgliedsstaaten

---

526 BGH Beschl. v. 20.5.2016 – V ZB 24/16 – NVwZ 2016, 1582 – juris-Rn. 8; Beschl. v. 25.2.2016 – V ZB 157/15 – NVwZ 2016, 1111 – juris-Rn. 15.
527 BGH Beschl. v. 11.1.2018 – V ZB 28/17 – InfAuslR 2018, 372 – juris-Rn. 15.
528 BGH Beschl. v. 11.1.2018 – V ZB 28/17 – InfAuslR 2018, 372 – juris-Rn. 16.
529 BGH Beschl. v. 25.2.2016 – V ZB 157/15 – NVwZ 2016, 1111 – juris-Rn. 18.
530 BGH Beschl. v. 25.2.2016 – V ZB 157/15 – NVwZ 2016, 1111 – juris-Rn. 18.
531 BGH Beschl. v. 11.1.2018 – V ZB 28/17 – InfAuslR 2018, 372 – juris-Rn. 23.
532 LG Traunstein Beschl. v. 8.2.2017 – 4 T 159/17 – juris-Rn. 23.
533 BGH Beschl. v. 20.5.2016 – V ZB 24/16 – NVwZ 2016, 1582 – juris-Rn. 14.
534 AG Rosenheim Beschl. v. 3.12.2015 – 1 XIV 168/15 – juris-Rn. 28; Beschl. v. 26.10.2015 – 8 XIV 133/15 – juris-Rn. 27.

gestellt und den **jeweiligen anderen Mitgliedsstaat** der Asylantragstellung wieder **verlassen** hat, ohne den Ausgang des dort laufenden Verfahrens zur Zuständigkeitsbestimmung (Var. 1) oder zur Prüfung seines Antrags (Var. 2) abzuwarten. Die *Unionsrechtskonformität* dieser Regelung ist durch den BGH noch nicht geklärt, begegnet aber angesichts der Bestimmtheit der Norm keinen Bedenken.

233 Inhaltlich setzt die Norm voraus, dass der Ausländer bereits **zwei Asylanträge** in anderen Mitgliedsstaaten gestellt und jeweils den Verfahrensausgang nicht abgewartet hat; dabei ist es unerheblich, ob es sich um das Asylverfahren selbst (Var. 2) oder das Verfahren zur Zuständigkeitsbestimmung (Var. 1, regelmäßig im zweiten Mitgliedsstaat) gehandelt hat. Insofern soll die Tatsache, dass der Ausländer (nunmehr in Deutschland) „bereits einen **dritten Asylantrag**" stellt, „auf eine erhöhte Fluchtneigung hindeuten" können".[535] Die Überlegung ist nicht gänzlich von der Hand zu weisen, wird aber in der **haftrichterlichen** Praxis besonderer Beachtung im Übermaßverbot bedürfen, um zu begründen, warum darob auch kein freiwilliges Zurverfügunghaltung für eine Überstellung zu erwarten ist.

4. Durchführbarkeit der Überstellung

234 Auch die Überstellungshaft fordert die **Prognose der Durchführbarkeit** der Überstellung innerhalb der Haftfrist.[536] Insofern ist die Haft für die Überstellung gem. Art. 28 Abs. 3 UAbs. 1 Dublin-III-Verordnung *so kurz wie möglich* zu halten und der Vollzug der Überstellung selbst muss erfolgen, sobald sie **praktisch durchführbar** ist (Art. 28 Abs. 3 UAbs. 3 Dublin-III-Verordnung). Das ist der Fall, sobald die Behörde alle hierfür erforderlichen Papiere besorgt, Personal organisiert und den passenden Flug gebucht hat.[537]

a) Frist für die Haftdauer

235 Die Verordnung sieht grds. **keine starre Höchstfrist** vor, binnen derer die Überstellung stattfinden muss; die Haftdauer darf lediglich *nicht erheblich mehr als sechs Wochen* betragen,[538] was bei zwei Monaten noch nicht, bei drei Monaten jedoch schon der Fall sein wird.[539] Diese recht freie Regelung gilt aber nur dann, wenn das **Verfahren** zwischen den Mitgliedsstaaten zur Bestimmung der Zuständigkeit und **Rückübernahme** *zum Zeitpunkt der Inhaftierung* abgeschlossen ist, also auch die Rechtsmittelfrist des die Überstellung ggü. dem Ausländer anordnenden Bescheides abgelaufen ist.[540]

236 Ist dies nicht der Fall, ergibt sich ein konkretes **mehrstufiges Fristensystem** aus Art. 28 Abs. 3 Dublin-III-Verordnung: Fehlt bei Beginn des Vollzuges der Haft noch ein (Wieder-)Aufnahmegesuch, muss dieses spätestens *binnen eines Monats* nach Beginn der Inhaftierung gestellt werden (UAbs. 2 S. 1) und die Antwort spätestens binnen *zwei Wochen* erfolgen (UAbs. 2 S. 3). Erfolgt sie nicht (fristgemäß), wird sie als

---

535 BT-Drs. 19/10047, S. 30.
536 BGH Beschl. v. 10.1.2019 – V ZB 159/17 – juris-Rn. 21; Beschl. v. 22.10.2015 – V ZB 79/15 – NVwZ 2016, 711 – juris-Rn. 15.
537 BGH Beschl. v. 6.4.2017 – V ZB 126/16 – InfAuslR 2017, 290 – juris-Rn. 11.
538 EuGH Urt. v. 13.9.2017 – C-60/16 – NVwZ 2018, 46 – juris-Rn. 39 ff., 45.
539 EuGH Urt. v. 13.9.2017 – C-60/16 – NVwZ 2018, 46 – juris-Rn. 46 f.
540 BGH Beschl. v. 7.6.2018 – V ZB 237/17 – NVwZ 2019, 424 – juris-Rn. 6; aA noch vor der EuGH-Entscheidung BGH Beschl. v. 6.4.2017 – V ZB 126/16 – InfAuslR 2017, 186 – juris-Rn. 8.

positiv fingiert (UAbs. 2 S. 4); nach (fingierter) Antwort und Ablauf der Rechtsmittelfrist für den ggü. dem Ausländer erteilten Bescheid (→ Rn. 213 f.) darf die Haft sodann längstens **sechs Wochen** dauern (UAbs. 3). Auf diese sechs Wochen ist die bisherige Haftzeit nicht anzurechnen.[541]

In jedem Fall, also auch bei Einschlägigkeit der sechs-Wochen-Frist, ist eine **Verlängerung** der Haft möglich, soweit die fristgemäße Durchführung der Überstellung an einem **Verhalten des Ausländers** scheitert; insbesondere ist dies zum Beispiel bei *renitentem Verhalten* ggü. einer Flugbesatzung denkbar und setzt im Bereich des Fristensystems des Art. 28 Abs. 3 Dublin-III-Verordnung eine *neue sechs-Wochen-Frist* in Gang.[542] Liegt kein Fall der starren Fristbindung vor (→ Rn. 236) wird eine neu in Gang gesetzte Frist wiederum jedenfalls *nicht erheblich mehr als sechs Wochen* betragen dürfen.   237

Dabei ist zu berücksichtigen, dass sich die **Prognose** auf die konkrete **Durchführbarkeit** der Überstellung im Haftzeitraum bezieht, **nicht** auf eine (ggf. erforderliche) **Verlängerung**. Ist also zum Anordnungs- oder Verlängerungszeitpunkt bereits ersichtlich, dass die Überstellung nur unter späterer (weiterer) Verlängerung vollzogen werden kann, ist der Haftantrag *abzulehnen*; denn die Haft sichert dann nur die Entscheidung über den Verlängerungsantrag und nur *mittelbar* die Überstellung; dies ist unzulässig.[543] Scheitert eine Abschiebung hingegen *während der Haftdauer*, kann die Haft mit Blick auf eine mögliche rechtzeitige Verlängerung beibehalten werden (§ 62 Abs. 4 a AufenthG).[544]   238

b) Allgemeine Höchstfrist

Unabhängig von der Frist der konkreten Haft muss die Überstellung jedenfalls gem. Art. 29 Abs. 2 Dublin-III-Verordnung in grds. **sechs Monaten** abgeschlossen sein. Andernfalls wird die Bundesrepublik für die Durchführung des *Asylverfahrens zuständig* (Art. 29 Abs. 2 S. 1 Dublin-III-Verordnung), so dass ein sicherungsfähiges Überstellungsverfahren (→ Rn. 216 ff.) nicht mehr besteht und die *Überstellungshaft unzulässig* wird.   239

Der **Fristbeginn** knüpft an die (ggf. fingierte) **Zustimmung** des um Rückübernahme ersuchten Mitgliedsstaates an.[545] Legt der Ausländer gegen die nachfolgende Überstellungsentscheidung **Rechtsmittel** ein, ist danach zu differenzieren, ob dieses (spezifisch unionsrechtlich verstandene) *aufschiebende Wirkung* hat (Art. 29 Abs. 1 UAbs. 1, 27 Abs. 3 Dublin-III-Verordnung). Ist dem so, hindert es den Fristablauf und die Frist beginnt nach Verfahrensabschluss **neu zu laufen**.[546] Eine entsprechende Wirkung haben   240

---

541 EuGH Urt. v. 13.9.2017 – C-60/16 – NVwZ 2018, 46 – juris-Rn. 59.
542 BGH Beschl. v. 6.4.2017 – V ZB 126/16 – InfAuslR 2017, 186 – juris-Rn. 13.
543 BGH Beschl. v. 15.9.2016 – V ZB 43/16 – NVwZ 2016, 1824 – juris-Rn. 7.
544 BGH Beschl. v. 19.7.2018 – V ZB 179/15 – InfAuslR 2018, 415 – juris-Rn. 21.
545 OVG Münster Urt. v. 10.3.2016 – 11 A 1003/15.A – juris-Rn. 34.
546 Vgl. OVG Münster Urt. v. 10.3.2016 – 11 A 1003/15.A – juris-Rn. 34; OVG Bautzen Beschl. v. 5.10.2015 – 5 B 259/15.A – NVwZ-RR 2016, 472 – juris-Rn. 12.

- ein **fristgemäß** eingelegter **Eilantrag** gegen die Abschiebungsanordnung (→ Rn. 213), mit dessen Ablehnung die Frist daher erneut zu laufen beginnt.[547]
- eine **Klage** grds. nicht, soweit diese nicht selbst aufschiebende Wirkung hat (→ Rn. 213). Ordnet das Verwaltungsgericht aber aufschiebende Wirkung durch Eilrechtsschutz an, wird die Frist unterbrochen; sie beginnt dann ab rechtskräftiger Entscheidung über die Klage erneut zu laufen.[548]
- ein **Hängebeschluss**, mit dem in einem **Abänderungsverfahren** (§ 80 Abs. 7 VwGO) ein vorläufiges Verbot des Vollzuges einer Überstellung angeordnet wird.[549]

241 Die Frist kann sich auch **verlängern** und tut dies in zwei Fällen: Zum einen, wenn der Ausländer **inhaftiert** ist (Verlängerung auf **zwölf** Monate, Art. 29 Abs. 2 S. 2 Var. 1 Dublin-III-Verordnung); dem systematischen Zusammenhang nach (Grund, der Überstellung hindert) ist damit *nicht* die Überstellungs-, sondern sonstige (zB Straf- oder Untersuchungs-)Haft gemeint.[550] Zum anderen tritt Verlängerung ein, wenn der Ausländer **flüchtig** ist (**18 Monate**, Art. 29 Abs. 2 S. 2 Var. 2 Dublin-III-Verordnung). Die Verlängerung tritt für die konkrete Frist ein, so dass auch die nach Unterbrechung neu begonnene Frist mehr als sechs Monate betragen kann.

242 Flüchtig im unionsrechtlichen Sinne ist ein Ausländer, der sich den für die Durchführung der Überstellung zuständigen Behörden **gezielt entzieht**, um die Überstellung zu vereiteln.[551] Ein Aufenthalt im sog. **offenen Kirchenasyl** (dh Kirchenasyl unter Mitteilung der der konkreten Aufenthaltsdresse → Rn. 100) fällt nicht hierunter (anders bei unbekannter Aufenthaltsadresse), weil hieraus eine Abschiebung ohne Weiteres rechtlich erfolgen könnte und nur aus historischen Gründen unterbleibt.[552] Soweit daher während eines laufenden Dossierverfahrens (Prüfung des Bundesamtes für Migration und Flüchtlinge, ob wg. der im Kirchenasyl vorgebrachten Gründe vom Selbsteintrittsrecht gem. Art. 17 Dublin-III-Verordnung Gebrauch gemacht wird) auf die Vollstreckung der Ausreisepflicht verzichtet wird, führt dies unionsrechtlich nicht zum flüchtig-Sein. Auch das fehlende Erscheinen auf eine Aufforderung zur **Selbstgestellung** am Flughafen ist mangels Verpflichtung hierzu keine Flucht.[553]

5. Sonstige entgegenstehende Gründe

243 Auch sonstige Gründe können der **Durchführbarkeit der Überstellung** oder der **Haft als solcher** entgegenstehen; insbesondere ist zu beachten, ob

- gem. § 72 Abs. 4 AufenthG ein **Einvernehmen der Staatsanwaltschaft** erforderlich ist und ggf. erteilt wurde (→ Rn. 151 ff.),[554]

---

547 BVerwG Urt. v. 26.5.2016 – 1 C 15/15 – NVwZ 2016, 1185 – juris-Rn. 11.
548 EuGH Urt. v. 29.1.2009 – C-19/08 – NVwZ 2009, 639 – Rn. 42 ff., bes. 46.
549 VG Berlin Beschl. v. 19.11.2019 – 25 L 459.19 A – juris-Rn. 24; aA VG Berlin Beschl. v. 20.9.2018 – VG 31 L 744.18 A – juris-Rn. 11 (höchst str.).
550 VG Augsburg Beschl. v. 27.9.2018 – Au 1 E 18.50712 – juris-Rn. 20.
551 EuGH Urt. v. 19.3.2019 – C-163/17 – InfAuslR 2019, 236 – juris-Rn. 70 – Jawo.
552 Allg. Meinung, vgl. nur VGH München Beschl. v. 16.5.2018 – 20 ZB 18.50011 – Asylmagazin 2018, 320 – juris-Rn. 2 mwN; *Marx* AufenthaltsR-HdB § 9 Rn. 54 ff. mwN.
553 VG Berlin Urt. v. 28.2.2019 – 32 K 71.18 A – juris-Rn. 23; aA VG Potsdam Beschl. v. 25.7.2018 – 2 L 364/18.A – EzAR-NF 65 Nr. 69 – juris-Rn. 15.
554 BGH Beschl. v. 19.7.2018 – V ZB 179/15 – InfAuslR 2018, 415 – juris-Rn. 7.

- etwaige **Überstellungshindernisse** vorliegen, insbes. mit Blick auf ausstehende Entscheidungen zB über einen Asylfolgeantrag, Reisefähigkeit oder fehlende Dokumente (→ Rn. 143 ff.); anders als bei der Sicherungshaft stellen sich hier allerdings keine Fragen des Vertretenmüssens,
- die Haft **erforderlich** ist, was bei **Bereitschaft freiwilliger Ausreise** fehlt (→ Rn. 158 f.); dieser Frage muss allerdings nur nachgegangen werden, wenn konkrete Anhaltspunkte dafür vorliegen, dass die Überstellung auch ohne Haft sichergestellt werden kann;[555] einen Anspruch auf Ermöglichung einer Überstellung ohne Verwaltungszwang hat der Ausländer aber nicht,[556]
- die Haft mit Blick auf das **Beschleunigungsgebot** (→ Rn. 161 ff.), den Schutz von **Ehe und Familie** (→ Rn. 165 ff.), **Schwangerschaft** (→ Rn. 168) oder **Minderjährigkeit** (→ Rn. 169 ff.) angemessen ist, und
- eine **Haftunfähigkeit** besteht (→ Rn. 172 ff.).

V. Zurückschiebungshaft (§ 57 Abs. 3 AufenthG)

Die **Zurückschiebung** ist ein Institut, welches die Beendigung des Aufenthalts von Ausländern im **unmittelbaren räumlichen und zeitlichen Zusammenhang** mit dem Grenzübertritt herbeiführt. Nach Art. 2 Nr. 2 a Richtlinie 2008/115/EG (Rückführungsrichtlinie) können die Mitgliedsstaaten dies weitgehend *unabhängig vom Unionsrecht* regeln. Die Zurückschiebung steht damit in einem **Stufenverhältnis** vom Aufgriff des Ausländers direkt *beim* Grenzübertritt (dann: *Zurückweisungshaft* → Rn. 264 ff.) über den Aufgriff (kurz) *nach dem* Grenzübertritt (dann: *Zurückschiebung*) bis hin zum Aufgriff längere Zeit danach (dann: *Sicherungshaft* → Rn. 76 ff.; *Ausreisegewahrsam* → Rn. 192 ff.; *Überstellungshaft* → Rn. 206 ff.). 244

Historisch ist die Zurückschiebung eine **Erweiterung der Zurückweisung,**[557] die allerdings in ihrem Anwendungsbereich zunehmend reduziert wurde. *Praktisch* sind daher die Fälle, die ihr nicht mehr unterfallen, nach dem allgemeinen Abschiebehaftrecht zu behandeln.[558] 245

Die **Zurückschiebungshaft** hat die **Voraussetzungen,** dass der *Anwendungsbereich* eröffnet ist (→ Rn. 247 ff.), eine *vollzieh- und vollstreckbare Ausreisepflicht* (→ Rn. 254 ff.) und die *weiteren Haftvoraussetzungen* (→ Rn. 260 ff.) vorliegen. 246

1. Anwendungsbereich der Zurückschiebung

Die Zurückschiebung erfasst den Aufgriff des Ausländers in räumlicher und zeitlicher Nähe zum Grenzübertritt nach *einer unerlaubten* Einreise (→ Rn. 38 ff.). **Räumliche Nähe** besteht bei *30 km* an Land- und *50 km* an Seegrenzen.[559] Der **zeitliche Zusammenhang** wird jedenfalls ab einem Abstand von mehr als *72 Stunden* zum Grenzübertritt fehlen;[560] dies kann aber auch schon vorher der Fall sein, wenn der Ausländer 247

---

555 BGH Beschl. v. 11.1.2018 – V ZB 28/17 – InfAuslR 2018, 184 – juris-Rn. 24.
556 BVerwG Urt. v. 17.9.2015 – 1 C 26/14 – BVerwGE 153, 24 – juris-Rn. 15.
557 Vgl. BGH Beschl. v. 24.2.2011 – V ZB 202/10 – InfAuslR 2011, 253 – juris-Rn. 16.
558 BGH Beschl. v. 14.3.2013 – V ZB 135/12 – NVwZ 2013, 1027 – juris-Rn. 10.
559 BGH Beschl. v. 28.4.2011 – V ZB 239/10 – FGPrax 2011, 200 – juris-Rn. 7.
560 *Westphal* in Huber AufenthG § 57 Rn. 2; VG Weimar Beschl. v. 26.1.2011 – 7 E 20005/11 – juris-BA S. 3.

den Reisevorgang endgültig beendet hat (zB durch feste Wohnsitznahme).[561] Danach ist nur noch eine Abschiebung möglich.

a) Grundsatz

248 Im Grundsatz betrifft die Zurückschiebung (soweit nicht *Asylbewerber* betroffen sind → Rn. 251 ff.) zwei Fälle: Erstens den Aufgriff an einer **Schengen-Außengrenze**, was in Deutschland nur noch an *See-* und *Flughäfen* möglich ist. Hier soll eine Zurückschiebung nach § 57 Abs. 1 AufenthG erfolgen. An Binnengrenzen ist nach dieser Norm keine Zurückschiebung möglich; es muss stattdessen bei Grenzübertritt *zurückgewiesen* (→ Rn. 267 f.) oder nach Grenzübertritt *abgeschoben* (→ Rn. 76 ff.) werden.

249 Zweitens soll die Zurückweisung aufgrund **zwischenstaatlicher Verträge** ergehen (§ 57 Abs. 2 Var. 1 AufenthG), welche am 13.1.2009 zwischen den EU-Staaten, Norwegen und der Schweiz in Kraft waren. Dies kann auch Binnengrenzen erfassen. Die Regelung referenziert zwar ihrem Wortlaut nach keine örtlich-zeitliche Nähe zum Grenzübertritt, die Verträge selbst setzen dies jedoch regelmäßig voraus.[562] Da der Haftantrag Ausführungen zur Aufnahmepflicht enthalten muss und ansonsten unzulässig ist,[563] wird hier auf die *konkreten Verträge* nicht eingegangen.

250 Für beide Fälle sind über den **Verweis** in § 57 Abs. 3 AufenthG die Vorschriften über die **Sicherungshaft** (→ Rn. 76 ff.) entsprechend anwendbar.

b) Asylbewerber

251 Für Asylbewerber ist unerheblich, ob die unerlaubte Einreise eine *Schengen-Außengrenze* oder eine *Binnengrenze* betrifft. Werden sie nach Grenzübertritt aufgegriffen und wurden bereits in einem anderen Mitgliedsstaat registriert (**Dublin-III-Konstellation**), so ist dies nur für die Rechtsgrundlage der Zurückweisung relevant: Stellen sie *im Inland keinen* (weiteren) *Asylantrag* (sog. „Aufgrifffälle"), sollen sie gem. § 57 Abs. 2 Var. 2 AufenthG zurückgewiesen werden. Ersuchen sie hingegen auch *in Deutschland um Asyl*, erfolgt eine Zurückschiebung (zwingend) durch die Spezialvorschrift[564] des § 18 Abs. 2 Nr. 2, Abs. 3 AsylG.

252 Das **haftrichterliche Verfahren** richtet sich in diesen beiden Fällen ausschließlich nach Art. 28 Abs. 2 Dublin-III-Verordnung.[565] Insbesondere genügt dabei der alleinige Umstand der unerlaubten Einreise (anders als sonst bei der Zurückschiebung → Rn. 261 iVm → Rn. 81 ff.) nicht mehr als Haftgrund (Art. 28 Abs. 1 Dublin-III-Verordnung[566]). Praktisch ändert sich nur der Bescheid mit seiner Rechtsgrundlage für den Haftrichter, im Übrigen läuft die Prüfung wie oben dargelegt (→ Rn. 246).

---

561 Vgl. *Zeitler* HTK-AuslR § 18 AsylG, zu Abs. 3 Nr. 4: Ausländer „muss praktisch noch sein Reisegepäck in der Hand halten".
562 *Westphal* in Huber AufenthG § 57 Rn. 6.
563 Vgl. nur BGH Beschl. v. 31.5.2012 – V ZB 167/11 – NJW 2012, 2012 – juris-Rn. 10.
564 *Westphal* in Huber AufenthG § 57 Rn. 12.
565 BGH Beschl. v. 26.6.2014 – V ZB 31/14 – NVwZ 2014, 1397 – juris-Rn. 12.
566 BGH Beschl. v. 22.10.2014 – V ZB 124/14 – NVwZ 2015, 607 – juris-Rn. 4; Beschl. v. 26.6.2014 – V ZB 31/14 – NVwZ 2014, 1397 – juris-Rn. 29.

Ist der Ausländer **nicht in einem anderen Mitgliedsstaat** registriert (also keine Dublin- 253
III-Konstellation), ersucht hier aber um Asyl, ist eine Zurückschiebung in zwei Konstellationen möglich und zugleich zwingend: Erstens, wenn er aus einem *sicheren
Drittstaat* einreist (§ 18 Abs. 2 Nr. 1, Abs. 3 AsylG), zweitens, wenn er vor weniger
als drei Jahren ausgereist ist und hier zu einer *Freiheitsstrafe von mindestens drei Jahren* verurteilt wurde (§ 18 Abs. 2 Nr. 3, Abs. 3 AsylG). In solchen Fällen richtet sich
die Zurückweisungshaft nach der allgemeinen Vorschrift des § 57 Abs. 3
AufenthG.[567]

2. Vollziehbare Ausreisepflicht

Da die durch Haft zu sichernde Zurückschiebung eine Maßnahme der Durchsetzung 254
der **Ausreisepflicht** ist, muss eine solche bestehen und vollziehbar sein.[568] Sie ergibt
sich regelmäßig wegen unerlaubter Einreise aus §§ 50 Abs. 1, 58 Abs. 1 Nr. 1
AufenthG.

Die Zurückschiebung als *Realakt* bedarf nicht notwendig einer vorigen **Zurückschie-** 255
bungsverfügung.[569] *Haftrechtlich* ist dies wenig bedeutsam; denn selbst, wenn sie
nicht erforderlich ist, wäre die Behörde befugt, gleichwohl eine (auch: mündliche)
Verfügung zu erlassen,[570] was oft geschieht. Sie ist jedenfalls **keine Vollstreckungsvor-**
aussetzung, aber bei ihrer Bestandskraft kann die Ausreisepflicht haftrichterlich damit ungeprüft festgestellt werden.[571]

Auch eine **Androhung** und vorige **Fristsetzung** ist nicht notwendig.[572] Dies ist auch 256
nicht wegen des Erfordernisses einer *Rückkehrentscheidung* anders; denn für § 57
Abs. 1 AufenthG ist der Anwendungsbereich der Rückführungsrichtlinie gem. Art. 2
Abs. 2 a Richtlinie 2008/115/EG nicht eröffnet und für § 57 Abs. 2 AufenthG sieht
Art. 6 Abs. 3 Richtlinie 2008/115/EG eine Ausnahme vor.[573]

Soweit die Behörde, was durch Auslegung des Antrages zu ermitteln ist, **statt Zurück-** 257
schiebung den Weg der **Abschiebung wählt** (Erlass zB einer *Abschiebungsandrohung*
gem. § 59 AufenthG; Beantragung von *„Sicherungshaft"*), ist sie hieran gebunden. Es
gelten dann die strengeren Anforderungen der Sicherungs- bzw. Überstellungshaft (→
Rn. 76 ff. und → Rn. 206 ff.), auch wenn eine (einfachere) Zurückschiebung möglich
gewesen wäre.[574]

Die Ausreisepflicht ist nicht mehr vollziehbar, wenn der Ausländer durch **Asylantrag** 258
eine **Aufenthaltsgestattung** gem. § 55 AsylG erlangt. Diese ist bei der Zurückwei-

---

567 Vgl. BGH Beschl. v. 25.2.2010 – V ZB 172/09 – NVwZ 2010, 726 – juris-Rn. 12 ff. für vor-Dublin-III-Zei-
     ten.
568 BGH Beschl. v. 12.4.2018 – V ZB 164/16 – NVwZ 2018, 1583 – juris-Rn. 8.
569 BVerwG Urt. v. 10.12.2014 – 1 C 11/14 – BVerwGE 151, 102 – juris-Rn. 13; aA wohl VGH München
     Beschl. v. 9.1.2019 – 10 CE 19.67 – Asylmagazin 2019, 68 – juris-Rn. 11.
570 BVerwG Urt. v. 10.12.2014 – 1 C 11/14 – BVerwGE 151, 102 – juris-Rn. 13; OVG Münster Beschl.
     v. 26.2.2013 – 18 B 572/12 – juris-Rn. 36 ff.
571 BGH Beschl. v. 25.2.2010 – V ZB 172/09 -NVwZ 2010, 150 – juris-Rn. 15; Beschl. 16.12.2009 – V ZB
     148/09 – InfAuslR 2010, 118 – juris-Rn. 7.
572 *Winkelmann* in Bergmann/Dienelt AufenthG § 57 Rn. 4.
573 ZG *Fränkel* in NK-AuslR AufenthG § 57 Rn. 25 mwN (str.); *Winkelmann* in Bergmann/Dienelt AufenthG
     § 57 Rn. 4.
574 BGH Beschl. v. 14.3.2013 – V ZB 135/12 – NVwZ 2013, 1027 – juris-Rn. 9.

sungshaft zu berücksichtigen.[575] Insofern gelten die obigen Darlegungen (→ Rn. 28 ff.).

259 Wegen der **Situation im Grenzgebiet** kann die Aufenthaltsgestattung *praktisch* schwer zu erlangen sein. Denn soweit der Ausländer bei einem Asylgesuch bei den *Grenzbehörden* nach der Einreise sogleich in Zurückschiebungshaft genommen wird, muss ein zuvor grenzbehördlich aufgenommenes Ersuchen (anders als eines bei der Ausländerbehörde, § 14 Abs. 2 S. 2 AsylG) nicht zwingend weitergeleitet werden.[576] Wird es weitergeleitet und geht beim Bundesamt für Migration und Flüchtlinge ein, stellt es ab diesem Moment einen hinreichenden Asylantrag dar.[577] Ggf. befindet sich der Ausländer zu diesem Zeitpunkt aber schon in gerichtlich angeordneter *Zurückschiebungs-*[578] oder *Überstellungshaft*,[579] so dass der Antrag der Anordnung oder Aufrechterhaltung der Haft grds. nicht entgegensteht (§ 14 Abs. 3 S. 1 Nr. 2 AsylG, beachtlich ist allerdings die Monatsfrist → Rn. 32).

3. Weitere Haftvoraussetzungen

260 Für die weiteren Voraussetzungen der Haft gilt nach dem **Verweis** in § 57 Abs. 3 AufenthG die Regelung des § 62 AufenthG entsprechend. Dies betrifft vornehmlich die **Sicherungshaft** (§ 62 Abs. 3 AufenthG). Eine *Vorbereitungshaft* (§ 62 Abs. 2 AufenthG) ist zwar rechtlich möglich, aber praktisch kaum denkbar, da nach dem Erlass einer Ausweisung oder Abschiebungsanordnung (§ 58 a AufenthG: Gefährder) der Ausländer nicht zurück-, sondern abgeschoben wird.[580]

261 Über den Verweis ist regelmäßig der **Haftgrund** der unerlaubten Einreise (§ 62 Abs. 3 S. 1 Nr. 2 AufenthG) einschlägig, weswegen auf obige Darstellungen verwiesen sei (→ Rn. 81 ff.). Dieser Haftgrund genügt wegen der klaren Verweisung für eine Haftanordnung.[581] Soweit es allerdings um eine Zurückweisung im Anwendungsbereich der Dublin-III-Verordnung (→ Rn. 251 ff.) geht, sind die in Frage kommenden Haftgründe auf **erhebliche Fluchtgefahr** gem. §§ 2 Abs. 14 S. 1, 62 Abs. 3 a und 3 b Nr. 1 bis 5 AufenthG reduziert.[582] § 62 Abs. 3 Nr. 2 und 3 AufenthG scheiden damit ebenso aus wie § 62 Abs. 3 b Nr. 6 und 7 AufenthG (mangels Qualifikation als *erheblich* in § 2 Abs. 14 S. 1 AufenthG) und § 2 Abs. 14 S. 2 Nr. 1 und 2 AufenthG (mangels Verweis in § 57 Abs. 3 AufenthG; soweit Haft hierauf gestützt werden soll, muss die Behörde statt der Zurückweisung das Regel-Dublin-Verfahren der Überstellung wählen).

262 Wegen der räumlichen und zeitlichen Grenznähe ist besonders zu beachten, ob der Ausländer das Haftgericht gem. § 62 Abs. 3 S. 2 AufenthG von seiner **freiwilligen Ausreisebereitschaft** überzeugen kann;[583] ggf. auch durch (nachvollziehbar belegte)

---

575 BGH Beschl. v. 12.4.2018 – V ZB 164/16 – NVwZ 2018, 1583 – juris-Rn. 8.
576 AA *Marx* AufenthaltsR-HdB § 8 Rn. 54.
577 BGH Beschl. v. 6.5.2010 – V ZB 213/09 – NVwZ 2010, 1510 – juris-Rn. 11.
578 BGH Beschl. v. 25.2.2016 – V ZB 171/13 – InfAuslR 2016, 294 – juris-Rn. 11.
579 BGH Beschl. v. 20.5.2016 – V ZB 24/16 – NVwZ 2016, 335 – juris-Rn. 20.
580 *Zeitler* HTK-AuslR § 57 AufenthG, zu Abs. 3 Nr. 2.1.
581 AG Mühldorf Beschl. v. 5.1.2016 – 1 XIV 84/15 B – juris-Rn. 18; offengelassen von AG Rosenheim Beschl. v. 11.1.2016 – 8 XIV 9/16 – juris-Rn. 17.
582 Vgl. BGH Beschl. v. 20.5.2016 – V ZB 24/16 – NVwZ 2016, 1582 – juris-Rn. 7.
583 BGH Beschl. v. 17.6.2010 – V ZB 13/10 – juris-Rn. 15.

Durchreiseabsicht, welche eine Haftanordnung nicht erforderlich macht.[584] Auch kann der aus Gründen des Übermaßverbotes vorrangige **unmittelbare Zwang** genügen, wenn zB eine grenzüberschreitende (Straßen-)Bahn verkehrt, in die der Ausländer ohne zwischendurch bestehende Aussteigemöglichkeit gesetzt werden kann.[585]

Wie auch bei der Sicherungshaft muss gem. § 72 Abs. 4 S. 1 AufenthG ein ggf. erforderliches **Einvernehmen der Staatsanwaltschaft** eingeholt werden. Denn die Norm ist nach teleologischer Auslegung auf die Zurückschiebungshaft anwendbar.[586]   263

VI. Zurückweisungshaft und Transitgewahrsam (§ 15 AufenthG)

Die **Zurückweisung** ist ein Institut, das an der Grenze verfügt wird und die Einreise eines Ausländers durch die *Abwendung des Grenzübertritts* verhindert.[587] Sie greift also im **Vorfeld der Aufenthaltsnahme** und steht damit in einem **Stufensystem**: Wird der Ausländer direkt *beim* Grenzübertritt aufgegriffen, ist sie einschlägig; (kurz) *nach dem Grenzübertritt* muss stattdessen zurückgeschoben werden (*Zurückschiebungshaft* → Rn. 244 ff.), längere Zeit danach erfolgen Abschiebung bzw. Überstellung (*Sicherungshaft* → Rn. 76 ff.; *Ausreisegewahrsam* → Rn. 192 ff.; *Überstellungshaft* → Rn. 206 ff.).   264

Die Maßnahme der Einreiseunterbindung zu sichern, ist Ziel der **Zurückweisungshaft** (§ 15 Abs. 5 AufenthG). Dabei ist der **Transitgewahrsams** (§ 15 Abs. 6 AufenthG) ein Spezialfall der Zurückweisung bei Einreiseversuch über einen Flughafen.[588] Beide Institute unterscheiden sich mithin in ihrem *Anwendungsbereich* (→ Rn. 266 ff.), setzen aber gemeinsam eine *Zurückweisung* bzw. *Einreiseverweigerung* (→ Rn. 270 ff.) voraus, die *nicht sofort vollzogen* werden kann (→ Rn. 273 f.) und begrenzen die *Haftdauer* (→ Rn. 275 ff.). *Weitere Haftvoraussetzungen* bestehen nur wenige (→ Rn. 279 ff.).   265

1. Anwendungsbereich(e)

Alle Regelungsvarianten des § 15 AufenthG setzen eine **unerlaubte Einreise** voraus, die noch nicht vollendet ist.[589] Zur Abgrenzung, wann dies der Fall ist, vgl. → Rn. 16 ff.   266

Handelt es sich um eine **Schengen-Außengrenze**, was in Deutschland an *See-* und *Flughäfen* möglich ist, ist § 15 Abs. 1 und 2 AufenthG iVm Art. 14 Verordnung (EU) 2016/399 (Schengener Grenzcodex) einschlägig, was für Anordnung von Haft oder Gewahrsam keinen Unterschied macht.[590] An einer **Binnengrenze** finden Zurückwei-   267

---

584 BGH Beschl. v. 17.6.2010 – V ZB 13/10 – juris-Rn. 17, 26.
585 AG Offenburg Beschl. v. 13.9.2018 – 1 XIV 320/18 B – juris-Rn. 7.
586 BGH Beschl. v. 11.10.2017 – V ZB 41/17 – InfAuslR 2018, 93 – juris-Rn. 9; Beschl. v. 24.2.2011 – V ZB 202/10 – InfAuslR 2011, 253 – juris-Rn. 13 ff.
587 BGH Beschl. v. 11.10.2017 – V ZB 41/17 – InfAuslR 2018, 93 – juris-Rn. 13.
588 BT-Drs. 16/5065, S. 165.
589 *Winkelmann* in Bergmann/Dienelt AufenthG § 15 Rn. 2.
590 Vgl. BGH Beschl. v. 12.4.2018 – V ZB 164/16 – NVwZ 2018, 1583 – juris-Rn. 9; Beschl. v. 11.10.2017 – V ZB 41/17 – InfAuslR 2018, 93 – juris-Rn. 1 und 5.

sungen nach § 15 Abs. 1 und 2 AufenthG statt; dies wird auch nicht etwa durch europäische Sondervorschriften ausgeschlossen.[591]

268 Ersucht ein Ausländer an einer Grenze um **Asyl**, so sind die §§ 18 f. AsylG Spezialvorschrift. Sie sehen als Funktionsäquivalent zu der Zurückweisung die **Einreiseverweigerung** (§§ 18 Abs. 2, 18 a Abs. 3 AsylG) vor. Auch sie ist mit § 15 Abs. 5 und 6 AufenthG sicherbar.[592] Praktisch betrifft insbesondere der Transitgewahrsam häufig den Fall eines abgelehnten Asylbewerbers nach erfolglosem Durchlaufen des Flughafenverfahrens (§ 18 a Abs. 3 AsylG).

269 Nach dieser Regelungssystematik ist die **Zurückweisungshaft** gem. § 15 Abs. 5 AufenthG also zur Sicherung von Zurückweisungen oder Einreiseverweigerungen an den **Land-** oder **Seegrenzen** einschlägig.[593] Demgegenüber betrifft der **Transitgewahrsam** gem. § 15 Abs. 6 AufenthG ausschließlich die Sicherung gegen unerlaubte Einreise **per Flugzeug**.

2. Behördliche Entscheidung

270 Erforderlich für Haft bzw. Gewahrsam ist die Wirksamkeit einer behördlichen **Zurückweisungs-** bzw. **Einreiseverweigerungsentscheidung**. Ob diese zu einer Rückreise in den Herkunfts- oder einen anderen Zielstaat führt, ist für den Haftrichter unerheblich; die **inhaltliche Kontrolle**, ob und inwiefern die Behörde die Entscheidung zu Recht verfügt hat, obliegt ausschließlich den Verwaltungsgerichten.[594] Weil auch eine Einreisebefugnis im Falle eines **Asylantrages** eine inhaltliche Frage ist (§ 15 Abs. 4 S. 2 AufenthG), ist haftrichterlich ebensowenig zu prüfen, ob dem Ausländer ein Aufenthalt gem. § 55 AufenthG gestattet ist.[595]

271 Auch ist eine **Vollstreckungsandrohung** oder Fristsetzung nicht erforderlich,[596] denn die Vorgaben der *Rückführungsrichtlinie* sind wegen Art. 2 Abs. 2 lit. a Richtlinie 2008/115/EG nicht anwendbar.[597] Es besteht auch **kein Vorrang der Überstellung** gem. Art. 28 Abs. 2 Dublin-III-Verordnung, so dass auch bei Rücküberstellung im grds. Anwendungsbereich der Verordnung *keine erhebliche Fluchtgefahr* vorliegen muss.[598]

272 Mithin ist das **Prüfungsprogramm** des Haftrichters erheblich eingeschränkt. Rechtsmittel gegen die behördliche Entscheidung haben gem. § 80 Abs. 2 S. 1 Nr. 2 VwGO keine aufschiebende Wirkung.[599] Bei einer Einreiseverweigerung nach (erfolglosem) Asyl-*Flughafenverfahren* ist die Rechtsschutzfrist sogar auf drei Tage verkürzt; wird

---

591 BGH Beschl. v. 11.10.2017 – V ZB 41/17 – InfAuslR 2018, 93 – juris-Rn. 5.
592 BGH Beschl. v. 10.3.2016 – V ZB 188/14 – NVwZ-RR 2016, 518 – juris-Rn. 11; Beschl. v. 30.6.2011 – V ZB 274/10 – NVwZ-RR 2011, 875 – juris-Rn. 21.
593 BGH Beschl. v. 12.7.2018 – V ZB 98/16 – juris-Rn. 14; Beschl. v. 30.10.2013 – V ZB 90/13 – Asylmagazin 2014, 57 – juris-Rn. 6.
594 BGH Beschl. v. 20.9.2017 – V ZB 118/17 – NVwZ 2018, 349 – juris-Rn. 18.
595 Für Zurückweisungshaft: BGH Beschl. v. 12.4.2018 – V ZB 164/16 – NVwZ 2018, 1583 – juris-Rn. 8 ff.; für Transitgewahrsam: BGH Beschl. v. 30.6.2011 – V ZB 274/10 – NVwZ-RR 2011, 875 – juris-Rn. 21.
596 BGH Beschl. v. 22.6.2017 – V ZB 127/16 – InfAuslR 2017, 345 – juris-Rn. 8.
597 BGH Beschl. v. 20.9.2017 – V ZB 118/17 – NVwZ 2018, 349 – juris-Rn. 12; Beschl. v. 10.3.2016 – V ZB 188/14 – NVwZ-RR 2016, 295 – juris-Rn. 9.
598 BGH Beschl. v. 20.9.2017 – V ZB 118/17 – NVwZ 2018, 349 – juris-Rn. 13; anders zB noch LG Frankfurt Beschl. v. 8.1.2016 – 2–29 T 3/16 – NVwZ-RR 2016, 519 – Rn. 10 ff.
599 *Westphal* in Huber AufenthG § 15 Rn. 40 mwN.

ein Eilantrag rechtzeitig gestellt, darf die Abreise aber bis zur Entscheidung nicht erzwungen werden (§ 18 a Abs. 4 S. 7 AsylG). In Fällen **verwaltungsgerichtlichen Eilrechtsschutzes** muss der Haftrichter ggf. vorläufig entscheiden (§ 427 FamFG) und den Ausgang des Eilverfahrens abwarten;[600] bei bekannter stattgebender Spruchpraxis sind Haft oder Gewahrsam jedoch abzulehnen.[601]

3. Kein sofortiger Vollzug möglich

Für eine Haft- und Gewahrsamsanordnung ist **kein Haftgrund** erforderlich.[602] Denn   273
die **Notwendigkeit** von Gewahrsam bzw. Inhaftierung wird **gesetzlich vermutet;**[603]
dies ergibt sich bei § 15 Abs. 5 AufenthG aus dem Charakter der „soll"-Vorschrift[604]
und auch der Transitgewahrsam nach § 15 Abs. 6 AufenthG ist der gesetzliche Regelfall.[605]

Es muss daher ausschließlich geprüft werden, ob die **Zurückweisung** bzw. **Einreise-**   274
verweigerung nicht unmittelbar vollzogen werden kann.[606] Diese Unmöglichkeit
kann rechtlich wie auch faktisch begründet sein, etwa in den folgenden **Beispielsfällen,**

- wenn ein **Asylverfahren** des Ausländers in **einem Mitgliedsstaat** (zB Ungarn) läuft,
  er aber über einen **anderen Mitgliedsstaat** (zB Österreich) nach Deutschland einreist. Denn dann sei Österreich nach Auffassung des BGH nicht zur (Wieder-)Aufnahme verpflichtet (anders, wenn das Asylverfahren in Österreich liefe).[607] In diesen Fällen wird regelmäßig dem Gedanken des Art. 28 Abs. 3 Dublin-III-Verordnung nach eine Haftfrist von sechs Wochen genügen.[608]
- wenn die Rückführung **organisatorischen Zeitaufwand** bedingt, weil zB wegen **Randalierens** im Flugzeug erst verschiedene Fluglinien kontaktiert und Plätze reserviert werden müssen.[609]
- wenn der Ausländer **kein gültiges Passdokumentes** besitzt, das erst noch beschafft werden muss.[610]
- wenn noch eine notwendige **Rückmeldung** seitens der **Behörde im Aufnahmestaat** aussteht.[611]

---

600 BGH Beschl. v. 11.10.2012 – V ZB 154/11 – InfAuslR 2013, 78 – juris-Rn. 6.
601 BGH Beschl. v. 20.9.2017 – V ZB 118/17 – NVwZ 2018, 349 – juris-Rn. 18.
602 Für Zurückweisungshaft: BGH Beschl. v. 20.9.2017 – V ZB 118/17 – NVwZ 2018, 349 – juris-Rn. 12; Beschl. v. 22.6.2017 – V ZB 127/16 – InfAuslR 2017, 345 – juris-Rn. 10; für Transitgewahrsam: BGH Beschl. v. 10.3.2016 – V ZB 188/14 – NVwZ-RR 2016, 295 – juris-Rn. 5, 9 f.
603 AA weitgehend die Lit., vgl. zB *Marx* AufenthaltsR-HdB § 8 Rn. 56; *Westphal* in Huber AufenthG § 15 Rn. 26; *Winkelmann* in Bergmann/Dienelt AufenthG § 15 Rn. 43.
604 BGH Beschl. v. 12.4.2018 – V ZB 162/17 – NVwZ 2018, 1581 – juris-Rn. 15 ff.
605 BGH Beschl. v. 20.9.2017 – V ZB 118/17 – NVwZ 2018, 349 – juris-Rn. 12; Beschl. v. 10.3.2016 – V ZB 188/14 – NVwZ-RR 2016, 295 – juris-Rn. 5.
606 BGH Beschl. v. 22.6.2017 – V ZB 127/16 – InfAuslR 2017, 345 – juris-Rn. 10.
607 BGH Beschl. v. 11.10.2017 – V ZB 41/17 – InfAuslR 2018, 93 – juris-Rn. 5; Beschl. v. 20.9.2017 – V ZB 118/17 – NVwZ 2018, 349 – juris-Rn. 13 f.
608 BGH Beschl. v. 20.9.2017 – V ZB 118/17 – NVwZ 2018, 349 – juris-Rn. 14.
609 LG Frankfurt Beschl. v. 9.10.2017 – 2–29 T 41/17 – juris-Rn. 4, 7, 11.
610 BT-Drs. 16/5065, S. 165; BGH Beschl. v. 22.6.2017 – V ZB 127/16 – InfAuslR 2017, 345 – juris-Rn. 13; LG Frankfurt Beschl. v. 31.7.2015 – 2–29 T 81/15 – juris-Rn. 10.
611 AG Frankfurt Beschl. v. 24.10.2008 – 934 XIV 1877/08 – juris-Rn. 4.

4. Haft- bzw. Gewahrsamszeitraum

275   Über den Verweis in § 15 Abs. 5 S. 2 AufenthG ergibt sich, dass die Regelung des § 62 Abs. 4 AufenthG entsprechend anwendbar ist. Die *Zurückweisungshaft* darf daher für **höchstens sechs Monate** angeordnet und nur bei Vertretenmüssen des Ausländers auf **bis zu 18 Monate verlängert** werden (→ Rn. 139 aE). Dieselbe Regelung gilt auch für den *Transitgewahrsam* (§ 15 Abs. 6 S. 5 AufenthG). Die 3-Monats-Frist des § 62 Abs. 3 S. 3 AufenthG (→ Rn. 139) ist nicht anwendbar.[612]

276   Für den **Transitgewahrsam** unterliegt nur eine Anordnung *über 30 Tage hinaus* dem Richtervorbehalt (§ 15 Abs. 6 S. 2 AufenthG); darunter kann die Behörde selbst Gewahrsam anordnen. Ob dies wegen des Umstandes, dass der Ausländer aus dem Transitbereich grds. zu jeder Zeit abreisen kann, eine *Freiheitsbeschränkung*[613] oder eine den Richtervorbehalt des Art. 104 Abs. 2 S. 1 GG auslösende *Freiheitsentziehung* darstellt, ist umstritten,[614] kann aber für das *Haftgericht* dahinstehen. Denn soweit die Behörde die gerichtliche Entscheidung über den Gewahrsam beantragt, wird darüber ohnehin haftrichterlich (und damit im Rahmen des ggf. einschlägigen Richtervorbehaltes) entschieden.

277   Haft und Gewahrsam müssen **so kurz wie möglich** gehalten werden.[615] Bei Anordnungen im Falle rechtswidrig reisender **Asylbewerber**, die in anderen Mitgliedsstaaten registriert sind, wird die Anordnungsdauer sich am Gedanken des Art. 28 Abs. 3 Dublin-III-Verordnung (nicht erheblich länger als sechs Wochen → Rn. 237) zu orientieren haben.[616]

278   Für den Transitgewahrsam regelt § 15 Abs. 6 S. 4 AufenthG die Notwendigkeit einer **Prognose** des Vollzugs der Abreise im Gewahrsamszeitraum; aber auch für die Zurückweisungshaft ist anhand der konkreten Verfahrensschritte haftrichterlich zu prognostizieren, wann dies bei Zugrundelegung **größtmöglicher Beschleunigung** geschehen kann.[617] Betreibt die Behörde das Verfahren nicht mit dieser, ist der Haftantrag abzulehnen bzw. die Haft aufzuheben.[618] Für Einzelheiten wird auf die obigen Darstellungen verwiesen (→ Rn. 161 ff.).

5. Weitere Haftvoraussetzungen

279   Zurückweisungshaft *soll* gem. § 15 Abs. 5 S. 1 AufenthG beschlossen werden, was ein (intendiertes) **Ermessen** des Haftrichters zeigt ("Verpflichtung mit Abweichungsvorbehalt"[619]). Ob auch der Transitgewahrsam gem. § 15 Abs. 6 AufenthG Ermessen eröffnet, kann dahinstehen; jedenfalls ist seine Anordnung der *Regelfall*.[620] Insofern

---

612   BGH Beschl. v. 11.1.2018 – V ZB 178/16 – InfAuslR 2018, 287 – juris-Rn. 8.
613   BGH Beschl. v. 12.7.2018 – V ZB 98/16 – juris-Rn. 8.
614   Vgl. BVerfG Beschl. v. 23.10.2014 – 2 BvR 2566/10 – Asylmagazin 2015, 53 – juris-Rn. 16.
615   Für die Zurückweisungshaft: BGH Beschl. v. 22.6.2017 – V ZB 8/17 – Asylmagazin 2018, 58 – juris-Rn. 8; für den Transitgewahrsam: BGH Beschl. v. 11.1.2018 – V ZB 178/16 – juris-Rn. 8.
616   BGH Beschl. v. 20.9.2017 – V ZB 118/17 – NVwZ 2018, 349 – juris-Rn. 14.
617   BGH Beschl. v. 6.12.2018 – V ZB 79/18 – InfAuslR 2019, 153 – juris-Rn. 6.
618   BGH Beschl. v. 30.10.2013 – V ZB 90/13 – Asylmagazin 2014, 57 – juris-Rn. 6.
619   BGH Beschl. v. 12.4.2018 – V ZB 162/17 – NVwZ 2018, 1583 – juris-Rn. 18.
620   BGH Beschl. v. 20.9.2017 – V ZB 118/17 – NVwZ 2018, 349 – juris-Rn. 12; Beschl. v. 10.3.2016 – V ZB 188/14 – NVwZ-RR 2016, 295 – juris-Rn. 5.

ist in beiden Konstellationen die Bindung des Haftrichters an das **Übermaßverbot** zu beachten.[621]

Daher ist eine Haft- bzw. Gewahrsamsanordnung **ungeeignet**, wenn sie während ihrer Dauer nicht (mehr) dem Zweck des **Vollzuges der Abreise** dient (vgl. § 15 Abs. 6 S. 4 AufenthG für den Transitgewahrsam). Daran kann es mangeln, wenn absehbar ist, dass der Zielstaat keine Aufnahmebereitschaft zeigen wird[622] oder sich Abreisehindernisse nicht in der zulässigen Höchstdauer der Anordnung (§ 62 Abs. 4 AufenthG) beseitigen lassen.   280

Die Anordnung ist auch **nicht erforderlich**, wenn ihr Zweck mit weniger rechtsbeeinträchtigenden Mitteln erreichbar ist. Das kann der Fall sein, wenn konkrete Umstände vorgetragen und glaubhaft gemacht werden, die eine **eigenständige Abreise** hinreichend sicher erscheinen lassen; dies kann zB durch die Vorlage eines Abreise-Flugtickets und von Passdokumenten geschehen.[623] Da die Erforderlichkeit von Haft und Gewahrsam gesetzlich vermutet wird, braucht der Haftrichter derlei aber nur bei **konkretem Vorbringen** des Ausländers nachzugehen.[624]   281

An der **Angemessenheit** einer Anordnung kann es fehlen, wenn **Familien mit minderjährigen Kindern** in Haft bzw. Gewahrsam genommen werden sollen; denn dies ist analog § 62 Abs. 1 Satz 3 AufenthG nur in Ausnahmefällen und nur solange zulässig, wie es unter Berücksichtigung des Kindeswohls angemessen ist.[625] Eine *altersgerechte Unterbringung* ist dabei von Amts wegen zu prüfen,[626] gerade für unbegleitete Kinder wird Haft oder Gewahrsam allenfalls höchst ausnahmsweise in Betracht kommen.[627]   282

Ein **Einvernehmen der Staatsanwaltschaft** ist im Falle laufender Ermittlungsverfahren (→ Rn. 151 ff.) **nicht erforderlich**. Denn der Wortlaut des § 72 Abs. 4 S. 1 AufenthG erfasst nur die Ausweisung oder Abschiebung, aber nicht die Zurückweisung bzw. Einreiseverweigerung; die Vorschrift ist auch nicht ihrem Zweck nach erweiternd auszulegen.[628]   283

---

621 ZB BGH Beschl. v. 12.4.2018 – V ZB 162/17 – NVwZ 2018, 1581 – juris-Rn. 16.
622 BGH Beschl. v. 20.9.2017 – V ZB 118/17 – NVwZ 2018, 349 – juris-Rn. 20.
623 BGH Beschl. v. 30.6.2011 – V ZB 274/10 – NVwZ-RR 2011, 875 – juris-Rn. 16 f.
624 BGH Beschl. v. 30.6.2011 – V ZB 274/10 – NVwZ-RR 2011, 875 – juris-Rn. 18.
625 BGH Beschl. v. 30.10.2013 – V ZB 90/13 – Asylmagazin 2014, 57 – juris-Rn. 9.
626 BGH Beschl. v. 11.10.2012 – V ZB 154/11 – InfAuslR 2013, 38 – juris-Rn. 14.
627 AG Frankfurt Beschl. v. 24.10.2008 – 934 XIV 1877/08 – juris-Rn. 7 ff.
628 BGH Beschl. v. 12.4.2018 – V ZB 162/17 – NVwZ 2018, 1581 – juris-Rn. 14; Beschl. v. 11.10.2017 – V ZB 41/17 – InfAuslR 2018, 93 – juris-Rn. 6 ff.

D. Haftantragstellung

284 Das Verfahren über die gerichtliche Anordnung von Haft und Gewahrsam (im Folgenden zusammenfassend nur: Haft) im Ausländerrecht richtet sich gem. § 106 Abs. 2 S. 1 AufenthG nach dem 7. Buch des FamFG. Daher setzt jede Freiheitsentziehung einen **behördlichen Antrag** voraus (§ 417 Abs. 1 FamFG). An diesen ist das Gericht gebunden und darf auch nicht über ihn hinausgehen (*ne ultra petita*[629]). Die Einhaltung der den Antrag betreffenden Formvorschriften hat eine *grundrechtssichernde Funktion,*[630] so dass formwidrige Anträge **unzulässig** sind.[631]

I. Antragsform und Aktenvorlage

285 Ein Haftantrag muss dem Gericht **vollständig** vorliegen und Teil der Gerichtsakte sein. Fragmentarische Telefax-Übermittlungen genügen nicht, da dann auf den nicht übermittelten Seiten wesentliche Begründungselemente fehlen.[632] Der Antrag kann sich zwar ggf. ergänzend auch **aus dem Protokoll** der gerichtlichen Anhörung des Ausländers (→ Rn. 357, 360) ergeben;[633] praktisch würde eine Anhörung aber bei einem unzulässigen Antrag kaum mehr angesetzt, sondern der Antrag bereits im Dezernatswege abgelehnt.

286 Der Antrag soll **unterschrieben** sein (§ 23 Abs. 1 S. 4 FamFG). Dass ein Antrag nicht nur als Entwurf gemeint ist, sondern in den Rechtsverkehr gelangen sollte, kann sich allerdings auch aus anderen Umständen ergeben; beispielsweise, wenn er einen Ausgangsstempel der Behörde nebst Eingangsstempel des Gerichtes trägt[634] oder sich in der Anhörung Behördenmitarbeiter durch Verhandlung über die Frage der Freiheitsentziehung den Antrag zu eigen machen.[635]

287 Die **Ausländerakte** des Betroffenen *soll* gem. § 417 Abs. 2 S. 3 FamFG mit Antragstellung vorgelegt werden, muss es also im Regelfall. Dabei genügen die für die Haft relevanten **Auszüge**.[636] Zwar führt die fehlende Aktenvorlage nicht zur Unzulässigkeit des Haftantrages,[637] allerdings benötigt der Haftrichter sie gem. § 26 FamFG regelmäßig zur Durchführung der Amtsermittlung.[638] Insbesondere kann die Beachtung des *Beschleunigungsgebotes* ohne die Akte kaum geprüft werden (→ Rn. 161 ff.),[639] so dass ggf. bis zur Vorlage nur eine *vorläufige Entscheidung* in Betracht kommt.

---

629 BGH Beschl. v. 6.5.2010 – V ZB 223/09 – InfAuslR 2010, 212 – juris-Rn. 15.
630 BVerfG Beschl. v. 27.2.2013 – 2 BvR 1872/10 – Rn. 16.
631 Dazu eingehend *Schmidt-Räntsch* NVwZ 2014, 110.
632 BGH Beschl. v. 29.4.2010 – V ZB 218/09 – NVwZ 2010, 1508 – juris-Rn. 11 f., 16.
633 BGH Beschl. v. 21.10.2010 – V ZB 96/10 – juris-Rn. 13.
634 BGH Beschl. v. 9.2.2012 – V ZB 305/10 – juris-Rn. 12.
635 BGH Beschl. v. 28.10.2010 – V ZB 210/10 – InfAuslR 2011, 71 – juris-Rn. 11 f.
636 BGH Beschl. v. 20.1.2011 – V ZB 226/10 – InfAuslR 2011, 205 – juris-Rn. 11.
637 BGH Beschl. v. 10.6.2010 – V ZB 204/09 – NVwZ 2010, 1172 – juris-Rn. 8.
638 BGH Beschl. v. 19.7.2018 – V ZB 223/17 – InfAuslR 2018, 413 – juris-Rn. 8; BVerfG Beschl. v. 10.12.2007 – 2 BvR 1033/06 – NVwZ 2008, 306 – juris-Rn. 30.
639 *Schmidt-Räntsch* NVwZ 2014, 110 (112).

II. Antragsberechtigung (Zuständigkeit)

Der Haftantrag ist nur **zulässig**, wenn er von der *zuständigen Behörde* gestellt ist   288
(§ 417 Abs. 1 FamFG[640]). Dabei regelt § 71 AufenthG die **sachliche Zuständigkeit**,
während grds. das jeweilige Landesrecht die **örtliche** und **funktionale** Zuständigkeit
normiert.[641]

1. Sachliche Zuständigkeit

Im Grundsatz sind für Haftanträge die **Ausländerbehörden** der Länder zuständig   289
(§ 71 Abs. 1 AufenthG). Die teilweise komplexen Abgrenzungen zwischen der Zuständigkeit dieser und dem Bundesamt für Migration und Flüchtlinge für Entscheidungen[642] sind *haftrichterlich* irrelevant, da Haftanträge nicht vom Bundesamt gestellt werden.

Neben den Ausländerbehörden sind (*gleichrangig*, Nr. 71.5.3 VwV-AufenthG) auch   290
die **Landespolizeibehörden** für Haftanträge zuständig (§ 71 Abs. 5 AufenthG).[643] Darüber hinaus besteht (inhaltlich eingeschränkt) eine Zuständigkeit der **Grenzbehörden**, also grds. der **Bundespolizei** (§ 2 Abs. 1 und 2 S. 1 Nr. 2 BPolG), soweit nicht zB
in Hamburg und Bayern Landesbehörden aufgrund von Verwaltungsabkommen mit
deren Aufgaben betraut sind.[644]

Die **Grenzbehörden** sind danach *ausschließlich* zuständig für *Zurückweisungen* und   291
die zugehörigen Haftanträge (§ 71 Abs. 3 Nr. 1 und 1 e AufenthG). Im Übrigen sind
sie *gleichrangig*[645] zuständig für Haftanträge bzgl. *Zurückschiebungen* und *Abschiebungen* (auch *Dublin-III-Konstellationen*), § 71 Abs. 3 Nr. 1 e AufenthG. Dies jedoch
nur unter der Voraussetzung, dass ein Ausländer unerlaubt eingereist ist und im
grenznahen Raum (30 km bei Land- und 50 km bei Seegrenzen) aufgegriffen wird;
dabei ist ein zeitlicher Zusammenhang mit der Einreise nicht erforderlich,[646] auch
muss das Einreise-Grenzgebiet nicht dasselbe sein wie das Aufgriff-Grenzgebiet (sog.
„Durchreise-Fälle", § 71 Abs. 3 Nr. 1 b AufenthG).

2. Örtliche Zuständigkeit

a) Ausländerbehörden

Die örtliche Zuständigkeit der **Ausländerbehörden** richtet sich nach dem Organisati-   292
onsrecht der Bundesländer. Soweit dort nicht Zuständigkeiten bei einer Behörde *konzentriert* sind (§ 71 Abs. 1 S. 2 AufenthG) oder sonstige Sonderregeln bestehen, stellen viele Normen auf den Ort ab, an dem der Ausländer seinen **gewöhnlichen Aufenthalt** hat oder zuletzt hatte (§ 3 Abs. 1 Nr. 3 a VwVfGe). Dies ist der Ort, an dem sich
ein Ausländer unter Umständen aufhält, die erkennen lassen, dass er dort nicht nur

---

640 BVerfG Beschl. v. 13.7.2011 – 2 BvR 742/10 – NVwZ 2011, 1254 – juris-Rn. 18; BGH Beschl.
v. 18.3.2010 – V ZB 194/09 – FGPrax 2010, 156 – juris-Rn. 11.
641 BGH Beschl. v. 6.5.2010 – V ZB 193/09 – InfAuslR 2010, 361 – juris-Rn. 13.
642 ZB zu Abschiebungsverboten BVerwG Beschl. v. 3.3.2006 – 1 B 126/05 – NVwZ 2006, 830 – juris-
Rn. 2 ff.
643 BGH Beschl. v. 18.3.2010 – V ZB 194/09 – FGPrax 2010, 156 – juris-Rn. 25.
644 *Winkelmann* in Bergmann/Dienelt AufenthG § 71 Rn. 13 mwN.
645 *Hofmann* in NK-AuslR AufenthG § 71 Rn. 24.
646 BGH Beschl. v. 9.10.2014 – V ZB 127/13 – NVwZ 2015, 240 – juris-Rn. 13 f.

vorübergehend verweilt (vgl. § 30 Abs. 3 S. 2 SGB I), was sich objektiv bemisst und auch davon abhängt, ob der Ausländer dort zulässigerweise *verweilen darf*.[647] Wann solche Umstände vorliegen, ist nach einer Gesamtschau zu beurteilen.

aa) Gewöhnlicher Aufenthaltsort

293 Bestehen, wie im **Asylverfahren** nach § 56 AsylG, **räumliche Beschränkungen** (auf den Zuständigkeitsbezirk, in dem die *Aufnahmeeinrichtung* liegt), so liegt der gewöhnliche Aufenthalt grds. dort[648] und verbleibt dort, auch wenn der Ausländer den Bereich verlässt, um sich der Abschiebung zu entziehen.[649] Daran ändert auch seine **Inhaftierung** nichts.[650] Eine *Umverteilung* (§ 50 AsylG) ist nur relevant, wenn es nach Zustellung der Entscheidung (§ 50 Abs. 5 S. 1 AsylG) tatsächlich zum Umzug kommt; sonst verbleibt es beim bisherigen Aufenthaltsort.[651] Die Beschränkung erlischt auch nicht durch *Ablehnung* des Asylantrages (§ 59 a Abs. 2 AsylG).

294 Eine **räumliche Beschränkung** ergibt sich abseits von Asylverfahren für Ausländer bei **vollziehbarer Ausreisepflicht** auf das Gebiet des *Bundeslandes* (§ 61 Abs. 1 S. 1 AufenthG); sie ist bei fehlender Sicherung des Lebensunterhalts weiter beschränkt (*Wohnsitzauflage*, § 61 Abs. 1 d AufenthG). Auch solche Beschränkungen sind für die Bestimmung des *gewöhnlichen Aufenthalts* maßgeblich.[652]

295 Räumliche Beschränkungen **erlöschen** bei *Aufhebung*, grds. drei Monate nach *Duldung, Aufenthaltsgestattung* oder *Erteilung eines Aufenthaltstitels* (§ 61 Abs. 1 b AufenthG, § 59 a Abs. 1 S. 1 AsylG), und bei *Ausreise* (§ 51 Abs. 6 AsylG). Anschließend richtet sich – ohne räumliche Beschränkung – die Frage des gewöhnlichen Aufenthaltsortes und damit der Zuständigkeit nach allgemeiner Würdigung (→ Rn. 292). Bei **Wiedereinreise** nach erfolglosem Asylverfahren und Folgeantrag gelten die alten Beschränkungen und damit Zuständigkeiten fort (§ 71 Abs. 7 S. 1 AsylG); *zusätzlich* ist aber auch die Ausländerbehörde am **Aufgriffsort** zuständig (§ 7 Abs. 7 S. 3 AsylG).[653] Bei Wiedereinreise ohne Asylverfahren bzw. Folgeantrag gelten auch die allgemeinen Vorschriften; ist noch kein neuer Aufenthaltsort begründet, ist der letzte selbige entscheidend (§ 3 Abs. 1 Nr. 3 a VwVfGe: „zuletzt hatte").

bb) Aufgriffsort

296 Daneben kann eine Zuständigkeit der Ausländerbehörden am **Aufgriffsort** bestehen. Eine solche kann sich aus *Bundesrecht* ergeben: Nach § 62 Abs. 5 S. 1 AufenthG soll die am Ergreifungsort eines vollziehbar ausreisepflichtigen Ausländers, der unbefugt seinen Aufenthaltsort gewechselt hat, ohne der Behörde eine Anschrift anzugeben (§ 62 Abs. 3 a Nr. 3 AufenthG), örtlich zuständige Behörde den Haftantrag sowohl einstweilig als auch in der Hauptsache stellen dürfen.[654]

---

647 Vgl. BGH Beschl. v. 8.4.2010 – V ZB 51/10 – juris-Rn. 9.
648 BGH Beschl. v. 18.3.2010 – V ZB 194/09 – FGPrax 2010, 156 – juris-Rn. 14.
649 BGH Beschl. v. 13.10.2011 – V ZB 13/11 – InfAuslR 2012, 75 – juris-Rn. 5.
650 KG Berlin Beschl. v. 25.8.2006 – 25 W 70/05 – InfAuslR 2007, 17 – juris-Rn. 18.
651 BGH Beschl. v. 13.10.2011 – V ZB 13/11 – InfAuslR 2012, 75 – juris-Rn. 5.
652 Vgl. OVG Hamburg Beschl. v. 26.4.2006 – 4 Bs 66/06 – NVwZ-RR 2006, 827 – juris-Rn. 12; OVG Berlin-Brandenburg Beschl. v. 22.2.2018 – OVG 11 S 99.17 – juris-Rn. 10.
653 Vgl. VG Berlin Beschl. v. 28.8.2012 – 10 L 148.12 – juris-Rn. 8, 11 (zur aF: Abs. 7 S. 2).
654 BGH Beschl. v. 18.3.2010 – V ZB 194/09 – FGPrax 2010, 156 – juris-Rn. 21.

Im Übrigen kann die am Ergreifungsort örtlich zuständige Ausländerbehörde nach   297
dem jeweiligen Landesrecht zur Antragstellung befugt sein. Ansonsten verbleibt ihr
die Befugnis, in **Notzuständigkeit** tätig zu werden (§ 3 Abs. 4 S. 1 VwVfGe). Dann
muss Gefahr im Verzug vorliegen, was bei unbekanntem Aufenthalt mit Festnahme-
Ausschreibung (§ 50 Abs. 6 S. 1 AufenthG) regelmäßig der Fall sein wird; zudem
muss die eigentlich zuständige Behörde nicht zur Antragstellung in der Lage sein, was
je nach Dienstzeiten der Fall sein kann,[655] iÜ aber wegen der Möglichkeit zur Antragstellung per Fax selten ist.[656] Im Rahmen der Notzuständigkeit dürfen nur **einstweilige Anordnungen** (§ 427 FamFG) beantragt und erlassen werden.[657] Diese sind
zeitlich so zu bemessen sein, dass die originär zuständige Behörde das Verfahren
übernehmen und einen eigenen Antrag für den anschließenden Zeitraum stellen
kann;[658] hierfür werden regelmäßig wenige Tage nach Wiederherstellung einer Erreichbarkeit genügen.

cc) Amtshilfe

Die örtlich zuständige Ausländerbehörde kann auch im Wege der Amtshilfe eine an-   298
dere Behörde **ersuchen**, den Antrag zu stellen (§§ 4 ff. VwVfGe). Dies ist im Haftantrag offenzulegen[659] unter konkreter Darlegung des Ersuchens samt seines Inhaltes.
Dabei bleibt die ersuchende Behörde Herrin des Verfahrens und eine Amtshilfe liegt
(nur) vor, soweit die ersuchte Behörde nicht die Grenzen des Ersuchens überschrei-
tet.[660]

Ändert daher die ersuchte Behörde **eigenständig** den Haftantrag (zB durch Reduktion   299
der beantragten Haftdauer im Termin) oder wird ihr ein **breiter Spielraum** zu eigen-
verantwortlichem Handeln eingeräumt (zB schlechterdings die Aufforderung „zur
Abschiebung"),[661] handelt es sich nicht mehr um Amtshilfe bzgl. einzelner Verfah-
renshandlungen, sondern eine Übernahme des Verfahrens; dann liegt rechtlich ein
Antrag der ersuchten Behörde vor, der, wenn sie nicht selbst örtlich zuständig ist,
mangels Zuständigkeit abzulehnen ist.[662]

Ob bei **Haftverlängerungsanträgen** eine Amtshilfe zulässig ist, hat der BGH offenge-   300
lassen.[663] Richtigerweise wird man dies bejahen müssen, da die inhaltliche Richtigkeit der Beschreitung des Amtshilfeweges nicht der Prüfungskompetenz des Haftrichters unterliegt; er hat nur zu prüfen, *ob* Amtshilfe vorliegt. Jedenfalls hat die ersuchte
Behörde kein eigenes Beschwerderecht.[664]

---

655 BGH Beschl. v. 18.3.2010 – V ZB 194/09 – juris-Rn. 20.
656 Vgl. *Beichel-Benedetti* in Huber Vor § 62 Rn. 9.
657 BGH Beschl. v. 18.3.2010 – V ZB 194/09 – juris-Rn. 20.
658 BGH Beschl. v. 28.4.2011 – V ZB 140/10 – juris-Rn. 12; KG Berlin Beschl. v. 16.2.1998 – 25 W 7870/97 –
     FGPrax 1998, 157 – juris-Rn. 30.
659 BGH Beschl. v. 28.4.2011 – V ZB 140/10 – juris-Rn. 13.
660 BVerwG Urt. v. 25.10.2017 – 6 C 46/16 – BVerwGE 160, 169 – juris-Rn. 17.
661 BVerfG Beschl. v. 13.7.2011 – 2 BvR 742/10 – NVwZ 2011, 1254 – juris-Rn. 24 ff.
662 BGH Beschl. v. 7.11.2011 – V ZB 94/11 – juris-Rn. 8.
663 BGH Beschl. v. 22.9.2016 – V ZB 70/16 – juris-Rn. 7.
664 BGH Beschl. v. 22.9.2016 – V ZB 70/16 – juris-Rn. 7.

b) Polizei- und Grenzbehörden

301 Für die **Landespolizeibehörden** ist die jeweilige Landesnorm maßgeblich. Gelegentlich werden die Antragsbefugnisse bei bestimmten Direktionen konzentriert. Bei der Bundespolizei sind die **11 Bundespolizeidirektionen** (§ 2 Abs. 1 BPolZV) örtlich zuständig. Diese sind Antragsteller und werden durch ihre (unselbständigen) Untergliederungen (*Bundespolizeiinspektionen*) nur vertreten; auf den Zuständigkeitsbereich der Inspektionen kommt es daher nicht an.[665]

III. Antragsbegründung

302 Die **Begründung des Haftantrages** wird durch § 417 Abs. 2 FamFG determiniert, der die allgemeine Regel des § 23 FamFG verdrängt. Diese Norm enthält gleichwohl nur eine eher fragmentarische Aufzählung von Einzelpunkten, die als Begründung im Antrag enthalten sein müssen. Zur Konkretisierung hat sich eine **reichhaltige Judikatur** des BGH entwickelt, die in Teilen kaum noch überblickbar ist und zudem der ständigen Weiterentwicklung in stetig neuen Details unterliegt. Sie definiert zwingende Anforderungen, die behördlicherseits bei der Stellung von Haftanträgen einzuhalten sind.

303 Die Beachtung dieser Maßstäbe durch die Behörde ist durch das **Haftgericht zu kontrollieren**. Denn nach ständiger Rechtsprechung des BGH führen Mängel in der Antragsbegründung zu einem *von Amts wegen* zu prüfenden Verstoß gegen § 417 Abs. 2 FamFG und damit zu einer **Unzulässigkeit** des Antrages;[666] wird aufgrund eines unzulässigen Antrages Haft angeordnet, ist dies **rechtswidrig**[667] und zwar selbst dann, wenn die materiellen Haftvoraussetzungen objektiv vorgelegen haben.[668]

304 Vor diesem Hintergrund wird verständlich, dass in der Vergangenheit geschätzt nur rund **10 bis 15 Prozent** der Haftentscheidungen durch den BGH für **rechtmäßig** befunden wurden,[669] wobei dies nicht ausschließlich (aber zum wesentlichen Teil) an der Unzulässigkeit der Haftanträge lag. Der Umkehrschluss, dass die überwältigende Mehrheit der Haftanordnungen rechtsverletzend war, macht unter Rechtsstaatsgesichtspunkten sprachlos. Er hat im praktischen Ergebnis dazu geführt, dass vielerorts behördlicherseits von der Stellung von Haftanträgen weitgehend abgesehen wurde.

1. Grundsatz

305 Die Begründung muss sich zu allen von § 417 Abs. 2 S. 1 und 2 FamFG genannten Aspekten verhalten. Insbesondere muss daher die **Ausreisepflicht** mit allen **Vollstreckungsvoraussetzungen** genauso dargelegt werden wie die **Haftgründe** und die **Durchführbarkeit** der **Abschiebung** (bzw. Zurückschiebung, Zurückweisung pp.) mit der dafür erforderlichen **Zeitdauer**. Diese Erfordernisse gelten nicht nur, um die *ge-*

---

665 BGH Beschl. v. 30.3.2010 – V ZB 79/10 – NVwZ 2010, 919 – juris-Rn. 7.
666 BGH Beschl. v. 4.7.2019 – V ZB 190/18 – juris-Rn. 5; Beschl. v. 29.4.2010 – V ZB 218/09 – NVwZ 2010, 1508 – juris-Rn. 14.
667 BGH Beschl. v. 7.3.2019 – V ZB 130/17 – juris-Rn. 2 ff.
668 BGH Beschl. v. 22.7.2010 – V ZB 28/10 – NVwZ 2010, 1511 – juris-Rn. 14.
669 *Schmidt-Räntsch* NVwZ 2014, 110.

richtliche Entscheidung vorzubereiten,[670] sondern auch, um dem Ausländer die *Grundlage für seine Verteidigung* darzulegen.[671]

Die Begründung darf knapp gehalten werden, sie muss aber auf den konkreten Fall zugeschnitten sein; Leerformeln und **Textbausteine** genügen hierfür nicht.[672] Insbesondere reicht ein bloßes Ankreuzen von Textformeln nicht aus.[673] **Fehlen noch Angaben**, welche direkt nach der Verhaftung nicht gemacht werden können, darf nur eine **vorläufige Entscheidung** (§ 427 FamFG) beantragt werden.[674]   306

Diese Anforderungen gelten sowohl für den **ersten Antrag** als auch gem. § 425 Abs. 3 FamFG für **Verlängerungsanträge**.[675] In Letzteren kann allerdings auf den ersten Antrag **Bezug genommen** werden, *soweit* sich nichts geändert hat;[676] anzugeben ist aber, warum die Verlängerung erforderlich ist und wann mit der Behebung des bisherigen Hindernisses gerechnet werden kann[677] sowie, ob seit dem ersten Beschluss relevante Änderungen eingetreten sind.[678] Die Möglichkeit der Bezugnahme gilt auch für einen **Hauptsache-Antrag** nach vorigem **einstweiligen Antrag**.   307

Fehlen notwendige Begründungen bzw. werden nicht in hinreichender Tiefe geleistet, ist der Haftantrag **unzulässig**. Werden die Begründungen zwar dargelegt, sind aber *inhaltlich unrichtig* bzw. tragen nach der Rechtsauffassung des Haftgerichtes den Antrag nicht, ist der Haftantrag **unbegründet**;[679] dies ist zB bei einer Unverhältnismäßigkeit der Haft der Fall.[680] Wird auch zB eine erforderliche Haftdauer von acht Wochen nachvollziehbar begründet, aber werden zwölf Wochen beantragt, ist der Haftantrag **teilweise unbegründet**.[681]   308

2. Wahl von Haftart und Haftgrund

Die Wahl zwischen verschiedenen Haftarten obliegt der antragstellenden *Behörde* (→ Rn. 22). Haftrichterlich ist die beantragte Haft zu prüfen; **bleibt offen, welche Haft beantragt** wurde, ist der Haftantrag bereits **unzulässig**, da bereits die Grundlage der *Voraussetzungen* (§ 417 Abs. 2 S. 1 Nr. 5 FamFG) nicht klargestellt wird.[682] Ob das Verfahren ansonsten das **inhaltlich richtige** ist, hat das Haftgericht nicht zu prüfen;[683] dies obliegt den Verwaltungsgerichten.[684]   309

---

670 BGH Beschl. v. 15.9.2011 – V ZB 123/11 – InfAuslR 2012, 25 – juris-Rn. 9.
671 BGH Beschl. v. 9.2.2017 – V ZB 129/16 – juris-Rn. 5; Beschl. v. 31.5.2012 – V ZB 167/11 – NJW 2012, 330 – juris-Rn. 8.
672 BGH Beschl. v. 20.10.2016 – V ZB 167/14 – juris-Rn. 6; Beschl. v. 27.10.2011 – V ZB 311/10 – InfAuslR 2012, 25 – juris-Rn. 13.
673 BGH Beschl. v. 29.11.2012 – V ZB 170/12 – InfAuslR 2013, 157 – juris-Rn. 12.
674 BGH Beschl. v. 26.7.2012 – V ZB 178/11 – juris-Rn. 10.
675 BGH Beschl. v. 21.12.2017 – V ZB 249/17 – InfAuslR 2018, 99 – juris-Rn. 10.
676 BGH Beschl. v. 14.7.2011 – V ZB 50/11 – juris-Rn. 9.
677 BGH Beschl. v. 15.11.2011 – V ZB 302/10 – juris-Rn. 16.
678 BGH Beschl. v. 14.7.2011 – V ZB 50/11 – juris-Rn. 9.
679 BGH Beschl. v. 15.10.2015 – V ZB 82/14 – juris-Rn. 6.
680 BGH Beschl. v. 30.3.2017 – V ZB 128/16 – NVwZ 2017, 1231 – juris-Rn. 13.
681 BGH Beschl. v. 21.8.2019 – V ZB 63/17 – juris-Tenor Abs. 2; Beschl. v. 20.10.2016 – V ZB 167/14 – juris-Rn. 7.
682 BGH Beschl. v. 9.2.2012 – V ZB 305/10 – juris-Rn. 13.
683 BGH Beschl. v. 29.5.2019 – V ZB 72/19 – juris-Rn. 2.
684 BGH Beschl. v. 10.1.2019 – V ZB 159/17 – juris-Rn. 14.

310   Wird zwischen **mehreren einschlägigen Haftarten** diejenige mit den strengeren Voraussetzungen gewählt, bindet dies die Behörde; auch dann, wenn deren Voraussetzungen fehlen, aber die der Alternative vorliegen.[685] Ein **Wechsel** von einer **Verfahrensart** in eine andere (zB von Dublin-III-Überstellung wegen Zuständigkeitsübergang auf die Bundesrepublik in reguläre Abschiebung) muss ebenfalls erklärt werden,[686] andernfalls ist der Antrag unzulässig.

311   Auch muss die Behörde den **Haftgrund** wählen, auf den die Haftanordnung zu stützen sein soll. Wie auch an die Haftart, so ist das Gericht auch an den Haftgrund grds. gebunden. Ein *Austausch* desselben ist nur in engen Grenzen möglich (→ Rn. 325).

3. Darlegung von Identität und Aufenthalt

312   Für Identität, Staatsangehörigkeit und Aufenthalt des Betroffenen (§ 417 Abs. 2 S. 1 Nr. 1 und 2 FamFG) genügt die **bloße Angabe** der den Behörden bekannten Daten. Wie diese ermittelt wurden, aus welchen Beweismitteln also welche Schlüsse gezogen wurden, muss nicht angegeben werden. Denn hierzu kann sich der Ausländer aus eigenem Wissen erklären.[687]

4. Darlegung der einzelnen Haftvoraussetzungen

313   Nach § 417 Abs. 2 S. 1 Nr. 5 FamFG müssen die den Ausländer treffende **Verlassenspflicht** nebst den **Voraussetzungen** und der **Durchführbarkeit** der Abschiebung bzw. sonstigen aufenthaltsbeendenden Maßnahme dargelegt werden.

a) Vollziehbare Ausreisepflicht

314   Woraus sich die vollziehbare Ausreisepflicht ergibt und inwiefern die Vollstreckungsvoraussetzungen gegeben sind, muss dargelegt werden. Insofern sind nachvollziehbar die Voraussetzungen einer **gesetzlichen Ausreisepflicht** (→ Rn. 24 ff.) bzw. das Bestehen und die Bekanntgabe, bzw., soweit erforderlich, die Zustellung der maßgeblichen **Bescheide** darzulegen. Die Beweiskraft von Zustellungsurkunden gem. § 418 ZPO kann dabei zugrunde gelegt werden.[688]

315   Dabei kann die Behörde entweder die Bescheidlage im Haftantrag vollständig *referieren*[689] oder dazu sehr knapp ausführen (zB der Verwaltungsakt sei „bereits eröffnet und ausgehändigt"), eine Kopie des Bescheides nebst Zustellungsnachweises als *Anlage* beifügen und hierauf Bezug nehmen.[690] Beigefügte Anlagen ohne **ausdrückliche Inbezugnahme** sind unbeachtlich.[691]

---

685   BGH Beschl. v. 14.3.2013 – V ZB 135/12 – NVwZ 2013, 1027 – juris-Rn. 9; *Schmidt-Räntsch* NVwZ 2014, 110 (111 f.).
686   BGH Beschl. v. 22.10.2015 – V ZB 79/15 – NVwZ 2016, 711 – juris-Rn. 17 f.
687   BGH Beschl. v. 16.6.2016 – V ZB 12/15 – InfAuslR 2016, 429 – juris-Rn. 11.
688   BGH Beschl. v. 17.5.2018 – V ZB 258/17 – juris-Rn. 11.
689   BGH Beschl. v. 22.6.2017 – V ZB 127/16 – InfAuslR 2017, 345 – juris-Rn. 7.
690   BGH Beschl. v. 11.1.2018 – V ZB 28/17 – juris-Rn. 5; Beschl. v. 20.9.2017 – V ZB 118/17 – InfAuslR 2018, 96 – juris-Rn. 8.
691   BVerfG Beschl. v. 9.2.2012 – 2 BvR 1064/10 – InfAuslR 2012, 186 – juris-Rn. 24; BGH Beschl. v. 22.7.2010 – V ZB 28/10 – NVwZ 2010, 1511 – juris-Rn. 12.

Insofern **genügt** beispielsweise   316

- **nicht**, wenn nur erklärt wird, der Ausländer **sei rechtskräftig abgelehnter Asylbewerber**, ohne entsprechend zum Bescheid und Zustellung auszuführen,[692]
- **nicht**, wenn der Bescheid **nur in der Behördenakte** vorhanden, aber weder im Haftantrag erwähnt noch diesem als Anlage beigefügt ist.[693]
- **nur für eine einstweilige Anordnung** (§ 427 FamFG), dass sich die Bestandskraft eines ablehnenden Asylbescheides nebst Abschiebungsanordnung oder -androhung aus einer Mitteilung des Bundesamtes für Migration und Flüchtlinge ergibt; für die **Hauptsache** müssen die konkreten **Zustellungsunterlagen** beigebracht werden.

Über die Verlassenspflicht hinaus müssen auch die **Vollstreckungsvoraussetzungen** an-   317
gegeben werden. Insofern muss dargelegt werden, dass eine **Androhung** (→
Rn. 51 ff.) bzw. **Anordnung** (→ Rn. 57) ergangen oder ausnahmsweise entbehrlich ist.
In letzterem Fall muss auch dargetan werden, worin sonst die notwendige **Rückkeh-**
rentscheidung (→ Rn. 58 f.) liegt bzw. warum diese ggf. nicht erforderlich sein soll.[694]
Geht die Behörde fälschlich davon aus, eine solche Entscheidung sei nicht notwendig,
ist der Haftantrag nicht unzulässig, aber unbegründet.[695]

Insofern **genügt** beispielsweise   318

- wenn eine **alte Androhung nicht verbraucht** (→ Rn. 54) ist und der **alte Bescheid** als **Anlage** beigefügt und im Haftantrag in Bezug genommen wird,[696]
- wenn zwar im Antrag **nicht erläutert** wird, warum die **Androhung** entbehrlich ist, aber als **Anlage** die **Abschiebungsanordnung** übersandt wird, die dazu Ausführungen enthält und auf diese Bezug genommen wird,[697]
- **nicht**, wenn die Androhung **nur in der Behördenakte** vorhanden, aber nicht im Haftantrag erwähnt wird,[698]
- **nicht**, wenn weder mitgeteilt wird, **wann** die **Androhung ergangen** ist, noch dass und **wann** sie wie **zugestellt** wurde,[699]
- **nicht**, wenn **keine Angaben** zur Androhung gemacht werden und lediglich darauf verwiesen wird, der Ausländer sei unerlaubt eingereist.[700]

Soweit einzelne Haft- bzw. Gewahrsamsarten hiervon **abweichende Voraussetzungen**   319
aufstellen, sind auch diese darzulegen. So muss zB bei der **Zurückweisungshaft** (→
Rn. 264 ff.) dargelegt werden, dass die Einreise verweigert wurde, dass und warum
eine unmittelbare Zurückweisung an der Grenze nicht möglich ist[701] und inwiefern
die Zurückweisung in den beabsichtigten Zielstaat nebst der Haftdauer möglich und
erforderlich ist (→ Rn. 275 ff.).

---

692 BGH Beschl. v. 27.10.2011 – V ZB 284/10 – juris-Rn. 6.
693 BGH Beschl. v. 16.5.2013 – V ZB 11/13 – juris-Rn. 8.
694 BGH Beschl. v. 16.5.2019 – V ZB 1/19 – juris-Rn. 12; Beschl. v. 14.7.2016 – V ZB 32/15 – InfAuslR 2016,
     432 – juris-Rn. 10; Beschl. v. 16.10.2014 – V ZB 63/14 – juris-Rn. 7.
695 Vgl. BGH Beschl. v. 12.12.2013 – V ZB 214/12 – juris-Rn. 9.
696 BGH Beschl. v. 16.5.2019 – V ZB 1/19 – juris-Rn. 13.
697 BGH Beschl. v. 22.10.2014 – V ZB 64/14 – InfAuslR 2015, 60 – juris-Rn. 7.
698 BGH Beschl. v. 16.5.2013 – V ZB 11/13 – juris-Rn. 8.
699 BGH Beschl. v. 13.9.2018 – V ZB 145/17 – juris-Rn. 8.
700 BGH Beschl. v. 10.10.2013 – V ZB 67/13 – InfAuslR 2014, 99 – juris-Rn. 9.
701 BGH Beschl. v. 20.9.2017 – V ZB 118/17 – InfAuslR 2018, 96 – juris-Rn. 6.

320 Insofern **genügt** beispielsweise

■ die Darlegung, dass der Ausländer beim unerlaubten Einreiseversuch aufgehalten und ihm die Einreise verweigert wurde; eine Kopie der Einreiseverweigerung wurde vorgelegt; es wurde erklärt, warum er nicht nach Österreich, von wo aus er unerlaubt einreisen wollte, zurückgewiesen werden könne, da die Überstellung gem. Dublin-III-Verordnung nach Ungarn wg. dortiger Zuständigkeit nötig sei; weiter wurde ausgeführt, dass in Abstimmung mit dem Bundesamt für Migration und Flüchtlinge für die Zurückweisung nach Ungarn aufgrund des konkret beschriebenen beschleunigten Verfahrens nach Art. 28 Abs. 3 die beantragte Haftdauer nötig sei.[702]

b) Haftgründe

321 Zu den gem. § 417 Abs. 2 S. 1 Nr. 5 FamFG erfassten Voraussetzungen zählen auch die **Haftgründe** bzw. deren Substitute in anderen Haft- bzw. Gewahrsamsarten. Insofern muss die Behörde angeben, auf **welche(n) konkrete(n) Haftgrund** bzw. Haftgründe die Haft zu stützen sein soll. Sie muss sich daher mit den inhaltlichen Voraussetzungen derselben auseinandersetzen[703] und die Tatsachengrundlage dartun, welche dem Gericht die Subsumtion ermöglicht. Insofern wird inhaltlich auf die *obigen Darstellungen* (→ Rn. 80 ff.) verwiesen, um Wiederholungen zu vermeiden.

322 Insofern **genügt** beispielsweise

■ **nicht**, wenn nach Annahme von **Fluchtgefahr** zwar darauf verwiesen wird, der Ausländer sei durch teilverbüßte **Strafhaft** so **beeindruckt**, dass demnächst seine Reststrafe zur **Bewährung** ausgesetzt werde, das aber nicht in Relation zu einer **Gesamtwürdigung** gesetzt wird.[704]

323 Dass das Gericht nicht an die *rechtliche Würdigung* der Behörde gebunden ist, hat beim Haftgrund der (**erheblichen**) **Fluchtgefahr** eine wichtige Konsequenz: Denn sie stellt sowohl bei der Sicherungshaft[705] als auch bei der Überstellungshaft[706] einen **einheitlichen Haftgrund** dar; durch welche der Vermutungstatbestände und bzw. oder Anhaltspunkte des § 62 Abs. 3 a und 3 b AufenthG sie begründet wird, ist Gegenstand einer (rechtlichen) Gesamtwürdigung.

324 Solange die Behörde den Antrag auf (erhebliche) Fluchtgefahr stützt und der dargelegte **Sachverhalt** diese Subsumtion trägt, kann das Haftgericht daher von den behördlichen Würdigungen zu § 62 Abs. 3 a und 3 b AufenthG abweichen.[707] Soweit das Haftgericht allerdings neue Sachverhaltsaspekte berücksichtigen möchte, müssen diese Gegenstand der Anhörung sein (→ Rn. 359 f.).[708] Kann zB der Ausländer in einer Anhörung zu einem auf § 62 Abs. 3 b Nr. 2 AufenthG gestützten Haftantrag diesen Aspekt entkräften, erklärt jedoch, er werde sich auf keinen Fall für eine Ab-

---

702 BGH Beschl. v. 20.9.2017 – V ZB 118/17 – InfAuslR 2018, 96 – juris-Rn. 8.
703 BGH Beschl. v. 15.9.2011 – V ZB 123/11 – InfAuslR 2012, 25 – juris-Rn. 11.
704 BGH Beschl. v. 15.9.2011 – V ZB 123/11 – InfAuslR 2012, 25 – juris-Rn. 13.
705 BGH Beschl. v. 23.1.2018 – V ZB 53/17 – InfAuslR 2018, 187 – juris-Rn. 8 f.
706 BGH Beschl. v. 11.1.2018 – V ZB 28/17 – InfAuslR 2018, 184 – juris-Rn. 10.
707 BGH Beschl. v. 11.10.2018 – V ZB 70/17 – EzAR-NF 57 Nr. 67 – juris-Rn. 10.
708 Vgl. BGH Beschl. v. 11.10.2018 – V ZB 70/17 – EzAR-NF 57 Nr. 67 – juris-Rn. 10; Beschl. v. 19.7.2018 – V ZB 223/17 – InfAuslR 2018, 413 – juris-Rn. 19.

schiebung bereithalten, kann eine Anordnung mit Bezug auf § 62 Abs. 3 a Nr. 6 AufenthG ergehen.[709]

Diesem Wechsel **innerhalb** des Haftgrundes steht eine **Auswechselung der Haftgründe** 325 gegenüber; kommt zB entgegen dem Haftantrag statt *Fluchtgefahr* (§ 62 Abs. 3 S. 1 Nr. 1 AufenthG) nur der Haftgrund der *unerlaubten Einreise* (§ 62 Abs. 3 S. 1 Nr. 2 AufenthG) in Betracht, fehlt es insofern mangels Darlegungen der Behörde an einem zulässigen Haftantrag; soweit das Gericht die dafür maßgeblichen Aspekte nicht im Zuge der Amtsermittlung selbst feststellt und den Ausländer hierzu anhört, ist ein solcher Wechsel nicht möglich.[710]

c) Einvernehmen der Staatsanwaltschaft

Auch die Klärung des Einvernehmens gem. § 72 Abs. 4 AufenthG (→ Rn. 151 ff.) ge- 326 hört zu den Voraussetzungen der Haftanordnung und muss im Haftantrag erfolgen. Dabei ist unerheblich, ob sich das Bestehen von Ermittlungsverfahren aus dem **Haftantrag** selbst, beigefügten **Anlagen** oder der **Ausländerakte** ergibt. In jedem Fall muss mitgeteilt werden, für welches Verfahren das (ggf. auch generell erteilte) Einvernehmen von welcher Staatsanwaltschaft erteilt wurde oder aufgrund welcher Überlegungen es entbehrlich ist. Insofern kann die Behörde eine Darlegung im **Text** selbst oder in beigefügten, *referenzierten* **Anlagen** vornehmen.[711] Für Einzelheiten siehe oben (→ Rn. 156).

Insofern **genügt** beispielsweise 327

- wenn die Behörde zwar in Auflistungen nicht **Aktenzeichen der Staatsanwaltschaft** angibt, sondern ihre eigenen Aktenzeichen, diese aber aufgrund der beigefügten Unterlagen hinreichend prüffähig sind;[712] fehlt es aber an einer hinreichenden Auflösung der Divergenzen, ist der Antrag unzulässig,
- **nicht** die bloße **Feststellung**, dass die in der Vergangenheit geführten Strafverfahren **zumeist rechtskräftig** abgeschlossen seien und für offene Strafverfahren **sämtliche Einverständnisse** vorlägen; vielmehr müssen die konkreten Verfahren und staatsanwaltschaftlichen Erklärungen benannt werden,[713]
- **nicht** die Mitteilung, der Ausländer sei **mehrfach** wegen **verschiedener Delikte** aufgefallen und anlässlich eines Ladendiebstahls aufgegriffen worden und die Staatsanwaltschaft habe „fernmündlich und per Fax" ihr Einvernehmen mitgeteilt. Soweit erforderlich lägen „Einvernehmen vor. Darüber hinausgehende Delikte werden von § 72 Abs. 4 AufenthG erfasst". Denn insofern ist unklar, zu **welchen** der Verfahren ein Einvernehmen durch **welche Staatsanwaltschaft** erteilt wurde, und zu welchen ein Einvernehmen warum entbehrlich gewesen sein soll,[714]
- **nicht**, wenn erklärt wird, die „notwendigen Einvernehmen (...) liegen sämtlich schriftlich vor und der Ausländerakte bei." Denn das ist weder eine Darstellung

---

709 Vgl. BGH Beschl. v. 22.6.2017 – V ZB 21/17 – NVwZ 2017, 1640 – juris-Rn. 9.
710 BGH Beschl. v. 7.11.2011 – V ZB 94/11 – juris-Rn. 14.
711 BGH Beschl. v. 9.5.2019 – V ZB 188/17 – juris-Rn. 8; Beschl. v. 9.2.2017 – V ZB 129/16 – juris-Rn. 5.
712 BGH Beschl. v. 30.10.2013 – V ZB 70/13 – juris-Rn. 7.
713 BGH Beschl. v. 9.2.2017 – V ZB 129/16 – juris-Rn. 6.
714 BGH Beschl. v. 13.9.2018 – V ZB 145/17 – juris-Rn. 17 f.

der offenen Verfahren, noch eine Übersicht, welche Staatsanwaltschaften inwiefern ihr Einvernehmen erteilt haben,[715]

■ **nicht**, wenn lediglich auf ein generelles Einvernehmen verwiesen wird, ohne dieses zB durch Beifügung und Referenzierung als Anlage oder konkreter Benennung mit Datum und Aktenzeichen überprüfbar zu machen.[716]

d) Durchführbarkeit der Abschiebung

328 Dass die Abschiebung **in der Haftfrist durchführbar** ist, ist ebenfalls darzulegen. Insofern muss ausgeführt werden, **welche Schritte** hierfür erforderlich sind und **welchen Zeitraum** sie jeweils in Anspruch nehmen.[717] Dies muss mit konkretem Bezug auf das **Zielland**, in das der Ausländer abgeschoben werden soll, erfolgen; dabei ist dieses auch zu benennen.[718] Die Benennung ist, soweit die Staatsangehörigkeit des Ausländers bzgl. dieses Staates nicht auf der Hand liegt, auch zu erklären.[719]

329 Es muss sodann dargelegt werden, in welchem Zeitraum Abschiebungen dorthin **üblicherweise möglich** sind und von **welchen Voraussetzungen** das abhängig ist und wie diese im **konkreten Fall** zu beurteilen sind.[720] Diese Darlegungen sollen dem Haftrichter ermöglichen, zu prüfen, ob die anzuordnende Haft wirklich **so kurz wie möglich** währt, was stets erforderlich ist (→ Rn. 161, 188, 234, 277). Daher sind zB Begründungsanforderungen nicht (etwa bei Verlängerungsanträgen) deshalb herabgesetzt, weil der Ausländer vorige Abschiebungen *vereitelt* hat[721] oder weil er *falsche Angaben* zu seiner Identität gemacht hatte.[722]

330 Die Darlegungen sind auch nicht etwa deswegen entbehrlich, weil die **Preisgabe** dieser Informationen die **Strafvorschrift** des § 353 b StGB erfüllen kann. Dass diese Informationen der Norm unterfallen, stellt § 97 a AufenthG zwar klar, die Offenbarung im Haftantrag ist aber nicht *unbefugt* iSd Norm; es handelt sich bei § 97 a AufenthG um eine reine *Klarstellung* der seit Schaffung des § 353 b StGB unveränderten Rechtslage.[723] Der Schutzzweck der Offenbarung wird bei Inhaftierung auch nicht tangiert.

aa) Hinreichend konkrete Darlegungen

331 Die Darlegungen müssen hinreichend konkret die **Verfahrensschritte faktenbasiert** bis zum Abschiebetermin nachvollziehbar erläutern. Insbesondere genügt daher die Angabe einer bloßen **Höchstdauer** bis zur Abschiebung von zB „bis zu sechs Wochen" **nicht**, soweit nicht klargestellt wird, ob es sich um den Regel- oder Ausnahmefall handelt und wovon das abhängt.[724]

---

715 BGH Beschl. v. 9.5.2019 – V ZB 188/17 – juris-Rn. 10.
716 BGH Beschl. v. 11.10.2012 – V ZB 72/12 – juris-Rn. 8.
717 BGH Beschl. v. 15.11.2018 – V ZB 251/17 – juris-Rn. 7; Beschl. v. 15.10.2015 – V ZB 82/14 – juris-Rn. 7.
718 BGH Beschl. v. 20.3.2014 – V ZB 169/13 – juris-Rn. 8.
719 BGH Beschl. v. 16.6.2016 – V ZB 12/15 – InfAuslR 2016, 429 – juris-Rn. 15 f.
720 StRspr, vgl. nur BGH Beschl. v. 12.11.2019 – XIII ZB 5/19 – juris-Rn. 10; Beschl. v. 9.10.2014 – V ZB 75/14 – juris-Rn. 5.
721 BGH Beschl. v. 30.8.2012 – V ZB 47/12 – juris-Rn. 9.
722 BGH Beschl. v. 26.7.2012 – V ZB 178/11 – juris-Rn. 9.
723 BT-Drs. 19/10047, S. 48.
724 StRspr BGH Beschl. v. 4.7.2019 – V ZB 190/18 – juris-Rn. 7 f.; Beschl. v. 13.9.2018 – V ZB 57/18 – juris-Rn. 8.

Kann der **Abschiebungstermin noch nicht** benannt werden, muss also dargelegt wer- 332
den, wovon die Festlegung abhängt und in welchem Zeitrahmen üblicherweise *und*
im konkreten Fall mit ihr zu rechnen ist;[725] der pauschale Verweis darauf, zB dem
LKA alle Unterlagen übergeben zu haben, weswegen nun der „frühest mögliche
Flug" gebucht werde, reicht nicht.[726]

Von vornherein **unzureichend** sind also **pauschale Angaben** oder Floskeln ohne kon- 333
kreten Bezug auf Einzelschritte, wie in folgenden Beispielen:

- Wenn nur **allgemeine Ausführungen** zum Stellenwert des Freiheitsgrundrechts
  und die Zusicherung erfolgen, der weiteren Bearbeitung werde Vorrang vor anderen Aufgaben eingeräumt.[727]
- Wenn **nicht dargelegt** wird, **wohin der Ausländer abgeschoben** werden soll, also
  auch keine Angaben zu der diesbezüglich erfahrungsgemäß notwendigen Vorbe-
  reitungsdauer erfolgen können.[728]
- Wenn nur angegeben wird, die Haftdauer sei aus der Sicht der Behörde „erforderlich und angemessen",[729] bzw. reiche aus, um „die weiteren innerdienstlichen
  Voraussetzungen zur Durchführung der Abschiebung **vorzubereiten**".[730]
- Wenn nur angegeben wird, es lägen **keine Anhaltspunkte** dafür vor, dass die Zu-
  ruckschiebung in der „maximalen gesetzlichen Festhaltefrist" nicht möglich und
  nach aktuellem Verfahrensstand tatsächlich durchführbar sei.[731]
- Wenn „völlig offen" ist, wann die Abschiebung durchgeführt werden kann.[732]

bb) Begründung für bis zu drei Monate

Die Begründungserfordernisse sind auch **nicht geringer**, wenn die Haftdauer im Re- 334
gelzeitraum von bis zu drei Monaten liegt. Denn § 62 Abs. 3 S. 3 AufenthG bestimmt
lediglich die regelmäßige obere Grenze, nicht eine **Normaldauer** der Haft.[733] Eine
Ausnahme gilt lediglich, wenn die Haftdauer so kurz ist, dass sich ihre **Notwendigkeit von selbst** versteht; das soll aber nicht einmal bei einer Dauer von drei Wochen,
insbesondere bei innereuropäischen Maßnahmen, der Fall sein.[734] Nach älterer Rspr.
sind auch zwei Wochen ohne weitere Darlegung noch zu lang.[735]

Insofern **genügt** beispielsweise 335

- die Angabe, die aktuelle Vorlaufzeit für Abschiebungen in den Zielstaat betrage
  mind. drei Wochen; für Abschiebungshäftlinge würden Linienflüge gebucht und
  aus organisatorischen Gründen möglichst die Flughäfen Köln/Bonn und Frankfurt genutzt; ab Köln/Bonn gingen zweimal wöchentlich Flüge, pro Flug würden
  nur zwei Ausländer oder ein Ausländer mit Sicherheitsbegleitung transportiert;

---

725 BGH Beschl. v. 22.6.2017 – V ZB 8/17 – Asylmagazin 2018, 58 – juris-Rn. 8.
726 BGH Beschl. v. 12.4.2018 – V ZB 208/17 – juris-Rn. 6.
727 BGH Beschl. v. 11.10.2018 – V ZB 147/17 – juris-Rn. 7.
728 BGH Beschl. v. 20.3.2014 – V ZB 169/13 – juris-Rn. 8.
729 BGH Beschl. v. 20.9.2018 – V ZB 102/16 – juris-Rn. 9.
730 BGH Beschl. v. 29.11.2012 – V ZB 170/12 – InfAuslR 2013, 157 – juris-Rn. 12.
731 BGH Beschl. v. 14.6.2012 – V ZB 28/12 – juris-Rn. 10 zur Zurückschiebungshaft.
732 BGH Beschl. v. 11.7.2019 – V ZB 74/18 – juris-Rn. 9.
733 StRspr BGH Beschl. v. 27.9.2018 – V ZB 96/18 – juris-Rn. 5; Beschl. v. 10.5.2012 – V ZB 246/11 – juris-Rn. 10.
734 BGH Beschl. v. 21.3.2019 – V ZB 171/18 – juris-Rn. 5; Beschl. v. 22.11.2018 – V ZB 54/18 – juris-Rn. 8.
735 BGH Beschl. v. 30.3.2012 – V ZB 196/11 – juris-Rn. 7.

die Rückführung müsse im Sicherheitsbüro der Fluggesellschaft angemeldet und eine Bestätigung abgewartet werden, was zwei Tage beanspruche,[736]

- die Angabe, die Beschaffung von Passersatzpapieren nehme, wie Auskünfte und Vergleichsfälle zeigten, „zwischen drei und zwölf Wochen" in Anspruch (→ Rn. 344 ff.); binnen einer Woche werde der Antrag auf Passersatzpapiere vorbereitet, nach deren Erlangung sei für die Flugbuchung ein Zeitraum von zwei bis drei Wochen erforderlich,[737]

- nicht die Angabe, es sei „nach den bisher gemachten Erfahrungen (...) **möglich,** die Abschiebung **innerhalb von drei Monaten** durchzuführen",[738]

- nicht die Angabe, eine Haftzeit von bis zu drei Monaten begründe sich dadurch, dass „die Vorbereitung der Rückführung, die Beschaffung von Heimreisedokumenten, Buchung der Flugkarte, Bereitstellung von Begleitpersonal usw erfahrungsgemäß **entsprechende Zeit beanspruchen**" könne,[739]

- nicht die Angabe, eine Haftzeit von sechs Wochen begründe sich daraus, dass die Bundespolizei einen Flugtermin für ein **bestimmtes Datum** fest zugesichert habe; erklärt werden muss, warum es gerade dieses Datum ist und kein früheres Datum sein kann.[740]

336 Wird Haft **über drei Monate** hinaus beantragt, sind bei *Erstanordnung* die Voraussetzungen darzulegen, welche dies zulässig machen (→ Rn. 139). Bei einer *Verlängerung* ist mitzuteilen, wann mit der Behebung des Hindernisses zu rechnen ist, das dem bisherigen Vollzug der Abschiebung in den ersten drei Monaten entgegenstand.[741]

cc) Verfahrensregelungen (Dublin III, Abkommen)

337 Soweit **Sonderregelungen** für die Durchführung bestehen, muss die Begründung hierauf Bezug nehmen. Dies ist insbesondere bei **Überstellungen (Dublin-III-Verordnung)** relevant. Hier muss dargelegt werden, welcher **Zielstaat** warum **zur Rücknahme verpflichtet** ist.[742] Es musste nach der Vorgänger-Verordnung (Dublin II) auch ausgeführt werden, ob ein *Aufnahme-* oder *Wiederaufnahmeverfahren* betrieben wird,[743] was nun nicht mehr erforderlich ist.[744]

338 Inwiefern für den **Ablauf** einzelne Schritte darzulegen sind, ist nach der Rspr. des BGH nicht eindeutig zu beantworten. In früheren Entscheidungen ging das Gericht davon aus, dass bei *feststehender Rücknahmeverpflichtung* (zB bei [ggf. fingierter] Antwort auf ein [Wieder-]Aufnahmeersuchen) eine Überstellung regelmäßig fristgemäß erfolge.[745] In späteren Entscheidungen verwies das Gericht jedoch auf Darlegun-

---

736 BGH Beschl. v. 22.11.2018 – V ZB 54/18 – Asylmagazin 2019, 79 – juris-Rn. 11.
737 BGH Beschl. v. 13.9.2018 – V ZB 145/17 – juris-Rn. 12.
738 BGH Beschl. v. 30.3.2012 – V ZB 59/12 – juris-Rn. 8.
739 BGH Beschl. v. 12.9.2013 – V ZB 171/12 – juris-Rn. 8.
740 LG Mainz Beschl. v. 11.1.2019 – 8 T 253/18 – juris-Rn. 30.
741 BGH Beschl. v. 15.12.2011 – V ZB 302/10 – juris-Rn. 16.
742 BGH Beschl. v. 20.9.2017 – V ZB 118/17 – NVwZ 2018, 349 – juris-Rn. 8; Beschl. v. 15.1.2015 – V ZB 165/13 – juris-Rn. 6 (Dublin II).
743 BGH Beschl. v. 10.10.2013 – V ZB 17/13 – juris-Rn. 7; Beschl. v. 6.12.2012 – V ZB 118/12 – EzAR-NF 57 Nr. 23 – juris-Rn. 8.
744 So wohl BGH Beschl. v. 20.9.2017 – V ZB 118/17 – NVwZ 2018, 349 – juris-Rn. 8.
745 BGH Beschl. v. 31.5.2012 – V ZB 167/11 – NJW 2012, 2448 – juris-Rn. 10; Beschl. v. 29.9.2010 – V ZB 233/10 – NVwZ 2011, 320 – juris-Rn. 13.

gen über den **Zeitverlauf** der einzelnen **Verfahrensschritte**[746] nebst zugehöriger *Verwaltungspraxis*.[747]

Damit gelten in Dublin-III-Konstellationen letztlich **vergleichbare Darlegungsanforderungen** wie in sonstige Abschiebungshaftfällen; zu beschreiben ist der *konkrete Ablauf* des in Haftsachen beschleunigten Verfahrens nach Art. 28 Abs. 3 Dublin-III-Verordnung nebst der zugehörigen Praxis.[748] Dies muss auch deswegen richtig sein, weil die Darlegungen ebenfalls der Information und Verteidigungsmöglichkeit des Ausländers dienen (→ Rn. 305) und die von der Dublin-III-Verordnung vorgesehenen Zeiten *Höchstfristen* sind; sie dürfen also nicht ohne Weiteres ausgereizt werden und Haft ist auf den kürzestmöglichen Zeitraum zu beschränken.[749]

Kommen Überstellungen in **mehrere Dublin-Staaten** in Betracht, muss ausgeführt werden, in welcher Reihenfolge diese angefragt werden.[750] Zwar obliegt diese Entscheidung dem Bundesamt für Migration und Flüchtlinge; kann der Antragsteller aber hierzu noch keine Angaben, muss er eine einstweilige Anordnung (§ 427 FamFG) beantragen.[751]

Insofern **genügt** beispielsweise

- die Angabe, innerhalb welchen Zeitraums Überstellung erfahrungsgemäß möglich sind, wenn dies anhand der für das **konkrete Überstellungsverfahren** geltenden **Fristen** und der dazu **bekannten Verwaltungspraxis** des Zielstaates begründet wird,[752]

- **nicht** die Angabe, das Bundesamt für Migration und Flüchtlinge wolle den Ausländer fristgerecht „anbieten" und die nach der Verordnung sodann für den Zielstaat verpflichtende Übernahme beantragen; bei Zusage würden durch die Bundespolizei alle erforderlichen Maßnahmen beschleunigt eingeleitet; Erfahrungen hätten gezeigt, dass für das Verfahren des Bundesamts sowie die Bearbeitungsmodalitäten des Übernahmestaates eine Haftdauer von sechs Wochen benötigt werde; dies sei durch Erfahrungswerte des Überstellungsdienstes der Bundespolizei bestätigt – insofern **fehlen Bezüge zum konkreten Fall** (Verfahren: Auf- oder Wiederaufnahme; konkrete übliche Dauer von Überstellungen in Zielstaat; Angaben zu Reisedokumentbeschaffung).[753]

Gelegentlich bestehen **bilaterale** oder auch **multilaterale Rücknahmeabkommen**. Soweit dies der Fall ist, müssen diese und die danach **entscheidenden Schritte** dargelegt werden; soll von ihnen kein Gebrauch gemacht oder teilweise abgewichen werden, muss auch dies begründet werden.[754]

339

340

341

342

---

746 Zuletzt BGH Beschl. v. 20.9.2017 – V ZB 118/17 – NVwZ 2018, 349 – juris-Rn. 8.
747 BGH Beschl. v. 4.7.2013 – V ZB 37/12 – juris-Rn. 10 (Dublin II).
748 Vgl. BGH Beschl. v. 20.9.2017 – V ZB 118/17 – NVwZ 2018, 349 – juris-Rn. 8; Beschl. v. 31.1.2013 – V ZB 20/12 – InfAuslR 2013, 200 – juris-Rn. 19 (Dublin II).
749 BGH Beschl. v. 4.7.2019 – V ZB 190/18 – juris-Rn. 8.
750 BGH Beschl. v. 19.12.2013 – V ZB 139/13 – juris-Rn. 10 (Dublin II).
751 BGH Beschl. v. 28.2.2013 – V ZB 138/12 – InfAuslR 2013, 287 – juris-Rn. 11.
752 BGH Beschl. v. 4.7.2013 – V ZB 37/12 – juris-Rn. 10.
753 BGH Beschl. v. 10.10.2013 – V ZB 17/13 – juris-Rn. 8.
754 BGH Beschl. v. 15.11.2018 – V ZB 251/17 – juris-Rn. 7; Beschl. v. 16.6.2016 – V ZB 12/15 – InfAuslR 2016, 429 – juris-Rn. 9.

343 Insofern **genügt** beispielsweise

- ▪ wenn das **Abkommen nicht ausdrücklich benannt** wird, das Bestehen bilateraler Absprachen aber im Haftantrag erwähnt und die danach **erforderlichen Schritte** dargelegt werden,[755]

- ▪ wenn das **Abkommen Ausnahmefälle** vorsieht (zB Einzelrückführungen ggü. dem grds. üblichen Listenverfahren), dass sich der Haftantrag dazu nur verhält, wenn „**greifbare Anhaltspunkte** für einen solchen Ausnahmefall vorliegen",[756]

- ▪ **nicht**, wenn das **Abkommen nicht ausdrücklich benannt** wird und **keine Angaben zu dem darin vorgesehenen Verfahren** gemacht werden, selbst wenn die Behörde **nicht vorhatte**, danach zu verfahren; denn auch Abweichungen sind darzulegen und zu erläutern,[757]

- ▪ **nicht**, wenn zwar die Durchführung von Abschiebungen nach zB Vietnam in organisierten Charterflügen dargelegt wird, aber nicht die **Voraussetzungen** für die Handhabung des Verfahrens insgesamt gemäß dem einschlägigen Abkommen offengelegt werden.[758]

dd) Angaben zur Dokumentenbeschaffung

344 Vielfach wird ein Teil der Haftdauer benötigt, um Pass- oder sonstige Reisedokumente für den Ausländer zu beschaffen. In diesem Fall bedarf es Darlegungen, **wann** und aufgrund welcher **Verfahrensschritte** mit einer Ausstellung durch **wen** zu rechnen ist[759] und auch, ob über die Ausstellung hinaus noch *weitere Formalitäten* erforderlich sind.[760]

345 Entsprechende Angaben können mithilfe von **Datenbanken mit Referenzfällen** dargelegt werden (zB *Zentrales Ausländerinformationsportal*[761]); dies ist jedoch nur ein Hilfsmittel, das aber ausreicht, wenn nicht stattdessen *konkrete Auskünfte* der zuständigen Stelle des Zielstaates erlangt werden können.[762] Gelegentlich wird auch vergessen, darzulegen, mit welchen Schritten die Abschiebung konkret **nach der Passersatzbeschaffung** fortgesetzt werden soll.[763]

346 Insofern **genügt** beispielsweise

- ▪ die Angabe, dass der Ausländer der Zielstaat-Botschaft vorgestellt worden und bei dieser Gelegenheit der zuständige **Botschaftsmitarbeiter** nach dem für die Beschaffung der Rückreisedokumente zu veranschlagenden Zeitraum (mit entsprechend sodann bei der Haftdauer zugrunde gelegter Angabe) **gefragt** worden sei,[764]

---

755 BGH Beschl. v. 16.6.2016 – V ZB 12/15 – InfAuslR 2016, 429 – juris-Rn. 9.
756 BGH Beschl. v. 19.6.2013 – V ZB 96/12 – juris-Rn. 12.
757 BGH Beschl. v. 15.11.2018 – V ZB 251/17 – juris-Rn. 9; Beschl. v. 27.9.2017 – V ZB 29/17 – InfAuslR 2018, 139 – juris-Rn. 8.
758 BGH Beschl. v. 17.10.2013 – V ZB 172/12 – InfAuslR 2014, 52 – juris-Rn. 9.
759 Vgl. BGH Beschl. v. 25.1.2018 – V ZB 201/17 – juris-Rn. 6.
760 BGH Beschl. v. 19.1.2012 – V ZB 70/11 – juris-Rn. 7.
761 BGH Beschl. v. 11.1.2018 – V ZB 178/16 – InfAuslR 2018, 287 – juris-Rn. 10.
762 BGH Beschl. v. 11.1.2018 – V ZB 178/16 – InfAuslR 2018, 287 – juris-Rn. 10; Beschl. v. 30.6.2016 – V ZB 143/14 – InfAuslR 2016, 433 – juris-Rn. 7.
763 BGH Beschl. v. 19.9.2012 – V ZB 69/12 – juris-Rn. 6.
764 BGH Beschl. v. 30.6.2016 – V ZB 143/14 – InfAuslR 2016, 433 – juris-Rn. 7.

- die Angabe der einzelnen Schritte für die **Übersendung** eines **Datensatzes** mit digitalen Fingerabdrücken in den Zielstaat, wenn dies mit Zeitangaben versehen ist und auch dargelegt wird, wie lange nach Eingang des Datensatzes im Zielstaat die **Überprüfung** dauern wird,[765]

- **nicht** die Angabe, es sei „derzeit unklar", ob die Dokumente „rechtzeitig beigebracht werden können" ohne Angabe, durch **wen** und **wovon** dies mit welchem Zeitrahmen **abhängt**,[766]

- **nicht** die pauschale Angabe, dass die Passersatzbeschaffung nach Auskunft des zuständigen Referats derzeit „**bis zu 5 Monate**" dauere,[767] bzw. „**erfahrungsgemäß**" drei Monate[768] und könnten in Einzelfällen länger dauern,[769]

- **nicht** die Angabe, dass die zweifelsfreie **Feststellung der Identität** und die **Beschaffung von Reisedokumenten** einen „nicht unerheblichen Zeitraum in Anspruch nehmen werde" und deswegen eine Haft von drei Monaten beantragt werde,[770]

- **nicht** die Angabe, dass zwei Monate erforderlich seien, da noch kein gültiges Heimreisedokument vorliege, jedoch bereits Zusicherung der zuständigen Behörde existiere; die beantragte Haftdauer sei dabei (ohne die Einzelschritte darzulegen) der **voraussichtlichen Dauer** des Verfahrens **angepasst**.[771]

ee) Auskünfte anderer Behörden

Die Auskünfte anderer Behörden im *Zielstaat* wie auch im *Inland* dürfen nicht ungefiltert übernommen werden.[772] Insbesondere Angaben der **Bundespolizei**, des **LKA** oder der **Zentralstelle für Flugabschiebungen** über die Dauer der Flugvorbereitungen müssen kritisch gewürdigt werden (Ausnahme für **Sicherheitsbegleitung** → Rn. 349 ff.). Denn diese betreffen grds. die **regelmäßige Dauer**, nicht aber den Einzelfall. Erforderlich sind daher über die *Wiedergabe* hinaus jedenfalls knappe Erläuterungen, welche *organisatorischen Verfahrensschritte* im konkreten Fall noch durchzuführen sind und warum *frühere Flüge* nicht in Betracht kommen.[773]   347

Insofern **genügt** beispielsweise   348

- **nicht** die Angabe, dass Rückführung innerhalb der „nächsten 6–8 Wochen stattfinden" können, da erfahrungsgemäß regelmäßig Charterflüge nach Italien stattfänden; ein genauer Flugtermin könne aber noch nicht benannt werden, da **Buchungen** durch die **Zentrale Ausländerbehörde** erfolgten,[774]

- **nicht** die Angabe, dass auf telefonische Rückfrage bei der **Zentralstelle für Flugabschiebungen** mitgeteilt worden sei, dass ein **Vorlauf von zwölf Wochen** für eine Rückführung in den Zielstaat notwendig sei, wenn dies nicht im Einzelnen be-

---

765 BGH Beschl. v. 25.1.2018 – V ZB 201/17 – juris-Rn. 6.
766 BGH Beschl. v. 29.6.2017 – V ZB 40/16 – InfAuslR 2017, 450 – juris-Rn. 10.
767 BGH Beschl. v. 22.6.2017 – V ZB 7/17 – juris-Rn. 7; Beschl. v. 1.6.2017 – V ZB 39/17 – InfAuslR 2017, 347 – juris-Rn. 14.
768 BGH Beschl. v. 13.10.2016 – V ZB 22/16 – juris-Rn. 5.
769 BGH Beschl. v. 20.9.2018 – V ZB 164/17 – juris-Rn. 5.
770 BGH Beschl. v. 21.1.2016 – V ZB 36/14 – juris-Rn. 6.
771 BGH Beschl. v. 7.12.2017 – V ZB 160/17 – juris-Rn. 5.
772 BGH Beschl. v. 17.5.2018 – V ZB 92/16 – juris-Rn. 6.
773 BGH Beschl. v. 25.10.2018 – V ZB 83/18 – juris-Rn. 7; Beschl. v. 17.5.2018 – V ZB 92/16 – juris-Rn. 6.
774 BGH Beschl. v. 24.1.2019 – V ZB 62/18 – juris-Rn. 7.

gründet wird;[775] auch nicht, wenn in Aussicht gestellt wird, dass bei einem ggf. früher möglichen Flug **umgehend eine Verkürzung** der Haft beantragt werde,[776]

- **nicht** die Angabe, dass der Ausländer bisher **untergetaucht** gewesen sei, Haftfälle aber von der **Bundespolizei** bevorzugt behandelt würden und daher die Flugbuchung hintangestellt worden sei; es würden nun zwölf Wochen für die **Koordination** der Rückführung des Betroffenen zwischen der Zentralen Stelle, der Bundespolizei und den marokkanischen Behörden benötigt,[777]

- **nicht** die Angabe, dass das **LKA** „für die **Organisation** der Abschiebung einen Zeitraum von ca. drei Wochen" benötige,[778]

- **nicht** die Angabe, dass alle **Unterlagen ans LKA** übermittelt seien, die Abschiebung eingeleitet sei und dort der **frühestmögliche Flug** gebucht werde.[779]

ff) Zeitangaben bei Sicherheitsbegleitung

349 Die Durchführung der Abschiebung erfordert eine **Sicherheitsbegleitung** durch eigenes oder aus dem Zielstaat stammendes Sicherheitspersonal im Flugzeug, wenn zu erwarten steht, dass sich der Ausländer der **Maßnahme widersetzt**.[780] In diesen Fällen ist ein **Haftzeitraum von sechs Wochen** zur Bewältigung des damit verbundenen Organisationsaufwandes stets angemessen; hält sich die Haftdauer in diesem Rahmen, muss sie **nicht** unter Darlegung der bis dahin durchzuführenden Einzelschritte **begründet werden**.[781]

350 Über das **Erfordernis** der Sicherheitsbegleitung entscheidet die **Bundespolizei** in eigener Zuständigkeit.[782] Referiert die antragstellende Behörde daher die **Auskunft der Bundespolizei**, dass eine Begleitung erforderlich sei, ist dies ausreichend. Der **Haftrichter** hat *nicht* zu prüfen, ob diese Entscheidung *inhaltlich richtig* ist;[783] denn dies betrifft die Durchführung der Maßnahme und damit allein die Prüfungskompetenz der Verwaltungsgerichte.

351 Liegt noch **keine entsprechende Auskunft** der Bundespolizei vor, muss die Behörde bei Berufung auf die sechs-Wochen-Frist selbst **darlegen**, warum die Sicherheitsbegleitung erforderlich ist. Dabei kann die Notwendigkeit auch ohne ausdrückliche Angabe im Haftantrag auf der Hand liegen; werden zB aktuelle **Verurteilungen wegen Körperverletzungsdelikten** aufgeführt und wird auf einen „begleiteten Flug" verwiesen, ist dies der Fall.[784] Im Übrigen sind hinreichende Anhaltspunkte für die Erfüllung des oben (→ Rn. 349) genannten Maßstabes nach den schriftlichen Vorgaben der Bundespolizei und der haftrichterlichen Erfahrung:

---

775 BGH Beschl. v. 25.10.2018 – V ZB 83/18 – juris-Rn. 7.
776 BGH Beschl. v. 15.9.2016 – V ZB 30/16 – juris-Rn. 6 f.
777 BGH Beschl. v. 7.3.2019 – V ZB 176/18 – juris-Rn. 5.
778 BGH Beschl. v. 21.3.2019 – V ZB 171/18 – juris-Rn. 5.
779 BGH Beschl. v. 12.4.2018 – V ZB 208/17 – juris-Rn. 6; Beschl. v. 12.4.2018 – V ZB 208/17 – juris-Rn. 6.
780 BVerwG Urt. v. 14.3.2006 – 1 C 5/05 – BVerwGE 125, 101 – 5 c letzter Absatz; VGH München Beschl. v. 14.2.2012 – 10 C 11.2591 – juris-Rn. 14.
781 StRspr BGH Beschl. v. 12.11.2019 – XIII ZB 5/19 – juris-Rn. 12; Beschl. v. 20.9.2018 – V ZB 4/17 – InfAuslR 2019, 23 – juris-Rn. 11; Beschl. v. 16.5.2019 – V ZB 1/19 – juris-Rn. 14; Beschl. v. 21.3.2019 – V ZB 91/18 – juris-Rn. 8.
782 VGH München Beschl. v. 14.2.2012 – 10 C 11.2591 – juris-Rn. 14.
783 BGH Beschl. v. 23.5.2019 – V ZB 236/17 – juris-Rn. 9; aA noch BGH Beschl. v. 7.3.2019 – V ZB 176/18 – juris-Rn. 5 f.
784 BGH Beschl. v. 21.3.2019 – V ZB 91/18 – juris-Rn. 8.

- wenn der Ausländer zu **Gewalttaten neigt** oder hierfür bereits **verurteilt ist**,[785] auch bei sonstigen abgeurteilten **Straftaten**,[786]
- wenn der Ausländer bereits **Widerstand gegen behördliche Maßnahmen** geleistet hat oder damit zu rechnen ist, insbes. bei entsprechender Erfahrung mit Maßnahmen in der **Vergangenheit**,
- wenn der Ausländer zu **Selbstverletzungs-** oder **Suizidhandlungen neigt**,[787] bzw. hiermit zu rechnen ist,
- wenn wg. (ansteckender) **Krankheiten** eine ärztliche Begleitung oder andere gesundheitliche Vorsichtsmaßnahmen erforderlich sind, oder
- wenn die Sicherheitsbegleitung vom **Lufttransportunternehmen vorgegeben** wird.

Erst wenn die beantragte Haftdauer bei Sicherheitsbegleitung **über sechs Wochen hin-** **ausgeht**, bedarf es einer auf den konkreten Fall bezogenen **Begründung**, die dies nachvollziehbar erklärt; es muss dann etwa auf die Art des Fluges, die Buchungslage der in Betracht kommenden Fluggesellschaften, die Anzahl der Begleitpersonen und die Personalsituation Bezug genommen werden.[788] 352

Insofern **genügt** beispielsweise 353

- **nicht** die Angabe, dass ein „Flug mit Sicherheitsbegleitung (…) über die Zentralstelle für Flugabschiebungen (ZFA…) am heutigen Tag angemeldet" worden sei und laut aktueller „telefonischer Auskunft der ZFA (…) die Vorlaufzeit für einen Flug mit Sicherheitsbegleitung 12 Wochen" betrage; ein „Passersatzpapier (liege) bereits vor"; es fehlt an einer Begründung für die Verdoppelung der sechs Wochen,[789]
- **nicht** die Angabe, dass von Seiten der Bundespolizei erhebliche Vorbereitungen notwendig seien, weil das **Erfordernis einer Sicherheitsbegleitung** erst noch **geprüft** werden müsse, was zusammen mit einer Umsetzung drei Monaten daure,[790]
- **nicht** die zu unkonkrete Angabe, dass sich die sicherheitsbegleitete Rückführung nach telefonischer Auskunft der Bundespolizeidienststelle „in der Vorbereitung" befinde und hierfür derzeit „neun Wochen benötigt" würden,[791]
- **nicht** die zu unkonkrete Angabe, dass **fast acht Wochen** nach Rücksprache mit dem LKA „zur organisatorischen Vorbereitung der Abschiebung (mit Sicherheitsbegleitung) erforderlich und angemessen" seien,[792]
- **nicht** die Angabe, dass auf telefonische Rückfrage bei der Zentralstelle für Flugabschiebungen mitgeteilt worden sei, dass eine Bearbeitungszeit **„bis zu" acht** **Wochen** benötigt würde; mangels Bezuges zum konkreten Fall reichte auch die Begründung nicht aus, dafür müsse die Zentrale Ausländerbehörde ein Ersuchen

---

785 BGH Beschl. v. 21.3.2019 – V ZB 91/18 – juris-Rn. 8.
786 BGH Beschl. v. 7.3.2019 – V ZB 176/18 – juris-Rn. 6.
787 BGH Beschl. v. 14.4.2016 – V ZB 112/15 – juris-Rn. 18.
788 BGH Beschl. v. 12.11.2019 – XIII ZB 5/19 – juris-Rn. 12; Beschl. v. 20.9.2018 – V ZB 4/17 – InfAuslR 2019, 23 – juris-Rn. 11; Beschl. v. 23.5.2019 – V ZB 49/18 – juris-Rn. 5.
789 BGH Beschl. v. 16.5.2019 – V ZB 1/19 – juris-Rn. 14; Beschl. v. 21.3.2019 – V ZB 91/18 – juris-Rn. 8.
790 BGH Beschl. v. 25.10.2018 – V ZB 59/18 – juris-Rn. 5.
791 BGH Beschl. v. 4.7.2019 – V ZB 173/18 – juris-Rn. 8.
792 BGH Beschl. v. 7.3.2019 – V ZB 130/17 – juris-Rn. 6.

die Bundespolizei richten, das unter Angabe eines Referenzroutings und einer Auslandsdienstreisenummer an eine Bundespolizeiflughafendienststelle zur weiteren Bearbeitung übermittelt werde; von da aus werde das erforderliche Begleitpersonal angefordert, das sich sodann um Impfungen und um Visa kümmern müsse,[793]

■ **nicht** die zu unkonkrete Angabe, dass „**längstens acht Wochen**" erforderlich seien, da zunächst das Abschiebungsersuchen an das LKA übersandt, von dort über ein Reisebüro der nächstmögliche Flug gebucht werde und immer nur ein **geringes Kontingent** an Plätzen zur Verfügung stehe.[794]

gg) Beschleunigungsgebot

354 Die **Beachtung** des Beschleunigungsgebotes muss das Gericht ohnehin mit einer Recherche im Haftantrag, den anliegenden Unterlagen und der Ausländerakte beurteilen (→ Rn. 287). Im Normalfall muss sich die Behörde daher nicht ausdrücklich hierzu verhalten. Etwas anderes gilt jedoch, wenn **konkret ungenutzte Zeiträume** zB einer *Untersuchungshaft* geschildert werden; dann bedarf es Darlegungen, warum diese nicht für die Abschiebungsvorbereitung genutzt wurden.[795] Fehlen diese, ist der Haftantrag *unzulässig*, sind sie nicht *überzeugend*, ist er unbegründet (→ Rn. 308).

IV. Heilung von Antragsmängeln

355 Zulässigkeitsmängel des Antrages können geheilt werden. Dafür kann entweder die **Behörde** ihre Darlegung ergänzen oder der **Haftrichter** kann fehlende Angaben nach Amtsermittlung selbst feststellen.[796]

1. Ergänzung durch Behörde oder Gericht

356 Fehlende Angaben kann die Behörde jederzeit von sich aus ergänzen. Das Haftgericht ist zudem gem. § 28 Abs. 2 und 3 FamFG gehalten, so früh wie möglich auf eine Ergänzung der unzureichenden Begründung[797] hinzuwirken (**richterlicher Hinweis**). Das kann auch telefonisch geschehen und muss sodann als *Vermerk* oder in der Entscheidung aktenkundig gemacht werden (§ 28 Abs. 3 FamFG). Ein Hinweis ist im *gerichtlichen Eildienst* aber oft nicht möglich, soweit Behörden den Antrag kurz vor Dienstschluss per Fax übersenden und danach nicht mehr erreichbar sind; er ist dann auch nicht mehr nötig (§ 420 Abs. 3 S. 2 FamFG).

357 Die ggf. erfolgenden **weiteren Angaben** können **schriftlich** vor dem Termin oder auch **mündlich** im Anhörungstermin erfolgen.[798] Letzteres ist jedoch unmöglich, soweit die Behörde zum Termin – was regelmäßig geschieht – nicht erscheint.[799]

---

793 BGH Beschl. v. 17.5.2018 – V ZB 92/16 – juris-Rn. 6 – entscheidend war aber auch, dass für einen vorigen, gescheiterten Abschiebungsversuch nur fünf Wochen benötigt worden waren.
794 BGH Beschl. v. 13.9.2018 – V ZB 57/18 – juris-Rn. 7.
795 BGH Beschl. v. 30.10.2013 – V ZB 186/12 – juris-Rn. 7; Beschl. v. 14.6.2012 – V ZB 284/11 – InfAuslR 2012, 369 – juris-Rn. 7.
796 StRspr BGH Beschl. v.4.7.2019 – V ZB 190/18 – juris-Rn. 10; Beschl. v. 16.7.2014 – V ZB 80/13 – InfAuslR 2014, 384 – juris-Rn. 22 f.
797 *Schreiber* in HK-FamVerfR § 28 Rn. 10.
798 StRspr BGH Beschl. v.13.9.2018 – V ZB 145/17 – juris-Rn. 10-12; Beschl. v. 16.7.2014 – V ZB 80/13 – InfAuslR 2014, 384 – juris-Rn. 22 f.
799 *Schmidt-Räntsch* NVwZ 2014, 110 (113).

Das Haftgericht kann auch in der Begründung fehlende Voraussetzungen selbst in der 358
Entscheidung feststellen.[800] Erforderlich ist aber nicht, dass es sich die Sachverhalts-informationen dafür selbst aus der Ausländerakte zusammensucht.[801]

2. Erfordernis persönlicher Anhörung

Auf ergänzende Angaben darf eine Haftanordnung nur gestützt werden, wenn der 359
Ausländer zuvor **hierzu angehört** worden ist.[802] Ihm muss die Gelegenheit einge-räumt sein, sich zu allen tatsächlichen und rechtlichen Grundlagen seiner Freiheits-entziehung zu äußern.[803]

Dies geschieht bei schriftlicher Ergänzung vor dem Termin dadurch, dass ihm im Ter- 360
min mit Aushändigung des Haftantrages (→ Rn. 426 ff.) auch der ergänzende **Schrift-satz übergeben** (und ggf. übersetzt → Rn. 427) wird; dies muss protokolliert wer-den.[804] Auch bei **mündlicher Ergänzung** im Termin ist zu protokollieren,[805] dass der Ausländer insofern Gelegenheit zur Stellungnahme hatte, wofür eine allgemeine An-gabe („Über die Freiheitsentziehung wurde verhandelt.") genügt. Das ist ebenso bei **gerichtlicher Feststellung** nötig, denn auch insofern muss ihm eine Äußerungsgelegen-heit eingeräumt werden.[806]

3. Wirkung einer Heilung

Eine Heilung nach einer Ergänzung ist nur mit Wirkung für die **Zukunft** möglich.[807] 361
Sie tritt nicht bereits mit der Ergänzung des Haftantrags oder der nachfolgenden An-hörung, sondern erst mit der anschließenden gerichtlichen Entscheidung ein.[808] Auch § 417 Abs. 3 FamFG „stellt (… nur …) klar", dass die Ergänzung eines „lückenhaf-ten Antrags" bis zur Beschwerdeinstanz möglich ist.[809] Er ermöglicht entgegen der Befürchtung in BR-Drs. 179/1/19(B) keine rückwirkende Heilung.

4. Folgen fehlender Heilung

Können noch nicht alle Haftvoraussetzungen hinreichend dargelegt bzw. festgestellt 362
werden, kann ggf. eine **einstweilige Anordnung** (§ 427 FamFG) getroffen werden. Sie ist möglich, soweit die *Ermittlungen* in der Hauptsache nicht abgeschlossen sind,[810] zB noch *Bescheide* (zB Abschiebungsandrohung[811]) erlassen oder *Einvernehmen* der Staatsanwaltschaft eingeholt werden müssen[812] (im Einzelnen → Rn. 443 f.).

---

800 StRspr BGH Beschl. v. 22.10.2015 – V ZB 79/15 – NVwZ 2016, 108 – juris-Rn. 19; Beschl. v. 16.7.2014 – V ZB 80/13 – InfAuslR 2014, 384 – juris-Rn. 24.
801 *Schmidt-Räntsch* NVwZ 2014, 110 (113).
802 StRspr BGH Beschl. v. 21.3.2019 – V ZB 91/18 – juris-Rn. 11; Beschl. v. 17.5.2018 – V ZB 92/16 – juris-Rn. 8.
803 BGH Beschl. v. 11.2.2016 – V ZB 24/14 – juris-Rn. 9.
804 BGH Beschl. v. 11.10.2018 – V ZB 147/17 – juris-Rn. 11.
805 BGH Beschl. v. 29.4.2010 – V ZB 218/09 – NVwZ 2010, 1508 – juris-Rn. 17.
806 BGH Beschl. v. 11.2.2016 – V ZB 24/14 – juris-Rn. 9.
807 StRspr BGH Beschl. v.22.11.2018 – V ZB 54/18 – Asylmagazin 2019, 79 – juris-Rn. 11; Beschl. v. 16.7.2014 – V ZB 80/13 – InfAuslR 2014, 384 – juris-Rn. 21.
808 BGH Beschl. v. 20.9.2018 – V ZB 102/16 – juris-Rn. 12; Beschl. v. 25.10.2018 – V ZB 59/18 – juris-Rn. 7.
809 BT-Drs. 19/10047, S. 49.
810 BGH Beschl. v. 18.12.2014 – V ZB 114/13 – InfAuslR 2015, 187 – juris-Rn. 13.
811 BGH Beschl. v. 16.5.2013 – V ZB 44/12 – NVwZ 2013, 1362 – juris-Rn. 11.
812 BGH Beschl. v. 31.5.2012 – V ZB 167/11 – InfAuslR 2012, 330 – juris-Rn. 10.

363 Voraussetzung ist aber, dass eine einstweilige Entscheidung **ausdrücklich beantragt** wurde.[813] Dabei sind die Voraussetzungen des § 417 Abs. 2 FamFG im einstweiligen Verfahren ihrem Sinn gemäß entsprechend zu reduzieren,[814] wobei aber jedenfalls zur Verlassenspflicht und dem Haftgrund hinreichend auszuführen ist und diese Aspekte nach *summarischer Prüfung* gegeben sein müssen.

364 Fehlt es an einem Antrag auf einstweilige Entscheidung oder sind auch hierfür die Umstände nicht hinreichend dargelegt, muss insgesamt (Hauptsache- und ggf. einstweiliger Antrag) eine Ablehnung als **unzulässig** erfolgen.

---

813 BGH Beschl. v. 18.12.2014 – V ZB 114/13 – InfAuslR 2015, 187 – juris-Rn. 16.
814 *Göbel* in Keidel FamFG § 427 Rn. 7 ff.

E. Das Verfahren in 1. Instanz

Für Anträge auf Haft- bzw. Gewahrsamsanordnung sind nach §§ 2 Abs. 14 S. 5, 106   365
Abs. 2 S. 1 AufenthG die Vorschriften des **Siebten Buches des FamFG** anwendbar. In-
sofern obliegt die Entscheidung den Amtsgerichten. Sie müssen die Entscheidung re-
gelmäßig in einem Anhörungstermin vorbereiten (→ Rn. 376 ff.), dabei wesentliche
Erfordernisse aus der Rechtsprechung des BGH (→ Rn. 425 ff.) beachten und die
Entscheidung erlassen und abfassen (→ Rn. 439 ff.).

I. Zuständigkeit des Amtsgerichtes

Die **sachliche Zuständigkeit** des Amtsgerichtes folgt aus § 23 a Abs. 1 Nr. 2, Abs. 2   366
Nr. 6 GVG. Die **örtliche Zuständigkeit** richtet sich nach §§ 2 ff. FamFG, wobei gem.
§ 2 Abs. 1 FamFG von mehreren zuständigen Gerichten stets das Erstbefasste zuständig ist. Die §§ 2 ff. FamFG werden zudem bei Abschiebungshaft weitgehend durch
die Spezialvorschrift des § 416 FamFG verdrängt. Obwohl S. 1 der Vorschrift den Re-
gel- und S. 2 den Spezialfall vorsieht,[815] ist das *praktische* Verhältnis umgekehrt.

1. Zuständigkeit für Erstanordnung

Das Gros der Fälle im amtsgerichtlichen Eildienst betrifft Ausländer, die aufgrund   367
einer Ausschreibung zur Festnahme (§ 50 Abs. 6 S. 1 AufenthG) aufgegriffen und *vorläufig festgenommen* wurden. Sie befinden sich dann in **Polizeigewahrsam**, der § 416
S. 2 FamFG unterfällt.[816] Damit ist die Zuständigkeit des Amtsgerichtes begründet,
in dessen **Bezirk** die Gewahrsamsstelle bei *Antragseingang* liegt;[817] ein ggf. vorher erfolgter Gefangenentransport ist unerheblich.[818] Soweit sich der Ausländer in (Straf-
oder Untersuchungs-)**Haft** befindet, ist das Amtsgericht zuständig, in dessen Bezirk
die Vollzugsanstalt liegt.

Bei **Vorab-Haftanträgen**, wenn also (regelmäßig gem. § 427 Abs. 2 FamFG) die Inhaf-   368
tierung eines noch in Freiheit befindlichen Ausländers angeordnet werden soll,
kommt es im Grundsatz auf den **gewöhnlichen Aufenthalt** (→ Rn. 292 ff.) an (§ 416
S. 1 Var. 1 FamFG); zuständig ist das Amtsgericht, in dessen Bezirk dieser besteht.
Die Konstellation, dass kein solcher feststellbar ist, ist wegen des oben beschriebenen
Zusammenhangs mit der jeweiligen räumlichen Beschränkung selten. Fehlt er den-
noch, ist (nachrangig[819]) das Amtsgericht örtlich zuständig, in dessen Bezirk sich der
Ausländer aufhält.[820] In diesem Bezirk kann sich auch bei Bestehen anderweitigen gewöhnlichen Aufenthalts *in besonders dringenden Fällen* eine zusätzliche Zuständigkeit nach § 50 Abs. 2 S. 1 FamFG für (ausschließlich) eine *einstweilige Anordnung*
ergeben, wobei das Verfahren nach deren Erlass gem. § 50 Abs. 2 S. 2 FamFG an das
ansonsten zuständige Gericht abzugeben wäre. Der Fall wird jedoch kaum relevant,
denn besondere Dringlichkeit in diesem Sinne läge nur vor, wenn die Entscheidung

---

815 *Göbel* in Keidel FamFG § 416 Rn. 1.
816 OLG Hamm Beschl. v. 5.7.2007 – 15 W 135/07 – InfAuslR 2007, 455 – juris-Rn. 11 mwN.
817 OLG Hamm Beschl. v. 9.5.2006 – 15 Sbd 5/06 – NJW 2006, 2707 – juris-Rn. 7.
818 ZG *Göbel* in Keidel FamFG § 416 Rn. 9.
819 *Göbel* in Keidel FamFG § 416 Rn. 5.
820 Vgl. *Günter* in BeckOK FamFG § 416 Rn. 7.

des eigentlich zuständigen Gerichtes nicht abgewartet werden könnte.[821] Das wird bei Vorab-Haftanträgen kaum der Fall sein.

2. Zuständigkeit für weitere Entscheidungen

369 Für eine Entscheidung über die **Aussetzung** (§ 424 FamFG) oder **Aufhebung** (§ 426 FamFG) der Haft bleibt das Gericht, das sie angeordnet hat, gem. §§ 416, 2 Abs. 2 FamFG zuständig, weil insofern über den Vollzug der *bisherigen Haft* entschieden wird.[822] Das Verfahren kann aber gem. § 106 Abs. 2 S. 2 AufenthG durch unanfechtbaren Beschluss an das für den **Haftort** örtlich zuständige Amtsgericht abgegeben werden,[823] auch aus Anlass zB eines aktuell gestellten Aufhebungsantrages.[824] Eine vorige Anhörung der Beteiligten ist dabei zwingend.[825]

370 Für Anträge auf **Verlängerung** der Haft ist hingegen, da nun über *weitere Haft* zu entscheiden ist, nach §§ 416 S. 2, 425 Abs. 3 FamFG originär das Amtsgericht des **Haftortes** örtlich zuständig.[826]

371 Nach diesem Maßstab bleibt das Amtsgericht, bei dem nach dem Erlass der **einstweiligen Anordnung** (§ 427 FamFG) noch die (zugleich beantragte) **Hauptsache** anhängig ist, für sie zwar gem. § 2 Abs. 2 FamFG zuständig, auch wenn der Ausländer zum *Vollzug* in den *Bezirk eines anderen Amtsgerichts* gebracht wird. Da § 106 Abs. 2 S. 2 AufenthG aufgrund seiner Genese nur nach erstinstanzlich abschließender Hauptsache-Entscheidung greift[827] und nur noch die Fälle der §§ 424, 426 FamFG erfasst,[828] kann die Hauptsache auch nicht insofern abgegeben werden. Hingegen ist eine **Abgabe nach § 4 FamFG** geboten, da die für die Hauptsache nötige persönliche Anhörung organisatorisch aufwendig und durch die Verschubung für den Inhaftierten belastend ist, weswegen ein wichtiger Grund gem. § 4 S. 1 FamFG vorliegt.[829] Die antragstellende Behörde sollte sich daher von vornherein auf die Beantragung der einstweiligen Anordnung beschränken, soweit die Verschubung zwecks Haftvollzuges in den Zuständigkeitsbereich eines anderen Amtsgerichts stattfinden soll.

II. Eingangsprüfung des Antrages

372 Ist ein Haftantrag eingegangen und eingetragen, muss der Haftrichter zunächst seine **Zuständigkeit** (→ Rn. 366 ff.) prüfen; fehlt es an dieser, erfolgt zwingend *Verweisung* durch Beschluss (§ 3 FamFG). Praktisch tritt dieser Fall im Eildienst nicht ein, kann aber bei Vorab-Haftanträgen bzw. Haftanträgen für bereits aus anderem Grund inhaftierte Ausländer relevant werden. Zwar sind gem. § 3 Abs. 1 S. 2 FamFG die Be-

---

821 *Giers* in Keidel FamFG § 50 Rn. 11.
822 BGH Beschl. v. 2.3.2017 – V ZB 122/15 – InfAuslR 2017, 293 – juris-Rn. 13.
823 BGH Beschl. v. 2.3.2017 – V ZB 122/15 – InfAuslR 2017, 293 – juris-Rn. 13.
824 OLG Düsseldorf Beschl. v. 3.12.2015 – I-3 Sa 6/15 – FGPrax 2016, 94 – juris-Rn. 8.
825 BVerfG Beschl. v. 5.3.2009 – 2 BvR 1615/06 – BVerfGK 15, 180 – juris-Rn. 15.
826 BGH Beschl. v. 6.4.2017 – V ZB 59/16 – InfAuslR 2017, 292 – juris-Rn. 5; Beschl. v. 2.3.2017 – V ZB 122/15 – InfAuslR 2017, 293 – juris-Rn. 11.
827 OLG Düsseldorf Beschl. v. 3.12.2015 – I-3 Sa 6/15 – FGPrax 2016, 94 – juris-Rn. 8; OLG Hamm Beschl. v. 5.7.2012 – I-15 SA 4/12 – InfAuslR 2012, 422 – juris-Rn. 7.
828 BGH Beschl. v. 2.3.2017 – V ZB 122/15 – InfAuslR 2017, 293 – juris-Rn. 13.
829 OLG Düsseldorf Beschl. v. 3.12.2015 – I-3 Sa 6/15 – FGPrax 2016, 94 – juris-Rn. 9; OLG Köln Beschl. v. 11.6.2010 – 16 AR 3/10 – FGPrax 2010, 318 – juris-Rn. 9; aA OLG Hamm Beschl. v. 5.7.2012 – I-15 SA 4/12 – InfAuslR 2012, 422 – juris-Rn. 10.

teiligten vorher anzuhören, in Verfahren auf Erlass einer einstweiligen Anordnung genügt aber die Anhörung des Antragstellers,[830] zumal, wenn sonst der Erfolg der Maßnahme vereitelt würde.[831]

Anschließend ist die **Zulässigkeit** (→ Rn. 284 ff.) zu beurteilen. Mangelt es dem Antrag hieran, ist zu prüfen, ob der Antragsteller für das Gericht **erreichbar** ist. Ist er es, wird er mittels *richterlichen Hinweises* (→ Rn. 356) auf die Mängel hingewiesen und ihm Gelegenheit zur Nachbesserung eingeräumt. Bei Haftanträgen im Eildienst kann die dafür gewährte Zeit kurz sein (zB binnen ein bis zwei Stunden per Fax, mündlich im Termin), denn soweit sich der Ausländer im Gewahrsam befindet, muss eine Entscheidung unverzüglich erfolgen.   373

Ist der Antragsteller **unerreichbar** oder bessert nicht hinreichend nach, ist weiter zu prüfen, ob (auch) der Erlass einer *einstweiligen Anordnung* (§ 427 FamFG) beantragt wurde; in dem Fall können bestimmte Mängel zunächst unbeachtlich sein (→ Rn. 443 f.). Auch ist zu differenzieren, ob zu erwarten steht, dass sich Mängel durch Amtsermittlung des Gerichtes im Wege der persönlichen Anhörung des Ausländers (§ 420 FamFG) beheben lassen. Dies ist freilich bei Zulässigkeitsmängeln wegen fehlender Begründung zB der zeitgemäßen Durchführbarkeit der Abschiebung (→ Rn. 328 ff.) regelmäßig nicht der Fall.   374

Ist der Antrag unzulässig und sind die Mängel nicht behebbar, erfolgt die Ablehnung im Eildienst durch **Beschluss** im **Dezernatswege**. Der Beschluss ist der **Behörde** gegen EB **zuzustellen** (§ 41 Abs. 1 S. 2 FamFG). Eine vorige Anhörung des Ausländers ist nicht erforderlich. Außerhalb des Eildienstes kann genauso verfahren werden, soweit keine fristgemäße Nachbesserung erfolgt. Im Falle eines **zulässigen Antrages** bzw. nach erfolgter Nachbesserung oder bei Erfolgsaussicht einer Mängelbehebung durch Anhörung ist Termin zur Anhörung zu bestimmen.   375

III. Anhörungstermin

Die **Anhörung** des Ausländers ist gem. § 420 FamFG vor einer Entscheidung zwingend vorgesehen. Dies betrifft nicht nur die **Hauptsache**, sondern auch das Verfahren über eine **einstweilige Anordnung**. Denn auch in letzterem Fall kann nur bei Gefahr im Verzug von einer Anhörung abgesehen werden (§ 427 Abs. 2 FamFG). Das erfasst keine bloße Verfahrenserleichterung,[832] sondern es müsste bei Abwarten konkret der Erfolg der Anordnung vereitelt werden.[833]   376

Das ist bei einem **Vorab-Haftantrag** für eine *geplante* Festnahme denkbar. Denn diese bedarf richterlicher Anordnung.[834] Steht also in diesem Fall zu erwarten, dass ein Ausländer bei einer Ladung zum Anhörungstermin untertauchen würde, kann Gefahr im Verzug vorliegen; dies ist die Ausnahme und wäre anhand der Kriterien des § 62   377

---

830   OLG Brandenburg Beschl. v. 11.2.2019 – 9 AR 2/19 (SA F) – juris-Rn. 9.
831   *Sternal* in Keidel FamFG § 3 Rn. 46.
832   *Schmidt-Räntsch* NVwZ 2014, 110 (118).
833   *Göbel* in Keidel FamFG § 427 Rn. 11.
834   BVerfG Beschl. v. 25.9.2009 – 2 BvR 1195/08 – NJW 2010, 670 – juris-Rn. 17.

Abs. 5 S. 1 Nr. 3 AufenthG[835] eingehend zu begründen.[836] Die Anordnung wäre zudem entsprechend zu befristen[837] und die Anhörung nach der Verhaftung unverzüglich nachzuholen.[838]

378 Im Falle eines **untergetauchten** Ausländers ist hingegen für eine (insofern nicht geplante, sondern bloß) *erwartete* Festnahme kein voriger Haftbeschluss erforderlich; hier kann die Behörde den Ausländer zunächst gem. § 62 Abs. 5 AufenthG selbst festnehmen und im Anschluss dem Haftrichter vorführen.[839] Einem entsprechenden Antrag würde es daher am Rechtsschutzbedürfnis mangeln, zumal Haftanordnungen gerade *keine Haftbefehle* sind.[840]

379 Auf das Recht der persönlichen **Anhörung** kann ein Ausländer **nicht verzichten**[841] und sie kann auch nicht durch *audiovisuelle Übertragung* (zB Videokonferenz) ersetzt werden.[842] Ein **Absehen** von der Anhörung kommt – mit der Folge, dass dann grds. gem. § 419 Abs. 1 S. 2 FamFG ein *Verfahrenspfleger* zu bestellen ist (→ Rn. 390 ff.) – nur in Betracht, wenn

- die **Vernehmungsfähigkeit** des Ausländers **temporär** fehlt, denn dann liegt Gefahr im Verzug für eine (bis zur vrsl. Wiederherstellung der Vernehmungsfähigkeit befristete) einstweilige Anordnung (§ 427 FamFG) vor:[843] bei **dauerhafter** Vernehmungsunfähigkeit wäre hingegen grds. der **Verfahrenspfleger** zu bestellen (§ 419 FamFG) und bis dahin befristet wg. Gefahr im Verzug eine einstweilige Anordnung zu erlassen,

- ein **ärztliches Gutachten** für diesen Fall **erhebliche Gefahren** für die Gesundheit des Ausländers erwarten lässt (§ 420 Abs. 2 Var. 1 FamFG),

- der Ausländer unter einer **übertragbaren Krankheit** isd **InfSchG** leidet (§ 420 Abs. 2 Var. 2 FamFG); auch dies muss durch ein **ärztliches Gutachten** festgestellt sein[844] und es darf keine anderweitige Möglichkeit (zB durch mit Glas abgetrennte Anhörungszellen) geben, den Richter und die übrigen Beteiligten vor einer Infektion zu schützen.[845]

1. Zeitvorgabe für Antrag, Anhörung und Entscheidung

380 Nach der erstmaligen behördlichen Festnahme müssen die Antragstellung, Anhörung und Entscheidung **unverzüglich** geschehen (Art. 104 Abs. 2 S. 2 GG). Dieses Erfordernis ist für den behördlichen *Antrag* in den §§ 2 Abs. 14 S. 4, 62 Abs. 5 S. 2, 62 b Abf. 4 S. 2 AufenthG geregelt und wird für das *Gericht* in § 428 Abs. 1 S. 2 FamFG spezifiziert: Ist danach die Freiheitsentziehung nicht **spätestens am Ende des Folgetages** der Festnahme **angeordnet**, so ist der Ausländer **freizulassen**.

835 *Göbel* in Keidel FamFG § 427 Rn. 13.
836 KG Berlin Beschl. v. 18.11.2008 – 1 W 275/08 – InfAuslR 2009, 79 – juris-Rn. 6.
837 BGH Beschl. v. 1.4.2011 – V ZB 26/11 – juris-Rn. 13.
838 BVerfG Beschl. v. 7.5.2009 – 2 BvR 475/09 – BVerfGK 15, 432 – juris-Rn. 16.
839 BVerfG Beschl. v. 7.5.2009 – 2 BvR 475/09 – BVerfGK 15, 432 – juris-Rn. 19.
840 *Schmidt-Räntsch* NVwZ 2014, 110 (118).
841 BGH Beschl. v. 30.10.2013 – V ZB 216/12 – juris-Rn. 12.
842 LG Augsburg Beschl. v. 28.11.2011 – 52 T 3723/11 – InfAuslR 2012, 133 – juris-Rn. 4 f.
843 VGH Mannheim Beschl. v. 10.1.2012 – 1 S 2963/11 – NVwZ-RR 2012, 346 – juris-Rn. 8.
844 *Günter* in BeckOK FamFG § 420 Rn. 14.
845 BGH Beschl. v. 22.6.2017 – V ZB 146/16 – NJW-RR 2017, 1090 – juris-Rn. 10.

Entscheidungen über dieses Erfordernis durch den BGH gibt es nicht, weil die 381
Rechtsbeschwerde insofern nicht statthaft ist.[846] **Verzögerungen** sind aber nur aus
sachlichen Gründen zulässig, zB solche, die durch Wegezeit und Transportaufwand,
Registrierung und Protokollierung oder renitentes Verhalten bedingt sind.[847] Hierfür
generell nur zwei bis drei Stunden anzusetzen,[848] ist aber verfehlt.

Vielmehr wird die Abfassung eines **zulässigen Antrages**, der den vielfältigen Anforde- 382
rungen genügt (→ Rn. 305 ff.) **regelmäßig mehrere Stunden** in Anspruch nehmen; insbesondere, wenn verschiedene Behörden beteiligt[849] und (nicht aussichtslose) Ermittlungen[850] nötig sind. Kann der Haftantrag am Festnahmetag nicht mehr hinreichend
vorbereitet werden, ist dies in der Verwaltungsakte zu dokumentieren und er ist unverzüglich am **Folgetag** zu stellen.[851] Aus einer etwaigen Verletzung der behördlichen
Pflicht zur unverzüglichen Vorführung folgt auch kein Verbot, gerichtliche Haft bzw.
Gewahrsam anzuordnen.

Ist der Antrag bei **Gericht** eingegangen, müssen Prüfung, ggf. Terminsanberaumung 383
und Ladung der Beteiligten sodann unverzüglich stattfinden; auf eine Entscheidung
zu einer bestimmten Uhrzeit am jeweiligen Tag besteht jedoch kein Anspruch.[852] Zur
Tageszeit muss ein richterlicher **Bereitschaftsdienst** erreichbar sein,[853] besteht dieser
nachts nicht, ist eine Entscheidung nicht möglich; ist zB ein abendlicher Bereitschaftsdienst nur für Entscheidungen bis 24.00 Uhr zuständig, kann der Antrag bis dahin
aber nicht entschieden werden, ist dies zu dokumentieren und die Sache im regulären
Dienst am Folgetag zu entscheiden.

Die **zeitliche Grenze** des § 428 Abs. 1 S. 2 FamFG (→ Rn. 380) muss aber beachtet 384
werden. Aufgrund des eindeutigen Wortlautes der Norm kommt ein *Terminbeginn*
gegen Ende des Folgetages und *Unterbrechung* nebst Fortsetzung am nächsten Tag
zur Fristwahrung nicht in Betracht; stattdessen muss notfalls eine (ggf. auch nur spär-
lich begründete) **einstweilige Anordnung** (§ 427 FamFG) die Haft bis zum Zeitpunkt
zur regulären Entscheidung sichern. Ist eine einstweilige Entscheidung nicht beantragt, muss freigelassen werden, wenn die Voraussetzungen für die Hauptsache noch
nicht feststellbar sind bzw. die Zeit hierfür nicht reicht.

2. Beteiligte an Verfahren und Anhörung

Am Verfahren und damit auch an der Anhörung sind zwingend der **Ausländer** sowie 385
die **antragstellende Behörde** zu beteiligen (§ 418 Abs. 1 FamFG). *Weitere Personen*
können ggf. beteiligt werden. In das *Rubrum* der Endentscheidung in der Sache sind
alle Beteiligten aufzunehmen (§ 38 Abs. 2 Nr. 1 FamFG).

---

846 BGH Beschl. v. 9.3.2017 – V ZB 119/16 – InfAuslR 2017, 286 – juris-Rn. 5.
847 BVerfG Beschl. v. 15.5.2002 – 2 BvR 2292/00 – BVerfGE 105, 239 – juris-Rn. 26.
848 *Winkelmann* in Bergmann/Dienelt AufenthG § 62 Rn. 184.
849 Vgl. AG Köln Beschl. v. 2.5.2013 – 507 b XIV 36/13 B – juris-Rn. 7.
850 BVerfG Beschl. v. 19.1.2007 – 2 BvR 1206/04 – NVwZ 2007, 1044 – juris-Rn. 23.
851 Vgl. OLG Celle Beschl. v. 22.12.2004 – 16 W 155/04 – InfAuslR 2005, 111 – juris-Rn. 2.
852 OLG Rostock Beschl. v. 30.8.2007 – 3 W 107/07 – OLGR 2008, 115 – juris-Rn. 47.
853 BVerfG Beschl. v. 15.5.2002 – 2 BvR 2292/00 – BVerfGE 105, 239 – juris-Rn. 24.

a) Fakultative Beteiligte

386 Weitere Beteiligte können **Familienangehörige** (§ 418 Abs. 3 Nr. 1 FamFG) und eine **Vertrauensperson** (§ 418 Abs. 3 Nr. 2 FamFG) sein. Ihre Beteiligung ist aber ausschließlich im *Interesse des Ausländers*, nicht gegen sein Interesse oder im Interesse ausschließlich der weiteren Beteiligten vorgesehen.[854]

387 Wenn der Ausländer diese weiteren Beteiligten **benennt** oder sie **von Amts wegen** bekannt werden, kann die Beteiligung formlos geschehen. Eines Beschlusses bedarf es nicht, die Ladung unter Bekanntgabe des Ladungszwecks (zB „in pp. sollen Sie am Verfahren beteiligt und angehört werden") genügt.[855] Ein Beschluss ist nur erforderlich, wenn die Beteiligung ausdrücklich **beantragt** wurde und *abgelehnt* werden soll (§ 7 Abs. 5 S. 1 FamFG). Diese Entscheidung ist mit sofortiger Beschwerde analog §§ 567 ff. ZPO anfechtbar (§ 7 Abs. 5 S. 2 FamFG); wird eine solche eingelegt, wird bis zu ihrer Erledigung nur eine vorläufige Entscheidung in der Sache (§ 427 FamFG) zu treffen sein. Eine fehlerhaft unterbliebene Beteiligung kann noch im Beschwerdeverfahren geheilt werden.[856]

388 Die Frage, **ob beteiligt** wird, entscheidet das Haftgericht nach seinem **Ermessen**.[857] Berücksichtigt man die schwierige Lage, in der sich der Ausländer befindet, bietet sich eine großzügige Handhabung an.[858] Gerade in Fällen, in denen eine Lebensgemeinschaft besteht und ein Partner ohnehin als Zeuge gehört werden kann (→ Rn. 167), kann eine Beteiligung sinnvoll sein.

389 Wer beteiligt ist, muss angehört werden.[859] Er kann auch selbstständig **Anträge** stellen bzw. **Rechtsmittel** einlegen; Anträge von *Vertrauenspersonen* sind aber nur zulässig, soweit sie im objektiven Interesse des Ausländers liegen.[860]

b) Verfahrenspfleger

390 Der Verfahrenspfleger ist gem. § 419 FamFG eine Person, welche die ordnungsgemäße **Berücksichtigung** der **Interessen des Ausländers** im Verfahren sicherstellen soll. Seine Bestellung ist in Unterbringungs- und Betreuungssachen üblich, weil die dortigen Betroffenen aus Krankheitsgründen regelmäßig zur eigenständigen Wahrnehmung ihrer Rechte nicht hinreichend in der Lage sind. Das ist bei Freiheitsentziehungen nach Ausländerrecht anders; hier ist der Ausländer (soweit vernehmungsfähig → Rn. 379) regelmäßig selbst in der Lage, im Verfahren aufzutreten.[861]

391 Für die Bestellung eines Verfahrenspflegers müssen mithin **krankhafte Störungen** seiner Fähigkeit zur eigenverantwortlichen Interessenwahrnehmung bestehen; bloße *Sprachschwierigkeiten* oder eine *Komplexität* der *Sach- und Rechtslage* genügen nicht.[862] Grds. ist die Bestellung auch bei Vorliegen ihrer Voraussetzungen nicht erforderlich, wenn der Ausländer *anwaltlich vertreten* ist; sie soll in diesem Fall aufge-

---

854 *Günter* in BeckOK FamFG § 274 Rn. 13.
855 *Sternal* in Keidel FamFG § 7 Rn. 39.
856 BGH Beschl. v. 21.10.2010 – V ZB 56/10 – juris-Rn. 7.
857 BGH Beschl. v. 17.6.2010 – V ZB 127/10 – NVwZ 2010, 1318 – juris-Rn. 17.
858 *Schmidt-Räntsch* NVwZ 2014, 110 (118).
859 *Sternal* in Keidel FamFG § 7 Rn. 50.
860 BGH Beschl. v. 26.6.2014 – V ZB 5/14 – NVwZ 2014, 1328 – juris-Rn. 8.
861 BGH Beschl. v. 26.9.2013 – V ZB 212/12 – juris-Rn. 9.
862 BGH Beschl. v. 26.9.2013 – V ZB 212/12 – juris-Rn. 10.

hoben werden (§ 418 Abs. 2 FamFG). Bestellung und Aufhebung werden durch unanfechtbaren (§ 419 Abs. 4 FamFG) **Beschluss** vorgenommen.

Regelmäßig sollte als **Person des Verfahrenspflegers** ein Rechtsanwalt[863] oder (Be- 392
rufs-)Betreuer ausgewählt werden. Dieser wird durch eine Bestellung Beteiligter
(§ 418 Abs. 2 FamFG) mit eigenen Verfahrensrechten, nicht aber Verfahrensbevollmächtigter. Er wird gem. § 277 FamFG gesondert vergütet.

c) Verfahrensbevollmächtigte

Der Ausländer hat als Ausgestaltung des Erfordernisses eines fairen Verfahrens jeder- 393
zeit das Recht, sich von einem **Rechtsanwalt vertreten** zu lassen (§ 10 Abs. 2 S. 1
FamFG) und ihn zur **Anhörung beizuziehen**.[864] Dabei kann sowohl ein bereits *bestellter* Rechtsanwalt als auch ein *Nachsuchen* des Ausländers um rechtsanwaltlichen
Beistand im Termin von Bedeutung sein.

Dieses Recht ist disponibel. Er kann es daher zB auch durch **telefonische Rückspra-** 394
che während des Termins ausgeübt werden. Die Erklärung des Ausländers, danach
nicht mehr auf physischer Teilnahme des Rechtsanwaltes am Termin zu bestehen,
muss protokolliert werden.[865]

aa) Bestellter Rechtsanwalt

Ein Rechtsanwalt ist zu berücksichtigen, wenn er für das Verfahren bestellt ist. Dies 395
setzt **Mitteilung an das Gericht** voraus, die durch den Rechtsanwalt oder den Ausländer erfolgen kann.[866] Sie ist sowohl ausdrücklich als auch konkludent (zB durch
Schriftsatzeinreichung) möglich.[867]

(1) Verfahrensbezogene Bestellung

Beachtlich ist nur eine Bestellung in dem **konkreten** (zB Haftantrags- oder Haftver- 396
längerungs-)Verfahren, nicht in früheren haft- oder ausländerrechtlichen Verfahren.[868] Eine *Durchsicht der Ausländerakte* nach dort vorhandenen Verfahrensbevollmächtigten muss daher nicht erfolgen, zumal diese regelmäßig nicht das aktuelle Verfahren betreffen und zudem die Vertretung des Ausländers keine von Amts wegen
aufzuklärende Verfahrensvoraussetzung ist.[869]

Allerdings gebietet das Recht auf ein faires Verfahren, dass das Gericht die anwaltli- 397
che Vertretung des Ausländers nicht vereitelt.[870] Daher ist relevant, ob sich die Anzei-
chen für einen Vertretungswunsch bzw. die Existenz einer nicht angezeigten anwaltlichen Vertretung durch die Ermittlungen des Gerichts oder andere Umstände soweit
verdichtet haben, dass sich der Vertretungswunsch geradezu aufdrängt. Ist dem
Amtsgericht ein **Prozessvertreter** aus **früheren Haftverfahren** positiv bekannt, soll der
Ausländer daher gefragt werden müssen, ob er von diesem wieder vertreten werden

---

863 *Göbel* in Keidel FamFG § 419 Rn. 8.
864 StRspr BGH Beschl. v. 13.7.2017 – V ZB 89/16 – juris-Rn. 5; Beschl. v. 10.7.2014 – V ZB 32/14 – NVwZ-
RR 2014, 864 – juris-Rn. 8.
865 Vgl. BGH Beschl. v. 20.5.2016 – V ZB 140/15 – NVwZ 2016, 1430 – juris-Rn. 7.
866 BGH Beschl. v. 1.12.2011 – V ZB 73/11 – NVwZ 2012, 319 – juris-Rn. 10.
867 BGH Beschl. v. 3.5.2018 – V ZB 230/17 – Asylmagazin 2018, 387 – juris-Rn. 6.
868 BGH Beschl. v. 3.5.2018 – V ZB 230/17 – Asylmagazin 2018, 387 – juris-Rn. 7.
869 Vgl. *Sternal* in Keidel FamFG § 26 Rn. 53.
870 BGH Beschl. v. 6.4.2017 – V ZB 59/16 – InfAuslR 2017, 292 – juris-Rn. 7 f.

möchte.[871] Auch kann es sich *praktisch* anbieten, einen aus der Ausländerakte ersichtlichen Prozessvertreter zu informieren,[872] um einer Unterbrechung des Anhörungstermins zwecks Anreise zuvorzukommen.

(2) Teilnahme am Termin

398   Erlangt das Haftgericht von einem bestellten Verfahrensbevollmächtigten **Kenntnis**, *muss* es diesem die **Teilnahme am Anhörungstermin** ermöglichen.[873] Die Kenntnis muss allerdings *positiv* sein, woran es zB mangelt, wenn ein angerufener Rechtsanwalt Mandatsniederlegung erklärt und (noch) kein konkreter neuer Verfahrensbevollmächtigter bekannt ist.[874] Im Wege der Amtsermittlung ist Anhaltspunkten, zB durch Nachfrage ggü. den Beteiligten, nachzugehen.[875]

399   Wie im allgemeinen Zivilprozess ist gem. § 32 Abs. 1 S. 2 FamFG, § 227 ZPO Anträgen auf **Terminsverlegung** bei *erheblichen Gründen* grds. im Rahmen des richterlichen Ermessens zu entsprechen. Wird ein Verlegungsantrag (durch kurz begründeten, unanfechtbaren Beschluss, § 227 Abs. 4 ZPO) *rechtswidrig abgelehnt*, verletzt dies den Grundsatz rechtlichen Gehörs (Art. 103 Abs. 1 GG) und führt zur Rechtswidrigkeit der Haftanordnung.[876] Die Ablehnung muss unverzüglich mitgeteilt werden, damit der Verfahrensbevollmächtigte ggf. noch einen Vertreter schicken kann.[877]

400   Ein **Verlegungsantrag** muss gestellt werden; auf die reine *Mitteilung* einer Verhinderung hin muss das Haftgericht nicht tätig werden.[878] Erscheint ein **ordnungsgemäß geladener Verfahrensbevollmächtigter** nach einer solchen Mitteilung oder ohne Mitteilung schlicht nicht zum Termin, kann daher ohne Weiteres (auch in der Hauptsache, vgl. im Übrigen → Rn. 402) entschieden werden.[879] Wird bei Bestehen eines erheblichen Grundes Verlegung beantragt, muss sie erfolgen, auch wenn mit der vorigen Anberaumung eines Termins nebst Beschaffung von Dolmetscher und Ladung des Antragstellers erheblicher Organisationsaufwand fruchtlos wird.[880]

401   **Erhebliche Gründe** für eine Verlegung sind insbesondere gegeben, wenn **kurzfristige** (nicht aber längerfristige, dann ist für Ersatz zu sorgen[881]) **erhebliche** (nicht zB einfache Erkältung[882]) **Erkrankungen** bestehen. Insbesondere im *Eildienst* kommt eine kurzfristige Verlegung

■ in Betracht, wenn ein bestellter Rechtsanwalt mitteilt, dass er das **Gericht mit keinem Verkehrsmittel** zur beabsichtigten **Terminsstunde** um 13.00 Uhr **erreichen**

---

871   BGH Beschl. v. 22.8.2019 – V ZB 39/19 – juris-Rn. 7.
872   *Schmidt-Räntsch* NVwZ 2014, 110 (118).
873   StRspr BGH Beschl. v. 6.12.2018 – V ZB 79/18 – InfAuslR 2019, 153 – juris-Rn. 5; Beschl. v. 11.10.2017 – V ZB 167/16 – Asylmagazin 2018, 57 – juris Rn. 7.
874   BGH Beschl. v. 6.4.2017 – V ZB 59/16 – InfAuslR 2017, 292 – juris-Rn. 8.
875   BGH Beschl. v. 25.10.2018 – V ZB 69/18 – InfAuslR 2019, 152 – juris-Rn. 5.
876   BGH Beschl. v. 11.10.2017 – V ZB 167/16 – Asylmagazin 2018, 57 – juris-Rn. 7.
877   *Schmidt-Räntsch*, Vortrag „Abschiebungshaft", JAK NRW 24.9.2019.
878   BGH Beschl. v. 25.2.2010 – V ZA 2/10 – juris-Rn. 10.
879   *Schmidt-Räntsch* NVwZ 2014, 110 (118).
880   BGH Beschl. v. 6.12.2018 – V ZB 79/18 – InfAuslR 2019, 153 – juris-Rn. 7.
881   *Stadler* in Musielak/Voit ZPO § 227 Rn. 5.
882   BGH Urt. v. 25.11.2008 – VI ZR 317/07 – NJW 2009, 687 – juris-Rn. 12.

kann, sondern erst zu 15.15 Uhr[883] oder am Nachmittag überhaupt nicht mehr.[884]

- eher **nicht** in Betracht bei **bloßer Terminskollision**, wenn diese nicht durch kurze Verlegung am selben Tag behebbar ist. Denn zwar greift grds. nach dem Prioritätsprinzip der Vorrang des früher anberaumten Termins,[885] allerdings unter dem Vorbehalt höherer **Eilig- und Wichtigkeit**,[886] die in Haftsachen regelmäßig gegenüber normalen Zivil- oder Verwaltungssachen hoch ist.[887] Ggf. kann zur Auflösung der Kollision für eines der Verfahren auch ein bisher nicht mandatierter **Sozius** beauftragt werden.[888]
- eher **nicht** in Betracht bei **kurzfristiger Mandatierung**, wenn der neue Rechtsanwalt den Termin nicht wahrnehmen kann; grds. ist es einem Ausländer zuzumuten, einen Rechtsanwalt zu beauftragen, der auch zum Termin erscheinen kann.[889] Dies gilt freilich nicht, wenn der Rechtsanwalt über den Anwaltsnotdienst kontaktiert wurde oder ein längeres Mandatsverhältnis bestand. Ggf. muss das Verfahren dann durch einstweilige Entscheidung bis zu einer Anhörung mit dem Prozessbevollmächtigten gesichert werden (→ Rn. 402).

Auch im **Eildienst** muss durch das Gericht versucht werden, einen bestellten oder vom Ausländer gewünschten Verfahrensbevollmächtigten zu erreichen.[890] Ist er **nicht** erreichbar, ist zu differenzieren: Erklärt sich der Ausländer gleichwohl damit **einverstanden**, sich zur Sache zu äußern, ist dies zu protokollieren. Es kann sodann (auch) in der Hauptsache entschieden werden.[891] Andernfalls ist nur eine **einstweilige Anordnung** zulässig, die bis zum voraussichtlichen Nachholungstermin der Anhörung mit dem Verfahrensbevollmächtigten zu befristen ist.[892] So ist auch zu verfahren, wenn eine **kurzfristige Verlegung** des Termins bis zur Anreise des Rechtsanwaltes (→ Rn. 401) **nicht möglich** ist.[893] 402

bb) Nachsuchen um Rechtsanwalt

Wünscht der Ausländer während des Termins Kontakt zu einem Rechtsanwalt, so ist ihm dies zu ermöglichen. Praktisch kann dies durch Mitteilung der Rufnummer des **telefonischen Anwaltsnotdienstes**[894] oder einer **Liste mit Telefonnummern** von Rechtsanwälten nebst Zurverfügungstellung eines Telefons während der Terminsunterbrechung geschehen,[895] oder auch durch Kontaktermöglichung mit einem bei der Gerichtsstelle anwesenden Rechtsanwalt. 403

---

883 BGH Beschl. v. 10.7.2014 – V ZB 32/14 – NVwZ-RR 2014, 864 – juris-Rn. 8.
884 BGH Beschl. v. 11.10.2017 – V ZB 167/16 – Asylmagazin 2018, 57 – juris-Rn. 8.
885 *Stadler* in Musielak/Voit ZPO § 227 Rn. 5.
886 *Jaspersen* in BeckOK ZPO § 227 Rn. 12.10.
887 Vgl. OVG Münster Beschl. v. 10.1.2018 – 5 A 2129/16.A – juris-Rn. 11, freilich für den Fall gesetzlichen Vorrangs gem. § 155 FamFG.
888 Vgl. OVG Greifswald Beschl. v. 6.3.2007 – 1 L 469/04 – juris-Rn. 20.
889 Vgl. OLG Frankfurt Beschl. v. 20.2.2014 – 3 Ws 172/14 – NStZ-RR 2014, 250 – jurisRn. 4.
890 OLG Schleswig-Holstein Beschl. v. 9.3.2007 – 2 W 54/07 – juris-Rn. 4.
891 BGH Beschl. v. 31.1.2012 – V ZB 117/11 – juris-Rn. 4.
892 BGH Beschl. v. 3.7.2018 – V ZB 96/18 – juris-Rn. 3.
893 Vgl. BGH Beschl. v. 22.8.2019 – V ZB 39/19 – juris-Rn. 7.
894 LG Flensburg Beschl. v. 13.2.2013 – 5 T 36/13 – juris-Rn. 21 f.
895 BGH Beschl. v. 20.5.2016 – V ZB 140/15 – NVwZ 2016, 1430 – juris-Rn. 6; vgl. BVerfG Beschl. v. 2.7.2018 – 2 BvR 1250/18 – juris-Tenor Abs. 2.

404 Verzichtet der Ausländer nach dem Telefonat auf eine **Teilnahme** eines Rechtsanwaltes, ist das zu protokollieren; sodann kann der Termin fortgesetzt und (auch) in der Hauptsache entschieden werden.[896] Andernfalls ist zu unterbrechen, um dem gewünschten Rechtsanwalt die Anreise am Termin zu ermöglichen; ist dies im Rahmen des Eildienstes nicht zeitnah möglich, muss im Wege **einstweiliger Anordnung** (§ 427 FamFG) entschieden und sodann unter Ladung des Rechtsanwaltes ein späterer Termin zur Anhörung für die Entscheidung in der Hauptsache anberaumt werden (→ Rn. 402).

cc) Verfahrenskostenhilfe und Beiordnung

405 Auf Antrag des Ausländers kann ihm **Verfahrenskostenhilfe (VKH)** (§ 76 FamFG, entspricht der *Prozesskostenhilfe [PKH]* gem. §§ 114 ff. ZPO) bewilligt werden, ggf. unter *Beiordnung* eines Rechtsanwaltes. Dies soll es Ausländern ermöglichen, ihre Rechtsverteidigung ohne Berücksichtigung der wirtschaftlichen Leistungsfähigkeit zu betreiben. Diese Möglichkeit steht allerdings nur dem **Ausländer** offen, nicht *Vertrauenspersonen* oder *Angehörigen.*[897]

(1) Antrag auf Verfahrenskostenhilfe

406 Verfahrenskostenhilfe wird gem. § 76 Abs. 1 FamFG iVm § 117 ZPO nur auf **Antrag** gewährt. Ob und mit welchem Inhalt ein Antrag vorliegt, muss durch **Auslegung** der Prozesserklärungen des Ausländers oder seines Verfahrensbevollmächtigten ermittelt werden; die Bezeichnung als „Prozesskostenhilfe" schadet nicht,[898] auch ein Antrag auf die „Zuweisung eines Pflichtverteidigers" ist entsprechend zu verstehen.[899]

407 Der Antrag kann auch **konkludent** gestellt werden, zB durch Angabe des Ausländers, er wünsche einen Anwalt;[900] das soll jedenfalls bei *fehlenden Anhaltspunkten* für wirtschaftliche Leistungsfähigkeit der Fall sein.[901] Daran ist so viel richtig, als es für die Frage, ob ein Prozessantrag vorliegt, auf eine Auslegung im Gesamtkontext ankommt.[902] Dass der BGH aber fehlende Anhaltspunkte für Leistungsfähigkeit als Kriterium in diese Auslegung einbezieht, geht zu weit; umgekehrt zB ein Begehren um Beiordnung bei Anhaltspunkten für *bestehende Leistungsfähigkeit* nicht als Antrag auszulegen, wäre ersichtlich falsch. Richtigerweise kommt es immer auf die Prozesssituation an, so dass ein Wunsch nach einem Anwalt regelmäßig die gerichtliche **Nachfrage**, ob dies als bloßer (zu gewährender → Rn. 403) Kontaktwunsch oder als ein Antrag auf VKH (mit anschließender **Protokollierung** eines ggf. dann gestellten Antrages) gemeint sei, auslösen sollte.

(2) Antragsprüfung

408 Wird ein Antrag gestellt, muss das Gericht **dreierlei prüfen**: Erstens die *Bedürftigkeit* des Ausländers, dh seine fehlende wirtschaftliche Leistungsfähigkeit (§ 76 Abs. 1 FamFG iVm §§ 114 Abs. 1 S. 1, 115 ZPO). Zweitens die *Erfolgsaussicht* der Rechts-

---

896 BGH Beschl. v. 20.5.2016 – V ZB 140/15 – NVwZ 2016, 1430 – juris-Rn. 7.
897 BGH Beschl. v. 22.10.2014 – XII ZB 125/14 – NJW 2015, 234 – juris-Rn. 12.
898 *Weber* in Keidel FamFG § 76 Rn. 10.
899 BGH Beschl. v. 21.1.2016 – V ZB 183/15 – juris-Tenor Abs. 1.
900 BGH Beschl. v. 16.11.2017 – V ZB 78/17 – juris-Rn. 4.
901 BGH Beschl. v. 20.5.2016 – V ZB 140/15 – NVwZ 2016, 1430 – juris-Rn. 5.
902 *Greger* in Zöller ZPO Vorbemerkungen zu §§ 128-252 Rn. 25 mwN.

verteidigung bei fehlender Mutwilligkeit (§ 76 Abs. 1 FamFG iVm § 114 Abs. 1 S. 1 ZPO) und drittens die Erforderlichkeit der *Beiordnung* eines Rechtsanwaltes; denn grds. wird VKH lediglich für die Verfahrenskosten selbst bewilligt (§ 78 Abs. 2 FamFG).

Die Prüfung der **Bedürftigkeit** erfolgt auf Grundlage des gem. § 76 Abs. 1 FamFG iVm § 117 Abs. 4 ZPO zwingend zu verwendenden (**PKH-)Formulars**, das dem Ausländer auszuhändigen ist. Er muss es *ausfüllen* und *unterschreiben* sowie die dort bezeichneten *Belege* beifügen. Fehlt es daran bis zum Abschluss der Instanz, ist der Antrag grds. nicht bewilligungsreif und damit abzulehnen;[903] auch ein erst nach Abschluss der Instanz gestellter Antrag ist ohne Weiteres abzulehnen.[904]   **409**

Antragsformular und Belege sind von der Sachakte getrennt zu führen ("**Sonderheft** **VKH**") und dürfen der Behörde nur mit Zustimmung des Ausländers zugänglich gemacht werden (§ 76 Abs. 1 FamFG iVm § 117 Abs. 2 S. 2 ZPO). Bei der **inhaltlichen Prüfung** ist zu beachten, dass   **410**

- dem Antrag grds. **Belege für Einkünfte**, Kontostände und Abzugsposten beizufügen sind (§ 76 Abs. 1 FamFG iVm § 117 Abs. 2 S. 1 ZPO); ohne diese ist der Antrag **nicht bewilligungsreif**. Sie müssen dabei grds. **bis zum Abschluss der Instanz** (ggf. nach Fristsetzung, § 76 Abs. 1 FamFG iVm § 118 Abs. 2 S. 4 ZPO) vorliegen, sonst ist der Antrag abzulehnen, da eine rückwirkende Bewilligung nach Abschluss des Verfahrens grds. nicht in Betracht kommt.

- im Falle **untergetauchter Ausländer ohne Einkommen** werden oftmals **keine Belege** existieren; es kommt statt dieser Glaubhaftmachung durch eidesstattliche Versicherung (§ 76 Abs. 1 FamFG iVm § 118 Abs. 2 S. 1 Var. 2 ZPO) in Betracht, die zu Protokoll erklärt werden kann. Dies ist, da Glaubhaftmachung im VKH-Verfahren jedenfalls Schlüssigkeit erfordert,[905] entbehrlich, wenn zB Obdachlosigkeit offensichtlich ist.

- im Falle der **überraschenden Verhaftung**, bei welcher der Ausländer im Eildienst **keinen Zugriff auf seine Belege** hat, ist zu beachten: Bei fehlendem Verschulden bzgl. der ausstehenden Belege ist dem Ausländer eine Notfrist zur Einreichung der Belege auch über den Zeitpunkt der verfahrensabschließenden Entscheidung hinaus zu gewähren.[906] Dies kann zB zusammen mit der Sachentscheidung ergehen ("Dem Betroffenen wird eine Notfrist bis zum … für die Einreichung der Belege über … für den VKH- und Beiordnungsantrag eingeräumt."). Verstreicht die Frist fruchtlos, ist der Antrag abzulehnen; werden die Belege nachgereicht, wird rückwirkend zum Zeitpunkt der (zunächst unvollständigen) Antragstellung bewilligt.[907]

- die **Berechnung der Bedürftigkeit** mithilfe von lokalen Hilfsmitteln (zB PKH-fix, herunterladbar unter www.pkh-fix.de) oder im Internet verfügbaren Rechnern

903 BGH Beschl. v. 14.10.2010 – V ZB 214/10 – NVwZ-RR 2011, 41 – juris-Rn. 4.
904 *Weber* in Keidel FamFG § 76 Rn. 50 mwN (str.).
905 OLG Brandenburg Beschl. v. 1.10.2007 – 9 WF 215/07 – FamRZ 2008, 703 -juris-Rn. 4; *Schultzky* in Zöller ZPO § 118 Rn. 21.
906 Vgl. BGH Beschl. v. 6.12.1984 – VII ZR 223/83 – NJW 1985, 921 – juris-Rn. 6 f.
907 OLG Frankfurt Beschl. v. 23.1.2014 – 4 WF 264/13 – NJW 2014, 2367 – juris-Rn. 10 f.; zG *Weber* in Keidel FamFG § 76 Rn. 50 mwN.

(zB www.pkh-rechner.de) erfolgen kann; als **Daumenregel** werden in den meisten Fällen der Abschiebungshaft Ausländer bedürftig sein. Insbesondere sind (nicht aufstockende) **Sozialleistungsempfänger** (zB SGB II, SGB XII, AsylbLG) regelmäßig bedürftig und erfüllen die Voraussetzungen für eine Bewilligung von VKH ohne Ratenzahlung;[908] zumal dann, wenn sich Leistungsbescheide in der Ausländerakte befinden und in dem PKH-Formular keine weiteren Einkünfte benannt werden. Dabei sollte das Gericht allerdings ein Ausfüllen des Formulars verlangen und die Angaben einer Schlüssigkeitsprüfung unterziehen, denn die schlüssige Darlegung ist Voraussetzung einer Glaubhaftmachung im VKH-Verfahren.[909]

411 Verfahrenskostenhilfe ist nur zu bewilligen, wenn die Rechtsverteidigung **Aussicht auf Erfolg** hat und nicht mutwillig ist. Das ist der Fall, wenn *zweifelhafte Rechtsfragen* zu klären sind oder sich in *tatsächlicher Hinsicht* schwierige und komplexe Fragen stellen;[910] auch das Unionsrecht gebietet keine Bewilligung unabhängig von der Erfolgsaussicht.[911] Die Erfolgsaussicht ist **objektiv zu bestimmen**, also unabhängig davon, ob das Haftgericht im Beschluss gegen den Ausländer zu entscheiden beabsichtigt.[912]

412 In Fällen der Abschiebungshaft kommt Erfolgsaussicht **beispielsweise** in Betracht, wenn

- **unklare, höchstrichterlich** noch **nicht geklärte Rechtsfragen** eine Rolle spielen,[913] zB bei zweifelhaften Vermutungs- oder Indiztatbeständen iRd Überstellungshaft (→ Rn. 226 f.) oder Fragen des Haftvollzugs in regulären Haftanstalten (→ Rn. 67 ff.),
- **Verfahrens-** oder **Antragsfehler** oder Verstöße gegen das **Übermaßverbot** in Betracht kommen,[914]
- **Beweiserhebungen** erforderlich sind, da diese iRd VKH nicht vorweggenommen werden dürfen, also zB bei gelebter Familien- oder Eltern-Kind-Beziehung (→ Rn. 167).

413 Ob Verfahrenskostenhilfe auch unter **Beiordnung eines Rechtsanwaltes** gewährt wird, bemisst sich gem. § 78 Abs. 2 FamFG danach, ob dies wegen der Schwierigkeit der Sach- und Rechtslage erforderlich ist. Maßstab ist, ob auch ein wirtschaftlich leistungsfähiger Betroffener vernünftigerweise rechtsanwaltliche Unterstützung in Anspruch genommen hätte.[915] Das ist auch bei **einfachem Sachverhalt** der Fall, jedenfalls wenn *Verfahrensfehler* oder Verstöße gegen das *Übermaßverbot* in Betracht kommen.[916]

---

908 OLG Karlsruhe Beschl. v. 22.8.2006 – 20 WF 106/06 – FamRZ 2007, 155 – juris-Rn. 6
909 OLG Brandenburg Beschl. v. 1.10.2007 – 9 WF 215/07 – FamRZ 2008, 703 – juris-Rn. 4; *Schultzky* in Zöller ZPO § 118 Rn. 21.
910 BGH Beschl. v. 20.5.2016 – V ZB 140/15 – NVwZ 2016, 1430 – juris-Rn. 15.
911 BGH Beschl. v. 20.5.2016 – V ZB 140/15 – NVwZ 2016, 1430 – juris-Rn. 17.
912 BGH Beschl. v. 20.5.2016 – V ZB 140/15 – NVwZ 2016, 1430 – juris-Rn. 17; Beschl. v. 8.5.2013 – XII ZB 624/12 – NJW 2013, 2198 – juris-Rn. 8.
913 BVerfG Beschl. v. 16.1.2013 – 1 BvR 2004/10 – NJW 2013, 1148 – juris-Rn. 18.
914 Vgl. BGH Beschl. v. 28.2.2013 – V ZB 138/12 – InfAuslR 2013, 287 – juris-Rn. 15.
915 BGH Beschl. v. 28.2.2013 – V ZB 138/12 – InfAuslR 2013, 287 – juris-Rn. 14.
916 BGH Beschl. v. 12.9.2013 – V ZB 121/12 – InfAuslR 2014, 6 – juris-Rn. 8.

Praktisch sollte eine Beiordnung der **Regelfall** sein.[917] Eine Haftanordnung ist ein so 414 erheblicher Grundrechtseingriff, dass sich ein leistungsfähiger Betroffener grundsätzlich rechtsanwaltlicher Hilfe bedienen würde. Auch inhaltlich stellt sich eine Vielzahl komplexer Rechtsfragen im materiellen Haftrecht und bei der Beurteilung der Zulässigkeit von Haftanträgen. Dabei muss das Haftgericht auch bedenken, dass im Falle rechtswidrig unterbliebener Beiordnung die Haftanordnung selbst bei ihrer inhaltlichen Richtigkeit und Bewilligung von Verfahrenskostenhilfe im Übrigen grundrechtsverletzend ist.[918]

(3) Entscheidung über den Antrag

Soweit der Antrag **bewilligungsreif** ist, ist Verfahrenskostenhilfe (*praktisch* grds. unter *Beiordnung* eines Rechtsanwaltes → Rn. 414) zu gewähren. Dies bezieht sich nur auf das **Verfahren, für das** sie **beantragt** wurde. Da die Verfahren auf Erlass einer *einstweiligen Anordnung* (§ 427 FamFG) und die *Hauptsache* getrennt zu beurteilen sind (§ 51 Abs. 3 S. 1 FamFG),[919] muss grds. auch getrennt bewilligt werden.[920] Praktisch wird aber ein Antrag in der Anhörung regelmäßig als ein solcher auf Bewilligung in *beiden* Antragsverfahren (soweit sie anhängig sind) zu verstehen und zu bescheiden sein.

Die **Bewilligung** und **Beiordnung** kann **zusammen mit der Sachentscheidung** ergehen, 416 als weiterer Tenorpunkt (zB: „Dem Betroffenen wird [im Verfahren auf Erlass einer einstweiligen Anordnung und in der Hauptsache jeweils] für die erste Instanz Verfahrenskostenhilfe unter Beiordnung von Rechtsanwalt … bewilligt."). Sie kann insofern als Nebenentscheidung formelhaft begründet werden (zB „Die Entscheidung über die Verfahrenskostenhilfe und Beiordnung folgt aus §§ 76 ff. FamFG iVm §§ 114 ff. ZPO."). Ergeht die stattgebende Entscheidung als separater Beschluss, bedarf sie keiner Begründung. Da § 48 Abs. 6 RVG in Sachen der Vergütung für rechtsanwaltliche Vertretungshandlungen eine Rückwirkung anordnet, muss der **Bewilligungszeitpunkt** praktisch nicht austenoriert werden.

Auch die **Ablehnung** kann **zusammen mit der Sachentscheidung** ergehen, als weiterer 417 Tenorpunkt (zB: „Zugleich wird der Antrag auf Bewilligung von Verfahrenskostenhilfe unter Beiordnung von … abgelehnt."). Auch insofern reicht regelmäßig eine knappe Begründung aus (zB: „Die beantragte Verfahrenskostenhilfe war gem. § 76 Abs. 1 FamFG iVm § 114 Abs. 1 S. 1 ZPO abzulehnen, weil nach Maßgabe der vorstehenden Ausführungen keine Erfolgsaussicht der Rechtsverteidigung bestand.").

d) Dolmetscher

Zur Anhörung ist ein Dolmetscher hinzuzuziehen, soweit der Ausländer der **deut-** 418 **schen Sprache** nicht **hinreichend mächtig** ist (§ 185 Abs. 1 S. 1 GVG). Ob er das ist, muss das Haftgericht nach seinem Ermessen beurteilen. Erforderlich ist, dass der Ausländer dem Verfahren folgen und die zur zweckentsprechenden Rechtsverteidi-

---

917 BGH Beschl. v. 12.9.2013 – V ZB 121/12 – InfAuslR 2014, 6 – juris-Rn. 7.
918 BGH Beschl. v. 12.9.2013 – V ZB 121/12 – InfAuslR 2014, 6 – juris-Rn. 11.
919 BGH Beschl. v. 18.12.2014 – V ZB 114/13 – InfAuslR 2015, 187 – juris-Rn. 12.
920 Vgl. *Weber* in Keidel FamFG § 76 Rn. 37.

gung erforderlichen Erklärungen abgeben und Angaben machen kann; ein *bloßes Verstehen* bei unzureichender *Ausdrucksfähigkeit* genügt nicht.[921]

419 Ein Dolmetscher ist zwar nicht erforderlich, wenn der **Haftrichter** die **Sprache** des Ausländers selbst spricht (§ 185 Abs. 3 GVG). Da aber eingangs der Anhörung der (oftmals zahlreiche Seiten umfassende) Haftantrag mündlich zu übersetzen ist (→ Rn. 427 f.), sollte aus Praktikabilitätsgründen nur äußerst selten auf einen Dolmetscher verzichtet werden.

420 Um eine etwaige Unterbrechung der Anhörung zwecks Hinzuziehung eines Dolmetschers zu vermeiden, bietet es sich an, im **Zweifelsfall** auch bei grds. des Deutschen mächtigen Ausländern **vorsorglich** einen Dolmetscher beizuziehen.[922] Dies hat, wie auch bei sonstigem Dolmetschereinsatz, für den Ausländer **kostenfrei** zu erfolgen.[923]

421 Der Dolmetscher muss sich entweder auf seinen allgemein geleisteten **Eid** berufen, oder vereidigt werden (§ 189 Abs. 1 GVG). Eine unterbliebene Vereidigung führt aber nicht zur Rechtswidrigkeit der Haftanordnung, wenn die **Verständigung funktioniert** hat.[924] Letzteres muss das Haftgericht *überprüfen*, zB durch eigene Nachfrage,[925] was nicht zwingend zu protokollieren ist.

3. Terminsanberaumung und Ladung

422 Die Terminsanberaumung geschieht in der Praxis insbesondere im **Eildienst** regelmäßig auf Zuruf gegenüber der Geschäftsstelle bzw. Protokollkraft. Dabei wird der Ausländer aus der Gewahrsamsstelle vorgeführt. Darüber hinaus werden die *Behörde*, der *Dolmetscher*, ein etwaiger *Verfahrenspfleger* und der *Verfahrensbevollmächtigte* **mündlich geladen**, was aktenkundig zu machen ist. Eine angemessene **Ladungsfrist** gem. § 32 Abs. 2 FamFG ist der kürzeste Zeitraum, binnen dessen die Beteiligten anreisen können, da Art. 104 Abs. 2 S. 2 GG eine unverzügliche Entscheidung gebietet (zur Terminsverlegung bzw. Entscheidung zunächst nur im *einstweiligen Verfahren* → Rn. 402). Soweit Beteiligte hierbei nicht erreichbar sind, sollte auch dies notiert werden, da andernfalls ggf. insofern eine Verletzung des Anspruchs auf rechtliches Gehör geltend gemacht werden kann.

423 Praktisch kann es sich anbieten, die telefonische Ladung des **Verfahrensbevollmächtigten** durch den *Richter* selbst vorzunehmen. Gelegentlich kann dabei das erwartete Vorgehen besprochen werden, um dem Ausländer zB etwas ausrichten zu lassen und abzuklären, inwiefern zunächst zB wegen mangelnder Zeit für eine Terminsteilnahme *einstweilig* (§ 427 FamFG) und wann an einem späteren Termin in der *Hauptsache* entschieden werden soll. Ein entsprechender Vermerk ist in die Akte aufzunehmen.

424 Im **regulären Dienst** kann die Ladung **schriftlich** (mit EB gegenüber Behörden und Verfahrensbevollmächtigten und im Übrigen mit ZU, bzw. für inhaftierten Ausländer mit GefZU) erfolgen. Eine angemessene **Ladungsfrist** gem. § 32 Abs. 2 FamFG ist da-

---

921 BGH Beschl. v. 12.5.2011 – V ZB 309/10 – juris-Rn. 11.
922 Vgl. BGH Beschl. v. 13.7.2017 – V ZB 89/16 – juris-Rn. 9.
923 StRspr BGH Beschl. v. 13.7.2017 – V ZB 89/16 – juris-Rn. 9; Beschl. v. 4.3.2010 – V ZB 222/09 – BGHZ 184, 323 – juris-Rn. 21.
924 BGH Beschl. v. 6.4.2017 – V ZB 59/16 – InfAuslR 2017, 292 – juris-Rn. 11.
925 BGH Beschl. v. 4.3.2010 – V ZB 184/09 – FGPrax 2010, 152 – juris-Rn. 15.

nach zu bemessen, inwiefern einerseits die Beteiligten Vorbereitungszeit benötigen und andererseits der Erfolg des Verfahrens gefährdet ist (zB bei drohender Entlassung des Ausländers aus anderweitiger Inhaftierung). Befindet sich der Ausländer in **Justizhaft** (zB Untersuchungs- und Strafhaft), ist seine Vorführung je nach landesrechtlicher Regelung durch *Justizpersonal* oder *Kräfte des Antragstellers* zu veranlassen. Ist er in einer **Abschiebungshaftanstalt** inhaftiert (zB bei einem Hauptsache-Termin nach einstweiliger Anordnung oder Termin für den Haftverlängerungsantrag), ist die Vorführung durch *Kräfte des Antragstellers* durchzuführen. Die entsprechende Veranlassung ist dem Antragsteller bei der Ladung *aufzugeben*.

4. Ablauf des Anhörungstermins

Der konkrete Ablauf des **nicht öffentlichen Anhörungstermins** (§ 170 Abs. 1 GVG) ist durch das FamFG nur **gering determiniert**. Er richtet sich danach, was erforderlich ist, um den Sachverhalt im Rahmen der *Amtsermittlung* (§ 26 FamFG) hinreichend aufzuklären.[926] Insbesondere muss der Fall in tatsächlicher Hinsicht hinreichend mit den anwesenden Beteiligten erörtert werden, damit das Haftgericht die **Angaben** der Behörde **überprüfen** und sodann eigene Feststellungen treffen kann.[927]   425

a) Aushändigung des Haftantrages

Dem Ausländer ist eine Kopie des Haftantrages **auszuhändigen** und **mündlich zu übersetzen**, was (zB im Sitzungsprotokoll) aktenkundig zu machen ist.[928] Die bloße „Bekanntgabe" des Antrages genügt nicht,[929] auch nicht, dass lediglich „der Sachverhalt vorgetragen" wird.[930]   426

aa) Vollständige mündliche Übersetzung

Zu übersetzen ist der **gesamte Haftantrag**, nicht lediglich der wesentliche Inhalt.[931] Dies betrifft auch *schriftliche Nachträge* bzw. *Ergänzungen*.[932] Die *Ausländerakte* bzw. der diese ersetzende Aktenauszug muss aber nicht übersetzt werden.[933]   427

Eine Übersetzung genügt **mündlich**. Schriftliche Übersetzungen sind jedenfalls bei einfach gelagerten und überschaubaren Haftanträgen von lediglich geringem Umfang nicht erforderlich,[934] was praktisch regelmäßig der Fall ist. Konstellationen, in denen der BGH eine schriftliche Übersetzung für notwendig gehalten hätte, sind nicht bekannt. Dies würde auch eine Überforderung der beteiligten Behörden bedeuten und darf jedenfalls für Anträge auf Erlass einstweiliger Anordnungen nicht verlangt werden.[935]   428

926 BGH Beschl. v. 17.6.2010 – V ZB 3/10 – NVwZ 2011, 317 – juris-Rn. 22.
927 StRspr BGH Beschl. v. 11.10.2018 – V ZB 70/17 – juris-Rn. 6; Beschl. v. 20.1.2011 – V ZB 226/10 – InfAuslR 2011, 202 – juris-Rn. 15.
928 StRspr BGH Beschl. v. 18.2.2016 – V ZB 23/15 – InfAuslR 2016, 235 – juris-Rn. 22; Beschl. v. 4.3.2010 – V ZB 222/09 – BGHZ 184, 323 – juris-Rn. 17.
929 BGH Beschl. v. 14.6.2012 – V ZB 284/11 – InfAuslR 2012, 369 – juris-Rn. 9.
930 BGH Beschl. v. 8.3.2012 – V ZB 276/11 – juris-Rn. 5.
931 BGH Beschl. v. 12.3.2015 – V ZB 187/14 – InfAuslR 2015, 301 – juris-Rn. 4 mwN.
932 BGH Beschl. v. 11.10.2012 – V ZB 274/11 – InfAuslR 2013, 77 – juris-Rn. 7.
933 *Schmidt-Räntsch* NVwZ 2014, 110 (118).
934 StRspr BGH Beschl. v. 26.9.2013 – V ZB 84/13 – juris-Rn. 7; Beschl. v. 4.3.2010 – V ZB 222/09 – BGHZ 184, 323 – juris-Rn. 17.
935 *Schmidt-Räntsch* NVwZ 2014, 110 (119).

bb) Aushändigungszeitpunkt und Adressat

429 Die Aushändigung samt Übersetzung soll grds. rechtzeitig **vor dem Termin** geschehen; bei einfach gelagerten Sachverhalten, zu denen der Ausländer ohne Weiteres auskunftsfähig ist, genügt aber die Aushändigung zu **Beginn des Termins.**[936] Rügt der Ausländer bei komplexeren Sachverhalten fehlende Vorbereitungszeit für die Verteidigung und Besprechung mit seinem Rechtsanwalt, ist die Sitzung ggf. kurzzeitig zu unterbrechen oder zunächst nur *einstweilig* (§ 427 FamFG) zu entscheiden und erst nach Vorbereitungszeit einige Tage später in der Hauptsache.[937]

430 **Adressat** der Aushändigung ist der **Ausländer** sowie sein ggf. vorhandener **Verfahrensbevollmächtigter**, *Verfahrenspfleger* und sonstige *Beteiligte* (abseits der Behörde). Eine Aushändigung an den Verfahrenspfleger unter Übergehung des Ausländers begründet jedoch keinen Verfahrensfehler.[938] Ob dies auch für Vertrauenspersonen (→ Rn. 386 ff.) gilt, ist noch nicht entschieden.[939] Eine fehlende Aushändigung an den Ausländer wird durch eine solche an seinen Verfahrensbevollmächtigten (auch iRd Akteneinsicht) geheilt, soweit die Anhörung anschließend (in Anwesenheit des Bevollmächtigten[940]) stattfindet.[941]

431 **Praktisch** bietet sich im **Eildienst** an, einen ggf. erforderlichen Dolmetscher unverzüglich zu laden und dem Ausländer den Haftantrag bereits vor Terminsbeginn *im Gewahrsam* auszuhändigen und übersetzen zu lassen; dies ist zwingend aktenkundig zu machen.[942] Im **regulären Dienst** sollte der Haftantrag *zusammen mit der Ladung* sowohl an den Ausländer, als auch seinen Verfahrensbevollmächtigten übersandt und dies aktenkundig gemacht werden. Ggf. sollte die Verschubung in den gerichtlichen Gewahrsam zusammen mit der Dolmetscherladung zeitlich so veranlasst werden, dass noch im Gewahrsam die Übersetzung vor Terminsbeginn erfolgt.

b) Belehrungen des Ausländers

432 Zunächst ist der Ausländer über seine **Aussagefreiheit** zu belehren. Das FamFG sieht eine solche Belehrung zwar nicht vor, allerdings folgt der Grundsatz der *Selbstbelastungsfreiheit* (nemo tenetur se ipsum prodere) aus Art. 2 Abs. 1, 1 Abs. 1 GG und ist Teil des allgemeinen Rechtsstaatsprinzips.[943] Auch im Bereich des FamFG ist daher niemand verpflichtet, in Fragen eigener Haft oder Unterbringung aktiv zur Sachaufklärung beizutragen.[944]

433 Darüber hinaus ist er nach **Art. 36** Abs. 1 lit. b S. 3 des **Wiener Konsularübereinkommens (WÜK)** über sein Recht zu belehren, die *konsularische Vertretung* seines Heimatlandes unverzüglich von der Freiheitsentziehung *unterrichten* zu lassen. Die Be-

---

936 StRspr BGH Beschl. v. 16.7.2014 – V ZB 80/13 – InfAuslR 2014, 384 – juris-Rn. 8; Beschl. v. 4.3.2010 – V ZB 222/09 – BGHZ 184, 323 – juris-Rn. 17.
937 BGH Beschl. v. 28.4.2011 – V ZB 118/10 – juris-Rn. 22 f.
938 BGH Beschl. v. 26.9.2013 – V ZB 212/12 – FamRZ 2014, 195 – juris-Rn. 11.
939 BGH Beschl. v. 16.1.2014 – V ZB 108/13 – juris-Rn. 8.
940 BGH Beschl. v. 30.10.2013 – V ZB 43/13 – juris-Rn. 6.
941 BGH Beschl. v. 18.2.2016 – V ZB 23/15 – InfAuslR 2016, 235 – juris-Rn. 26; Beschl. v. 30.10.2013 – V ZB 6/13 – juris-Rn. 6.
942 Vgl. BGH Beschl. v. 16.1.2014 – V ZB 108/13 – juris-Rn. 5.
943 BVerfG Beschl. v. 6.9.2016 – 2 BvR 890/16 – JZ 2016, 1113 – juris-Rn. 34 mwN.
944 OLG Hamm Beschl. v. 22.12.2011 – I-23 W 3/11 – NStZ-RR 2012, 188 – juris-Rn. 63.

lehrung muss zwingend erfolgen, wenn der Ausländer Staatsangehöriger eines der derzeit 181 Vertragsstaaten (Stand: 7.10.2019) des WÜK ist.

Bestehen *zusätzlich* bilaterale Abkommen, ist, gem. § 73 Abs. 2 WÜK auch über das 434 Recht nach dem WÜK zu belehren.[945] Bestehen *statt des* WÜK entsprechende Abkommen, sind diese vielfach vergleichbar ausgestaltet, so dass sich am Inhalt der Belehrung nichts ändert.[946]

Soweit gelegentlich formuliert wird, der Ausländer sei in Fällen des Vorbringens haft- 435 rechtlich unbeachtlicher **Abschiebungshindernisse** (→ Rn. 147 ff.) über die Möglichkeiten **verwaltungsgerichtlichen Eilrechtsschutzes** (§§ 80, 123 VwGO) zu belehren[947] und es seien gar entsprechende Anträge aufzunehmen und weiterzuleiten,[948] ist dies von einem übertriebenen Fürsorgegedanken getragen. Wenn sich nach Bestandskraft von Bescheiden die Sachlage ändert[949] oder Bescheide und damit Rechtsmittelbelehrungen fehlen (zB § 62 Abs. 3 S. 1 Nr. 2 AufenthG), mag dies noch vertretbar sein; ansonsten dürften entsprechende Hinweise aber die Gefahr einer Ablehnung wegen Besorgnis der Befangenheit durch die Behörde begründen (§ 6 Abs. 1 S. 1 FamFG iVm § 42 Abs. 2 ZPO).

Die *Belehrung* des Ausländers, seine *Reaktion* auf diese und, soweit verlangt, die *Un-* 436 *terrichtung* der konsularischen Vertretung (zB durch „gef. u. ab"-Vermerk für ein entsprechendes Schreiben) sind **zu protokollieren**.[950] Ohne dies ist die Haftanordnung rechtswidrig, wenn der Ausländer darlegen kann, bei ordnungsgemäßem Verfahren wäre eine andere Entscheidung möglich gewesen.[951]

c) Muster-Ablaufplan

Der Ablauf der (nicht öffentlichen, § 170 Abs. 1 GVG) Sitzung kann **beispielsweise** 437 wie folgt gehandhabt werden:

- **Feststellung der Anwesenheiten**, ggf. unter Vereidigung (§ 189 Abs. 1 GVG) des Dolmetschers.
- **Eröffnung des Anhörungsgrundes** ggü. dem Ausländer.
- **Aufnahme der Personalien** des Ausländers. Vom Haftantrag abweichende Personalien sollten, soweit nicht unmittelbare Aufklärung etwaiger Fehler möglich ist, als Alias-Personalie in das Protokoll (sowie später in den Beschluss) aufgenommen werden.
- **Belehrung** des Ausländers über sein **Schweigerecht** (→ Rn. 432), sein Recht, sich jederzeit **rechtsanwaltlichen Beistandes** zu bedienen (→ Rn. 403 f.) und (soweit noch nicht nach polizeilichem Aufgriff nachvollziehbar geschehen[952]) seine Rechte nach dem **WÜK** bzw. sonstiger bilateraler Abkommen (→ Rn. 433). Soweit der Ausländer um einen Anwalt nachsucht, ist ihm in einer Unterbrechung zB die

945 BGH Beschl. v. 20.10.2016 – V ZB 106/15 – juris-Rn. 5.
946 Vgl. zu *Sierra Leone* BGH Beschl. v. 6.5.2010 – V ZB 223/09 – InfAuslR 2010, 364 – juris-Rn. 17.
947 *Marx* AufenthaltsR-HdB § 8 Rn. 90.
948 BGH Beschl. v. 25.9.1980 – VII ZB 5/80 – BGHZ 78, 145 – juris-Rn. 19.
949 OLG Brandenburg Beschl. v. 28.8.2002 – 8 Wx 32/02 – InfAuslR 2002, 478 – juris-Rn. 41.
950 BGH Beschl. v. 18.11.2010 – V ZB 165/10 – InfAuslR 2011, 119 – juris-Rn. 6.
951 BGH Beschl. v. 30.3.2017 – V ZB 128/16 – NVwZ 2017, 1231 – juris-Rn. 16; Beschl. v. 22.10.2015 – V ZB 79/15 – NVwZ 2016, 711 – juris-Rn. 12.
952 Vgl. BGH Beschl. v. 15.7.2010 – V ZB 10/10 – NVwZ 2011, 127 – juris-Rn. 9.

Rufnummer eines anwaltlichen Notdienstes nebst Telefon zur Verfügung zu stellen und ggf. der Termin erst fortzusetzen, sobald ein entsprechend beauftragter Rechtsanwalt anreisen kann; kann dies nicht zeitnah erfolgen, ist ggf. nur einstweilig zu entscheiden (im Einzelnen → Rn. 402). Wird dabei auch **Verfahrenskostenhilfe** beantragt (→ Rn. 406 ff.), kann darüber ggf. gleich entschieden werden, wobei regelmäßig eine Ausfertigung des VKH- und Beiordnungsbeschlusses als Anlage zum Sitzungsprotokoll genommen wird; alternativ kann die Entscheidung zusammen mit der Sachentscheidung ergehen (→ Rn. 416). Wünscht der Ausländer eine Botschaftsbenachrichtigung, ist diese unverzüglich zu veranlassen; dies kann auch nach dem Termin geschehen.

- **Übergabe (und Übersetzung)** des vollständigen Haftantrages sowie etwaiger Nachträge an den Ausländer und ggf. seinen Verfahrensbevollmächtigten nebst Protokollierung dieser Umstände (→ Rn. 426 ff.). Dieser Schritt kann unterbleiben, soweit er bereits vor Terminsbeginn zB im Gewahrsam vollzogen wurde; all dies ist zwingend zu protokollieren (→ Rn. 431).

- Soweit es **nicht** um einen **einfachen Sachverhalt** geht, sollte der Ausländer befragt werden, ob er zur Äußerung über den Haftantrag **Bedenkzeit** benötigt (→ Rn. 429) und seine Antwort protokolliert werden. Ggf. ist in diesem Fall kurz zu unterbrechen oder nur einstweilig zu entscheiden und gesonderter Termin für die Hauptsache anzuberaumen.

- **Aufnahme** etwaiger **Nachträge oder Ergänzungen** seitens der Behörde, ggf. unter Aufnahme auch eines vorigen richterlichen Hinweises (→ Rn. 356). Aus dem Protokoll muss sich ergeben, welchen Inhalt Hinweis (§ 28 Abs. 2 FamFG) und etwaige Angaben haben und dass der Ausländer auch insofern Gelegenheit zur Stellungnahme hatte.

- Besteht **Aussagebereitschaft**, sind entsprechende Angaben entgegenzunehmen und zu protokollieren.

- **Aufnahme der Anträge** der Beteiligten, wobei seitens der Behörde regelmäßig der Antrag aus dem Antragsschriftsatz gestellt und vom Ausländer bzw. seinem Verfahrensbevollmächtigten regelmäßig die Zurückweisung des Haftantrages beantragt wird. Soweit die Behörde eine **abweichende Dauer** des beantragten Haftzeitraumes macht, ist die Begründung hierfür zu Protokoll zu nehmen. Fehlt diese oder reicht nicht hin und wird längere als die schriftlich begehrte Haft beantragt, ist der Haftantrag teilweise (für den überschießenden Teil) mangels Begründung unzulässig.[953] Er kann auch insgesamt unzulässig sein, wenn wegen der neuen Angaben nicht mehr schlüssig dargelegt ist, dass der Ausländer in der ursprünglich beantragten Zeit abgeschoben werden kann.

- Ggf. **Unterbrechung** zur **Vorbereitung der Entscheidung**. Dies kann weitgehend vermieden werden, soweit der Richter den Haftbeschluss bereits vor dem Termin vorbereitet; kleinere Änderungen ggü. der vorbereiteten Fassung können regelmäßig (je nach IT-Ausstattung des Sitzungszimmers) noch direkt im Termin eingepflegt werden.

---

953 BGH Beschl. v. 30.6.2011 – V ZB 24/11 – juris-Rn. 11.

- **Verkündung der Entscheidung** durch Verlesen der Beschlussformel (§ 41 Abs. 2 FamFG), bei Stattgabe unter Anordnung ihrer **sofortigen Wirksamkeit** (→ Rn. 450 f.).

- Befragung des Ausländers, welche **Person** von der **Inhaftierung benachrichtigt** werden soll (§ 432 FamFG, Art. 104 Abs. 4 GG). Auf die Benachrichtigung kann der Ausländer wegen seines Rechtes auf informationelle Selbstbestimmung verzichten,[954] jedenfalls führt die Unterlassung im Falle des Verzichtes nicht zur Rechtswidrigkeit der Haftanordnung.[955] Ebenso ist nach dem WÜK bzw. bilateralen Abkommen zu befragen, ob eine **Botschaftsbenachrichtigung** gewünscht wird; diese ist sodann entsprechend vorzunehmen (→ Rn. 433 f.). Besteht eine **Benachrichtigungspflicht** (zB für russische Staatsangehörige, RiVASt Anlage II – Länderteil – Russische Föderation – Sonstiges), ist dies dem Ausländer entsprechend mitzuteilen und pflichtgemäß zu verfahren.

- Die **stattgebende Entscheidung** samt **Rechtsmittelbelehrung** ist dem Ausländer zu **übersetzen** und die Beschlussausfertigung **schriftlich auszuhändigen** (§ 41 Abs. 2 S. 4 FamFG, erst mit Aushändigung beginnt die Rechtsmittelfrist zu laufen, § 63 Abs. 3 S. 1 FamFG). Ist ein **Verfahrensbevollmächtigter** bestellt (was voraussetzt, dass dies dem Gericht durch den Rechtsanwalt oder Ausländer mitgeteilt ist[956]), kommt es für die Rechtsmittelfrist auf die Zustellung an diesen an.[957] Ihm muss daher ebenfalls eine Ausfertigung übergeben bzw. bei Abwesenheit (zB per Fax gegen EB) zugestellt werden (§ 15 Abs. 2 S. 1 FamFG iVm § 172 Abs. 1 S. 1 ZPO).

- Die **zurückweisende Entscheidung** samt **Rechtsmittelbelehrung** ist entsprechend dem vorigen Punkt der Behörde **schriftlich auszuhändigen**. Ist für sie kein Sitzungsvertreter anwesend, muss ihr der Beschluss gegen EB zugestellt werden (§ 41 Abs. 1 S. 2 FamFG).

- Ein **Aufnahmeersuchen** ist im Falle der Haftanordnung regelmäßig **nicht** auszufüllen, da der Vollzug der Haft der Behörde obliegt (§ 422 Abs. 3 FamFG) und diese daher alles Weitere zu veranlassen hat.

- Ein etwaiger **Rechtsmittelverzicht** ist aufzunehmen. Bei anwaltlich nicht vertretenen Ausländern muss eingehend über die Folgen des Verzichtes belehrt werden (→ Rn. 491); dies und der Verzicht selbst müssen entweder im Protokoll oder in einem begleitenden Vermerk niedergelegt sein.[958]

- Alle vorgenannten Punkte sind in einem **Vermerk** niederzulegen (§ 28 Abs. 4 FamFG), der aus praktischen Gründen als **Sitzungsniederschrift** gestaltet sein sollte; die strengen Anforderungen der §§ 159 ff. ZPO[959] gelten hierfür aber nicht. Eine protokollierte Einlassung des Ausländers ist diesem auch nicht zwingend zur Durchsicht und Unterschrift oder Genehmigung vorzulesen oder vorzulegen.

954 *Günther* in BeckOK FamFG § 339 Rn. 4 (str.).
955 BGH Beschl. v. 21.1.2016 – V ZB 6/14 – NVwZ-RR 2016, 89 – juris-Rn. 10 ff.
956 BGH Beschl. v. 1.12.2011 – V ZB 73/11 – NVwZ 2012, 319 – juris-Rn. 10.
957 BGH Beschl. v. 3.5.2018 – V ZB 230/17 – Asylmagazin 2018, 387 – juris-Rn. 5.
958 BGH Beschl. v. 4.12.2014 – V ZB 87/14 – InfAuslR 2015, 146 – juris-Rn. 3; Beschl. v. 1.12.2011 – V ZB 73/11 – NVwZ 2012, 319 – juris-Rn. 6.
959 *Sternal* in Keidel FamFG § 28 Rn. 25.

438 Mit den folgenden, **praktisch häufigen Einwendungen** des Ausländers im Rahmen der Sitzung kann beispielsweise wie folgt umgegangen werden:

- **Asylantragstellung** ist, soweit sie nicht vor dem Hafttermin geschehen ist, grds. unbeachtlich (im Einzelnen zu allen Varianten → Rn. 32).
- **Ausreisebereitschaft** als freiwillige Vermeidung der Abschiebung kann für die Gesamtwürdigung der Fluchtgefahr bzw. gem. § 62 Abs. 3 S. 2 AufenthG (→ Rn. 85) beachtlich und insofern als weniger rechtsbeeinträchtigende Variante im grundrechtlichen Übermaßverbot zu prüfen sein (→ Rn. 158 f.). Sie wird aber praktisch nur selten gleich geeignet zur Zweckerreichung sein, solange sie nicht sehr glaubhaft belegt ist.
- **Drohende Misshandlung** oder sonstige **Nachteile im Zielstaat** sind als Abschiebungs-, nicht aber Hafthindernis unbeachtlich (→ Rn. 144) und dem Verwaltungsgericht geltend zu machen; hierauf ist der Ausländer hinzuweisen. Sollte er bereits beim VG einen Eilantrag gestellt haben, ist nur einstweilig zu entscheiden.
- **Ehe, Familie** und **Eltern-Kind-Beziehung** sind grds. analog zum vorigen Punkt zu behandeln (→ Rn. 165 ff.). Soweit die vorgetragenen Umstände ausnahmsweise ein Hafthindernis begründen können, kann einstweilig entschieden und für den Hauptsachetermin der Partner als Zeuge (oder Beteiligter → Rn. 388) geladen werden (→ Rn. 167).
- **Krankheiten**, die ggf. **Reiseunfähigkeit** begründen, sind analog zum vorigen Punkt zu behandeln (→ Rn. 144). Nur ausnahmsweise berühren sie die Haftfähigkeit (→ Rn. 172 ff.).
- **Schwangerschaft** kann in allen Stadien die Gesamtwürdigung der Fluchtgefahr und die Prognose der Durchführbarkeit der Abschiebung betreffen; insbesondere kann sie auch die Haft in den Fristen des § 3 MuSchG unverhältnismäßig machen. Insofern ist sie auch von Amts wegen zu beachten (→ Rn. 168).
- **Selbstverletzungs-** oder **Suizidankündigungen** sind analog zu Krankheiten zu behandeln (→ Rn. 144). Nur ausnahmsweise berühren sie die Haftfähigkeit (→ Rn. 172).

IV. Entscheidung des Gerichtes

439 Die gerichtliche Entscheidung ergeht durch **Beschluss** (§ 38 Abs. 1 FamFG) und zwar sowohl in Fällen der **Erstanordnung** (im *einstweiligen* oder *Hauptsache*-Verfahren) als auch in **besonderen Beschlussformen** (zB *Haftverlängerung* oder *Haftaufhebung*, vgl. insgesamt → Rn. 490 ff.). Dabei ist der Inhalt der Entscheidung weitgehend durch den behördlichen Haftantrag determiniert (→ Rn. 440 ff.), ihre Form durch § 38 FamFG (→ Rn. 445 ff.).

1. Bindung an behördlichen Haftantrag

440 Das Haftgericht ist an den behördlichen Antrag gebunden (**ne ultra petita**) und darf weder in der Verfahrensart von diesem abweichen, noch in der Haftdauer darüber hinausgehen. Insbesondere darf also **keine längere Haft** als beantragt angeordnet

werden,[960] auch nicht für nur wenige Tage Differenz.[961] Etwaige Zeitveränderungen müssen daher durch richterlichen Hinweis und *Antragsumstellung* durch die Behörde nebst zugehöriger Begründung (→ Rn. 437) gelöst werden. **Kürzere Haft** als beantragt kann jedoch (und *muss* es auch, soweit die Voraussetzungen für längere Zeiträume nicht vorliegen[962]) unter Zurückweisung des Antrages im Übrigen und Bildung einer Kostenquote (→ Rn. 474 f.) angeordnet werden.

Auch darf **nicht** über eine andere **Haft- oder Gewahrsamsart** (→ Rn. 22) oder in einer   441
anderen **Verfahrensart** als der beantragten entschieden werden. Ob daher *Hauptsache-* (§ 420 FamFG) oder *einstweilige* (§ 427 FamFG) Haft beantragt ist (oder beides) muss dem Antrag durch **Auslegung** entnommen werden.[963] Insofern darf weder auf einen vorläufigen Antrag hin eine Hauptsacheentscheidung ergehen,[964] noch umgekehrt. Wegen der Vielzahl möglicher Gründe, welche den Erlass einer einstweiligen Anordnung erforderlich machen können (→ Rn. 444), ist daher die Behörde gut beraten, **stets beides** zu beantragen; dies ist auch praktisch der Regelfall.

2. Prüfung durch Amtsermittlung

Das Haftgericht muss das behördliche **Vorbringen prüfen** und sich selbst von der   442
Richtigkeit der Angaben überzeugen (Amtsermittlung, § 26 FamFG). Hierzu dient der Anhörungstermin (→ Rn. 376 ff.). Dass dieser Pflicht nachgekommen wurde, muss das Gericht in der Formulierung des Beschlusses zum Ausdruck bringen. Dies kann knapp geschehen, aber zB allein die Angaben der Behörde wörtlich wiederzugeben und den Satz hinzuzusetzen, dass man sich dem anschließe, reicht nicht hin.[965]

Lassen sich die **erforderlichen Feststellungen** zu den Haftvoraussetzungen treffen, ggf.   443
auch nach richterlichem Hinweis und Ergänzung durch die Behörde, kann Haft in der *Hauptsache* angeordnet werden. Sind, auch durch Sachaufklärung in der Anhörung, (noch) **nicht alle Voraussetzungen** feststellbar, ist zu differenzieren: Lässt sich das Fehlen künftig beheben und sprechen dringende Gründe für das voraussichtliche Vorliegen, kann – soweit beantragt – eine einstweilige Anordnung ergehen. Eine starre **Zeitgrenze** für **einstweilige Haftdauer** besteht (abseits der sechs Wochen gem. § 427 Abs. 1 S. 2 FamFG → Rn. 448) nicht, sie ist vielmehr nach der *voraussichtlichen Dauer* für die Nachholung der Ermittlungen zu bemessen.[966] Ist keine einstweilige Anordnung beantragt[967] oder sind die Mängel nicht behebbar (wenn zB Haftgründe nicht vorliegen oder Haft das Übermaßverbot verletzt), erfolgt *Zurückweisung* des Haftantrages bzw. der Haftanträge.

---

960 BGH Beschl. v. 6.5.2010 – V ZB 223/09 – InfAuslR 2010, 212 – juris-Rn. 15.
961 BGH Beschl. v. 21.8.2019 – V ZB 60/17 – juris-Rn. 5.
962 *Schmidt-Räntsch* NVwZ 2014, 110 (119).
963 Vgl. BGH Beschl. v. 17.10.2018 – V ZB 38/18 – juris-Rn. 15 f.
964 BGH Beschl. v. 17.10.2018 – V ZB 38/18 – juris-Rn. 15 f.; Beschl. v. 18.12.2014 – V ZB 114/13 – juris-Rn. 11.
965 BGH Beschl. v. 15.10.2015 – V ZB 82/14 – juris-Rn. 10.
966 LG Saarbrücken Beschl. v. 11.6.2013 – 5 T 210/13 – AuAS 2013, 149 – juris-Rn. 36.
967 Vgl. BGH Beschl. v. 18.12.2014 – V ZB 114/13 – InfAuslR 2015, 187 – juris-Rn. 16.

444 Typische **Fälle**, welche den Erlass einer **einstweiligen Anordnung** erforderlich machen, sind beispielsweise:

■ Antragstellung in **Notzuständigkeit** (→ Rn. 297),

■ Antragstellung bei **Vorab-Haftantrag** (→ Rn. 368),

■ Fehlende **temporäre Vernehmungsfähigkeit** (→ Rn. 379),

■ Fehlende Möglichkeit, den **Verfahrensbevollmächtigten** des Ausländers rechtzeitig zur Anhörung hinzuziehen (→ Rn. 402),

■ Fehlen der **notwendigen Bescheide**, soweit diese dem Gericht noch nicht vorliegen; soweit die eine Ausreisepflicht begründenden Bescheide noch nicht einmal ergangen sind, liegen aber oftmals noch keine Gründe für eine Eilentscheidung (§ 427 Abs. 1 S. 1 FamFG) vor,

■ Fehlen (auch: noch fehlender Erlass, da das Vorliegen allein Vollstreckungsvoraussetzung ist) der **notwendigen Androhung** bzw. **Rückkehrentscheidung** (→ Rn. 362),[968]

■ Fehlen des **notwendigen Einvernehmens** der Staatsanwaltschaft (→ Rn. 151 ff.),

■ Fehlen von **Erkenntnissen** über die **Durchführbarkeit der Abschiebung**, weil zB noch eine Entscheidung des Bundesamtes für Migration und Flüchtlinge bzgl. des Zielstaates aussteht,[969] der Antragsteller erst noch die Verwaltungspraxis für Abschiebungen in diesen Staat[970] oder Übernahmeverpflichtung recherchieren muss,[971] **nicht** aber, wenn keine weiteren behördlichen Ermittlungen nötig sind, sondern die Behörde (auch nach richterlichem Hinweis) schlicht unzureichend vorträgt,

■ Fehlen der **Ausländerakte**, soweit diese für die Beurteilung zB der Einhaltung des Beschleunigungsgebotes erforderlich ist (→ Rn. 287),

■ Notwendigkeit **weiterer Beweisaufnahme**, zB durch Zeugeneinvernahme des Partners (→ Rn. 167) oder bzgl. des Alters des Ausländers (→ Rn. 171),

■ Ausstehende **verwaltungsgerichtliche Eilentscheidung** (→ Rn. 149),

■ Ausstehende **Rechtsmittelentscheidung** bei **abgelehnter Beteiligung** (→ Rn. 387).

3. Rubrum und Beschlussformeln

445 Für das **Rubrum** ergeben sich gem. § 38 Abs. 2 Nr. 1 und 2 FamFG *keine Besonderheiten*. Nicht selten treten verschiedene Schreibweisen des Namens bzw. sonstiger Personalangaben auf, zu denen später weitere Erkenntnisse auftreten; sie sollten daher von vornherein als Alias-Personalien mit aufgenommen werden.

a) Beschlussformel bei Stattgabe

446 Die **Beschlussformel** muss gem. §§ 38 Abs. 2 Nr. 3, 421 FamFG zwingend die *Art der Freiheitsentziehung* (§ 421 Nr. 1 FamFG, zB „zur Sicherung der Abschiebung", „zur Sicherung der Überstellung") und den Endzeitpunkt derselben (§ 421 Nr. 2 FamFG)

---

968 BGH Beschl. v. 12.7.2013 – V ZB 58/13 – juris-Rn. 12; Beschl. v. 16.5.2013 – V ZB 44/12 – NVwZ 2013, 1361 – juris-Rn. 11.
969 BGH Beschl. v. 15.1.2015 – V ZB 165/13 – juris-Rn. 6; Beschl. v. 6.12.2012 – V ZB 118/12 – EzAR-NF 57 Nr. 23 – juris-Rn. 8.
970 BGH Beschl. v. 4.7.2013 – V ZB 37/12 – juris-Rn. 10 f.
971 BGH Beschl. v. 8.11.2012 – V ZB 120/12 – juris-Rn. 5; Beschl. v. 9.2.2012 – V ZB 305/10 – juris-Rn. 15.

angeben; die gelegentliche Üblichkeit, auch den Beginn zu tenorieren,[972] ist nicht zwingend. Es muss aber klargestellt sein, ob die Haft in der *Hauptsache* oder als *einstweilige Anordnung* angeordnet wird; fehlt dies, muss die Art des Beschlusses durch Auslegung ermittelt werden, was wegen der durch den Beschlussinhalt festgelegten Reichweite des Rechtsmittels erhebliche Ungewissheiten nach sich zieht.[973]

aa) Sachentscheidung

Die Sachentscheidung muss Haft für eine **konkrete Dauer** anordnen. Sie darf nicht abhängig von einer Entlassung in anderer Sache oder Festnahme, also einem unbestimmten Ereignis, abhängen.[974] Die Beschlussformel kann bei **Stattgabe** beispielsweise wie folgt gefasst werden: 447

- Sicherungshaft (→ Rn. 76 ff.): „Gegen den Betroffenen wird (ggf.: im Wege der einstweiligen Anordnung) Haft zur Sicherung der Abschiebung bis zum Ablauf des ... angeordnet."
- Vorbereitungshaft (→ Rn. 175 ff.): „Gegen den Betroffenen wird (ggf.: im Wege der einstweiligen Anordnung) Haft zur Vorbereitung der Ausweisung bzw. Abschiebungsanordnung bis zum Ablauf des ... angeordnet."
- Ausreisegewahrsam (→ Rn. 192 ff.): „Gegen den Betroffenen wird (ggf.: im Wege der einstweiligen Anordnung) Ausreisegewahrsam bis zum Ablauf des ... angeordnet."
- Überstellungshaft (→ Rn. 206 ff.): „Gegen den Betroffenen wird (ggf.: im Wege der einstweiligen Anordnung) Haft zur Sicherung der Überstellung bis zum Ablauf des ... angeordnet."
- Zurückschiebungshaft (→ Rn. 244 ff.): „Gegen den Betroffenen wird (ggf.: im Wege der einstweiligen Anordnung) Haft zur Zurückschiebung bis zum Ablauf des ... angeordnet."
- Zurückweisungshaft (→ Rn. 264 ff.): „Gegen den Betroffenen wird (ggf.: im Wege der einstweiligen Anordnung) Haft zur Zurückweisung bis zum Ablauf des ... angeordnet."
- Transitgewahrsam (→ Rn. 264 ff.): „Gegen den Betroffenen wird (ggf.: im Wege der einstweiligen Anordnung) Transitgewahrsam bis zum Ablauf des ... angeordnet."

Wird im Wege der **einstweiligen Anordnung** (§ 427 FamFG) entschieden, ist hierfür die Höchstdauer von **sechs Wochen** (§ 427 Abs. 1 S. 2 FamFG) zu beachten. Insbesondere hier ist die Angabe eines konkreten Enddatums (und nicht einer Zeitdauer) äußerst zweckmäßig.[975] Die Dauer gilt pro Anordnung, so dass nach erstmaliger Anordnung von sechs Wochen bei Ablauf derselben (und Fortbestehen eines Anordnungsgrundes → Rn. 487) erneut sechs Wochen angeordnet werden können.[976] 448

---

972 ZB AG Mühldorf Beschl. v. 5.1.2016 – 1 XIV 84/15 (B).
973 BGH Beschl. v. 16.9.2015 – V ZB 40/15 – InfAuslR 2016, 55 – juris-Rn. 8.
974 BGH Beschl. v. 20.10.2016 – V ZB 167/14 – juris-Rn. 13; Beschl. v. 4.12.2014 – V ZB 77/14 – BGHZ 203, 323 – juris-Rn. 6.
975 *Göbel* in Keidel FamFG § 425 Rn. 3.
976 *Heidebach* in Haußleiter FamFG § 427 Rn. 14; aA *Wendtland* in MüKoFamFG § 427 Rn. 11.

449 Die **Anträge** in der *Hauptsache* und im *einstweiligen Anordnungsverfahren* können sowohl **selbstständig** nebeneinander als auch im Verhältnis von **Haupt-** zu **Hilfsantrag** stehen.[977] Regelmäßig ist in letzterem Fall der Hauptantrag unter der Bedingung der Entscheidungsreife gestellt bzw. der Antragsschriftsatz sachgerecht so auszulegen. Wird als *einstweilige Anordnung* entschieden, bleibt die Hauptsache in beiden Konstellationen anhängig und muss grds. innerhalb der Anordnungsfrist entschieden werden; sie erledigt sich jedoch, wenn währenddessen Abschiebung erfolgt. Wird in der *Hauptsache* Haft angeordnet, erledigt sich regelmäßig der einstweilige Antrag (Fall 1) bzw. wird mangels Bedingungseintritts nicht wirksam (Fall 2), so dass keine gesonderte Ablehnung erfolgen muss.

bb) Sofortige Wirksamkeit

450 Da der (nur: *stattgebende*) Beschluss grds. erst mit Rechtskraft wirksam und vollziehbar wird (§ 422 Abs. 1 FamFG), muss seine **sofortige Wirksamkeit** (regelmäßig zur Klarstellung in der **Beschlussformel**[978]) angeordnet werden. Sie tritt dann mit *Bekanntgabe* bei Anwesenden (§ 422 Abs. 2 S. 2 Nr. 1 FamFG), ansonsten mit Übergabe an die Geschäftsstelle (§ 422 Abs. 2 S. 2 Nr. 2 FamFG) ein. Der Zeitpunkt ist auf dem Beschluss zu **vermerken** (§ 422 Abs. 2 S. 3 FamFG); üblich ist ein Text oben rechts neben dem Rubrum in der Art von *„Beschluss wirksam seit …"*. Die Anordnung der sofortigen Wirksamkeit kann als Nebenentscheidung formelartig begründet werden (zB „Die Anordnung der sofortigen Wirksamkeit war gem. § 422 Abs. 2 S. 1 FamFG geboten, weil sonst der Zweck der Maßnahme nicht erreicht würde."[979]). Der Formelzusatz im Beschluss lautet **beispielsweise** wie folgt:

■ **Sofortige Wirksamkeit: „Der Beschluss ist sofort wirksam."**

451 Eine gesonderte **Vollstreckungsklausel** nach § 68 Abs. 3 FamFG ist **nicht erforderlich**. Denn die Vollstreckung findet nicht durch Gericht oder Justiz, sondern nach der Spezialvorschrift des § 422 Abs. 3 FamFG durch die Behörde statt.[980]

cc) Auflagenerteilung bei einstweiliger Anordnung

452 Soweit im Wege einstweiliger Anordnung entschieden wurde, weil die Behörde noch **Unterlagen** oder **Informationen beibringen** muss, kann dies in der Beschlussformel verfügt werden. Das ist nicht zwingend, da auch entsprechende richterliche Hinweise in der Sitzungsniederschrift, Hinweisschreiben oder mündlich erfolgen können. Es bietet sich aber zur Klarstellung an. Entsprechende Beschlussformeln können **beispielsweise** wie folgt lauten:

■ **Rückkehrentscheidung: „Dem Antragsteller wird aufgegeben, die noch ausstehende Rückkehrentscheidung zu erlassen und dies dem Gericht binnen zwei Wochen nachzuweisen."**

■ **Einvernehmen: „Dem Antragsteller wird aufgegeben, das Einvernehmen der StA … im Verfahren … Js … einzuholen und dies dem Gericht binnen einer Woche nachzuweisen."**

---

977 BGH Beschl. v. 16.9.2015 – V ZB 40/15 – InfAuslR 2016, 55 – juris-Rn. 8.
978 BGH Beschl. v. 13.7.2017 – V ZB 69/17 – InfAuslR 2017, 454 – juris-Rn. 5.
979 Beispiel nach BGH Beschl. v. 13.7.2017 – V ZB 69/17 – InfAuslR 2017, 454 – juris-Rn. 5.
980 BGH Beschl. v. 4.3.2010 – V ZB 222/09 – BGHZ 184, 323 – juris-Rn. 12.

■ Durchführbarkeit: „Dem Antragsteller wird aufgegeben, die Verwaltungspraxis für den Zeitablauf der Passbeschaffung für … zu ermitteln und dem Gericht durch eine genaue Aufstellung der Einzelschritte nebst üblicher und der hier zu erwartenden Dauer binnen einer Woche darzulegen."

b) Beschlussformel bei Zurückweisung

Wird ein Antrag **zurückgewiesen**, so ist im Falle gleichzeitig vorliegender Hauptsa-   453
che- und einstweiliger Anträge klarzustellen, worauf sich die Entscheidung bezieht. Die Zurückweisung bzw. Ablehnung des Antrages kann ausdrücklich „als unzulässig" tenoriert werden,[981] dies kann sich jedoch auch aus Tenor und Gründen in der Gesamtschau ergeben. Werden beide Anträge abgelehnt, ist darauf zu achten, dass der Beschluss neben der Gerichtsbezeichnung auch *beide Aktenzeichen* trägt. Die Beschlussformel kann **beispielweise** wie folgt lauten:

■ Zurückweisung: „Der Haftantrag wird (ggf.: im einstweiligen Anordnungsverfahren und in der Hauptsache) (ggf.: als unzulässig) zurückgewiesen."

Soweit sich der Ausländer in behördlichem Gewahrsam befindet, ist seine **Entlassung**   454
durch die Behörde zu veranlassen (vgl. § 422 Abs. 3 FamFG). Einer weiteren gerichtlichen Entscheidung bedarf es insofern nicht. Ist der Ausländer aber nicht anderweitig (zB in Straf- oder Untersuchungshaft) inhaftiert, bietet es sich praktisch an, die Freilassung anzuordnen;[982] dies wird gelegentlich von Gewahrsamsstellen erwartet. Ein entsprechender Zusatz in der Beschlussformel kann **beispielsweise** wie folgt lauten:

■ Entlassung: „Der Betroffene ist sofort zu entlassen."

c) Verfahrenskostenhilfe und Beiordnung

Soweit über Verfahrenskostenhilfe und Beiordnung zusammen mit der Sache im Be-   455
schluss entschieden wird, gelten die obigen Ausführungen (→ Rn. 416 f.).

d) Kostenentscheidung

Zusammen mit der Sachentscheidung (§ 82 FamFG) sollte zur Klarstellung auch in   456
einer *Kostengrundentscheidung* über die **Kosten des Verfahrens** entschieden werden. Der Begriff umfasst (anders als zB im Strafverfahren, § 464 StPO) *sowohl* die *gerichtlichen Kosten*, als auch die *notwendigen außergerichtlichen Kosten* der Beteiligten (§ 80 S. 1 FamFG). Dabei sind erstere die gerichtlichen Gebühren und Auslagen, letztere die Aufwendungen der Beteiligten für das Verfahren.

aa) Kostenarten und Grundsatz

Die **gerichtlichen Kosten** trägt grds. *unabhängig vom Verfahrensausgang* der Betrof-   457
fene (§ 23 Nr. 15 GNotKG), nicht die Behörde bzw. ihr Rechtsträger. Sie können ihr aber durch die Kostengrundentscheidung auferlegt werden (vgl. §§ 33 Abs. 1 S. 1, 27 Nr. 1 GNotKG). Sofern der Rechtsträger der Behörde der *Bund* oder das *Land* selbst sind, sind diese von der Zahlung freigestellt (§ 2 Abs. 1 GNotKG) und sind es auch im Übrigen weitgehend aufgrund landesrechtlicher Regelungen (§ 2 Abs. 2 GNotKG).

---

981 Vgl. BGH Beschl. v. 22.7.2010 – V ZB 28/10 – NVwZ 2010, 1511 – juris-Rn. 14.
982 Vgl. zB LG Saarbrücken Beschl. v. 11.6.2013 – 5 T 210/13 – AuAS 2013, 149 – juris-Tenor zu 1.

Haftrichterlich kann dies als Folgefrage der Kostenfestsetzung unbeachtet bleiben; denn eine *Befreiung* geht im Rahmen der Festsetzung auch bei gerichtlicher Anordnung der Kosten(grund)tragung vor (§ 2 Abs. 3 S. 1 GNotKG). Relevant ist daher in der Praxis nur der Grundsatz: Soweit *keine anderweitige Kostengrundentscheidung* über die *Gerichtskosten* erfolgt, trägt sie der *Betroffene*.

458 Die **notwendigen außergerichtlichen Kosten** der Beteiligten tragen diese selbst, soweit nicht anderweitig darüber entschieden wird. Dabei ist der regelmäßig auf Seiten einer *Behörde* anfallende Zeit-, Arbeits- und Personalaufwand nebst Verdienstausfall nicht erstattungsfähig,[983] Reisekosten können es zwar sein, fallen aber praktisch regelmäßig nicht an. Die Kosten für die Beauftragung eines Rechtsanwaltes durch den *Betroffenen* sind hingegen regelmäßig erstattungsfähig.[984]

459 Die **Kosten der Abschiebung** und des Vollzuges der **Abschiebungshaft** werden zwar vom Ausländer erhoben (§§ 66 f. AufenthG). Dies geschieht jedoch durch gesonderten Verwaltungsakt, so dass darüber im Haftbeschluss nicht zu entschieden ist. Vielmehr ist nach Bescheiderlass insofern gem. § 40 Abs. 1 VwGO der Verwaltungsrechtsweg eröffnet.[985]

bb) Entscheidungsvarianten

460 Über die Kosten ist (vorbehaltlich der in der Abschiebungshaft eher seltenen Fälle des § 81 Abs. 2 FamFG) gem. § 81 Abs. 1 S. 1 FamFG grds. nach **Ermessen** zu entscheiden. Dies gilt sowohl für die *gerichtlichen* wie auch die *notwendigen außergerichtlichen Kosten*, wobei für letztere das Ermessen im Einzelfall eingeschränkt sein kann (→ Rn. 466). Bei der Entscheidung können zudem einzelne Kostenarten ganz oder teilweise als nicht zu erstatten ausgenommen werden (§ 81 Abs. 1 S. 2 FamFG). In der Sache ist dabei *regelmäßig* eine Kostentragung des **Unterliegenden** für beide Kostenarten ermessensgerecht.[986]

461 Inhaltlich sollte in der Beschlussformel eine **terminologische Trennung** zwischen den *Gerichtskosten* und den *notwendigen außergerichtlichen Kosten* der Beteiligten stattfinden. Die pauschale Anordnung über die „Kosten des Verfahrens" ist zwar wegen § 80 S. 1 FamFG regelmäßig so auszulegen, dass damit *beide* Kostenarten gemeint sind.[987] Das kann aber im Einzelfall unbillig sein.

462 Wird in der Beschlussformel **gar nicht** über die Kosten **entschieden**, greift der Grundsatz: Dann trägt der Ausländer die *Gerichtskosten* (→ Rn. 457) und alle Beteiligten tragen ihre *außergerichtlichen Kosten* selbst (→ Rn. 458). Dies kann bei *Anordnung* von Haft ermessensgerecht sein und formelhaft begründet werden (zB „Eine Kostenentscheidung war nicht veranlasst, da für die Gerichtskosten die Kostenfolge des § 23 Nr. 15 GNotKG gilt und eine Abweichung von dem Prinzip, dass die Beteiligten ihre außergerichtlichen Kosten selbst tragen, nicht geboten war.").

---

983 BGH Beschl. v. 7.5.2014 – XII ZB 630/12 – NJW-RR 2014, 562 – juris-Rn. 9 ff.
984 *Weber* in Keidel FamFG § 80 Rn. 16.
985 Vgl. nur BVerwG Urt. v. 16.10.2012 – 10 C 6/12 – BVerwGE 144, 326 – juris-Rn. 11.
986 Vgl. *Haußleiter* in ders. FamFG § 81 Rn. 6.
987 *Weber* in Keidel FamFG § 81 Rn. 8 (str.).

(1) Unterliegen des Ausländers

Soweit also der **Ausländer unterliegt**, kann im Rahmen des Ermessens wie in der vorigen Rn. beschrieben verfahren werden. Alternativ kann (und *sollte* aus Klarstellungsgründen) eine Kostenentscheidung getroffen und wenigstens formelhaft begründet werden (zB „Die Kostenentscheidung ergibt sich aus § 81 Abs. 1 FamFG und folgt im Rahmen des gerichtlichen Ermessens der Entscheidung in der Sache."). Sie kann wie folgt tenoriert werden:

■ Unterliegen des Ausländers: „Die Gerichtskosten und die notwendigen außergerichtlichen Kosten des Antragstellers trägt der Betroffene." (alternativ, zusammengefasst: „Die Kosten des Verfahrens trägt der Betroffene.")

463

(2) Unterliegen der Behörde

Soweit die **Behörde unterliegt**, muss über die **Gerichtskosten** entschieden werden, da sie andernfalls der Ausländer zu tragen hätte; das wäre für ihn als Obsiegenden regelmäßig nicht ermessensgerecht und würde daher gegen § 81 Abs. 1 S. 1 FamFG verstoßen. Soweit die *Körperschaft* (zB Landkreis, Stadt), der die antragstellende Behörde angehört (also ihr *Rechtsträger*, welcher der Kostenschuldner ist), ohnehin von der Kostentragung befreit ist (→ Rn. 457), kann ein Absehen von der Erhebung der Gerichtskosten angeordnet werden (§ 81 Abs. 1 S. 2 FamFG). Wird (unpräzise) eine Kostentragung des „Antragstellers" angeordnet, ist dies iSd Rechtsträgers auszulegen.

464

Der **erste Teil** der Kostenentscheidung kann also lauten:

465

■ Unterliegen der Behörde (Teil 1, Gerichtskosten): „Gerichtskosten werden nicht erhoben." oder: „Die Gerichtskosten trägt der Landkreis bzw. die Stadt ..." (Begründung: „Von der Erhebung von Gerichtskosten war gem. § 81 Abs. 1 S. 2 FamFG abzusehen, da der Rechtsträger des Antragstellers ohnehin von der Kostentragung befreit ist, § 2 GNotKG." oder: „Die Kostentragung des Rechtsträgers des Antragstellers war gem. § 81 Abs. 1 S. 1 FamFG wegen der Haftablehnung ermessensgerecht." Im Zweifel sollte die zweite Variante verwendet werden, da eine Kostenfreiheit immer noch bei der Kostenfestsetzung berücksichtigt wird → Rn. 457.)

Ob die Behörde bei Haftablehnung auch die **notwendigen außergerichtlichen Kosten** des Ausländers zu tragen hat, ist gleichsam gem. § 81 Abs. 1 S. 1 FamFG nach Ermessen zu entscheiden. Insofern bildet allerdings § 430 FamFG eine *Ermessensgrenze*; sie reduziert das Ermessen auf eine zwingende Anordnung der Erstattung, wenn ein **begründeter Anlass** zur Antragstellung fehlte. Maßstab ist, ob die Amtsermittlung der Behörde hinreichend war, um Haft erwarten zu dürfen.[988] Praktisch wird man fehlenden Anlass regelmäßig bei Ablehnung wegen *Unzulässigkeit* des Antrages anzunehmen haben, nicht aber notwendig, wenn der Ausländer im Einzelfall trotz zwingender Haftgründe glaubhaft machen konnte, sich nicht entziehen zu wollen.

466

Mit einer Erstattung der dem Ausländer bei Haftablehnung entstandenen außergerichtlichen Kosten sollte aber grds. **großzügig** umgegangen werden, da entsprechend

467

---

988 Vgl. LG Landau (Pfalz) Beschl. v. 18.3.2010 – 3 T 22/10 – juris-Rn. 9.

Art. 5 Abs. 5 EMRK ohnehin ein Schadensersatzanspruch bestehen kann; regelmäßig wird daher bei Unterliegen der Behörde die Kostentragung des staatlichen Rechtsträgers ermessensgerecht iSd § 81 Abs. 1 S. 1 FamFG sein.[989]

468 Die Kostenentscheidung bei **Haftablehnung** kann daher im Weiteren (Teil 1 → Rn. 465) wie folgt lauten:

- Unterliegen der Behörde (Teil 2, außergerichtliche Kosten, Tragung durch Land/ Stadt): „Die notwendigen außergerichtlichen Kosten des Betroffenen trägt der Landkreis bzw. die Stadt …" (Begründung: „Der Rechtsträger des Antragstellers hat gem. §§ 81, 430 FamFG und entsprechend Art. 5 Abs. 5 EMRK die notwendigen außergerichtlichen Kosten des Betroffenen zu tragen, da kein hinreichender Anlass zur Stellung des Haftantrages bestand.")
- Unterliegen der Behörde (Teil 2, außergerichtliche Kosten, Tragung durch Betroffenen): „Im Übrigen werden Kosten nicht erstattet." (Begründung: „Eine Erstattung der außergerichtlichen Kosten der Beteiligten war gem. §§ 81, 430 FamFG nicht angezeigt, da ein begründeter Anlass zur Antragstellung bestand und der Betroffene nur ausnahmsweise fehlende Entziehungsabsicht geltend machen konnte; insofern war auch nicht entsprechend Art. 5 Abs. 5 EMRK eine Kostentragungspflicht des Rechtsträgers des Antragstellers geboten.")

469 Im **Standard-Fall** der Haftablehnung kann auch ein Kombinationstenor (→ Rn. 461) verwendet werden, solange die Begründung (unter *Pluralformulierung*, soweit das Unterliegen Hauptsache und einstweiliges Anordnungsverfahren betrifft) der Entscheidung auf *beide Kostenarten* verweist und daher hinreichend auslegungsfähig ist:

- Unterliegen der Behörde (Kombinationstenor): „Die Kosten des Verfahrens trägt der Landkreis bzw. die Stadt …" (Begründung: „Die Kostenentscheidung ergibt sich aus §§ 81, 430 FamFG und entsprechend Art. 5 Abs. 5 EMRK. Sie folgt im Rahmen des Ermessens für die Gerichtskosten der Entscheidung in der Sache und berücksichtigt für die außergerichtlichen Kosten, dass kein hinreichender Anlass zur Stellung des Haftantrages bestand.")

cc) Dolmetscherkosten

470 Soweit im Verfahren Dolmetscherkosten **angefallen** sind, fallen diese unter gerichtliche Aufwendungen also *gerichtliche Kosten* (§ 80 Abs. 1 FamFG). Insofern ist aber von deren Auferlegung *gegenüber dem Ausländer* im Falle seines Unterliegens **abzusehen** (§ 81 Abs. 1 S. 2 FamFG) und zwar auch dann, wenn der Dolmetscher nur vorsorglich herbeigerufen, aber nicht benötigt wurde.[990] Denn es ist Ausdruck eines fairen Verfahrens (Art. 6 Abs. 3 lit. e EMRK), dass der Ausländer sich in einer ihm verständlichen Sprache verteidigen kann und insofern nicht mit Kosten belastet wird.[991]

471 Soweit der **Ausländer unterliegt** und im Verfahren Dolmetscherkosten **angefallen** sind, muss die Kostenentscheidung daher (zB formelhaft begründet: „Von der Aufer-

---

989 StRspr BGH Beschl. v. 21.8.2019 – V ZB 97/17 – juris-Rn. 13; Beschl. v. 29.4.2010 – V ZB 218/09 – NVwZ 2010, 1508 – juris-Rn. 27.
990 BGH Beschl. v. 13.7.2017 – V ZB 89/16 – juris-Rn. 9.
991 StRspr BGH Beschl. v. 25.1.2018 – V ZB 191/17 – NJW 2018, 219 – juris-Rn. 15; Beschl. v. 4.3.2010 – V ZB 222/09 – BGHZ 184, 323 – juris-Rn. 21.

legung von Dolmetscherkosten ist gem. § 81 Abs. 1 S. 2 FamFG wegen Art. 6 Abs. 3 lit. e EMRK abgesehen worden.") wie folgt ergänzt werden:

▪ Zusatz: „Dolmetscherkosten werden nicht erhoben."

dd) Mehrere Beteiligte

Soweit am Verfahren ein **Verfahrenspfleger** beteiligt ist, ist er gem. § 419 Abs. 5 S. 2   472
FamFG in der Kostengrundentscheidung nicht zu berücksichtigen. **Weitere Beteiligte** (zB gem. § 418 Abs. 3 FamFG Vertrauenspersonen, Partner des Ausländers) können im Rahmen des Ermessens gem. § 81 Abs. 1 S. 1 FamFG berücksichtigt werden; von § 430 FamFG sind sie jedoch nicht erfasst.

Im Falle (teilweiser) **Zurückweisung** des Haftantrages wird es regelmäßig ermessens-   473
gerecht sein, dem Rechtsträger des Antragstellers die notwendigen außergerichtlichen Kosten der weiteren Beteiligten (teilweise) aufzuerlegen.[992] Zu entsprechenden Quoten vgl. → Rn. 475. Im Falle einer **Haftanordnung** wird die Heranziehung der weiteren Beteiligten zur (teilweisen) Erstattung der notwendigen außergerichtlichen Kosten des Antragstellers oder Gerichtskosten regelmäßig nicht ermessensgerecht sein (vgl. Rechtsgedanke des § 101 ZPO); eine Ausnahme mag man erwägen, soweit sie eigene Anträge gestellt haben.

ee) Kostenquoten

Soweit Haft angeordnet, der Antrag aber **teilweise zurückgewiesen** wird, sollte in der   474
Kostengrundentscheidung eine **Quote** gebildet werden. Diese kann im Rahmen des gerichtlichen Ermessens (§ 81 Abs. 1 S. 1 FamFG) nach dem Erfolg in der Sache im Verhältnis der beantragten zur angeordneten Haft gebildet werden.[993] Der Umstand, dass Haft zunächst *einstweilig angeordnet* (§ 427 FamFG) und noch nicht in der Hauptsache entschieden wird, begründet aber *keine Quotierung*, da die Hauptsache nach wie vor getrennt (§ 51 Abs. 3 S. 1 FamFG) anhängig ist.

Die **Kostenentscheidung** bei Quotierung illustrieren folgende **Beispiele**:   475

▪ Haft ist von der Ausländerbehörde des Landkreises X für vier Wochen beantragt. Der Ausländer weist im Termin erstmalig (was er schon vorher hätte tun können und müssen) bisher fehlende Reisedokumente nach, weswegen die Abschiebung nun schneller durchgeführt werden kann. Das Gericht ordnet also Haft nur für drei Wochen an, da der Antrag darüber hinaus unbegründet ist. Es weist ihn im Übrigen zurück. Für die Kostenentscheidung sind zwei Varianten nahe liegend. **Erstens** kann entschieden werden: „Der Betroffene trägt die Gerichtskosten und die notwendigen außergerichtlichen Kosten des Antragstellers zu jeweils drei Viertel. Der Landkreis X trägt von den Gerichtskosten ein Viertel. Im Übrigen werden Kosten nicht erstattet." Die Aufteilung der Gerichtskosten und der notwendigen außergerichtlichen Kosten des Antragstellers (die nicht unter § 430 FamFG fallen, dies ist Sondervorschrift nur für den Betroffenen) ergibt sich aus dem Erfolg in der Sache (drei Wochen zu einer Woche). Die notwendigen außergerichtlichen Kosten des Betroffenen sind gem. § 430 FamFG hingegen insgesamt nicht er-

---

992 Vgl. BGH Beschl. v. 15.12.2011 – V ZB 302/10 – juris-Rn. 19.
993 Vgl. zB LG Stade Beschl. v. 21.5.2014 – 9 T 52/14 – juris-Rn. 25.

stattungsfähig, da die Behörde wegen des bisherigen Zurückhaltens der Reisedokumente für den gesamten Zeitraum von vier Wochen Anlass zur Antragstellung hatte. **Zweitens** wäre denkbar: „Die Kosten des Verfahrens trägt der Betroffene." Denn trotz Teilunterliegens kann es ermessensgerecht sein, wegen des überwiegenden Sacherfolgs, der Erreichung des Sachziels (Abschiebung) und des verspäteten Nachweises des Betroffenen die Kosten ganz dem Betroffenen aufzuerlegen. Kaum überzeugend wäre hingegen die pauschale Entscheidung „Die Kosten des Verfahrens trägt der Betroffene zu drei Viertel, der Landkreis X zu einem Viertel", denn dann müsste der Landkreis dem Ausländer auch einen Teil von dessen außergerichtlichen Kosten ersetzen, was kaum ermessensgerecht erschiene.

■ Haft ist von der Ausländerbehörde des Landkreises X für zwölf Wochen beantragt, der Haftantrag jedoch nur für sechs Wochen (zB mit Blick auf Sicherheitsbegleitung → Rn. 349) zulässig und begründet. Das Gericht ordnet daher Haft für sechs Wochen an, weist den Antrag im Übrigen als unzulässig zurück und entscheidet: „Die Gerichtskosten tragen der Betroffene und der Landkreis X je zur Hälfte. Ihre notwendigen außergerichtlichen Kosten haben der Betroffene und der Landkreis X einander je zur Hälfte zu erstatten." Die Aufteilung der Gerichtskosten ergibt sich aus dem Erfolg der Sache; wegen § 23 Nr. 15 GNotKG (→ Rn. 457) dürfen die Kosten nicht „gegeneinander aufgehoben" werden, weil sie sonst ausschließlich der Ausländer trüge.[994] Bei den gegenseitigen außergerichtlichen Kosten der Beteiligten wäre eine gegenseitige Aufhebung zwar denkbar, allerdings praktisch wie rechtlich nicht geboten. Denn praktisch sind auf Seiten der Behörde grds. keine erstattungsfähigen Kosten angefallen, der Ausländer hätte hingegen seine vollen Anwaltskosten selbst zu tragen. Rechtlich ist aber eine hälftige Erstattung für den Ausländer gem. § 430 FamFG nötig, da die Behörde für den halben Zeitraum (sechs bis zwölf Wochen) wegen des unzulässigen Antrages (→ Rn. 466) keinen Anlass zur Antragstellung hatte.

4. Gründe des Beschlusses

476 Der Beschluss, mit dem das Haftgericht über die Anordnung oder Ablehnung von Haft entscheidet, ist zu **begründen** (§ 38 Abs. 3 S. 1 FamFG). Die zum Absehen befugten **Ausnahmen** sind nur wenig praxisrelevant; kaum je entspricht die Haftanordnung dem *erklärten Willen* des Ausländers (oder die Haftablehnung dem erklärten Willen der Behörde) (§ 38 Abs. 4 Nr. 2 Var. 2 FamFG; dies wäre zu protokollieren), allerdings muss, was gelegentlich vorkommt, nach *allseitigem Rechtsmittelverzicht* (→ Rn. 491) nach mündlicher Verkündung keine Begründung verfasst werden (§ 38 Abs. 4 Nr. 3 FamFG).

477 Soweit Gründe **fehlen** bzw. **nicht hinreichen**, stellt dies einen Verstoß gegen die Norm und mithin einen **Verfahrensfehler** dar. Dieser hat aber keinen Einfluss auf die Wirksamkeit der Entscheidung[995] und kann im Abhilfeverfahren geheilt werden.[996]

---

994 Vgl. zum Auslegungsproblem dieser Tenorierung *Weber* in Keidel FamFG § 81 Rn. 10.
995 BGH Beschl. v. 21.4.2015 – VI ZR 132/13 – FamRZ 2015, 854 – juris-Rn. 16; Beschl. v. 5.3.1997 – XII ZB 160/96 – FamRZ 1997, 999 – juris-Rn. 8.
996 *Meyer-Holz* in Keidel FamFG § 38 Rn. 74.

a) Sachgründe (Gründe zu I.)

Da gem. § 37 Abs. 1 FamFG Entscheidungsgrundlage der gesamte Verfahrensinhalt ist, haben die Beschlussgründe zu I. grds. **keine** dem Tatbestand im Zivilurteil oder den Gründen zu I. und II. im Strafurteil vergleichbare **Feststellungswirkung**.[997] Sie sind mithin grds. nicht erforderlich.[998]   478

Während damit erstinstanzlich in **einstweiligen Anordnung**sverfahren keine inhaltlichen Anforderungen an die konkrete Gestaltung der Beschlussgründe bestehen,[999] müssen **Hauptsache**-Beschlüsse (auch: Haftaufhebung und Feststellung) den **maßgeblichen Sachverhalt** darlegen. Denn da sie der Rechtsbeschwerde unterliegen, ist das Rechtsbeschwerdegericht an die Sachgründe gebunden (§ 74 Abs. 3 S. 4 FamFG).[1000]   479

Der Sachverhalt kann sich allerdings auch in diesen Fällen **aus der rechtlichen Würdigung** selbst[1001] bzw. einer **Bezugnahme** auf Schriftsätze ergeben. Letztere darf aber nicht global sein (zB „Für die Darstellung des Sach- und Streitstandes wird auf die Schriftsätze Bezug genommen."), sondern muss den maßgeblichen Schriftsatz (zB Haftantrag) *konkret bezeichnen*.[1002] Soweit nach Bezugnahme Elemente zwischen den Beteiligten *streitig* sind, bedarf es einer ergänzenden Darlegung, warum welcher Angabe gefolgt wird.[1003] Auch muss das Haftgericht klarstellen, dass es die Angaben der Beteiligten der gem. § 26 FamFG (Amtsermittlung) erforderlichen kritischen Würdigung unterzogen hat; sie allein wörtlich wiederzugeben und hinzuzusetzen, man schließe sich ihnen an, genügt nicht.[1004]   480

Insbesondere im **Eildienst** ist es oftmals zeitlich erforderlich, von möglichen Verkürzungen Gebrauch zu machen. Insofern wird man bei **haftablehnenden Beschlüssen** wg. Unzulässigkeit des Haftantrages regelmäßig auf *Sachgründe verzichten* können; denn der *insofern* maßgebliche Sachverhalt mangelnder Angaben ergibt sich hinreichend aus der Subsumtion in den Rechtsgründen.   481

Bei **haftanordnenden Beschlüssen** kann die Sachdarstellung im *einstweiligen Anordnungsverfahren* notfalls unterbleiben, bzw. hier (und ohnehin in der *Hauptsache*) durch eine Bezugnahme auf den *konkret bezeichneten Haftantrag* (zB: „Für die Darstellung des Sachverhaltes wird auf den Haftantrag, Bl. ... bis ... der Akte, Bezug genommen.") ersetzt werden.[1005] Denn **praktisch** gilt: Enthält der Haftantrag keine hinreichende Darstellung des Sachverhaltes, ist er regelmäßig unzulässig (→ Rn. 305 ff., bes. → Rn. 308) und grds. abzulehnen; enthält er eine hinreichende Darstellung, ist er geeignet, die Sachgründe im Beschluss durch Inbezugnahme zu ersetzen. Soweit in der Sitzung ergänzende Sachverhaltselemente festgestellt werden, sind sie zusätzlich aufzunehmen. Auch, soweit über tatsächliche Angaben gestritten wird, muss dies in den Gründen gesondert ausgeführt werden. Insofern können notfalls zB das Sitzungs-   482

---

997 *Ulrichi* in MüKoFamFG § 38 Rn. 17.
998 *Obermann* in BeckOK FamFG § 38 Rn. 58; aA *Gomille* in Haußleiter FamFG § 38 Rn. 20.
999 VerfGH München, Entscheidung vom 17.12.2012 – Vf. 54-VI-12 – FamRZ 2013, 1234 – juris-Rn. 40.
1000 StRspr BGH Beschl. v. 30.4.2019 – VI ZB 48/18 – NJW-RR 2019, 952 – juris-Rn. 4; Beschl. v. 26.7.2012 – V ZB 26/12 – juris-Rn. 4; Beschl. v. 29.3.2012 – V ZB 3/12 – juris-Rn. 3.
1001 BGH Beschl. v. 19.3.2019 – VI ZB 27/17 – juris-Rn. 6.
1002 BGH Beschl. v. 26.7.2012 – V ZB 26/12 – juris-Rn. 5.
1003 OLG Köln Beschl. v. 20.2.2001 – 25 UF 180/00 – FPR 2001, 393 – juris-Rn. 2.
1004 BGH Beschl. v. 15.10.2015 – V ZB 82/14 – juris-Rn. 10.
1005 BGH Beschl. v. 26.7.2012 – V ZB 26/12 – juris-Rn. 5.

protokoll oder ein (konkret bezeichneter) Nachtragsschriftsatz in Bezug genommen werden, wobei dann spätestens in den Rechtsgründen darzulegen ist, warum bei streitigen Angaben welcher Darstellung gefolgt wird.

483 Soweit **keine Bezugnahme** erfolgt, muss der Sachverhalt (wenn auch in knapper Form) zu allen entscheidungserheblichen Aspekten Ausführungen enthalten. Er muss sich also insbesondere zu den in § 417 Abs. 2 S. 2 Nr. 3 bis 5 FamFG genannten Aspekten (→ Rn. 305) verhalten und mithin darstellen: Die *Ausreisepflicht*, den maßgeblichen *Haftgrund* sowie die *Durchführbarkeit* der Abschiebung innerhalb der angeordneten Haftdauer sowie dass diese *kürzestmöglich* gehalten ist. Für die zuletzt genannten Punkte sind regelmäßig konkrete Angaben zu den einzelnen Verfahrensschritten (→ Rn. 328 ff.) erforderlich.

b) Rechtsgründe (Gründe zu II.)

484 Die Rechtsgründe des Beschlusses müssen die **anwendbaren Vorschriften** nennen und wenigstens eine **knappe Subsumtion** des Lebenssachverhaltes unter diese enthalten. Dabei dient die Begründung sowohl der Erklärung der Entscheidung gegenüber den Beteiligten als auch Selbstkontrolle des Gerichtes und darf daher *nicht nur stichpunktartig* die Vorschriften aufzählen.[1006]

485 Was für die konkrete Entscheidung irrelevant ist, ist **wegzulassen**.[1007] Die Zitierung von **Literatur und Rechtsprechung** ist nicht zwingend,[1008] soweit nicht von höchstrichterlicher Rechtsprechung abgewichen wird.[1009] Entsprechende Zitate erhöhen aber praktisch die Akzeptanz der Entscheidung und sind daher sinnvoll. Wurden **Beweise** erhoben, sind diese zu würdigen.[1010]

486 Die **Struktur der Gründe** sollte den Haftvoraussetzungen folgen, also an den Punkten *vollziehbare Ausreisepflicht*, *Vollstreckungsvoraussetzungen* (insbes. Androhung oder Entbehrlichkeit derselben), *Haftgrund*, *Prognose der Durchführbarkeit* in der Haftzeit und *entgegenstehende Gründe* (insbesondere Übermaßverbot) sowie *Nebenentscheidungen* orientiert sein. Insofern sei auf die **Musterbeschlüsse** im Anhang verwiesen.

487 Eine **einstweilige Anordnung** muss neben der Darstellung der Rechtsgründe für die Haft auch darlegen, warum eine einstweilige Entscheidung („dringende Gründe", § 427 Abs. 1 S. 1 FamFG) nötig ist. Soweit Haft- oder Gewahrsamsnormen das Gericht zur **Ermessenausübung** befugen, müssen die dafür nach Ansicht des Gerichtes wesentlichen Gesichtspunkte wiedergegeben werden.[1011]

5. Rechtsmittelbelehrung und Unterschrift

488 Der Beschluss hat ferner eine **Rechtsmittelbelehrung** (§ 39 FamFG) zu enthalten und ist durch den Richter zu **unterschreiben** (§ 38 Abs. 3 S. 2 FamFG).

1006 OLG Frankfurt Beschl. v. 7.8.2017 – 5 WF 28/17 – FamRZ 2018, 357 – juris-Rn. 11.
1007 *Ulrici* in MüKoFamFG § 38 Rn. 19.
1008 BVerfG Beschl. v. 9.4.1987 – 1 BvR 1074/86 – NJW 1987, 2499.
1009 BVerfG Beschl. v. 19.7.1995 – 1 BvR 1506/93 – NJW 1995, 2911 – juris-Rn. 11.
1010 OLG Schleswig-Holstein Beschl. v. 28.8.2017 – 8 UF 131/17 – NJW 2018, 559 – juris-Rn. 29.
1011 BGH Beschl. v. 19.1.2012 – V ZB 221/11 – InfAuslR 2012, 189 – juris-Rn. 5.

Dabei ist gegen **Hauptsache**-Beschlüsse binnen eines Monats nach schriftlicher Be- 489
kanntgabe (§ 63 Abs. 1 und 3 FamFG) sowohl die *Beschwerde* (§§ 58 ff. FamFG) als
auch (regelmäßig) die *Sprungrechtsbeschwerde* (§ 75 FamFG) statthaft. Über Letztere
muss aber nicht belehrt werden (§ 39 S. 2 FamFG). Gegen **einstweilige Anordnungen**
ist die *Sprungrechtsbeschwerde* nicht statthaft (§ 70 Abs. 4 FamFG),[1012] die Beschwerdefrist ist zudem auf zwei Wochen verkürzt (§ 63 Abs. 2 Nr. 1 FamFG).

6. Besondere Beschlussarten

Neben der *erstmaligen Haftanordnung* in der Hauptsache oder im einstweiligen An- 490
ordnungsverfahren bzw. der *Ablehnung* des Haftantrages sind in **erstinstanzlicher**
Praxis nachfolgende Beschlussarten ebenfalls relevant: **Haftverlängerung** (→
Rn. 491 ff.), **Haftaufhebung** (→ Rn. 500 ff.), **Haftaussetzung** (→ Rn. 514 ff.), **Abhilfe-**
verfahren nach Beschwerde (→ Rn. 523 ff.) und die **Feststellung der Rechtswidrigkeit**
einer Haft (→ Rn. 537 ff.). Nachfolgend wird auf die Besonderheiten dieser Verfahren und Entscheidungen hingewiesen, im Übrigen gelten dabei die vorgenannten allgemeinen Anforderungen.

a) Haftverlängerung (§ 425 Abs. 3 FamFG)

Für die **Verlängerung** einer Haft gelten die Vorschriften über deren **erstmalige Anord-** 491
nung entsprechend (§ 425 Abs. 3 FamFG). Auch insofern muss daher ein nach Maßgabe des § 417 FamFG *zulässiger Verlängerungsantrag* vorliegen, der abermals alle
Haft- und zudem die Verlängerungsvoraussetzungen darlegen muss (vgl. zum Maßstab insofern → Rn. 139 f.). Erneut muss ein *Anhörungstermin* unter Aushändigung
und Übersetzung des Verlängerungsantrages stattfinden.[1013]

aa) Verfahrensgegenstand und Prüfungsmaßstab

Das **zuständige Gericht** ist dasjenige des Haftortes (→ Rn. 370). Es hat inhaltlich ver- 492
tieft zu **prüfen**, ob die *fristgemäße Durchführbarkeit* der Abschiebung gegeben und
das *Beschleunigungsgebot* (→ Rn. 161 ff.) weiterhin gewahrt ist. Ein bestellter *Ver-*
fahrenspfleger ist weiter Beteiligter,[1014] bei positiver Kenntnis von einem konkreten
Verfahrensbevollmächtigten im Ursprungsverfahren muss das verlängernde Gericht
den Ausländer befragen, ob er wieder von ihm vertreten werden möchte (→
Rn. 397).

Die Entscheidung erfolgt **grds.** in **derselben Verfahrensart** wie die ursprüngliche Haft- 493
anordnung. Eine einmal angeordnete *Hauptsachehaft* als *Hauptsache* zu verlängern,
ist dabei genauso unproblematisch wie eine *einstweilige Anordnung* als *solche* zu verlängern. Letzteres kann auch über sechs Wochen hinaus geschehen (→ Rn. 448), wobei allerdings kritisch zu hinterfragen ist, ob weiter ein Eilbedürfnis (§ 427 Abs. 1 S. 1
FamFG) besteht; hat die Behörde während der ursprünglich angeordneten Haftdauer
nicht alles Erforderliche getan, um Entscheidungsreife der Hauptsache herbeizufüh-

---

1012 BGH Beschl. v. 3.2.2011 – V ZB 128/10 – FGPrax 2011, 148 – juris-Rn. 4
1013 StRspr BGH Beschl. v. 6.4.2017 – V ZB 59/16 – InfAuslR 2017, 292 – juris-Rn. 7; Beschl. v. 6.12.2012 –
V ZB 224/11 – InfAuslR 2013, 155 – juris-Rn. 11.
1014 *Bumiller* in ders./Harders/Schwamb FamFG § 425 Rn. 21.

ren und die Abschiebung zu fördern, wird regelmäßig das Beschleunigungsgebot verletzt und der Antrag daher abzulehnen sein.

494 Die Verlängerung kann auch (soweit, wie regelmäßig geboten, beides beantragt ist) unter **Wechsel der Verfahrensart** erfolgen. Ursprünglich angeordnete *Hauptsachehaft* kann als *einstweilige Anordnung* zu verlängern sein, wenn nunmehr zB ein verwaltungsgerichtliches Eilverfahren anhängig ist (→ Rn. 149). Genauso können zum Zeitpunkt der Verlängerungsentscheidung alle Anordnungsvoraussetzungen bestehen, so dass die ursprünglich *einstweilig* angeordnete Haft nun als *Hauptsache* verlängert wird; bei Letzterem handelt es sich der Sache nach um erstmalige Hauptsache-Anordnung, womit sich der ursprüngliche Hauptsache-Antrag im erstmaligen Anordnungsverfahren erledigt.

bb) Beschlussgestaltung und -inhalt

495 Die Entscheidung über die Verlängerung erfolgt als **Beschluss**, für den alle og (→ Rn. 439 ff.) Anforderungen gelten. **Kosten** fallen *gerichtlich* für das Verlängerungsverfahren als neues, separat geführtes Verfahren an (§ 425 Abs. 3 FamFG), ebenso *außergerichtliche Kosten* der Beteiligten. Es gelten die obigen Grundsätze (→ Rn. 456 ff.), so dass insbesondere im Falle der Zurückweisung eine Kostenentscheidung angezeigt ist, weil sonst der Ausländer seine und die gerichtlichen Kosten voll trüge.

496 Die **Beschlussformel** kann dabei beispielsweise wie folgt gefasst werden:

- ▪ Stattgabe (Hauptsache): „Die mit Beschluss vom ... angeordnete Haft zur Sicherung ... wird bis zum Ablauf des ... verlängert. Der Beschluss ist sofort wirksam. Der Betroffene trägt die Kosten des Verfahrens."
- ▪ Stattgabe (einstweilige Anordnung): „Die mit Beschluss vom ... angeordnete Haft zur Sicherung ... wird im Wege einstweiliger Anordnung bis zum Ablauf des ... verlängert. Der Beschluss ist sofort wirksam. Der Betroffene trägt die Kosten des Verfahrens."
- ▪ Stattgabe (Hauptsache nach ursprünglicher einstweiliger Anordnung): „Die mit Beschluss vom ... einstweilig angeordnete Haft zur Sicherung ... wird im Wege der Hauptsacheentscheidung bis zum Ablauf des ... verlängert. Der Beschluss ist sofort wirksam. Der Betroffene trägt die Kosten des Verfahrens." (Der Zusatz „im Wege der Hauptsacheentscheidung" sollte zur Klarstellung erfolgen; dies kann sich aber auch aus den Gründen ergeben.)
- ▪ Stattgabe (einstweilige Anordnung nach ursprünglicher Hauptsache): „Die mit Beschluss vom ... angeordnete Haft zur Sicherung ... wird im Wege der einstweiligen Anordnung bis zum Ablauf des ... verlängert. Der Beschluss ist sofort wirksam. Der Betroffene trägt die Kosten des Verfahrens."
- ▪ Zurückweisung: „Die beantragte Haftverlängerung wird abgelehnt. Die Kosten des Verfahrens trägt der Landkreis bzw. die Stadt ..."

497 Ob die Anordnung **sofortiger Wirksamkeit** erforderlich ist, kann man wegen des Wortlautes des § 422 Abs. 1 FamFG („angeordnet", nicht „verlängert") in Zweifel

ziehen. Da aber § 425 Abs. 3 FamFG auf die Vorschriften für die erstmalige Anordnung *insgesamt* verweist,[1015] wird damit auch § 422 FamFG erfasst.[1016]

Die **Gründe stattgebender Haftverlängerungsbeschlüsse** können regelmäßig knapp gefasst werden. Hinsichtlich der *Sachgründe* (→ Rn. 478 ff.) kann auf die Darlegungen im ursprünglichen Anordnungsbeschluss Bezug genommen und lediglich ausgeführt werden, was sich geändert hat; auch insofern sind Bezugnahmen auf zB den konkreten Antragsschriftsatz zur Haftverlängerung möglich (→ Rn. 480, 482). Bezüglich der *Rechtsgründe* kann analog verfahren werden, wobei aber insbesondere Darlegungen zu den og vertieften Prüfungspunkten (→ Rn. 492) erforderlich sind.   498

Soll die Haftverlängerung **abgelehnt** werden, so können die dafür maßgeblichen Gründe auch die **ursprünglich angeordnete Haft** betreffen. Es kann daher von Amts wegen ein von der Haftverlängerung *getrenntes* Haftaufhebungsverfahren einzuleiten sein (→ Rn. 500 ff.). Dabei sollten aus Gründen der Klarstellung in beiden Verfahren separate Beschlüsse erlassen werden, neben der *Ablehnung* im Haftverlängerungsverfahren also eine *Aufhebung und Freilassung* im Ursprungsverfahren; dies kann freilich direkt hintereinander in einem für beide Verfahren anberaumten Anhörungstermin oder taggleich im Dezernatswege geschehen.   499

b) Haftaufhebung (§ 426 FamFG)

Ein Haftaufhebungsverfahren kann sowohl auf **Antrag eines Beteiligten** (§ 426 Abs. 2 S. 1 FamFG) als auch **von Amts wegen** (§ 426 Abs. 1 S. 1 FamFG) eingeleitet werden. Dabei ist unerheblich, ob die angeordnete Haft in der *Hauptsache* oder als *einstweilige Anordnung* (§ 427 FamFG) erlassen wurde. **Zuständig** ist das Amtsgericht, das die ursprüngliche Haft angeordnet hat (→ Rn. 369).   500

aa) Verfahrensgegenstand und Prüfungsmaßstab

Im Haftaufhebungsverfahren ist **vollständig zu prüfen**, ob die **Haft** (weiterhin) **rechtmäßig** ist. Dabei können sowohl *neue Umstände* relevant sein als auch Gründe, bei deren Beachtung Haft *von vornherein* nicht hätte angeordnet werden dürfen (zB unzulässiger Haftantrag, fehlender Haftgrund).[1017] Mit anderen Worten ist in diesem Verfahren *jederzeit* die vollständige (inhaltsgleiche oder um neue Tatsachen erweiterte) Prüfung aller Haftvoraussetzungen möglich.   501

Bisher **bestehende Fehler** des Haftantrages (vgl. § 417 Abs. 3 FamFG), des Verfahrens oder des Haftbeschlusses können aber im Aufhebungsverfahren **durch** eine **Nachholung geheilt** werden. Geschieht dies, muss keine Haftaufhebung erfolgen; einer erneuten Anhörung des Ausländers bedarf es dafür nicht,[1018] es sei denn, der maßgebliche Verfahrensfehler war gerade das Fehlen einer persönlichen Anhörung.[1019]   502

1015 *Wendtland* in MüKoFamFG § 425 Rn. 4.
1016 *Bumiller* in ders./Harders/Schwamb FamFG § 425 Rn. 21; idS auch LG Bremen Beschl. v. 15.6.2017 – 10 T 325/17 – juris-Rn. 73, 75; LG Paderborn Beschl. v. 26.2.2010 – 11 XIV 31/10 B – juris-Rn. 10.
1017 StRspr BGH Beschl. v. 20.9.2017 – V ZB 180/16 – InfAuslR 2018, 63 – juris-Rn. 6; Beschl. v. 29.11.2012 – V ZB 170/12 – InfAuslR 2013, 157 – juris-Rn. 6.
1018 BGH Beschl. v. 1.6.2017 – V ZB 39/17 – InfAuslR 2017, 347 – juris-Rn. 15 ff.
1019 BGH Beschl. v. 1.6.2017 – V ZB 39/17 – InfAuslR 2017, 347 – juris-Rn. 18 aE.

503 Bei **Veränderungen der Sachlage** ist insbesondere die **Prognose der Durchführbarkeit** der Abschiebung innerhalb der Haftzeit von Bedeutung. Sie kann problematisch werden, soweit die ursprünglich beabsichtigte **Abschiebung gescheitert** ist. Allerdings ist gem. § 62 Abs. 4 a AufenthG für diesen Fall der weitere Haftvollzug zwecks neuen Abschiebeversuchs zulässig, so dass insofern keine Haftaufhebung erfolgen muss.[1020] Dies gilt auch dann, wenn der neue Versuch erst nach einer Verlängerung der Haft stattfinden kann, soweit ein Verlängerungsantrag bereits *gestellt* oder *angekündigt* ist.[1021]

504 Wird der Ausländer **während des Aufhebungsverfahrens** aus der **Haft entlassen**, erledigt sich der Antrag.[1022] In diesem Falle (sowie im Übrigen zusätzlich) kann jedoch die **Feststellung der Rechtswidrigkeit** (→ Rn. 537 ff., bes. → Rn. 543) beantragt werden.

bb) Verfahrenseinleitung und Verfahrensgang

505 Für die **Verfahrenseinleitung** können **alle Beteiligte** (§ 418 FamFG → Rn. 385 ff.) *jederzeit*[1023] einen Antrag stellen. Erlangt das **Gericht** von einem Wegfall der Haftvoraussetzungen *positive Kenntnis*, muss es ein Aufhebungsverfahren einleiten; bei Kenntniserlangung von *konkreten Anhaltspunkten* muss es Ermittlungen gem. § 26 FamFG aufnehmen.[1024] Eine dauerhafte *Überwachung* auf mögliche Veränderungen ist aber nicht erforderlich; das Gericht darf sich darauf verlassen, dass die Behörde maßgebliche Umstände von sich aus mitteilt.[1025]

506 Entsprechende **Anhaltspunkte** für eine mögliche **Amtsermittlung** und ggf. Haftaufhebung können beispielsweise sein:

- Bekanntwerden, dass der Ausländer **verwaltungsgerichtlichen Eilrechtsschutz** beantragt hat, wenn für seinen Fall **stattgebende Spruchpraxis** besteht,[1026]
- behördliche **Mitteilung**, dass eine **Konsulatsvorführung** zwecks **Passbeschaffung** **gescheitert** ist; ermittelt werden muss dann, inwiefern Ersatzpapiere in welchem Zeitraum nun zu beschaffen sind und wie sich das auf die Prognose der Durchführbarkeit der Abschiebung auswirkt,[1027]
- behördliche **Mitteilung**, dass eine geplante **Überstellung gescheitert** ist[1028] (→ Rn. 503).

507 Für die Durchführung des Verfahrens ist keine mündliche **Anhörung** erforderlich.[1029] Insbesondere gelten die §§ 420 Abs. 1 S. 1, 427 Abs. 2 FamFG nur für die *Anordnung* von Haft, so dass kein Anhörungstermin erforderlich ist;[1030] auch nicht nach

1020 BGH Beschl. v. 24.01.2019 – V ZB 72/18 – juris-Rn. 10.
1021 BGH Beschl. v. 11.7.2019 – V ZB 74/18 – juris-Rn. 11, 22; Beschl. v. 19.7.2018 – V ZB 179/15 – InfAuslR 2018, 415 – juris-Rn. 23.
1022 BGH Beschl. v. 17.3.2016 – V ZB 146/14 – juris-Rn. 9.
1023 BGH Beschl. v. 15.12.2011 – V ZB 302/10 – juris-Rn. 12.
1024 BGH Beschl. v. 20.9.2017 – V ZB 180/16 – InfAuslR 2018, 63 – juris-Rn. 7.
1025 *Wendland* in MüKoFamFG § 426 Rn. 3.
1026 BGH Beschl. v. 20.9.2017 – V ZB 118/17 – NVwZ 2018, 349 – juris-Rn. 18; BGH Beschl. v. 21.10.2010 – V ZB 96/10 – juris-Rn. 16.
1027 BGH Beschl. v. 20.9.2017 – V ZB 180/16 – InfAuslR 2018, 63 – juris-Rn. 9.
1028 BGH Beschl. v. 15.9.2016 – V ZB 43/16 – NVwZ 2016, 1824 – juris-Rn. 6.
1029 AA *Marx* AufenthaltsR-HdB § 8 Rn. 98.
1030 BGH Beschl. v. 19.6.2013 – V ZB 96/12 – juris-Rn. 21.

Heilung von Verfahrensmängeln.[1031] Anzuhören ist aber die **Behörde**; die damit verbundene Verzögerung ist hinzunehmen (Umkehrschluss § 330 S. 2 FamFG).[1032] Die Anhörung kann per Fax mit kurzer Stellungnahmefrist (zB ein bis zwei Tage) oder telefonisch erfolgen.

cc) Beschlussgestaltung und -inhalt

Die Entscheidung ergeht als **Beschluss**, § 426 Abs. 2 S. 2 FamFG. **Kosten** fallen *gerichtlich* im Verfahren über die Aufhebung von *Hauptsachehaft* neu an (§ 57 Abs. 2 GNotKG), nicht aber bei Aufhebung *einstweiliger Haft* (Vorbem. Nr. 1.6 KostV GNotKG). Ohne Kostenentscheidung trägt also in beiden Verfahren der Ausländer seine außergerichtlichen und im Falle einer Hauptsache auch neue gerichtliche Kosten (→ Rn. 457). Das ist unbillig und erfordert eine andere Entscheidung nach og Kriterien (→ Rn. 464 ff.), soweit Haft *aufgehoben* wird. Wurde ein Verfahren von Amts wegen eingeleitet (→ Rn. 505), hat kein Beteiligter die Kosten veranlasst, so dass bei einer Hauptsachehaft aus Gründen der Billigkeit auf Nichterhebung der Gerichtskosten entschieden werden sollte (§ 81 Abs. 1 S. 2 FamFG).

508

Der Beschluss ist allen Beteiligten **zuzustellen**, deren erklärtem Willen er nicht entspricht (regelmäßig bei *Stattgabe* der Behörde gegen EB [aus praktischen Gründen zusätzlich formlose Mitteilung an die Vollzugsanstalt], bei *Zurückweisung* dem Ausländer gegen GefZU, § 41 Abs. 1 S. 2 FamFG).

509

Die **Beschlussformel** kann beispielsweise wie folgt gefasst werden:

510

- **Aufhebung (nach Antrag)**: „Die mit Beschluss vom ... zum Geschäftszeichen ... angeordnete Haft zur Sicherung ... wird aufgehoben. Der Betroffene ist sofort zu entlassen (→ Rn. 454). Die Kosten des Verfahrens trägt der Landkreis bzw. die Stadt ..."
- **Aufhebung (nach Einleitung v.A.w.)**: „Die mit Beschluss vom ... zum Geschäftszeichen ... angeordnete Haft zur Sicherung ... wird aufgehoben. Der Betroffene ist sofort zu entlassen (→ Rn. 454). Die Kosten des Verfahrens trägt der Landkreis bzw. die Stadt .... (alternativ, wenn der Ausländer seine außergerichtlichen Kosten selbst tragen soll: Kosten werden nicht erhoben.)"
- **Nichtaufhebung (nach Antrag)**: „Der Antrag auf Haftaufhebung vom ... wird abgelehnt. Die Kosten des Verfahrens trägt der Betroffene (bzw. ggf. ein anderer antragstellender Beteiligter)."
- **Nichtaufhebung (nach Einleitung v.A.w.)**: „Die mit Beschluss vom ... zum Geschäftszeichen ... angeordnete Haft zur Sicherung ... wird nicht aufgehoben. Kosten werden nicht erhoben."

Eine **Verkürzung der Haft** kann im Aufhebungsverfahren nicht beschlossen werden, nur die Aufhebung zum Beschlusszeitpunkt („ganz oder gar nicht"). Das Verfahren ist kein erweitertes Rechtsmittel gegen die ursprüngliche Anordnung.[1033] Ergibt sich daher, dass zB Haft für vier Monate angeordnet wurde, aber nur drei erforderlich sind, muss ein früherer Aufhebungsantrag abgelehnt werden; der Haftbeschluss kann

511

1031 BGH Beschl. v. 1.6.2017 – V ZB 39/17 – InfAuslR 2017, 347 – juris-Rn. 18.
1032 *Göbel* in Keidel FamFG § 426 Rn. 9.
1033 BGH Beschl. v. 1.6.2017 – V ZB 39/17 – InfAuslR 2017, 347 – juris-Rn. 24.

jedoch nach Ablauf der drei Monate in einem neuen Aufhebungsverfahren (zB eingeleitet von Amts wegen) aufgehoben werden.

512 Die **Gründe** können in *tatsächlicher Hinsicht* regelmäßig knapp und unter weitgehendem Verweis auf den ursprünglichen Anordnungsbeschluss gefasst werden. Das Antragsvorbringen sollte (ggf. durch Bezugnahme auf den konkreten Antragsschriftsatz) dargestellt werden. Für die *Rechtsgründe* kann bei *Zurückweisung* gleichsam weitgehend verwiesen werden; warum das Antragsvorbringen keine andere Beurteilung rechtfertigt, ist aber herauszustellen. Bei *Stattgabe* kann knapp einleitend (zB „Die mit Beschluss vom … angeordnete Haft war antragsgemäß gem. § 426 FamFG aufzuheben, weil die Haftvoraussetzungen nicht mehr vorliegen. Denn nunmehr ist gem. § …“) zu dem fehlenden Punkt übergeleitet werden.

513 Der Beschluss kann mit der **Beschwerde** (§§ 58 ff. FamFG) angegriffen werden.[1034]

c) Haftaussetzung (§ 424 FamFG)

514 Die Haftaussetzung entspricht in etwa § 116 StPO und ermöglicht es neben der Behörde (§ 424 Abs. 1 S. 3 FamFG) auch dem **zuständigen Amtsgericht** (→ Rn. 369), den **Vollzug** der angeordneten Haft *zeitweilig* oder *unbefristet* auszusetzen. Dies kann durch *Auflagen* (§ 424 Abs. 1 S. 4 FamFG) gesichert werden, um notwendigen Druck aufrecht zu erhalten.

aa) Verfahrenseinleitung und Prüfungsmaßstab

515 Über eine Haftaussetzung kann jederzeit (also auch zusammen mit der ursprünglichen Haftanordnung) **von Amts wegen** entschieden werden. Auf **Antrag** eines Beteiligten (§ 418 FamFG → Rn. 385 ff.) muss eine Entscheidung ergehen und zwar auch dann, wenn der von der Behörde selbst entscheidbare Zeitrahmen von einer Woche (§ 424 Abs. 1 S. 2 FamFG) nicht überschritten wird.[1035]

516 Vor der Entscheidung muss eine (ggf. auch **schriftliche** oder telefonische) **Anhörung** der *Behörde* und des *Leiters der* (Vollzugs-)*Einrichtung* erfolgen (§ 424 Abs. 1 S. 2 FamFG). Letzteres dient der Klärung des bisherigen *Vollzugsverhaltens* und ist wg. teleologischer Reduktion bei einer Aussetzung zugleich mit der Anordnung entbehrlich. Soll einem behördlichen Antrag stattgegeben werden, ist deren Anhörung unnötig (Rechtsgedanke § 28 Abs. 2 Nr. 3 VwVfG). Vor Entscheidung über einen Antrag eines sonstigen Beteiligten *kann* dieser gem. § 26 FamFG (auch: persönlich) angehört werden, muss es aber nicht (Umkehrschluss aus § 424 Abs. 1 S. 2 FamFG).[1036]

517 Über die Aussetzung, die Auswahl etwaiger Auflagen und den Widerruf der Aussetzung wird nach gerichtlichem **Ermessen** entschieden (Wortlaut des § 424 Abs. 1 S. 1 FamFG),[1037] wobei einerseits das *Freiheitsgrundrecht* des Ausländers (Art. 2 Abs. 2 S. 2 GG), andererseits der *Sicherungszweck* der Haft gegeneinander abzuwägen sind. Insbesondere, wenn der Ausländer sich der Abschiebung entziehen will[1038] oder

---

1034 *Göbel* in Keidel FamFG § 426 Rn. 10.
1035 *Wendtland* in MüKoFamFG § 424 Rn. 5.
1036 AA *Wendtland* in MüKoFamFG § 424 Rn. 5 ohne Begründung.
1037 Allg. Meinung, vgl. nur *Göbel* in Keidel FamFG § 424 Rn. 6.
1038 LG Stade Beschl. v. 21.5.2014 – 9 T 52/14 – juris-Rn. 24.

schon vielfach gegen Verhaltenspflichten verstoßen hat,[1039] kommt eine Aussetzung nicht in Betracht.

bb) Beschlussgestaltung und -inhalt

Die Entscheidung ergeht durch **Beschluss**,[1040] der unter (knapper) Darlegung der Er- 518
messenserwägungen zu begründen ist und mit Bekanntgabe wirksam wird (§ 40 Abs. 1 FamFG). Der Anordnung *sofortiger Wirksamkeit* bedarf es weder bei Aussetzung noch Widerruf, da es sich nicht um eine selbstständige Anordnung gem. § 422 Abs. 1 FamFG (auch nicht analog[1041]) handelt.[1042] Im Falle eines untergetauchten Ausländers kann der Widerruf nach Verhaftung bekannt gegeben werden.

Die Sicherung des Haftzwecks kann durch entsprechende **Auflagen** (§ 424 Abs. 1 S. 4 519
FamFG) gefördert werden. In Betracht kommen zB *Meldeauflagen*, Auflage zur *Wohnsitznahme* oder *Sicherheitsleistung* (sog. „Kaution"). Dabei ist der Ausländer darauf hinzuweisen, dass schon ein einmaliger Auflagenverstoß zur Wiederinvollzugsetzung führt; wird die Aussetzung ohne persönliche Anhörung beschlossen, sollte dies in der *Beschlussformel* geschehen und der Beschluss auch entsprechend *übersetzt* werden.

Über die **Kosten** braucht nicht entschieden zu werden, da für die Aussetzungs- und 520
Widerrufsentscheidung keine Gerichtskosten anfallen.[1043] Die notwendigen außergerichtlichen Kosten der Beteiligten tragen diese selbst, was regelmäßig ermessensgerecht ist (§ 81 Abs. 1 S. 1 FamFG). Der Beschluss ist allen Beteiligten **zuzustellen**, deren erklärtem Willen er nicht entspricht (regelmäßig bei *Stattgabe* der Behörde gegen EB [aus praktischen Gründen zusätzlich formlose Mitteilung an die Vollzugsanstalt], bei *Zurückweisung* dem Ausländer gegen GefZU, § 41 Abs. 1 S. 2 FamFG).

Die **Beschlussformel** kann beispielsweise wie folgt gefasst werden: 521

- ■ Aussetzung: „Der Vollzug der mit Beschluss vom ... angeordneten Haft zur Sicherung ... wird (ggf.: unter folgenden Auflagen) ausgesetzt."
- ■ Meldeauflage: „Der Betroffene hat sich (zB ein, zwei oder) drei Mal wöchentlich auf der Wache der Polizeidienststelle ... zu melden. Die Festsetzung der Meldezeit bleibt der Polizeidienststelle überlassen." (alternativ: „... bei der Ausländerbehörde ... zu melden ...")
- ■ Wohnsitznahme: „Der Betroffene hat sich nach seiner Haftentlassung unverzüglich bei der Aufnahmeeinrichtung ... zu melden und dort seinen Wohnsitz zu nehmen."
- ■ Mitteilung Anschriftenänderung: „Der Betroffene hat jede Änderung seiner Anschrift unverzüglich dem Antragsteller und Gericht mitzuteilen. Er hat sich nach einer Änderung polizeilich anzumelden und die Meldebescheinigung unverzüglich dem Antragsteller und Gericht nachzuweisen."

1039 LG Hamburg Beschl. v. 7.12.2012 – 329 T 60/12 – juris-Rn. 17.
1040 *Wendtland* in MüKoFamFG § 424 Rn. 5.
1041 So aber *Göbel* in Keidel FamFG § 424 Rn. 9.
1042 *Günter* in BeckOK FamFG § 424 Rn. 7.
1043 *Wendtland* in MüKoFamFG § 424 Rn. 8.

- Sicherheitsleistung (im Falle asservierten Geldes): „Die asservierten ... Euro werden (ggf.: in Höhe von ... Euro) als Sicherheitsleistung bis zum Ablauf der angeordneten Haftzeit oder Aufhebung des Haftbeschlusses einbehalten."
- Sicherheitsleistung (im Falle ausstehender Zahlung): „Der Vollzug der mit Beschluss vom ... angeordneten Haft zur Sicherung ... wird gegen Zahlung einer Sicherheitsleistung in Höhe von ... Euro ausgesetzt. Die Sicherheitsleistung ist in barem Geld durch d. Betr. oder eine andere Person gegenüber der Hinterlegungsstelle des ... zu leisten und der hierüber erstellte Einzahlungsnachweis ist dem erkennenden Gericht schriftlich nachzuweisen."
- Weisungs- und Ladungsbefolgung: „Der Betroffene hat allen Weisungen und Ladungen des Antragstellers und Gerichtes unverzüglich Folge zu leisten."
- Hinweis auf Wiederinvollzugsetzung: „Bei einem Verstoß gegen eine der vorgenannten Auflagen wird der Haftbeschluss wieder in Vollzug gesetzt."
- Entlassung: „Der Betroffene ist sofort zu entlassen." (→ Rn. 454)
- Widerruf: „Der Beschluss vom ... über die Aussetzung der mit dem Haftbeschluss vom ... angeordneten Haft zur Sicherung ... wird aufgehoben. Der Haftbeschluss vom ... wird wieder in Vollzug gesetzt."

522 Der aussetzende wie auch widerrufende Beschluss kann mit der **Beschwerde** (§§ 58 ff. FamFG) angegriffen werden,[1044] nicht mit der *sofortigen Beschwerde*.[1045]

d) Abhilfeverfahren nach Beschwerde (§ 68 FamFG)

523 Wird **Beschwerde** eingelegt, hat das Amtsgericht ein **Abhilfeverfahren** durchzuführen. Im Zuge dessen ist zu prüfen, ob die Beschwerde begründet ist; ist das der Fall, ist *abzuhelfen* (§ 68 Abs. 1 S. 1 Fall 1 FamFG). Andernfalls ist die Sache zur weiteren Prüfung dem *Beschwerdegericht vorzulegen* (§ 68 Abs. 1 S. 1 Fall 2 FamFG).

aa) Verfahrenseinleitung und Prüfungsmaßstab

524 Das Abhilfeverfahren wird eingeleitet, wenn ein Beteiligter (§ 418 FamFG) eine **Beschwerde einlegt**. Ob dem so ist, ist ggf. durch **Auslegung** zu ermitteln: Angesichts des neben dem Beschwerdeverfahren auch anwendbaren *Aufhebungsverfahrens* (→ Rn. 500 ff.) können dabei insbesondere der *Wortlaut* des Schriftsatzes und sein Eingehen *inner- oder außerhalb* der Beschwerdefrist (→ Rn. 489) von Bedeutung sein. Eine spätere Bezeichnung als „Beschwerdebegründung" muss einer Einordnung als Aufhebungsantrag nicht entgegenstehen,[1046] denn regelmäßig wird das für den Ausländer wirksamste Mittel gemeint sein.[1047]

525 Die **Zulässigkeit** der Beschwerde oder ihre **Statthaftigkeit** sind angesichts der Systematik, welche diese Prüfung dem Beschwerdegericht überantwortet (§ 68 Abs. 2 S. 1 FamFG), vom Amtsgericht *nicht* zu prüfen.[1048] Daher ist auch auf eine *unzulässige* Beschwerde hin eine **Abhilfe möglich,** und für die Regelkonstellation einer Beschwer-

---

1044 *Göbel* in Keidel FamFG § 424 Rn. 10.
1045 AA *Bumiller* in ders./Harders/Schwamb FamFG § 424 Rn. 6, dagegen aber überzeugend *Heidebach* in Haußleiter FamFG § 424 Rn. 5.
1046 BGH Beschl. v. 16.3.2017 – V ZB 147/16 – juris-Rn. 4.
1047 BGH Beschl. v. 21.7.2016 – V ZB 42/16 – juris-Rn. 4.
1048 *Sternal* in Keidel FamFG § 68 Rn. 9 b mwN auch zur Gegenansicht, offengelassen von BGH Beschl. v. 2.12.2015 – XII ZB 283/15 – NJW 2016, 565 – juris-Rn. 29.

de des Ausländers gegen die Haftanordnung sowohl prozessökonomisch als auch aus Sicht des Grundrechtes (Art. 2 Abs. 2 S. 2 GG) geboten; denn erachtet das Haftgericht nach der Abhilfeprüfung eine Haftaufhebung für geboten, müsste es ohnehin von Amts wegen ein Aufhebungsverfahren (→ Rn. 500 ff.) einleiten.

Die Beschwerde ist **begründet**, soweit das Haftgericht *aufgrund* oder *bei Gelegenheit*   526
der Beschwerde(begründung) zu einer anderen Rechtsauffassung gelangt oder die Tatsachen anders würdigt;[1049] dies kann auch aufgrund *neuen Tatsachenvorbringens* der Fall sein, das zu berücksichtigen ist (§ 65 Abs. 3 FamFG). Die Abhilfe kann nicht mehr erfolgen, wenn sich die angegriffene Entscheidung (zB im Falle der Inhaftierung durch *Abschiebung* oder *Haftentlassung*) **erledigt** hat (Entfall des Rechtsschutzbedürfnisses).[1050] In diesem Falle (sowie im Übrigen zusätzlich) kann jedoch die **Feststellung der Rechtswidrigkeit** (→ Rn. 537 ff., bes. → Rn. 543) beantragt werden.

bb) Verfahrensgang

Ein **Anhörungstermin** muss im Abhilfeverfahren nicht stattfinden, kann allerdings im   527
Rahmen der Amtsermittlung gem. § 26 FamFG anberaumt werden.[1051] Soweit neuer Tatsachenvortrag erfolgt, kann dies auch sachdienlich sein, soweit darob eine Beweisaufnahme stattfinden soll (zB Anhörung des Partners → Rn. 167).

Soweit **Verfahrensbevollmächtigte** *Akteneinsicht* (§ 13 FamFG) beantragen und eine   528
Beschwerdebegründung ankündigen, kann es sinnvoll sein, Einsicht und Frist zur Einreichung der Begründung vor der Abhilfeentscheidung zu gewähren.[1052] Dabei sollte aber das *Beschleunigungsgebot* in Haftsachen beachtet werden, weswegen ein grundsätzliches Abwarten nicht geboten ist.[1053]

Beabsichtigt das Gericht eine (ggf. auch *teilweise*) **Abhilfe**, so hat es den übrigen Be-   529
teiligten zuvor *rechtliches Gehör* zu gewähren. Dies kann schriftlich oder telefonisch erfolgen; in der Sonderkonstellation einer Abhilfe nach voriger Ablehnung der Haft muss eine ggf. wegen Ablehnung im Dezernatswege unterbliebene persönliche Anhörung des Ausländers (→ Rn. 285) aber nachgeholt werden.

cc) Beschlussgestaltung und -inhalt

Die Entscheidung ergeht sowohl bei Nichtabhilfe[1054] als auch bei (teilweiser) Abhilfe   530
als **Beschluss**. Über die **Kosten** hat das Gericht bei *Teil-* oder *Nichtabhilfe* nicht zu entschieden; dies obliegt dem Beschwerdegericht im Rahme einer einheitlichen Kostenentscheidung.[1055] Bei *vollständiger* Abhilfe ist aber, da der angegriffene Beschluss mitsamt Kostenentscheidung aufgehoben wird, über die Kosten des *Verfahrens* und der *Beschwerde* (diese ist sowohl sachlich[1056] als auch kostenrechtlich ein neues Ver-

---

1049 *Obermann* in BeckOK FamFG § 68 Rn. 9.
1050 LG Landshut Beschl. v. 21.9.2011 – 62 T 2263/11 – juris-Rn. 14.
1051 *Sternal* in Keidel FamFG § 68 Rn. 11.
1052 Offengelassen von BGH Beschl. v. 2.3.2017 – V ZB 138/16 – InfAuslR 2017, 289 – juris-Rn. 15.
1053 Vgl. *Sternal* in Keidel FamFG § 68 Rn. 11.
1054 BGH Beschl. v. 15.7.2010 – V ZB 10/10 – NVwZ 2011, 127 – juris-Rn. 18.
1055 OLG Frankfurt Beschl. v. 6.11.1984 – 6 W 132/84 – JurBüro 1985, 1718.
1056 BGH Beschl. v. 15.2.2017 – XII ZB 462/16 – NJW-RR 2017, 707 – juris-Rn. 13.

fahren, § 55 Abs. 1 GNotKG[1057]) zu entscheiden; es gelten die benannten Grundsätze zu §§ 81, 430 FamFG (→ Rn. 460 ff.).

531 Der Beschluss ist den Beteiligten bei *Nichtabhilfe* formlos bekannt zu geben,[1058] was regelmäßig zusammen mit der Abgabenachricht geschieht. Eine (auch: teilweise) *Abhilfe* muss dem Beschwerdegegner **zugestellt** (§ 41 Abs. 1 S. 2 FamFG) oder mündlich bekannt gegeben (§ 41 Abs. 2 FamFG) werden, da dieser insofern selbst beschwerdeberechtigt ist (→ Rn. 536). Im Regelfall einer Beschwerde des Ausländers gegen eine Haftanordnung würde bei (Teil-)Abhilfe eine Zustellung durch EB an die Behörde erfolgen.

532 In den **Tenor** kann (bei nicht vollständiger Abhilfe) dieser **Zusatz** aufgenommen werden: „Die Sache wird dem ...gericht vorgelegt." Zwingend ist das nicht, da die Vorlagepflicht bei Nichtabhilfe schon aus § 68 Abs. 1 S. 1 Fall 2 FamFG folgt und die Übersendung ohnehin gesondert verfügt wird. Wird bei **Abhilfe** der ursprüngliche **Beschluss aufgehoben**, ist der diesem zugrunde liegende **Antrag** formal wieder unbeschieden. Die Entscheidung ist daher nachzuholen, da erst dadurch die Abhilfe vollständig ist. Dies zeigen folgende Beispiele:

- bei Abhilfe bzgl. **Ablehnung von Verfahrenskostenhilfe und Beiordnung** müssen der ablehnende Beschluss aufgehoben und die beantragte Verfahrenskostenhilfe und Beiordnung gewährt werden (→ Rn. 416),
- bei Abhilfe bzgl. **Haft(verlängerungs)anordnung** müssen der Haft(verlängerungs)beschluss aufgehoben und der der Haft(verlängerungs)antrag abgewiesen werden;[1059] unterbleibt dies, kann der Abhilfebeschluss aber nach Maßgabe der Gründe regelmäßig auch als Ablehnung ausgelegt werden,
- bei Abhilfe bzgl. **Haft(verlängerungs)antrags-Ablehnung** müssen der ablehnende Beschluss aufgehoben und die beantragte Haft angeordnet werden.[1060]

533 Die **Beschlussformel** kann beispielsweise wie folgt gefasst werden:

- **Nichtabhilfe (separate Begründung):** „Der Beschwerde gegen den Beschluss vom ... wird nicht abgeholfen."
- **Nichtabhilfe (Begründungsverweis):** „Der Beschwerde gegen den Beschluss vom ... wird nicht abgeholfen, weil die Haftanordnung aus den Gründen des vorstehend bezeichneten Beschlusses durch das Beschwerdevorbringen nicht in Frage gestellt wird."
- **Abhilfe (teilweise):** „Der Beschluss vom ... wird auf die Beschwerde vom ... hin dahin gehend abgeändert, dass .... Im Übrigen wird der Beschwerde nicht abgeholfen."
- **Abhilfe (vollständig):** „Der Beschluss vom ... wird auf die Beschwerde vom ... hin aufgehoben und ... (→ Rn. 532). Die Kosten des Verfahrens (alternativ: Trennung der Kostenarten → Rn. 461) und der Beschwerde trägt ..."

1057 *Thamke* in Korintenberg GNotKG § 55 Rn. 19.
1058 BGH Beschl. v. 15.7.2010 – V ZB 10/10 – NVwZ 2011, 127 – juris-Rn. 18.
1059 ZB LG Hannover Beschl. v. 18.1.2019 – 8 T 2/19 – juris-Tenor Abs. 1; LG Köln Beschl. v. 6.7.2018 – 34 T 91/18 – juris-Tenor Abs. 1.
1060 ZB LG Bremen Beschl. v. 28.11.2017 – 10 T 614/17 – juris-Tenor Abs. 1.

Die **Gründe** des **Nichtabhilfebeschlusses** müssen darlegen, warum das Beschwerde- 534
vorbringen *keine andere Beurteilung* rechtfertigt. Die Darlegung kann knapp ausfallen und, wenn kein neuer Sach- oder Rechtsvortrag erfolgt, nach obigem Muster als
Verweis im Tenor erfolgen. Der (Teil-)**Abhilfebeschluss** muss gesondert begründen,
warum eine neue Beurteilung gerechtfertigt ist und das Gericht an seiner bisherigen
Auffassung nicht mehr festhält; denn die durch die Abhilfe belasteten Beteiligten sind
selbst beschwerdeberechtigt und müssen prüfen können, inwiefern sie Rechtsmittel
einlegen sollten.[1061]

Soweit der **Ausgangsbeschluss** unter Mängeln der **Begründung** leidet (→ Rn. 477), 535
können diese durch Nachholung der entsprechenden Darlegungen im Nichtabhilfebeschluss geheilt werden.[1062] Entsprechend umfangreiche Ausführungen sind daher geboten, soweit das Gericht die Begründung im Eildienst, wie es gelegentlich passiert,
sehr kurz gehalten hat.

Der *Nichtabhilfebeschluss* ist nicht gesondert anfechtbar; er unterliegt ohnehin gem. 536
§ 68 Abs. 1 S. 1 Fall 2 FamFG der Überprüfung durch das Beschwerdegericht. Ein
(auch: Teil-)**Abhilfebeschluss** kann durch den belasteten Beteiligten mit der **Beschwerde** (§§ 58 ff. FamFG) angegriffen werden und ist insofern mit einer Rechtsmittelbelehrung zu versehen (§ 39 FamFG).[1063]

e) Rechtswidrigkeitsfeststellung (§ 62 FamFG)

Zusammen mit einer **Beschwerde** oder einem **Haftaufhebungsantrag** kann (ggf. ana- 537
log) § 62 FamFG auf Antrag hin die *Rechtswidrigkeit* einer Maßnahme (regelmäßig:
Inhaftierung) festzustellen sein. Dies setzt die Rspr. des BVerfG zu Art. 19 Abs. 4 GG
um, dergemäß für erledigte Freiheitsentziehungen bei einem bestehenden *Rehabilitationsinteresse* die gerichtliche Überprüfung der Maßnahme möglich sein muss.[1064]

aa) Verfahrensgegenstand und Prüfungsmaßstab

Die Regelung des § 62 FamFG betrifft den **Sonderfall**, dass sich eine Hauptsache in 538
der Beschwerde vor Entscheidung (durch zB Abschiebung, Haftentlassung) erledigt.
Das dergestalt unzulässig gewordene Rechtsmittel soll dann in ein zulässiges Feststellungsverfahren überführt werden können. Die Norm wird allerdings auch darüber hinaus angewendet.

Die **Rechtsschutzformvoraussetzungen** sind nach der Rspr. des BGH vielfach modifi- 539
ziert. Ein zulässiger Feststellungsantrag setzt danach erstens voraus, dass *Feststellung
der Rechtswidrigkeit einer Maßnahme* begehrt wird. Zweitens muss eine zulässiges
Trägerverfahren bestehen, weil die Feststellung nicht isoliert beantragt werden kann.
Drittens bedarf es eines hinreichenden *Feststellungsinteresses*.

(1) Rechtswidrigkeit einer Maßnahme

Das Begehren muss auf die Überprüfung der Rechtmäßigkeit einer gerichtlich getrof- 540
fenen **Maßnahme** gerichtet sein. Maßnahme idS ist grds. eine *Inhaftierung* aufgrund

---

1061 *Sternal* in Keidel FamFG § 68 Rn. 12 a.
1062 *Meyer-Holz* in Keidel FamFG § 38 Rn. 74.
1063 ZG *Sternal* in Keidel FamFG § 68 Rn. 12 a.
1064 BVerfG Beschl. v. 5.12.2001 – 2 BvR 527/99 – BVerfGE 104, 220 – juris-Rn. 38 ff.

gerichtlicher Entscheidung. Verfahrensgegenstand ist damit der haftanordnende **Beschluss**. Die Feststellung kann dabei aber auf einzelne, vom Beschluss erfasste **Teilzeiträume** beschränkt werden,[1065] auch kann für Teilzeiträume ggf. das Feststellungsinteresse fehlen[1066] oder Haft insofern wegen einer Veränderung der Sach- und Rechtslage *rechtswidrig werden*.[1067]

541 Unerheblich ist, **inwiefern** die **Rechtswidrigkeit** der Maßnahme geltend gemacht wird. Sie kann sich sowohl aus *inhaltlich fehlerhafter* Entscheidung (zB Haftanordnung bei unzulässigem Haftantrag[1068] oder fehlenden Vollstreckungsvoraussetzungen[1069]), als auch aus *verfahrensfehlerhaft* ergangener Anordnung (zB keine hinreichende Gewährung rechtlichen Gehörs[1070]) ergeben.

542 Auch ein **Ablehnungsbeschluss** ist taugliche Maßnahme im og Sinne.[1071] Denkbar ist insofern regelmäßig aber nur ein Feststellungsantrag einer Behörde, für den praktisch stets das Feststellungsinteresse fehlt (→ Rn. 551).

(2) Trägerverfahren und Erledigung

543 Da ein reines Feststellungsbegehren vom Sinn des § 62 FamFG nicht erfasst ist, muss der Antrag Teil eines anderen Verfahrens sein. Er kann insofern (nur) mit der **Beschwerde**[1072] oder einem **Haftaufhebungsantrag**[1073] verbunden werden. Außerhalb eines solchen Verfahrens ist er unzulässig.[1074]

544 Wird der Antrag mit der **Beschwerde** verbunden, darf diese nicht verfristet sein.[1075] Unerheblich ist aber, ob sich die **Haft** *vor Einlegung* der Beschwerde,[1076] *während* des Beschwerdeverfahrens[1077] oder auch erst *durch die stattgebende Beschwerdeentscheidung*[1078] **erledigt**. Solange der angegriffene Beschluss nicht durch Fristablauf formell rechtskräftig[1079] und das Beschwerdeverfahren beendet ist, kann der Feststellungsantrag im Verfahren gestellt werden.

545 Hat sich die Haft schon *vor Einlegung* der Beschwerde erledigt, ist die Beschwerde von vornherein *auf Rechtswidrigkeitsfeststellung* gerichtet.[1080] Erledigt sie sich *wäh-*

1065 BGH Beschl. v. 12.7.2018 – V ZB 184/17 – Asylmagazin 2019, 78 – juris-Rn. 4; Beschl. v. 29.11.2012 – V ZB 170/12 – InfAuslR 2013, 157 – juris-Rn. 7.
1066 BGH Beschl. v. 7.2.2019 – V ZB 216/17 – InfAuslR 2019, 228 – juris-Rn. 6.
1067 ZB wg. Eilantrages beim VG, BGH Beschl. v. 14.10.2010 – V ZB 78/10 – NVwZ 2011, 574 – juris-Rn. 14 ff.
1068 BGH Beschl. v. 29.10.2015 – V ZB 155/14 – juris-Rn. 4.
1069 BGH Beschl. v. 7.2.2019 – V ZB 216/17 – InfAuslR 2019, 228 – juris-Rn. 10.
1070 BGH Beschl. v. 6.12.2012 – V ZB 224/11 – juris-Rn. 10.
1071 Vgl. BGH Beschl. v. 20.7.2017 – V ZB 47/16 – FGPrax 2017, 195 – juris-Rn. 6; aA wohl aber noch BGH Beschl. v. 31.1.2013 – V ZB 22/12 – BGHZ 196, 118 – juris-Rn. 9.
1072 BGH Beschl. v. 10.10.2012 – XII ZB 660/11 -FGPrax 2013, 44 – juris-Rn. 15.
1073 BGH Beschl. v. 22.8.2015 – V ZB 30/15 – InfAuslR 2015, 439 – juris-Rn. 10.
1074 StRspr BGH Beschl. v. 22.8.2019 – V ZB 179/17 – juris-Rn. 13; Beschl. v. 20.1.2011 – V ZB 116/10 – InfAuslR 2011, 143 – juris-Rn. 8.
1075 BGH Beschl. v. 22.10.2015 – V ZB 30/15 – InfAuslR 2015, 439 – juris-Rn. 10.
1076 BGH Beschl. v. 6.10.2011 – V ZB 314/10 – InfAuslR 2012, 100 – juris-Rn. 7.
1077 BGH Beschl. v. 10.7.2014 – V ZB 20/13 – InfAuslR 2014, 443 – juris-Rn. 12.
1078 BGH Beschl. v. 18.2.2016 – V ZB 74/15 – InfAuslR 2016, 240 – juris-Rn. 12; Beschl. v. 14.10.2010 – V ZB 78/10 – NVwZ 2011, 574 – juris-Rn. 11.
1079 BGH Beschl. v. 10.7.2014 – V ZB 20/13 – InfAuslR 2014, 443 – juris-Rn. 11 f.; Beschl. v. 28.4.2011 – V ZB 292/10 – FGPrax 2011, 200 – juris-Rn. 17.
1080 BGH Beschl. v. 10.1.2019 – V ZB 56/18 – FGPrax 2019, 50 – juris-Rn. 7; Beschl. v. 10.7.2014 – V ZB 20/13 – InfAuslR 2014, 443 – juris-Rn. 11.

rend des Beschwerdeverfahrens, kann das **Begehren** entsprechend **umgestellt** werden; diese Umstellung ist ohne Fristbindung zulässig, solange die Beschwerde noch nicht entschieden, zurückgenommen (§ 67 Abs. 4 FamFG) oder durch beiderseitige Beendigungserklärung (§ 22 Abs. 3 FamFG) beendet ist.[1081] Erledigt sich die Haft durch *stattgebende Beschwerdeentscheidung*, ist zusätzlich über eine beantragte Feststellung zu entscheiden; diese Entscheidung wird auch nicht durch Haftaufhebung entbehrlich.[1082]

Bei Verbindung der Feststellung mit einem **Haftaufhebungsantrag** (→ Rn. 500) muss dieses Trägerverfahren zunächst zulässig sein; die Haft darf sich also bei Eingang des Antrages **noch nicht erledigt** haben.[1083] Anschließend ist der Antrag, wie im Falle der Beschwerde, zulässig, bis das Aufhebungsverfahren abgeschlossen ist.   546

Da Haftaufhebung *außerhalb* der Rechtsmittelfristen der Haftanordnung beantragt werden kann (→ Rn. 501), darf jedoch die formelle **Rechtskraft des Haftbeschlusses** nicht unterlaufen werden. Daher darf bei diesem Trägerverfahren die Feststellung nur für den Zeitraum **ab Eingang** des Aufhebungsantrages beim Amtsgericht erfolgen.[1084] Für Zeiträume *davor* ist er unzulässig.[1085]   547

Endet das Trägerverfahren durch eine **Rücknahme**, wird ein damit verbundener Feststellungsantrag **gegenstandslos**; über ihn muss dann nicht mehr entschieden werden.[1086] Dasselbe gilt auch für eine Beendigung durch beiderseitige Beendigungserklärung (§ 22 Abs. 3 FamFG).   548

(3) Feststellungsinteresse

Für die Feststellung bedarf es eines Feststellungsinteresses; fehlt es, ist der Antrag unzulässig.[1087] Ein hinreichendes Interesse gem. § 62 Abs. 2 Nr. 1 FamFG wird jedoch bereits durch **erfolgte Inhaftierung** indiziert (sog. **Rehabilitationsinteresse**[1088]), allerdings muss die Inhaftierung *aufgrund* des Beschlusses erfolgt sein. Daran fehlt es, *soweit* sie aus anderem Grund (zB Untersuchungs- oder Strafhaft) erfolgte[1089] oder wegen Verlegung in ein (offenes) Krankenhaus nicht (mehr) vollzogen wurde.[1090]   549

Auch eine Erledigung durch (gewaltsame) **Flucht** aus der Haftanstalt[1091] oder ein **Untertauchen** während des Verfahrens hindert grds. nicht das Bestehen eines Feststellungsinteresses. Denn derlei dient im Ausländerrecht regelmäßig nicht der *rechtsmiss-*   550

1081 BGH Beschl. v. 10.7.2014 – V ZB 20/13 – InfAuslR 2014, 443 – juris-Rn. 12.
1082 StRspr BGH Beschl. v. 10.1.2019 – V ZB 159/17 – juris-Rn. 9; Beschl. v. 11.10.2012 – V ZB 238/11 – InfAuslR 2013, 114 – juris-Rn. 6.
1083 BGH Beschl. v. 21.7.2016 – V ZB 42/16 – juris-Rn. 4; Beschl. v. 22.10.2015 – V ZB 30/15 – InfAuslR 2015, 439 – juris-Rn. 10.
1084 StRspr BGH Beschl. v. 12.7.2018 – V ZB 184/17 – Asylmagazin 2019, 78 – juris-Rn. 4; Beschl. v. 29.11.2012 – V ZB 170/12 – InfAuslR 2013, 157 – juris-Rn. 7.
1085 BGH Beschl. v. 15.12.2011 – V ZB 302/10 – juris-Rn. 9.
1086 BGH Beschl. v. 9.5.2019 – V ZB 12/18 – juris-Rn. 9.
1087 BGH Beschl. v. 9.5.2019 – V ZB 12/18 – juris-Rn. 5.
1088 BVerfG Beschl. v. 5.12.2001 – 2 BvR 527/99 – BVerfGE 104, 220 – juris-Rn. 39.
1089 BGH Beschl. v. 7.4.2011 – V ZB 211/10 – juris-Rn. 6.
1090 BGH Beschl. v. 7.2.2019 – V ZB 216/17 – InfAuslR 2019, 228 – juris-Rn. 6.
1091 BGH Beschl. v. 14.1.2016 – V ZB 174/14 – juris-Rn. 6.

bräuchlichen Benachteiligung des Prozessgegners[1092] und behindert auch den Verfahrensfortgang nicht, soweit ein *Verfahrensbevollmächtigter* bestellt ist.[1093]

551 Für die **Behörde** besteht ein Feststellungsinteresse grds. **nicht**, denn sie hat kein aus Art. 2 Abs. 2 S. 2 GG folgendes Rehabilitierungsinteresse.[1094] Fälle, in denen der BGH ein behördliches Interesse in Fällen der Abschiebungshaft zugelassen hätte, sind nicht bekannt. Die etwaige *inhaltliche Unrichtigkeit* einer Entscheidung zulasten der Behörde genügt nicht,[1095] auch nicht die *Klärung einzelner Rechtsfragen* zwecks künftiger Handhabung oder eine etwaige *Wiederholungsgefahr* mit Blick auf die Verletzung von Verfahrensrechten.[1096]

552 Die Behörde kann die Beschwerde **nach Erledigung** stattdessen auf den **Kostenpunkt** beschränken;[1097] dies jedoch nur, soweit die Erledigung nicht schon *vor Eingang der Beschwerde* eingetreten ist (sonst ist der Antrag unzulässig[1098]). Dann ist gem. § 81 Abs. 1 S. 1 (ggf. iVm § 430) FamFG nach billigem Ermessen über die Kosten nach voraussichtlichem Ausgang des Verfahrens zu entscheiden.[1099]

bb) Verfahrenseinleitung und Verfahrensgang

553 Die Feststellung muss **beantragt** werden (§ 62 Abs. 1 FamFG). Der Antrag muss nicht ausdrücklich gestellt sein, sondern kann sich durch *Auslegung* ergeben. Das Begehren muss aber darauf gerichtet sein, eine Sachentscheidung **in Ansehung der Erledigung** zu begehren.[1100] Dass ein Antrag „für den Fall der Haftentlassung" formuliert ist, hindert die Zulässigkeit nicht; es handelt sich insofern um die (zulässige) innerprozessuale Bedingung des Eintritts der Erledigung.[1101]

554 Wird der Antrag nicht ausdrücklich mit dem Trägerverfahren zusammen erhoben, muss er jedenfalls **nach** einem **Eintritt der Erledigung** entsprechend **umgestellt** werden,[1102] wozu Gelegenheit zu geben ist.[1103] Fehlt es an einer Umstellung, ist das unzulässig gewordene Trägerverfahren zurückzuweisen.[1104] Ein anwaltlich nicht vertretener Ausländer ist zuvor auf die Möglichkeit der Antragsumstellung hinzuweisen.[1105]

555 Der **Verfahrensgang** und die **Antragsberechtigung** richten sich nach dem Trägerverfahren. Zulässig sind mithin auch Anträge von *Vertrauenspersonen*.[1106] Diese können auch, ebenso wie *Angehörige*, nach dem *Tod* eines Ausländers fristgemäß Beschwer-

---

1092 BGH Beschl. v. 20.11.2014 – V ZB 54/14 – InfAuslR 2015, 104 – juris-Rn. 5.
1093 BGH Beschl. v. 21.4.2016 – V ZB 73/15 – juris-Rn. 5.
1094 BGH Beschl. v. 31.1.2013 – V ZB 22/12 – BGHZ 196, 118 – juris-Rn. 10.
1095 BGH Beschl. v. 1.3.2013 – V ZB 126/12 – juris-Rn. 6.
1096 BGH Beschl. v. 29.6.2017 – V ZB 84/17 – NVwZ 2017, 1808 – juris-Rn. 9.
1097 StRspr BGH Beschl. v. 7.6.2018 – V ZB 237/17 – NVwZ 2019, 424 – juris-Rn. 4; Beschl. v. 31.1.2013 – V ZB 22/12 – BGHZ 196, 118 – juris-Rn. 6 ff.
1098 BGH Beschl. v. 29.6.2017 – V ZB 84/17 – NVwZ 2017, 1808 – juris-Rn. 5.
1099 ZB BGH Beschl. v. 27.6.2019 – V ZB 51/19 – juris-Rn. 4.
1100 BGH Beschl. v. 7.8.2019 – XII ZB 29/19 – juris-Rn. 13.
1101 BGH Beschl. v. 18.2.2016 – V ZB 74/15 – InfAuslR 2016, 240 – juris-Rn. 12.
1102 BGH Beschl. v. 8.1.2014 – V ZB 137/12 – NVwZ 2014, 1111 – juris-Rn. 2 und 4.
1103 *Göbel* in Keidel FamFG § 62 Rn. 12.
1104 LG Wuppertal Beschl. v. 16.12.2015 – 9 T 248/15 – juris-Rn. 9.
1105 BGH Beschl. v. 20.6.2018 – XII ZB 489/17 – NJW 2018, 2566 – juris-Rn. 19.
1106 BGH Beschl. v. 26.6.2014 – V ZB 5/14 – InfAuslR 2014, 443 – juris-Rn. 7.

dc mit dem Ziel der Feststellung erheben.[1107] **Sachermittlungen** kann das Amtsgericht vornehmen, **heilbare Verfahrensfehler** begründen zudem *nicht* den Erfolg des Antrages.[1108]

cc) Beschlussgestaltung und -inhalt

Obgleich der Wortlaut des § 62 Abs. 1 FamFG das **Beschwerdegericht** benennt, ist ein   556
Antrag im Rahmen der Trägerverfahren (→ Rn. 543 ff.) auch beim **Amtsgericht** zulässig.[1109] Es muss daher im Falle einer *vollständigen Abhilfe* bzgl. einer Beschwerde (→ Rn. 523 ff.) und einer *Haftaufhebung* (→ Rn. 500 ff.) über den Feststellungsantrag, soweit erhoben, positiv entscheiden. Für die **Kosten** gelten die Ausführungen bzgl. der Trägerverfahren (→ Rn. 530, 508). Ob diese mit einem Feststellungsantrag verbunden sind oder nicht, bedingt keinen Unterschied.

Im **Aufhebungsverfahren** muss bei *Ablehnung* derselben auch eine solche für die Fest-   557
stellung erfolgen; andernfalls kann eine nachträgliche Ergänzung des Beschlusses gem. § 43 FamFG erforderlich werden.[1110] Dies geschieht nur im Tenor, soweit der Antrag nicht unter innerprozessualer Bedingung der Erledigung gestellt wurde; in Letzterem Fall sollte ein Satz in die Gründe aufgenommen werden (zB: „Mangels Haftentlassung war über die auch beantragte Feststellung wegen fehlenden Bedingungseintritts nicht zu entscheiden."). Im **Beschwerdeverfahren** muss das Amtsgericht nur bei *vollständiger Abhilfe* die Feststellung treffen, bei *Nicht-* und *Teilabhilfe* aber nicht, denn dann ist es nicht das Beschwerdegericht iSd Norm.

Die **Beschlussformel** kann beispielsweise wie folgt gefasst werden: 558

- Stattgabe (vollständig): „Auf die Beschwerde vom ... hin wird festgestellt, dass der Beschluss des Amtsgerichts ... vom ... den Betroffenen in seinen Rechten verletzt hat."
- Stattgabe (Teilzeitraum, zB nach Haftaufhebung): „Auf die den Antrag (ggf.: die Beschwerde) vom ... hin wird festgestellt, dass der Beschluss des Amtsgerichts ... vom ... den Betroffenen in seinen Rechten verletzt hat, soweit ...haft für den Zeitraum vom ... bis ... angeordnet wurde."
- Stattgabe (nach Beschränkung auf den Kostenpunkt → Rn. 552): „Auf die Beschwerde vom ... hin wird der Beschluss vom ... im Kostenpunkt aufgehoben. Die Kosten des Verfahrens und der Beschwerde trägt der Betroffene."
- Ablehnung (iRd Haftaufhebungsverfahrens bei unbedingtem Antrag): „(nach dem Sachtenor → Rn. 510) Auch die beantragte Feststellung wird abgelehnt."

Die **Gründe** können bei Stattgabe knapp formuliert werden; da die Begründung der   559
Abhilfe bzw. Haftaufhebung schon die Rechtswidrigkeit der Haftanordnung darlegt, braucht dies nicht wiederholt zu werden (zB „Nach alledem war auch die gem. § 62 FamFG zulässigerweise beantragte Feststellung der sich aus den vorgenannten Gründen ergebenden Rechtswidrigkeit [ggf.: einer weiteren Haft für den o.g. Zeitraum] er-

---

1107 BGH Beschl. v. 6.10.2011 – V ZB 314/10 – InfAuslR 2012, 100 – juris-Rn. 11 ff.
1108 BGH Beschl. v. 16.6.2016 – V ZB 12/15 – InfAuslR 2016, 429 – juris-Rn. 21; Beschl. v. 8.3.2007 – V ZB 149/06 – NJW-RR 2007, 1569 – juris-Rn. 9.
1109 BGH Beschl. v. 12.7.2018 – V ZB 184/17 – Asylmagazin 2019, 78 – juris-Rn. 4.
1110 Vgl. BGH Beschl. v. 15.3.2018 – V ZB 190/17 – juris-Rn. 4.

forderlich."). Entsprechend kann bei Ablehnung iRd Haftaufhebung verfahren werden (zB „Der zulässigerweise gem. § 62 FamFG unbedingt gestellte Feststellungsantrag war abzulehnen, da aus den vorgenannten Gründen die weitere Haft rechtmäßig ist.").

560 Für **Rechtsmittel** gelten die obigen Ausführungen über die Trägerverfahren (→ Rn. 513, 536).

F. Das Verfahren in 2. Instanz

In zweiter Instanz ist das **Landgericht** im Rahmen der **Beschwerde** gegen Beschlüsse 561
des Amtsgerichtes zuständig. Diese Zuständigkeit ergibt sich *sachlich* aus § 72 Abs. 1
S. 2 GVG und *örtlich* aus den §§ 2 ff. FamFG (→ Rn. 366).

Entscheiden muss das Landgericht nicht notwendig in voller Besetzung als **Kammer** 562
mit drei Berufsrichtern (§ 75 GVG); es kann das Verfahren gem. § 68 Abs. 4 FamFG
iVm § 526 Abs. 1 ZPO auf einen **Einzelrichter** übertragen. Dies muss allerdings zwingend durch Beschluss geschehen.[1111]

I. Verfahrensgegenstand

Verfahrensgegenstand ist beim Landgericht der Beschluss des Amtsgerichtes in der 563
Gestaltung, die er dort durch eine ggf. erfolgte Teilabhilfe erlangt hat.[1112] Der Beschluss ist **vollumfänglich** zu **überprüfen**, insbesondere auch in Ansehung ggf. neuer
Tatsachen und Beweismittel (§ 65 Abs. 3 FamFG); beim Beschwerdeverfahren handelt es sich daher um eine völlig **neue Tatsacheninstanz**, in der alle entscheidungserheblichen Sach- und Rechtsfragen unabhängig von erhobenen Rügen zu prüfen
sind.[1113]

Dabei hindern **Fehler des Amtsgerichtes** im *Abhilfeverfahren* die Durchführung der 564
Beschwerde vor dem Landgericht nicht.[1114] Sie sind in der zweiten Instanz (zB durch
Nachholung einer unterlassenen Mitteilung der Nichtabhilfe an Beteiligte[1115]) zu korrigieren, eine Zurückverweisung an das Amtsgericht kommt aus diesem Grund grds.
nicht in Betracht[1116] und auch im Übrigen nur ausnahmsweise (§ 69 Abs. 1 S. 1 und
S. 2 bis 3 FamFG). Denn gerade bei laufender Haft gebietet es regelmäßig der **Be-
schleunigungsgrundsatz**, dass das Landgericht in der Sache selbst entscheidet.[1117]

Im ersten Prüfungsschritt ist die **Zulässigkeit** einer Beschwerde zu überprüfen, da bei 565
ihrem Fehlen zwingend eine *Zurückweisung* zu erfolgen hat (§ 68 Abs. 2 S. 2
FamFG). Darüber hinaus erfolgt Ermittlung der **Begründetheit**, im Rahmen derer
freilich Fragen der *örtlichen* und *sachlichen* Zuständigkeit des Amtsgerichtes außer
Betracht zu bleiben haben (§ 65 Abs. 4 FamFG). In der Praxis sind die **Konstellationen** der Beschwerde gegen eine *bestehende Haftanordnung* oder *Verlängerung* sowie
die entsprechende Fortsetzung derselben im Rahmen eines *Feststellungsantrages* (§ 62
FamFG) am häufigsten.

II. Zulässigkeitsprüfung

Im Rahmen der Zulässigkeitsprüfung ist festzustellen, ob eine **Beschwerde vorliegt.** 566
Dabei sind Wortlaut und Vorbringen insgesamt zu würdigen, insbesondere in Ab-

1111 BGH Beschl. v. 13.7.2017 – V ZB 176/16 – juris-Rn. 2.
1112 *Sternal* in Keidel FamFG § 68 Rn. 40.
1113 BGH Beschl. v. 5.1.2011 – XII ZB 240/10 – FGPrax 2011, 78 – juris-Rn. 8.
1114 BGH Beschl. v. 15.2.2017 – XII ZB 462/16 – NJW-RR 2017, 707 – juris-Rn. 13; Beschl. v. 17.6.2010 – V
      ZB 13/10 – juris-Rn. 11.
1115 BGH Beschl. v. 15.7.2010 – V ZB 10/10 – NVwZ 2011, 127 – juris-Rn. 18.
1116 LG Arnsberg Beschl. v. 14.2.2017 – I-5 T 18/17 – juris-Rn. 17.
1117 Vgl. LG Hagen (Westfalen) Beschl. v. 14.7.2016 – 3 T 95/16 – juris-Rn. 20.

grenzung zum *Haftaufhebungsantrag* (→ Rn. 524). Hat das Amtsgericht einen Aufhebungsantrag fehlerhaft als Beschwerde gewürdigt und nicht abgeholfen, ist die Sache gem. § 69 Abs. 1 S. 2 FamFG unter Aufhebung der Nichtabhilfe zurückzuverweisen.[1118]

1. Statthaftigkeit der Beschwerde

567 Die Beschwerde muss statthaft sein, sich also gem. § 58 FamFG gegen eine **instanzabschließende Entscheidung** des Amtsgerichtes richten (**Beschlüsse**). Unerheblich ist, ob die Entscheidung in der richtigen Form ergangen ist; wurde zB fälschlich per *Verfügung* statt per *Beschluss* entschieden, ist die Beschwerde gleichwohl das richtige Rechtsmittel.[1119] Auch das vorige Ergehen einer amtsgerichtlichen *Abhilfeentscheidung* ist keine Statthaftigkeitsvoraussetzung.[1120]

568 Gegen die **Ablehnung von Verfahrenskostenhilfe** und Beiordnung findet nicht die Beschwerde, sondern gem. § 76 Abs. 2 FamFG die **sofortige Beschwerde** statt. Dies gilt auch für die **Ablehnung der Beteiligung** nach entsprechendem Antrag (§ 7 Abs. 5 S. 2 FamFG → Rn. 387).

2. Beschwerdeberechtigung

569 Beschwerdeberechtigt ist gem. § 59 Abs. 1 FamFG grds., wer durch den Beschluss unmittelbar in seinen materiellen **subjektiven Rechten** beeinträchtigt ist.[1121] Dies kann jedenfalls der *Ausländer* (§ 59 Abs. 1 FamFG) sein, aber auch weitere Personen.

a) Der Betroffene

570 Der Ausländer ist bei ihn **belastenden Anordnungen** beschwerdebefugt. Insbesondere ist er bei *Haftanordnungen* und Ablehnung einer Haftaufhebung in seinem Grundrecht aus Art. 2 Abs. 2 S. 2 GG beeinträchtigt und damit beschwerdebefugt. Soweit ein Haft- oder Haftverlängerungsantrag abgelehnt oder Haft aufgehoben wird, fehlt es demgegenüber an der Rechtsbeeinträchtigung, also der erforderlichen Beschwerdeberechtigung.[1122]

571 Dies gilt auch dann, wenn der Betroffene Mängel in der **Begründung** oder (zB aus Art. 103 Abs. 1 GG folgende) **Verfahrensfehler** geltend macht; denn diese sind keine *materiellen* subjektiven Rechte und begründen eine Beschwerdeberechtigung daher nur, soweit es ohne den Fehler zu einer günstigeren Entscheidung hätte kommen können.[1123]

572 Voraussetzung für die Beschwerdeberechtigung ist nicht die Angabe einer **ladungsfähigen Anschrift** des Ausländers. Solange der Fortgang des Beschwerdeverfahrens

---

1118 Vgl. BGH Beschl. v. 16.3.2017 – V ZB 147/16 – juris-Rn. 6; Beschl. v. 21.7.2016 – V ZB 42/16 – juris-Rn. 5.
1119 *Meyer-Holz* in Keidel FamFG § 58 Rn. 19.
1120 BGH Beschl. v. 17.6.2010 – V ZB 13/10 – juris-Rn. 3, 11.
1121 BGH Beschl. v. 25.5.2018 – XII ZB 414/16 – FGPrax 2018, 186 – juris-Rn. 11.
1122 Vgl. OLG Bayern Beschl. v. 10.11.2004 – 3Z BR 212/04 – FamRZ 2005, 834 – juris-Rn. 9.
1123 BGH Beschl. v. 17.10.2018 – XII ZB 641/17 – NJW-RR 2019, 1 – juris-Rn. 23; Beschl. v. 13.4.2005 – XII ZB 54/03 – NJW 2005, 2149 – juris-Rn. 20.

nicht behindert wird, fehlt ebensowenig das Rechtsschutzbedürfnis; insbesondere dann nicht, wenn ein *Verfahrensbevollmächtigter* bestellt ist (→ Rn. 395 ff.).[1124]

b) Verfahrensbevollmächtigte

Ein **Verfahrensbevollmächtigter** (→ Rn. 393 ff.) kann als *Vertreter des Ausländers* die Beschwerde einlegen. Eine Vollmacht hierfür muss nicht bei Einlegung vorliegen; bei fehlender Bevollmächtigung kann die Einlegung des Rechtsmittels gem. § 11 S. 5 FamFG, § 89 Abs. 2 ZPO noch **rückwirkend genehmigt** werden, solange die Beschwerde wegen der fehlenden Vollmachtsvorlage noch nicht gem. § 68 Abs. 2 S. 2 FamFG als unzulässig verworfen wurde.[1125]   573

Dementsprechend ist bei **fehlender Vollmacht** zunächst eine angemessene Frist zur Vorlage bzw. Genehmigung zu setzen (§ 11 S. 5 FamFG, § 89 Abs. 1 S. 2 ZPO). Sie muss *zeitlich bestimmt* sein, eine Aufforderung lediglich zu „umgehendem" Handeln genügt nicht.[1126] Eine vom Ausländer **erteilte** Vollmacht ist auch dann wirksam, wenn sie nicht in eine ihm **verständliche Sprache** übersetzt ist.[1127] Sie ist nach den og Grundsätzen, soweit erforderlich, zudem als *Genehmigung* für ggf. vor dem Unterzeichnungsdatum eingelegte Rechtsmittel zu verstehen.[1128]   574

c) Verfahrenspfleger

Ein Verfahrenspfleger (→ Rn. 390 ff.) kann **aus eigenem Recht** gem. § 59 Abs. 1 FamFG beschwerdeberechtigt sein, soweit es zB um Fragen seiner Vergütung gem. § 419 Abs. 5 FamFG geht.[1129] Im Übrigen ist er als **Verfahrenssubjekt** zur **Wahrung der Interessen** des Ausländers gem. § 429 Abs. 3 FamFG beschwerdeberechtigt; da ihm dieser Interessenschutz selbst obliegt, besteht die Berechtigung für ihn insofern auch *aus eigenem Recht* und nicht als Vertreter des Ausländers.[1130]   575

Damit korrespondierend kann er im Interesse des Ausländers zwar **unabhängig** von ihm Beschwerde einlegen; dies kann also auch geschehen, soweit der Ausländer verzichtet oder die Beschwerde zurückgenommen hat.[1131] Die Beschwerdeberechtigung reicht jedoch nur so weit, wie der *Ausländer beschwert* ist; sie endet insbesondere also dort, wo zB Haft abgelehnt bzw. lediglich Verfahrensrechte als verletzt gerügt werden (→ Rn. 571).[1132]   576

Die **Bestellung** des Verfahrenspflegers aus der **ersten Instanz** wirkt auch im Beschwerdeverfahren fort.[1133] Einer Bestellung durch das Beschwerdegericht bedarf es also nur, soweit sie beim Amtsgericht (ggf. fälschlicherweise) unterblieben ist.   577

1124 BGH Beschl. v. 21.4.2016 – V ZB 73/15 – juris-Rn. 5.
1125 BGH Beschl. v. 30.10.2013 – V ZB 9/13 – NJW 2014, 1242 – juris-Rn. 6; GmS-OGB Beschl. v. 17.4.1984 – GmS-OGB 2/83 – BGHZ 91, 111 – juris-Rn. 13.
1126 OVG Koblenz Urt. v. 29.3.1993 – 13 A 12409/92 – NJW 1993, 2457 – juris-Rn. 16.
1127 BGH Beschl. v. 30.10.2013 – V ZB 9/13 – NJW 2014, 1242 – juris-Rn. 8.
1128 BGH Beschl. v. 30.10.2013 – V ZB 9/13 – NJW 2014, 1242 iVm den Feststellungen der Vorinstanz, LG Braunschweig Beschl. v. 9.1.2013 – 8 T 46/12 (019) – juris-Rn. 5, 7, 12.
1129 *Göbel* in Keidel FamFG § 429 Rn. 3.
1130 BGH Beschl. v. 14.8.2013 – XII ZB 270/13 – juris-Rn. 4 f.
1131 *Günter* in BeckOK FamFG § 429 Rn. 10.
1132 *Göbel* in Keidel FamFG § 429 Rn. 3.
1133 BGH Beschl. v. 11.12.2013 – XII ZB 280/11 – NJW 2014, 787 – juris-Rn. 9.

d) Familienangehörige und Vertrauensperson

578 Familienangehörige sind gem. § 59 Abs. 1 FamFG **nicht aus eigenem Recht** (Art. 6 Abs. 1 GG) beschwerdeberechtigt. Denn ihre mögliche Beteiligung am Verfahren dient gem. § 418 Abs. 3 Nr. 1 FamFG nur dem *Interesse des Betroffenen*. Soweit sie durch eine Haftanordnung eine faktische Beeinträchtigung ihres grundrechtlich geschützten Ehe- oder Familienlebens erfahren, begründet dies keine eigene Beschwerdeberechtigung.[1134]

579 Allerdings können Familienangehörige und Vertrauenspersonen gem. § 429 Abs. 2 FamFG **im Interesse des Betroffenen** eine Beschwerde einlegen. Diese Berechtigung besteht jedoch nur, soweit der *Ausländer beschwert* ist (vgl. oben zum *Verfahrenspfleger* → Rn. 576) und es seinem *subjektiven Interesse* entspricht; erklärt er zB, keine Beschwerde einlegen zu wollen, sind hierzu auch Familienangehörige und Vertrauenspersonen nicht befugt.[1135]

580 Eine Beschwerdeberechtigung besteht zudem nur, soweit die entsprechende Person **Beteiligter** am Verfahren in erster Instanz **war** (nicht: hätten sein müssen); eine Beteiligung erst nach Beschlusserlass am Amtsgericht genügt nicht.[1136] Dies ist jedoch anders, wenn der Ausländer **verstorben** ist; dann können auch zuvor unbeteiligte *Familienangehörige* die (auf Feststellung der Rechtswidrigkeit gerichtete → Rn. 545) Beschwerde einlegen,[1137] nicht hingegen Vertrauenspersonen.

e) Die Behörde

581 Die **antragstellende Behörde** ist gem. §§ 59 Abs. 3, 429 Abs. 1 FamFG beschwerdeberechtigt. Dies gilt jedoch nur, soweit sie beschwert ist. Daran mangelt es, wenn sie lediglich im Wege der *Amtshilfe* für eine andere Behörde tätig wird; beschwerdeberechtigt ist dann nur jene.[1138]

582 Daher fehlt eine hinreichende Beschwer auch bei einer Beschwerde **zugunsten des Ausländers**. Wollte man angesichts des offenen Wortlautes des § 429 Abs. 1 FamFG von diesem Erfordernis Abstand nehmen, mangelte es jedenfalls am *Rechtsschutzbedürfnis*, weil die Behörde auch jederzeit den Haftantrag zurücknehmen und im Übrigen gem. § 422 Abs. 3 FamFG den Haftvollzug vorzeitig beenden könnte.[1139]

3. Form der Beschwerdeeinlegung

583 Die Beschwerde ist gem. § 64 Abs. 2 FamFG durch **Beschwerdeschrift** oder zur Niederschrift der Geschäftsstelle einzulegen; Adressat ist das **Amtsgericht** (*iudex a quo*, § 64 Abs. 1 FamFG). Wird die Beschwerde bei einem anderen Gericht eingelegt,

---

1134 Vgl. analog zur Beschwerde unberücksichtigter Großeltern bei der Betreuerauswahl BVerfG Beschl. v. 24.6.2014 – 1 BvR 2926/13 – BVerfGE 136, 382 – juris-Rn. 33; BGH Beschl. v. 26.6.2013 – XII ZB 31/13 – FGPrax 2013, 211 – juris-Rn. 15 ff.
1135 BGH Beschl. v. 26.6.2014 – V ZB 5/14 – NVwZ 2014, 1328 – juris-Rn. 8.
1136 BGH Beschl. v. 8.3.2012 – V ZB 205/11 – juris-Rn. 4 f.
1137 BGH Beschl. v. 6.10.2011 – V ZB 314/10 – InfAuslR 2012, 100 – juris-Rn. 11 ff.
1138 BGH Beschl. v. 22.9.2016 – V ZB 70/16 – juris-Rn. 7.
1139 *Göbel* in Keidel FamFG § 429 Rn. 4; *Günter* in BeckOK FamFG § 429 Rn. 4.

kommt es für die Fristwahrung (→ Rn. 587) auf den Eingang beim Amtsgericht (nach im üblichen Geschäftsgang erfolgter Weiterleitung) an.[1140]

In der Beschwerde muss der **angefochtene Beschluss** bezeichnet und erklärt werden, dass gegen ihn **Beschwerde** eingelegt wird (§ 64 Abs. 2 S. 3 FamFG). Der Schriftsatz hat regelmäßig die vollständige Bezeichnung der Verfahrensbeteiligten und des Verkündungsdatums nebst Aktenzeichens des Gerichtes, dessen Beschluss angegriffen wird, zu enthalten.[1141]   584

Unvollständige Angaben können zwar gem. § 68 Abs. 2 S. 2 FamFG zur Unzulässigkeit der Beschwerde führen. Bzgl. der Identifikation des **Beschlusses** genügt es aber, wenn sich dieser aus den übrigen Angaben und sonstigen aktenkundigen Umständen *vor Ablauf* der Beschwerdefrist in der Gesamtschau ergibt.[1142] Auch die mangelnde Angabe der **Person des Beschwerdeführers** ist unerheblich, soweit sie wg. Vollmachtvorlage oder aus den sonstigen Umständen zweifelsfrei identifizierbar ist.[1143] Insbesondere bedarf es grds. hierfür auch nicht der Angabe einer *ladungsfähigen Anschrift* (→ Rn. 572). Schließlich sind auch fehlende oder fehlerhafte Rechtsmittelbezeichnungen durch Auslegung korrigierbar.[1144]   585

Darüber hinaus bestehen kaum **weitere Formerfordernisse.** Insbesondere muss der Beschwerdeführer keinen *förmlichen Antrag* stellen und das Rechtsmittel auch *nicht begründen* (vgl. aber → Rn. 598), denn § 65 Abs. 1 FamFG ist eine reine Sollvorschrift.[1145] Ein Schriftsatz ist aber zu **unterschreiben** (§ 64 Abs. 2 S. 4 FamFG).[1146]   586

4. Einhaltung der Beschwerdefrist

Die **Beschwerdefrist** beträgt bei **Hauptsache**-Beschlüssen *einen Monat* nach schriftlicher Bekanntgabe (§ 63 Abs. 1 und 3 FamFG). Gegen **einstweilige Anordnungen** ist die Frist ist auf *zwei Wochen* verkürzt (§ 63 Abs. 2 Nr. 1 FamFG). Die Bekanntgabe muss an den Beschwerten als *Zustellung* erfolgen und kann grds. sowohl gegenüber dem *Ausländer* (§ 15 Abs. 2 FamFG iVm § 173 S. 1 ZPO) als auch seinem *Verfahrensbevollmächtigten* (§ 15 Abs. 2 FamFG iVm § 172 Abs. 1 S. 1 ZPO) erfolgen.   587

Für den **Fristbeginn** ist bei **anwaltlich nicht vertretenen** Ausländern die *Übergabe* und eine ggf. notwendige *mündliche Übersetzung* des Beschlusses erforderlich.[1147] Wird ausschließlich schriftlich zugestellt, muss dies in übersetzter Form geschehen.[1148]   588

Bei **anwaltlich vertretenen** Ausländern kommt es darauf an, ob dem Gericht die **Bestellung** des Rechtsanwaltes durch diesen oder den Ausländer **mitgeteilt** worden ist.[1149] Erst wenn dies der Fall ist, kann wirksam *nur noch* an den Bevollmächtigten   589

1140   Vgl. nur BGH Beschl. v. 27.7.2016 – XII ZB 203/15 – FamRZ 2016, 1762 – juris-Rn. 12; *Sternal* in Keidel FamFG § 64 Rn. 7 mwN.

1141   BGH Beschl. v. 20.5.2015 – XII ZB 368/14 – FGPrax 2015, 238 – juris-Rn. 17.

1142   BGH Beschl. v. 20.5.2015 – XII ZB 368/14 – FGPrax 2015, 238 – juris-Rn. 18.

1143   BGH Beschl. v. 18.2.2016 – V ZB 74/15 – NVwZ-RR 2016, 635 – juris-Rn. 15.

1144   *Sternal* in Keidel FamFG § 64 Rn. 27.

1145   BGH Beschl. v. 10.7.2014 – V ZB 20/13 – InfAuslR 2014, 443 – juris-Rn. 8.

1146   Eingehend zu den vielfältigen sich hier stellenden Fragen *Sternal* in Keidel FamFG § 64 Rn. 29 ff.

1147   LG Traunstein Beschl. v. 3.11.2017 – 4 T 1910/17 – Asylmagazin 2018, 59 – juris-Rn. 21; so wohl auch BGH Beschl. v. 3.5.2018 – V ZB 230/17 – Asylmagazin 2018, 387 – juris-Rn. 1 und 4.

1148   LG Paderborn Beschl. v. 13.6.2017 – 5 T 119/17 – juris-Rn. 33.

1149   BGH Beschl. v. 3.5.2018 – V ZB 230/17 – InfAuslR 2018, 387 – juris-Rn. 6.

zugestellt werden (§ 15 Abs. 2 FamFG iVm § 172 S. 1 ZPO).[1150] Ist er im Termin anwesend, löst dann die *Übergabe* einer Ausfertigung an ihn (§ 15 Abs. 2 FamFG iVm § 173 S. 1 ZPO) den Fristbeginn aus, sonst die Zustellung durch Post oder Fax *gegen EB* (§ 15 Abs. 2 iVm § 174 ZPO).

5. Sonstige Hindernisse

590 Eine auf Aufhebung eines Beschlusses gerichtete Beschwerde ist bzw. wird **unzulässig**, soweit sich die Entscheidung **erledigt**. Dies ist bei Beschwerden des Ausländers nach Vollzug der Abschiebung bzw. Haftentlassung der Fall,[1151] so dass es dann für eine Sachentscheidung grds. an einem Rechtsschutzbedürfnis fehlt.[1152] In solchen Fällen kann die Beschwerde aber von vornherein bzw. nach Erledigungseintritt zulässigerweise auf eine **Feststellung** der Rechtswidrigkeit gerichtet werden (→ Rn. 544 f.).

591 Im Übrigen steht der Zulässigkeit einer Beschwerde ein erklärter **Rechtsmittelverzicht** entgegen (§ 67 Abs. 1 FamFG). Ein solcher ist aber nur wirksam, wenn bei anwaltlich nicht vertretenen Ausländern *eingehend* über die Folgen *belehrt* wurde. Dies muss sich aus dem Protokoll oder einem begleitenden Vermerk ergeben.[1153] Ist der Verzicht nicht gegenüber dem *Gericht*, sondern anderen Beteiligten erklärt, hindert er die Zulässigkeit nur, soweit sich der andere Beteiligte hierauf beruft (§ 67 Abs. 3 FamFG).

592 Wurde eine Beschwerde **zurückgenommen** (§ 67 Abs. 4 FamFG), so kann sie innerhalb der ursprünglichen Beschwerdefrist jederzeit **neu eingelegt** werden. Denn anders als ein Verzicht führt eine Rücknahme nicht zu einem Verbrauch des Rechtsmittels.[1154]

III. Gang des Verfahrens

593 Da es sich beim Beschwerdeverfahren um eine **neue Tatsacheninstanz** handelt, sind die Prüfungsmaßstäbe des Landgerichtes im Wesentlichen dieselben wie die des Amtsgerichtes. Auch das anwendbare **Verfahrensrecht** bestimmt sich weitgehend nach den für die erste Instanz geltenden Vorschriften (§ 68 Abs. 3 S. 1 FamFG).

1. Prüfungsmaßstab und Bindungswirkung

594 Das Landgericht tritt mit **eigener Sachentscheidung** (§ 69 Abs. 1 S. 1 FamFG) vollständig an die Stelle des erstinstanzlichen Gerichtes.[1155] Es hat also wie dieses die **Zulässigkeit**[1156] und die **Begründetheit**[1157] des Haftantrages zu prüfen.

1150 BGH Beschl. v. 3.5.2018 – V ZB 230/17 – InfAuslR 2018, 387 – juris-Rn. 6; Beschl. v. 1.12.2011 – V ZB 73/11 – NVwZ 2012, 319 – juris-Rn. 10.
1151 BGH Beschl. v. 14.10.2010 – V ZB 78/10 – NVwZ 2011, 574 – juris-Rn. 10 f.
1152 BGH Beschl. v. 8.6.2011 – XII ZB 245/10 – FGPrax 2011, 258 – juris-Rn. 7.
1153 BGH Beschl. v. 9.5.2019 – V ZB 12/18 – juris-Rn. 7 ff.; Beschl. v. 1.12.2011 – V ZB 73/11 – NVwZ 2012, 319 – juris-Rn. 6.
1154 BGH Beschl. v. 9.5.2019 – V ZB 12/18 – juris-Rn. 9.
1155 StRspr BGH Beschl. v. 19.7.2018 – V ZB 223/17 – InfAuslR 2018, 413 – juris-Rn. 9; Beschl. v. 22.7.2010 – V ZB 29/10 – InfAuslR 2011, 27 – juris-Rn. 7.
1156 Vgl. BGH Beschl. v. 21.8.2019 – V ZB 97/17 – juris-Rn. 5.
1157 Vgl. BGH Beschl. v. 11.7.2019 – V ZB 74/18 – juris-Rn. 7.

Dabei ist es weder an die **tatsächlichen Feststellungen**, noch an die **rechtliche Beurteilung** des Amtsgerichtes gebunden. Insbesondere muss das Landgericht den Sachverhalt selbst gem. § 26 FamFG aufklären[1158] und kann die Haft zB auf andere *Vermutungstatbestände* und *Anhaltspunkte* für Fluchtgefahr[1159] oder gänzlich *andere Haftgründe* stützen.[1160] Derlei kann jedoch Auswirkungen auf die Anhörung im Beschwerdeverfahren haben (→ Rn. 602 ff.).

2. Vorbereitung der Entscheidung

Da für das Beschwerdegericht gem. § 68 Abs. 3 S. 1 FamFG im Wesentlichen **dieselben Vorschriften** gelten wie auch für das Amtsgericht, sei an dieser Stelle auf die obigen Darlegungen verwiesen (→ Rn. 422 ff.). Das Landgericht muss in der Vorbereitung der Entscheidung allerdings neben der ggü. dem Amtsgericht identischen **Sachprüfung** auch beurteilen, ob die erste Instanz die **wesentlichen Verfahrensvorgaben** eingehalten hat; mangelt es daran, kann eine Wiederholung zB der Anhörung erforderlich sein (→ Rn. 608 f.).

a) Beteiligte am Verfahren

In Sachen der Beteiligten ergeben sich **keine Änderungen** gegenüber der ersten Instanz, so dass auf die dortigen Ausführungen (→ Rn. 385 ff.) verwiesen sei. Insbesondere kann eine fehlerhaft **unterbliebene Beteiligung** in der zweiten Instanz durch die Beteiligung und Anhörung vor einer Entscheidung durch das Landgericht *geheilt* werden.[1161]

Behalten sich Beteiligte die **Begründung des Rechtsmittels** vor, so ist ihnen entweder gem. § 65 Abs. 2 FamFG hierfür eine *Frist* zu setzen oder *angemessene Zeit* abzuwarten, bevor die Beschwerdeentscheidung ergeht.[1162] Andernfalls wird rechtliches Gehör (Art. 103 Abs. 1 GG) verletzt.[1163]

Die **Frist** kann **kurz** sein,[1164] um dem in Haftsachen geltenden *Beschleunigungsgebot* zu genügen.[1165] Daher werden entsprechend § 118 Abs. 5 StPO regelmäßig eine, höchstens zwei Wochen hinreichen.[1166] Dass das Amtsgericht ggf. bereits eine Frist gesetzt hat, reicht nicht, da ihr Bezug die Abhilfe-, nicht die Beschwerdeentscheidung ist (vgl. zudem „Beschwerdegericht", § 65 Abs. 2 FamFG).

Hat ein Beteiligter **Akteneinsicht** (§ 13 FamFG) beantragt, so ist diese kurzfristig zu gewähren und zwar sowohl in die *Gerichts-* als auch die *Ausländerakte*. Dies kann wg. der nötigen Beschleunigung auch allein auf der Geschäftsstelle geschehen.[1167] Die

595

596

597

598

599

600

1158 BGH Beschl. v. 11.7.2019 – V ZB 28/18 – juris-Rn. 10.
1159 BGH Beschl. v. 11.1.2018 – V ZB 28/17 – InfAuslR 2018, 184 – juris-Rn. 10.
1160 StRspr BGH Beschl. v. 21.6.2018 – V ZB 129/17 – juris-Rn. 6; Beschl. v. 22.7.2010 – V ZB 29/10 – InfAuslR 2011, 27 – juris-Rn. 10.
1161 BGH Beschl. v. 21.10.2010 – V ZB 56/10 – juris-Rn. 7.
1162 StRspr BGH Beschl. v. 19.7.2018 – V ZB 223/17 – InfAuslR 2018, 413 – juris-Rn. 6; Beschl. v. 2.3.2017 – V ZB 138/16 – InfAuslR 2017, 289 – juris-Rn. 10.
1163 BGH Beschl. v. 19.7.2018 – V ZB 223/17 – InfAuslR 2018, 413 – juris-Rn. 6; Beschl. v. 2.3.2017 – V ZB 138/16 – InfAuslR 2017, 289 – juris-Rn. 10.
1164 BGH Beschl. v. 2.3.2017 – V ZB 138/16 – InfAuslR 2017, 289 – juris-Rn. 12.
1165 BGH Beschl. v. 19.7.2018 – V ZB 223/17 – InfAuslR 2018, 413 – juris-Rn. 8.
1166 AA *Sternal* in Keidel FamFG § 65 Rn. 5: zwei bis drei Wochen.
1167 BGH Beschl. v. 2.3.2017 – V ZB 138/16 – InfAuslR 2017, 289 – juris-Rn. 12.

Ausländerakte hat das Gericht zum Verfahren **beizuziehen** und darf nicht auf eine Einsichtnahme bei der Behörde verweisen.[1168] Im Anschluss an die Akteneinsicht ist, soweit begehrt, Gelegenheit zur Stellungnahme zu gewähren.[1169]

b) Verfahrenskostenhilfe und Beiordnung

601   Auch für die **zweite Instanz** ist, soweit dies beantragt wird, über Verfahrenskostenhilfe und Beiordnung zu entscheiden. Insofern gelten die Darlegungen für das Verfahren vor dem Amtsgericht (→ Rn. 405 ff.) entsprechend. Die Entscheidung muss den **Rechtszug** nennen (zB: „Dem Betroffenen wird *für das Beschwerdeverfahren* Verfahrenskostenhilfe unter Beiordnung von Rechtsanwalt ... bewilligt.") und kann, wie auch am Amtsgericht, im Rahmen der Endentscheidung ergehen und dort formelartig begründet werden (→ Rn. 416 f.).

c) Anhörungstermin

602   Nach §§ 420 Abs. 1 S. 1, 427 Abs. 2, 68 Abs. 3 S. 1 FamFG ist **grundsätzlich** ein Anhörungstermin durchzuführen. In Ausnahmefällen kann hiervon jedoch abgesehen werden, § 68 Abs. 3 S. 2 FamFG, wovon in der Praxis häufig Gebrauch gemacht wird.[1170]

aa) Erforderlichkeit des Anhörungstermins

603   Ein Anhörungstermin ist gem. § 68 Abs. 3 S. 2 FamFG **nicht erforderlich**, soweit im Verfahren vor dem Amtsgericht eine **ordnungsgemäße** persönliche Anhörung des Ausländers stattgefunden hat und neue Erkenntnisse durch eine Wiederholung nicht zu erwarten sind.[1171]

604   Unter diesen Voraussetzungen von einer erneuten Anhörung abzusehen, ist eine **Ermessensentscheidung**, die im Beschluss der nachvollziehbaren **Begründung** bedarf.[1172] Sie kann etwa darauf gestützt werden, dass die Beteiligten keine weiteren Angaben machen wollen,[1173] die erstinstanzliche Anhörung kurz zuvor erfolgte und von ihrem Inhalt nicht abgewichen werden soll, der Akteninhalt keine neuen Tatsachen oder rechtlichen Gesichtspunkte ergibt und es auf den persönlichen Eindruck vom Ausländer nicht ankommt.[1174]

605   Die **Verzichtbarkeit** einer erneuten Anhörung mangels erwartbarer neuer Erkenntnisse liegt **beispielsweise** in folgenden Konstellationen vor:

- Der Ausländer ist **im Beschwerdeverfahren erstmals anwaltlich vertreten**. Allein dies genügt nicht, es müssen in der Beschwerde konkrete Umstände für entscheidungserhebliche Änderungen aufgezeigt werden.[1175]
- Der Ausländer macht geltend, sich der Abschiebung **nicht entziehen zu wollen**, stützt dies aber nicht auf neue Angaben, sondern nur eine **andere rechtliche Wür-**

1168   BGH Beschl. v. 19.7.2018 – V ZB 223/17 – InfAuslR 2018, 413 – juris-Rn. 7.
1169   BGH Beschl. v. 2.3.2017 – V ZB 138/16 – InfAuslR 2017, 289 – juris-Rn. 11.
1170   *Schmidt-Räntsch* NVwZ 2014, 110 (120).
1171   StRspr BGH Beschl. v. 18.2.2016 – V ZB 23/15 – InfAuslR 2016, 235 – juris-Rn. 20; Beschl. v. 4.3.2010 – V ZB 222/09 – BGHZ 184, 323 – juris-Rn. 13.
1172   BGH Beschl. v. 29.10.2015 – V ZB 67/15 – InfAuslR 2016, 54 – juris-Rn. 4 f.
1173   BGH Beschl. v. 29.10.2015 – V ZB 67/15 – InfAuslR 2016, 54 – juris-Rn. 7.
1174   BGH Beschl. v. 10.10.2013 – V ZB 127/12 – FGPrax 2014, 39 – juris-Rn. 8.
1175   BGH Beschl. v. 15.7.2010 – V ZB 10/10 – NVwZ 2011, 127 – juris-Rn. 20.

digung seines (in der Anhörung vor dem Amtsgericht bereits erörterten) **bisherigen Verhaltens**.[1176]

- Der Ausländer hatte vor dem **Amtsgericht** Gelegenheit zur Stellungnahme zu einem Sachverhaltselement, hat jedoch von seinem **Schweigerecht Gebrauch gemacht**;[1177] anderes wird aber gelten, wenn er in der Beschwerde konkret Aussagebereitschaft bekundet und die Frage entscheidungserheblich ist.

- Der Ausländer reicht **neue ärztliche Atteste** ein, welche ggf. auch seine **Reisefähigkeit** in Frage stellen. Damit macht er jedoch nur **Abschiebungshindernisse** geltend (→ Rn. 144), die das Haftgericht nicht zu prüfen hat; entscheidungserhebliche neue Tatsachen sind daher nicht zu erwarten,[1178] zumal, wenn die Behörde darlegen kann, dass sie das gesundheitliche Problem durch ärztliche Begleitung in den Griff bekommen wird.[1179]

- Der Ausländer verübt einen **Suizidversuch** in der Haft; auch ein solcher berührt grds. nicht die Haftfähigkeit (→ Rn. 172) und ist als Abschiebehindernis relevant; es gilt das zum vorigen Punkt Ausgeführte.[1180]

Demgegenüber ist die **Erwartbarkeit neuer Tatsachen** (auch in Gestalt der Notwendigkeit eines eigenen Eindrucks von der **Glaubwürdigkeit** des Ausländers[1181]) **beispielsweise** in folgenden Konstellationen gegeben: 606

- Der Ausländer gibt an, nunmehr einen **festen Wohnsitz** ergriffen und sich um **melderechtliche Anmeldung** bemüht zu haben. Dies betrifft bei Glaubhaftigkeit die Wertung der Fluchtgefahr.[1182]

- Nach der ersten Haftanordnung **scheitert** eine **Abschiebung** in ein **Zielland** und es soll daraufhin wegen neuer Erkenntnisse eine Abschiebung in ein **neues Zielland** betrieben werden.[1183]

- Im Beschwerdeverfahren wird **erstmalig** die (als Vollstreckungsvoraussetzung nötige → Rn. 51 ff.) bisher fehlende **Abschiebungsandrohung** erlassen und nachgereicht.[1184]

- Aus der Haft wird ein **Asylantrag gestellt** und das Verfahren auch bei Ablehnung mit **verwaltungsgerichtlichen Maßnahmen** weiterverfolgt. Das ernsthafte Betreiben des Verfahrens kann einem Untertauchen entgegenstehen, womit die Glaubwürdigkeit zu beurteilen ist.[1185] Ebenso, wenn ein **Asylverfahren wiederaufgenommen** wird, weil sich dem Ausländer ohne Untertauchen dann neue (ggf. legale) Bleibeperspektiven eröffnen.[1186] Die alleinige **Stellung eines Asylfolgeantrages** genügt jedoch **nicht**.[1187]

1176 BGH Beschl. v. 11.7.2013 – V ZB 144/12 – NVwZ 2014, 167 – juris-Rn. 19.
1177 BGH Beschl. v. 6.4.2011 – V ZB 77/11 – juris-Rn. 13.
1178 BGH Beschl. v. 11.10.2018 – V ZB 70/17 – EzAR-NF 57 Nr. 67 – juris-Rn. 11.
1179 BGH Beschl. v. 1.6.2017 – V ZB 163/15 – InfAuslR 2017, 380 – juris-Rn. 9; Beschl. v. 14.04,2016 – V ZB 112/15 – juris-Rn. 18 f.
1180 BGH Beschl. v. 14.04,2016 – V ZB 112/15 – juris-Rn. 18 f.
1181 BGH Beschl. v. 4.3.2010 – V ZB 184/09 – FGPrax 2010, 152 – juris-Rn. 7 und 10.
1182 BGH Beschl. v. 9.6.2011 – V ZB 16/11 – juris-Rn. 7.
1183 BGH Beschl. v. 16.6.2016 – V ZB 12/15 – InfAuslR 2016, 429 – juris-Rn. 27.
1184 BGH Beschl. v. 14.3.2013 – V ZB 135/12 – NVwZ 2013, 1027 – juris-Rn. 11.
1185 BGH Beschl. v. 2.5.2012 – V ZB 79/12 – juris-Rn. 7 f.
1186 BGH Beschl. v. 11.10.2012 – V ZB 274/11 – InfAuslR 2013, 77 – juris-Rn. 11.
1187 BGH Beschl. v. 11.10.2018 – V ZB 70/17 – EzAR-NF 57 Nr. 67 – juris-Rn. 11.

607 Soweit *keine neuen Tatsachen* zu erwarten sind, aber **rechtliches Gehör** zu gewähren ist, kann dies **schriftlich** ggü. dem Verfahrensbevollmächtigten geschehen. Dies betrifft zB den Zeitpunkt des Eingangs eines Asylantrages, der zwar entscheidungserheblich ist, jedoch nicht notwendig in einem Termin geklärt werden muss.[1188]

608 Ein Anhörungstermin ist aber **unverzichtbar**, wenn die Anhörung vor dem Amtsgericht **nicht ordnungsgemäß** stattgefunden hat. Das ist allerdings nicht bei jedem Fehler anzunehmen, sondern nur, wenn nicht lediglich der formal ordnungsmäßige Ablauf der Anhörung betroffen ist, sondern deren **Grundlagen**.[1189] Insbesondere ist dies bei Anhörung auf Basis eines **unzulässigen**[1190] oder **unvollständigen**[1191] Haftantrages der Fall (zur Möglichkeit einer *Heilung* → Rn. 355 ff.).

609 Weitere **Grundlagenfehler** der ersten Anhörung, die unabhängig von konkret erwartbaren neuen Tatsachen eine Wiederholung erforderlich machen, liegen **beispielsweise** vor,

- wenn der **Haftantrag** dem Ausländer **nicht in den wesentlichen Grundzügen**[1192] **übersetzt** wurde,[1193]
- wenn die **Verständigung** über den **Dolmetscher** als **fehlerhaft** gerügt wird und aus der Akte nicht klar hervorgeht, dass sie durch Überprüfung durch den Amtsrichter überprüft und als fehlerfrei festgestellt wurde;[1194] **nicht** aber, wenn lediglich die **Vereidigung** fehlte, die Verständigung aber funktionierte,[1195]
- **nicht**, wenn der **Haftantrag** dem Ausländer **nicht in Kopie ausgehändigt** wurde;[1196] zudem können sich die Antragsinhalte auch vollständig durch einen ausgehändigten Vorab-Haftbeschluss ergeben.[1197]

610 Eine Anhörung ist auch grds. **erforderlich**, wenn das Beschwerdegericht die Haft auf einen **anderen Haftgrund** stützen möchte, als ihn das Amtsgericht für einschlägig gehalten hat.[1198] Wegen der *Einheitlichkeit der Haftgründe* (→ Rn. 323 ff.) ist dies jedoch nur selten erforderlich; denn die einzelnen Vermutungs- und Indiztatbestände können grds. ausgetauscht werden.[1199]

611 Dabei sind die Änderung innerhalb des Haftgrundes der Fluchtgefahr wie auch der Übergang zu anderen Haftgründen ohne erneute Anhörung möglich, soweit nur eine **rechtlich andere Wertung** erfolgt.[1200] Wenn bei einem Austausch also die **Tatsachen**,

---

1188 BGH Beschl. v. 20.5.2016 – V ZB 24/16 – NVwZ 2016, 1582 – juris- Rn. 29.
1189 StRspr BGH Beschl. v. 18.2.2016 – V ZB 23/15 – InfAuslR 2016, 235 – juris-Rn. 26; Beschl. v. 17.6.2010 – V ZB 3/10 – NVwZ 2011, 317 – juris-Rn. 22.
1190 BGH Beschl. v. 14.6.2012 – V ZB 63/12 – juris-Rn. 11; Beschl. v. 14.6.2012 – V ZB 284/11 – InfAuslR 2012, 227 – juris-Rn. 12.
1191 BGH Beschl. v. 29.4.2010 – V ZB 218/09 – FGPrax 2010, 210 – juris-Rn. 16 f.
1192 BGH Beschl. v. 12.5.2015 – V ZB 187/14 – InfAuslR 2015, 301 – juris-Rn. 5.
1193 BGH Beschl. v. 12.5.2011 – V ZB 296/10 – juris-Rn. 16.
1194 BGH Beschl. v. 4.3.2010 – V ZB 184/09 – FGPrax 2010, 152 – juris-Rn. 8.
1195 BGH Beschl. v. 6.4.2017 – V ZB 59/16 – InfAuslR 2017, 292 – juris-Rn. 11.
1196 BGH Beschl. v. 18.2.2016 – V ZB 23/15 – InfAuslR 2016, 235 – juris-Rn. 26; aA wohl noch BGH Beschl. v. 8.2.2012 – V ZB 260/11 – juris-Rn. 6.
1197 BGH Beschl. v. 14.7.2016 – V ZB 94/14 – juris-Rn. 8.
1198 StRspr BGH Beschl. v. 21.8.2019 – V ZB 138/18 – juris-Rn. 6; Beschl. v. 7.7.2016 – V ZB 21/16 – InfAuslR 2017, 59 – juris-Rn. 6.
1199 Vgl. BGH Beschl. v. 11.1.2018 – V ZB 28/17 – InfAuslR 2018, 184 – juris-Rn. 10.
1200 StRspr BGH Beschl. v. 11.1.2018 – V ZB 28/17 – InfAuslR 2018, 184 – juris-Rn. 10; Beschl. v. 9.11.2017 – V ZB 15/17 – juris-Rn. 7.

aus denen sich der veränderte Haftgrund ergibt, vom Amtsgericht (in anderem rechtlichem Zusammenhang) geprüft und **festgestellt** wurden,[1201] kann die Anhörung unterbleiben; ein *neuer Sachverhalt* darf jedoch nicht ohne Anhörung eingeführt werden.[1202]

bb) Durchführung des Anhörungstermins

Der Termin darf entsprechend §§ 451, 375 Abs. 1 a ZPO durch einen **beauftragten** **Richter der Kammer** durchgeführt werden.[1203] Dies ist nur dann anders, wenn bereits *im Zeitpunkt der Übertragungsentscheidung* feststeht, dass es auf die *Glaubwürdigkeit* des Ausländers und nicht nur auf die *Glaubhaftigkeit* seiner Aussage ankommt.[1204]   612

Der beauftragte Richter muss (bei überbesetzten Spruchkörpern) zwar zum Zeitpunkt seiner Beauftragung, nicht aber notwendig zum Zeitpunkt der **Sachentscheidung** zur Entscheidung in dem **konkreten Verfahren** berufen sein.[1205] Letzteres deutet darauf hin, dass auch ein *Rechtshilferichter* mit der Durchführung beauftragt werden kann; wg. des in der vorigen Rn. genannten Erfordernisses ist hiergegen nichts zu erinnern.   613

(1) Heilung von Antragsmängeln

Sowohl im Beschwerdeverfahren *bis zum Termin*, als auch *im Termin* können **Mängel des Haftantrages** noch **geheilt** werden (eingehend → Rn. 355 ff.), wobei die Wirkung der Heilung mit der *Entscheidung* des Landgerichtes eintritt, nicht schon mit Anhörung.[1206] Eine Heilung setzt aber voraus, dass der Ausländer *im Termin* Gelegenheit hat, zu Nachträgen und Ergänzungen bzw. dem Ergebnis gerichtlicher Amtsermittlung (→ Rn. 359 f.) Stellung zu nehmen.[1207]   614

Entsprechend sollten **richterliche Hinweise** an die Behörde (→ Rn. 356) frühzeitig in der Terminsvorbereitung erteilt werden. Etwaige Nachträge und Ergänzungen sind dem *Prozessbevollmächtigten* des Ausländers und dem *Ausländer* zu übermitteln[1208] und Letzterem erforderlichenfalls zu *übersetzen* (→ Rn. 427). Eine **Übersetzung** nur in wesentlichen Grundzügen ist fehlerhaft; sie führt aber nur zur Aufhebung der Beschwerdeentscheidung, wenn bei vollständiger Übersetzung ein anderes Verfahrensergebnis möglich gewesen wäre.[1209] Praktisch kann die Übersetzung im Gewahrsam vor Terminsbeginn geschehen. Dies spart Verhandlungszeit ein (→ Rn. 431), muss aber aktenkundig gemacht werden.   615

1201 BGH Beschl. v. 21.8.2019 – V ZB 138/18 – juris-Rn. 7; Beschl. v. 9.11.2017 – V ZB 15/17 – juris-Rn. 7.
1202 BGH Beschl. v. 21.8.2019 – V ZB 138/18 – juris-Rn. 7; Beschl. v. 9.11.2017 – V ZB 15/17 – juris-Rn. 7.
1203 BGH Beschl. v. 17.6.2010 – V ZB 127/10 – NVwZ 2010, 1318 – juris-Rn. 14.
1204 BGH Beschl. v. 25.1.2018 – V ZB 191/17 – NJW 2018, 1261 – juris-Rn. 6; Beschl. v. 13.7.2017 – V ZB 69/17 – InfAuslR 2017, 454 – juris-Rn. 10.
1205 BGH Beschl. v. 25.1.2018 – V ZB 191/17 – NJW 2018, 1261 – juris-Rn. 8 ff.
1206 StRspr BGH Beschl. v. 12.11.2019 – XIII ZB 5/19 – juris-Rn. 13; Beschl. v. 7.3.2019 – V ZB 16/18 – juris-Rn. 4; Beschl. v. 25.1.2018 – V ZB 71/17 – InfAuslR 2018, 218 – juris-Rn. 6.
1207 StRspr BGH Beschl. v. 4.7.2019 – V ZB 190/18 – juris-Rn. 10; Beschl. v. 11.2.2016 – V ZB 24/14 – juris-Rn. 9.
1208 BGH Beschl. v. 11.10.2012 – V ZB 274/11 – InfAuslR 2013, 77 – juris-Rn. 7.
1209 BGH Beschl. v. 7.3.2019 – V ZB 16/18 – juris-Rn. 6.

616   Eine Heilung kommt von vornherein nicht mehr in Betracht, wenn die **Anhörung nicht (mehr) möglich** ist; beispielsweise, weil der der Ausländer *nach vollzogener Abschiebung* nicht mehr im Bundesgebiet aufhältlich[1210] oder die *Haftzeit abgelaufen* ist.[1211] Denn eine Heilung ist nur mit Wirkung für die Zukunft (→ Rn. 361) möglich.[1212] Soweit die Beschwerde in diesen Fällen auf die Feststellung der Rechtswidrigkeit gerichtet ist (→ Rn. 544 f.), ist sie daher ohne Weiteres begründet.

(2) Terminsvorbereitung

617   Für die Terminsvorbereitung ist regelmäßig die (vollständige) **Ausländerakte beizuziehen.**[1213] Zwar ist eine Beschwerdeentscheidung nicht schon deswegen aufzuheben, weil die Akte nicht vorlag;[1214] allerdings wird es in diesen Fällen regelmäßig an hinreichender Amtsermittlung (§ 26 FamFG) mangeln, da Fragen ua des *Beschleunigungsgebotes* nur mit der Akte geprüft werden können (→ Rn. 287).[1215] Darauf kann daher nur verzichtet werden, soweit sich der festzustellende Sachverhalt vollständig aus dem **Aktenauszug** ergibt und aus dem nicht vorgelegten Teil keine weiteren Erkenntnisse zu erwarten sind.[1216] Entsprechendes sollte in der Entscheidung kurz begründet werden.

618   Für die **Ladung** zum Termin und seinen **Ablauf** gelten die obigen Ausführungen (→ Rn. 422 ff.) entsprechend. Was an *Übersetzungen* bereits in der ersten Instanz ordnungsgemäß durchgeführt wurde, braucht dabei nicht wiederholt zu werden.

(3) Erledigung während des Verfahrens

619   Wird der Ausländer während des Beschwerdeverfahrens **abgeschoben** oder **aus der Haft entlassen**, so erledigt sich die Haftanordnung. Die Beschwerde wird damit grds. unzulässig, da nun keine sinnvolle Sachentscheidung mehr ergehen kann. Sie kann aber, soweit vom *Ausländer* erhoben, auf einen Feststellungsantrag umgestellt werden (→ Rn. 545, 630) oder auf den Kostenpunkt beschränkt werden. Für die *Behörde* besteht nur letztere Möglichkeit (→ Rn. 552).

620   Die **Umstellung** der Beschwerde muss durch den jeweiligen Beteiligten vorgenommen werden. Sie kann sich aber auch *konkludent* aus dem weiteren Vorbringen ergeben (→ Rn. 553 f.). Zur entsprechenden Anpassung des Verfahrens muss **Gelegenheit gegeben** werden,[1217] was regelmäßig durch ein Schreiben mit *richterlichem Hinweis* auf die Erledigung geschehen kann; dabei ist ein anwaltlich nicht vertretener Ausländer auch ausdrücklich auf die Möglichkeit der Umstellung hinzuweisen.[1218] Fehlt es an einer Umstellung, ist die unzulässig gewordene Beschwerde zurückzuweisen.[1219]

1210   BGH Beschl. v. 7.7.2016 – V ZB 21/16 – InfAuslR 2017, 59 – juris-Rn. 6.
1211   BGH Beschl. v. 20.9.2018 – V ZB 4/17 – InfAuslR 2019, 23 – juris-Rn. 16; Beschl. v. 21.6.2018 – V ZB 129/17 – juris-Rn. 6.
1212   StRspr BGH Beschl. v. 22.8.2019 – V ZB 39/19 – InfAuslR 2019, 454 – juris-Rn. 9; Beschl. v. 18.2.2016 – V ZB 23/15 – InfAuslR 2016, 235 – juris-Rn. 25.
1213   BGH Beschl. v. 19.7.2018 – V ZB 223/17 – InfAuslR 2018, 413 – juris-Rn. 9.
1214   BGH Beschl. v. 10.6.2010 – V ZB 204/09 – NVwZ 2010, 1172 – juris-Rn. 7.
1215   BGH Beschl. v. 30.6.2011 – V ZB 274/10 – NVwZ-RR 2011, 875 – juris-Rn. 27.
1216   BGH Beschl. v. 12.10.2016 – V ZB 8/15 – juris-Rn. 14.
1217   *Göbel* in Keidel FamFG § 62 Rn. 12.
1218   BGH Beschl. v. 20.6.2018 – XII ZB 489/17 – NJW 2018, 2566 – juris-Rn. 19.
1219   LG Wuppertal Beschl. v. 16.12.2015 – 9 T 248/15 – juris-Rn. 9.

IV. Entscheidung des Gerichtes

Die gerichtliche Entscheidung ergeht durch **Beschluss** (arg. § 69 Abs. 2 FamFG). Sein   621
Inhalt wird durch den *Verfahrensgegenstand* (→ Rn. 622 ff.) determiniert. Für die
möglichen Konstellationen amtsgerichtlicher Sachentscheidung, die mit der Beschwerde angegriffen werden können, sei auf die obigen Darlegungen verwiesen (→
Rn. 489, 513, 522, 536).

1. Bindung an Verfahrensgegenstand

Der Gegenstand des Verfahrens (→ Rn. 563) ist durch die **Entscheidung des Amtsge-**   622
richtes festgelegt. Hat dieses über einen Antrag **einstweilig** (§ 427 FamFG) entschieden, ist auch über die Beschwerde im einstweiligen Verfahren zu entscheiden; wurde
im umgekehrten Fall in der ersten Instanz in der **Hauptsache** entschieden, darf das
Beschwerdegericht grds. nicht einstweilig entscheiden.[1220] Sonst würden die jeweils
besonderen Verfahrensvoraussetzungen unterlaufen.[1221]

Ist allerdings eine Entscheidung in der **Hauptsache** Beschwerdegegenstand und die   623
hat die Behörde daneben (→ Rn. 449) einen einstweiligen Antrag gestellt, besteht
eine *originäre Zuständigkeit* des Landgerichtes (§ 50 Abs. 1 S. 2 FamFG). Soweit beide Anträge *deckungsgleich* sind,[1222] also einen identischen Sachverhalt und gleiche
Haftart umfassen,[1223] kann das Gericht (bei Gelegenheit der Beschwerdeentscheidung) **auch einstweilig entscheiden**, was insbesondere dann geboten ist, wenn die Beschwerde gegen eine Haftanordnung in der Hauptsache Erfolg hat, aber Haft einstweilig angeordnet werden müsste.

Auch im Übrigen kann das Beschwerdegericht gem. § 60 Abs. 3 FamFG eine **einst-**   624
weilige Anordnung zur Sicherung der Rechte der Beteiligten während des Beschwerdeverfahrens treffen. Diese kann von Amts wegen ergehen und ermöglicht ua die
Aussetzung des Vollzugs von Haftentscheidungen bei *voraussichtlich erfolgreichen*
Rechtsmitteln (im Einzelnen → Rn. 670 ff.).

Notwendigenfalls ist eine amtsgerichtliche Entscheidung, soweit die **Verfahrensart**   625
unklar ist (→ Rn. 446), zur Bestimmung des Verfahrensgegenstandes **auszulegen**. Dabei kann für eine Entscheidung in der Hauptsache sprechen, wenn sich die Beschlussformel nicht zu einer *einstweiligen Anordnung* verhält, die Gründe keine Angaben
zur *Notwendigkeit* der einstweiligen Anordnung enthalten, *Haftgründe abschließend*
festgestellt sind, die Höchstfrist von *sechs Wochen* (→ Rn. 448) überschritten wird
und die *Rechtsmittelbelehrung* die längeren Fristen für die Beschwerde (→ Rn. 489)
nennt.[1224] Allein eine auf zwei Wochen verweisende Rechtsmittelbelehrung reicht für

---

1220 StRspr BGH Beschl. v. 7.6.2018 – V ZB 135/17 – juris-Rn. 6; Beschl. v. 16.9.2015 – V ZB 40/15 –
InfAuslR 2016, 55 – juris-Rn. 9.
1221 BGH Beschl. v. 11.10.2017 – V ZB 127/17 – juris-Rn. 5; Beschl. v. 16.9.2015 – V ZB 40/15 – InfAuslR
2016, 55 – juris-Rn. 9.
1222 *Giers* in Keidel FamFG § 50 Rn. 4 ff.
1223 LG Bremen Beschl. v. 28.7.2017 – 10 T 394/17 – juris-Rn. 57.
1224 BGH Beschl. v. 21.8.2019 – V ZB 13/17 – juris-Rn. 8; Beschl. v. 18.12.2014 – V ZB 114/13 – InfAuslR
2015, 187 – juris-Rn. 7.

sich genommen aber nicht aus, um eine einstweilige Anordnung anzunehmen.[1225] Das Auslegungsergebnis ist in der Beschwerdeentscheidung zu begründen.[1226]

2. Verlängerung und Verkürzung der Haftdauer

626 Auch das Landgericht darf im Beschwerdeverfahren über einen **Haftantrag** der Behörde **nicht hinausgehen** (*ne ultra petita*). Darüber hinaus ist das **Verschlechterungsverbot** (*reformatio in peius*) jedenfalls für den Ausländer beachten:[1227] Hat allein er Beschwerde eingelegt, darf nicht zu seinem Nachteil von der Entscheidung des Amtsgerichts abgewichen werden. Insbesondere darf also, wenn Haft für einen Teilzeitraum unter Zurückweisung im Übrigen angeordnet wurde, nicht über den angeordneten Zeitraum hinaus entschieden werden.[1228] Dies ist freilich anders, wenn beide Beteiligte Beschwerde eingelegt bzw. sich die Behörde der Beschwerde des Ausländers *angeschlossen* (§ 66 FamFG) hat.[1229]

627 Dass das Beschwerdegericht eine vollumfängliche *Zulässigkeits- und Begründetheitsprüfung* des Haftantrages durchführt (→ Rn. 563), kann die rechtmäßige **Haftdauer** nach landgerichtlicher Beurteilung **kürzer** ausfallen, als vom Amtsgericht angeordnet. Dann ist die Beschwerde **teilweise begründet**. Nach dem „Rechtsgedanken von § 426 FamFG" (bzw. richtig: wegen der Erforderlichkeit, der Beschwerde nur insoweit stattzugeben, wie der angegriffene Beschluss subjektive Rechte des Beschwerdeführers verletzt) muss die Haft verkürzt, der Haftbeschluss also, *soweit* er darüber hinaus Haft anordnet, aufgehoben werden.[1230]

3. Rubrum und Sachentscheidung

628 Für das **Rubrum** und die **Beschlussformeln** gelten die oben dargestellten allgemeinen Aspekte (→ Rn. 445 ff.) entsprechend. *Soweit* der Beschwerde stattgegeben und der **Beschluss** des Amtsgerichtes **aufgehoben** wird, ist der diesem zugrunde liegende Antrag formal wieder unbeschieden. Die Entscheidung ist daher *nachzuholen* (im Einzelnen → Rn. 532). Insbesondere kommt bei *Stattgabe* gegen eine Haftanordnung in der *Hauptsache* zusätzlich eine Entscheidung des Beschwerdegerichtes über einen zugleich anhängigen Antrag auf Erlass einer *einstweiligen Anordnung* (§ 50 Abs. 1 S. 2 FamFG) in Betracht (→ Rn. 623). Damit kann vermieden werden, einen Inhaftierten entlassen zu müssen, soweit Haft in der Hauptsache abzulehnen, einstweilig aber anzuordnen ist.

629 Die **Beschlussformel** kann bei **nicht erledigter** Haft beispielsweise wie folgt gefasst werden:

■ **Stattgabe (Ausländer gegen Haftbeschluss, vollständig):** „Auf die Beschwerde des **Betroffenen vom ... hin wird der Beschluss des Amtsgerichts ... vom ... (Az. ...) auf-**

1225 BGH Beschl. v. 7.6.2018 – V ZB 135/17 – juris-Rn. 7.
1226 BGH Beschl. v. 30.3.2017 – V ZB 108/16 – juris-Rn. 7.
1227 OLG Hamm Beschl. v. 22.11.1994 – 15 W 387/94 – NVwZ 1995, 825 – juris-Rn. 19.
1228 Vgl. BGH Beschl. v. 11.12.2013 – XII ZB 280/11 – NJW 2014, 787 – juris-Rn. 10.
1229 ZG *Sternal* in Keidel FamFG § 69 Rn. 22, 26 – jew. mwN.
1230 StRspr BGH Beschl. v. 20.9.2018 – V ZB 102/16 – juris-Rn. 27; Beschl. v. 1.6.2017 – V ZB 39/17 – InfAuslR 2017, 347 – juris-Rn. 8.

gehoben und der Antrag des Antragstellers vom ... zurückgewiesen. (ggf.: Der Betroffene ist sofort freizulassen. [→ Rn. 454])"

- Stattgabe (Ausländer gegen Haftbeschluss, teilweise): „Auf die Beschwerde des Betroffenen vom ... hin wird der Beschluss des Amtsgerichts ... vom ... (Az. ...) dahin gehend abgeändert, dass (ggf.: im Wege der einstweiligen Anordnung) die Haft zur ... nur bis zum Ablauf des ... andauert und im Übrigen der Antrag des Antragstellers vom ... zurückgewiesen wird. Darüber hinaus wird die Beschwerde zurückgewiesen."

- Stattgabe (Ausländer gegen Haftbeschluss in der Hauptsache, vollständig, aber anhängiger einstweiliger Antrag): „Auf die Beschwerde des Betroffenen vom ... hin wird der Beschluss des Amtsgerichts ... vom ... (Az. ...) aufgehoben und der Antrag des Antragstellers vom ... auf Haftanordnung in der Hauptsache zurückgewiesen. Zugleich wird gegen den Betroffenen im Wege der einstweiligen Anordnung Haft zur ... bis zum Ablauf des ... angeordnet. Der Beschluss ist sofort wirksam." (Es erfolgt keine Zurückweisung der Beschwerde im Übrigen, da die Beschwerde in ihrem Umfang [Hauptsache] Erfolg hatte und nur aufgrund § 50 Abs. 1 S. 2 FamFG bei Gelegenheit der Beschwerdeentscheidung die einstweilige Anordnung ergeht.[1231])

- Stattgabe (Behörde gegen Verlängerungsablehnung, vollständig): „Auf die Beschwerde des Antragstellers vom ... hin wird der Beschluss des Amtsgerichts ... vom ... (Az. ...) aufgehoben. Gegen den Betroffenen wird (ggf.: im Wege der einstweiligen Anordnung) die Verlängerung der Haft zur ... bis zum Ablauf des ... angeordnet. Der Beschluss ist sofort wirksam."

- Stattgabe (Behörde gegen Verlängerungsablehnung, teilweise): „Auf die Beschwerde des Antragstellers vom ... hin wird der Beschluss des Amtsgerichts ... vom ... (Az. ...) teilweise aufgehoben und die Verlängerung der Haft zur ... (ggf.: im Wege der einstweiligen Anordnung) bis zum Ablauf des ... angeordnet. Im Übrigen wird die Beschwerde zurückgewiesen. Der Beschluss ist sofort wirksam." (Eine Zurückweisung des Haftantrages iÜ ist nicht erforderlich, da der Beschluss des Amtsgerichts insofern nicht aufgehoben wird.)

- Ablehnung (vollständig): „Die Beschwerde des ... vom ... wird (ggf.: als unzulässig) zurückgewiesen."

Wird durch den Ausländer neben der **Haftanordnung** des Amtsgerichts auch **Feststellung** der Rechtswidrigkeit beantragt, ist derlei zulässig (→ Rn. 543 ff.). Das Beschwerdegericht muss über **beide Anträge** entscheiden. Unterbleibt die Entscheidung *versehentlich*, muss der Beschluss gem. § 43 FamFG ergänzt werden.[1232] Dies ist aber nicht möglich, wenn das Beschwerdegericht ursprünglich (fälschlich) annahm, eine Entscheidung sei nicht nötig.[1233]   630

Die **Beschlussformel** kann bei **erledigter** Haft (bzw. zusätzlichem Feststellungsantrag) beispielsweise wie folgt gefasst werden: 631

1231 Vgl. LG Bremen Beschl. v. 28.7.2017 – 10 T 394/17 – juris-Tenor.
1232 BGH Beschl. v. 6.3.2014 – V ZB 205/13 – InfAuslR 2014, 226 – juris-Rn. 3.
1233 BGH Beschl. v. 6.3.2014 – V ZB 17/14 – InfAuslR 2014, 281 – juris-Rn. 4.

- Stattgabe (vollständig): „Auf die Beschwerde des Betroffenen vom ... hin wird festgestellt, dass ihn der Beschluss des Amtsgerichts ... vom ... (Az. ...) in seinen Rechten verletzt hat."

- Stattgabe (teilweise): „Auf die Beschwerde des Betroffenen vom ... hin wird festgestellt, dass ihn der Beschluss des Amtsgerichts ... vom ... (Az. ...) in seinen Rechten verletzt hat, soweit ...haft für den Zeitraum vom ... bis ... angeordnet wurde. Im Übrigen wird die Beschwerde zurückgewiesen."

- Stattgabe (nach Beschränkung auf den Kostenpunkt → Rn. 552, 619): „Auf die Beschwerde des ... vom ... hin wird der Beschluss des Amtsgerichts ... vom ... (Az. ...) im Kostenpunkt aufgehoben. Die Kosten des Verfahrens und der Beschwerde trägt ..."

- Ablehnung (vollständig): „Die Beschwerde des ... vom ... wird (ggf.: als unzulässig) zurückgewiesen."

- Ablehnung (unbedingter Feststellungsantrag neben Sachantrag): „(nach dem übrigen Sachtenor) Auch die beantragte Feststellung wird abgelehnt."

632 Soweit das Beschwerdegericht im jeweiligen Verfahren **erstmalig** Haft anordnet (zB bei aufhebender Stattgabe in der *Hauptsache*, aber *einstweiliger* Haftanordnung oder bei Stattgabe gegen die Ablehnung der *Haftverlängerung*) sollte gem. § 422 Abs. 2 S. 1 FamFG die **sofortige Wirksamkeit** der Entscheidung angeordnet werden (→ Rn. 450, 497). Wird hingegen nur durch Zurückweisung die amtsgerichtliche Haftanordnung bestätigt, gilt die dort getroffene Anordnung fort; soweit das Amtsgericht die Anordnung unterlassen (zB vergessen) hat, kann sie vom Landgericht nachgeholt werden.

633 Im Falle einer **Zurückverweisung** (§ 69 Abs. 1 S. 2 FamFG) wegen fälschlicher Beurteilung eines Haftaufhebungsantrages als Beschwerde (→ Rn. 524) kann die **Beschlussformel** beispielsweise wie folgt gefasst werden:

- Zurückverweisung: „Die Sache wird unter Aufhebung des Nichtabhilfebeschlusses des Amtsgerichts ... vom ... (Az. ...) an das Amtsgericht ... zurückverwiesen."

4. Kostenentscheidung

634 Bei der Kostenentscheidung ist danach zu differenzieren, ob die Beschwerde (wegen Zurückweisung als *unzulässig* oder *unbegründet*) **erfolglos** geblieben ist (→ Rn. 635 ff.) oder (zumindest **teilweise**) **erfolgreich** war (→ Rn. 638 ff.). Danach bestimmen sich die anzuwendenden Vorschriften wie auch typische Beschlussformeln. Im Falle einer **Zurückverweisung** an das Amtsgericht unterbleibt eine Kostenentscheidung; diese ist dort zu treffen.[1234]

a) Erfolglose Beschwerde

635 Ist die Beschwerde **vollumfänglich erfolglos**, werden die *Gerichtskosten* und *notwendigen außergerichtlichen Kosten* (→ Rn. 456 ff.) des Beschwerdeverfahrens regelmäßig dem **Beschwerdeführer** auferlegt. Dies folgt aus § 84 FamFG. Die Norm lässt

---

1234 *Weber* in Keidel FamFG § 84 Rn. 9.

nach ihrem Wortlaut („sollen") nur in *atypischen Fällen*[1235] eine andere Entscheidung zu.

Da bei völliger Zurückweisung der Beschwerde der amtsgerichtliche Beschluss mitsamt der *dort enthaltenen Kostenentscheidung* (über die Kosten der ersten Instanz) bestehen bleibt, braucht und *kann* das Beschwerdegericht nur noch über **Kosten des Beschwerdeverfahrens** entscheiden (*Kostentrennung* zwischen beiden Instanzen[1236]). Die gelegentliche Praxis der Korrektur von Kostenfehlern des Amtsgerichtes trotz voller Zurückweisung (zB für Dolmetscherkosten[1237]) ist daher zwar gut gemeint, rechtsdogmatisch aber unzulässig; richtigerweise muss stattdessen teilweise Stattgabe erfolgen.[1238]

636

Die **Beschlussformel** kann beispielsweise wie folgt gefasst werden:

637

- Erfolglose Beschwerde: „Die Kosten des Beschwerdeverfahrens trägt ... (ggf.: Dolmetscherkosten werden nicht erhoben. [→ Rn. 471])"
- Erfolglose Beschwerde (Kombinationstenor): „Die Beschwerde vom ... wird auf Kosten des ... zurückgewiesen. (ggf.: Dolmetscherkosten werden nicht erhoben. [→ Rn. 471])"

b) (Teilweise) erfolgreiche Beschwerde

Ist die Beschwerde **nicht vollumfänglich erfolglos** geblieben, ergibt sich die Kostenentscheidung aus §§ 81, 430 FamFG.[1239] Schon eine *Teilstattgabe* genügt.[1240] Das Beschwerdegericht trifft dann eine **einheitliche Kostenentscheidung** für beide Instanzen.[1241] Auch im Falle der *Erledigung*, einschlägig ua bei Feststellungskonstellationen und Rücknahmen, verweist § 83 Abs. 2 FamFG auf die og Normen.

638

Inhaltlich kann daher auf die og Kriterien (→ Rn. 456 ff.) verwiesen werden. Insbesondere sind auch **Kostenquoten** möglich, die praktisch nach dem Verhältnis der *angegriffenen Haftdauer* zum *Rechtsmittelerfolg* bestimmt werden können.[1242] Soweit *Aufhebungs-* und *Feststellungsantrag* zusammen verfolgt werden, sind sie kostenmäßig gleich zu gewichten.[1243]

639

Ermessensgerecht (§ 81 Abs. 1 S. 1 FamFG) kann auch bei **teilweiser** Begründetheit eine **volle Kostentragung** eines Beteiligten sein; zB dann, wenn die *Haftzeit verkürzt* wird, dies aber wegen objektiver Umstände (zB früher verfügbaren Flugtermins) geschieht[1244] oder wenn lediglich die Auferlegung von Dolmetscherkosten durch die erste Instanz korrigiert wird.[1245] Bei **Heilung** kann hingegen auch bei anschließend

640

1235 *Weber* in BeckOK FamFG § 84 Rn. 1.
1236 *Weber* in Keidel FamFG § 84 Rn. 12.
1237 LG Paderborn Beschl. v. 8.7.2016 – 5 T 206/16 – juris-Tenor Abs. 2.
1238 Vgl. LG Dortmund Beschl. v. 4.5.2018 – 9 T 31/18 – juris-Tenor Abs. 1, juris-Rn. 3 aE, 17.
1239 *Weber* in Keidel FamFG § 84 Rn. 8.
1240 BGH Beschl. v. 7.3.2018 – XII ZB 535/17 – NJW-RR 2018, 709 – juris-Rn. 5.
1241 *Schindler* in MüKoFamFG § 84 Rn. 19.
1242 BGH Beschl. v. 19.9.2012 – V ZB 60/12 – juris-Rn. 10; plakativ zB die tageweise Berechnung bei LG Stade Beschl. v. 8.2.2019 – 9 T 61/18 – juris-Rn. 30.
1243 BGH Beschl. v. 6.11.2014 – V ZB 105/14 – InfAuslR 2015, 103 – juris-Rn. 4.
1244 LG Stade Beschl. v. 22.4.2015 – 9 T 35/14 – juris-Rn. 34.
1245 LG Dortmund Beschl. v. 4.5.2018 – 9 T 31/18 – juris-Tenor Abs. 1 und 2, juris-Rn. 17 f.

unbegründeter Beschwerde eine teilweise Kostenerstattung durch den staatlichen Rechtsträger zugunsten des Ausländers ermessensgerecht sein.[1246]

5. Zulassung der Rechtsbeschwerde

641 Gelegentlich kann über die **Zulassung** der Rechtsbeschwerde zu entscheiden sein. Denn nach dem Grundsatz (§ 70 Abs. 1 FamFG) hängt die Statthaftigkeit dieses Rechtsmittels von einer Zulassungsentscheidung durch das Beschwerdegericht ab, an die der BGH als Rechtsbeschwerdeinstanz (→ Rn. 691) gebunden ist (§ 70 Abs. 2 S. 2 FamFG). Für den hier relevanten Bereich der Freiheitsentziehungssachen bestehen jedoch **Sondervorschriften**, aufgrund derer die Statthaftigkeit der Rechtsbeschwerde oft auch ohne Zulassung geregelt ist.

a) Unstatthaftigkeit bei einstweiliger Anordnung

642 In jedem Falle **unstatthaft** ist die Rechtsbeschwerde, soweit sie sich gegen Beschlüsse in Verfahren über eine **einstweilige Anordnung** (§ 427 FamFG) richtet (§ 70 Abs. 4 FamFG). Dies umfasst nicht nur die eigentlichen *Haft-* und *Haftverlängerungsbeschlüsse*, sondern auch zugehörige *Kostenbeschwerden*,[1247] *Aufhebungsverfahren*[1248] und Beschlüsse in *Feststellungsverfahren* (§ 62 FamFG) in den einstweiligen Sachen.[1249]

643 Maßgeblich für die Entscheidung, ob das Verfahren eine einstweilige Anordnung betrifft, ist die **Beurteilung durch das Beschwerdegericht.** Der Ausschluss des § 70 Abs. 4 FamFG greift daher nicht, wenn das Landgericht in der *Hauptsache entscheidet*, obwohl das Amtsgericht einstweilig entschieden hat[1250] oder dies hätte tun müssen.[1251] Im umgekehrten Fall greift der Ausschluss jedenfalls dann, wenn die erstinstanzliche Entscheidung vom Beschwerdegericht *vertretbar* als einstweilige ausgelegt wurde.[1252] Zu den Kriterien der Auslegung von Beschlüssen zur Bestimmung der Verfahrensart vgl. → Rn. 625.

644 Soweit § 70 Abs. 4 FamFG greift, ist eine **Zulassung ausgeschlossen.** Nimmt das Landgericht sie gleichwohl vor, ist sie unwirksam und führt nicht zur Statthaftigkeit der Rechtsbeschwerde.[1253] Mithin hat in all diesen Verfahren eine entsprechende Entscheidung zu unterbleiben.

b) Statthaftigkeit im Übrigen

645 In **Hauptsache**-Entscheidungen in Freiheitsentziehungssachen ist die Rechtsbeschwerde weithin **ohne Zulassung** statthaft (§ 70 Abs. 3 S. 1 Nr. 3, S. 2 und 3 FamFG). Insofern ist aber zwischen dem Ausländer und der Behörde zu differenzieren.

1246 LG Hagen (Westfalen) Beschl. v. 14.7.2016 – 3 T 95/16 – juris-Rn. 63; LG Hamburg Beschl. v. 19.7.2012 – 329 T 33/12 – juris-Rn. 20.
1247 *Meyer-Holz* in Keidel FamFG § 70 Rn. 48.
1248 BGH Beschl. v. 1.6.2017 – V ZB 56/17 – juris-Rn. 3
1249 StRspr BGH Beschl. v. 17.10.2018 – V ZB 38/18 – juris-Rn. 8; Beschl. v. 20.1.2011 – V ZB 116/10 – InfAuslR 2011, 205 – juris-Rn. 7.
1250 BGH Beschl. v. 16.9.2015 – V ZB 40/15 – InfAuslR 2016, 55 – juris-Rn. 5.
1251 BGH Beschl. v. 21.8.2019 – V ZB 13/17 – juris-Rn. 6.
1252 BGH Beschl. v. 30.3.2017 – V ZB 108/16 – juris-Rn. 6.
1253 BGH Beschl. v. 11.9.2013 – XII ZA 54/13 – NJW-RR 2013, 1470 – juris-Rn. 9.

aa) Rechtsbeschwerde des Ausländers

Soweit gegen ihn **Haft angeordnet** wird, bedarf eine Rechtsbeschwerde keiner Zulas- 646
sung (§ 70 Abs. 3 S. 1 Nr. 3, S. 2 FamFG). Die Anordnung (§ 70 Abs. 3 S. 2 FamFG)
umfasst begrifflich auch die Aufrechterhaltung der erstinstanzlichen Haftanordnung
durch das Beschwerdegericht.[1254] Die Zulassungsfreiheit betrifft ebenso den zugehörigen **Feststellungsantrag** (§ 62 FamFG),[1255] auch im Falle einer *Verwerfung als unzulässig*.[1256]

Ebenso ist die **Haftverlängerung** eine Anordnung iSd § 70 Abs. 3 S. 2 FamFG (vgl. 647
nur § 425 Abs. 3 FamFG) und samt zugehöriger **Feststellung** (§ 62 FamFG) zulassungsfrei mit der Rechtsbeschwerde angreifbar.[1257] Gleiches gilt auch für die **Ablehnung** einer **Haftaufhebung** samt entsprechender **Feststellung** (§ 62 FamFG).[1258]

Die **Ablehnung** einer **Aussetzung** (§ 424 FamFG) ist hingegen nur bei Zulassung 648
rechtsbeschwerdefähig. Denn die Entscheidung ordnet nicht gem. § 70 Abs. 3 S. 2
FamFG Haft an; dies tut der zugrundeliegende Haftbeschluss. Es wird auch nicht,
wie bei § 426 FamFG, über den *Bestand* der Haftanordnung entschieden, sondern
nur über den *Vollzug*. Wegen § 64 Abs. 3 FamFG (→ Rn. 670 ff.; der analog auch im
Rechtbeschwerdeverfahren gilt → Rn. 686) besteht auch kein praktisches Bedürfnis
für eine Ausweitung des Rechtsschutzes.

Nicht einschlägig (und damit das Zulassungserfordernis auslösend) sind Entscheidun- 649
gen, die *nicht in Freiheitsentziehungssachen* (§ 70 Abs. 3 S. 1 Nr. 3 FamFG) ergehen.
Das tut zwar der **richterlich** angeordnete **Transitgewahrsam**, nicht aber der **nicht richterlich** angeordnete (→ Rn. 276). Er soll vor Ablauf der Frist von 30 Tagen nur unter
die Norm fallen, wenn der Asylantrag des Ausländers abgelehnt wurde oder ihm die
Einreise verweigert wurde, das Verwaltungsgericht einen ablehnenden Eilbeschluss
bekannt gegeben hat und eine Überlegungsfrist von drei Kalendertagen verstrichen
ist.[1259] Dies gilt entsprechend für den **Ausreisegewahrsam**.[1260]

Auch eine **Ablehnung** von **Verfahrenskostenhilfe** bzw. Beiordnung, die ohnehin der 650
sofortigen Beschwerde unterliegt (→ Rn. 568), ist ohne Zulassung nicht rechtsbeschwerdefähig;[1261] ebenso nicht die **Zurückverweisung** an das Amtsgericht.[1262]

bb) Rechtsbeschwerde der Behörde

Für die Rechtsbeschwerde der Behörde ist die Statthaftigkeit in Freiheitsentziehungs- 651
sachen auf jene Fälle **beschränkt**, in denen eine *zurückweisende* bzw. *ablehnende Entscheidung* ergangen ist (§ 70 Abs. 3 S. 3 FamFG). Damit ist das Rechtsmittel grds. in

---

1254 *Obermann* in BeckOK FamFG § 70 Rn. 40.
1255 BGH Beschl. v. 11.10.2018 – V ZB 70/17 – EzAR-NF 57 Nr. 67 – juris-Rn. 4; Beschl. v. 4.3.2010 – V ZB
      222/09 – BGHZ 184, 323 – juris-Rn. 6.
1256 BGH Beschl. v. 21.8.2019 – V ZB 142/18 – juris-Rn. 5; Beschl. v. 11.1.2018 – V ZB 62/17 – Asylmagazin
      2018, 182 – juris-Rn. 4.
1257 BGH Beschl. v. 22.8.2019 – V ZB 39/19 – juris-Rn. 3; Beschl. v. 28.4.2011 – V ZB 252/10 – juris-Rn. 7 f.
1258 BGH Beschl. v. 20.9.2017 – V ZB 180/16 – InfAuslR 2018, 63 – juris-Rn. 4; Beschl. v. 28.4.2011 – V ZB
      292/10 – FGPrax 2011, 200 – juris-Rn. 7.
1259 BGH Beschl. v. 12.7.2018 – V ZB 52/17 – juris-Rn. 7; Beschl. v. 12.7.2018 – V ZB 98/16 – juris-Rn. 4.
1260 BGH Beschl. v. 22.8.2019 – V ZB 209/17 – juris-Rn. 4.
1261 BGH Beschl. v. 4.3.2010 – V ZB 222/09 – BGHZ 184, 323 – juris-Rn. 5.
1262 BGH Beschl. v. 15.7.2015 – XII ZB 144/15 – FGPrax 2015, 287 – juris-Rn. 10.

den Fällen zulassungsfrei, in denen sich die Behörde gegen eine **Haftablehnung, Ablehnung der Verlängerung** oder **Haftaufhebung** richtet.

652 Allerdings darf sich die Haft noch **nicht erledigt** haben. Ist Erledigung *vor Einlegung* des Rechtsmittels (ggf. auch schon im Beschwerdeverfahren[1263]) eingetreten, ist es zwar ohne eine Zulassung statthaft, aber mangels behördlicher Möglichkeit der Antragstellung gem. § 62 FamFG (→ Rn. 551 f.) unzulässig.[1264] Bei Erledigung *nach Einlegung* ist es zwar zulassungsfrei statthaft, muss aber auf den Kostenpunkt beschränkt werden, um zulässig zu sein.[1265]

653 Auch ein Beschluss, mit dem auf **Antrag** des Ausländers hin festgestellt wird (§ 62 FamFG → Rn. 537 ff.), dass **Haft rechtswidrig** gewesen sei, ist keine Entscheidung iSd § 70 Abs. 3 S. 3 FamFG. Ein behördliches Vorgehen hiergegen setzt also die Zulassung der Rechtsbeschwerde voraus.[1266]

c) Zulassungsentscheidung

654 Besteht nach Maßgabe der vorigen Ausführungen (→ Rn. 645 ff.) keine **Zulassungsfreiheit,** muss das Beschwerdegericht über die Zulassung entscheiden. Die dafür maßgeblichen Kriterien sind in § 70 Abs. 2 S. 1 FamFG enthalten, ein Ermessen gibt es dabei nicht. Das Rechtsmittel ist danach zuzulassen, wenn

- **grundsätzliche Bedeutung** besteht (§ 70 Abs. 2 S. 1 Nr. 1 FamFG), also eine Rechtsfrage **entscheidungserheblich** und über den Einzelfall hinaus in einer Vielzahl von Fällen auftreten und das Interesse an einer **einheitlichen Handhabung** des Rechts berührt oder die Auswirkungen des Falles die Interessen der **Allgemeinheit** in **besonderem Maße berühren,**[1267]
- dies zur **Fortbildung des Rechtes** (§ 70 Abs. 2 S. 1 Nr. 2 Var. 1 FamFG) erforderlich ist, also **Leitentscheidungen** zu verallgemeinerungsfähigen Fragen geboten sind;[1268] dies wird man zB in Fragen noch nicht vom BGH beurteilter Haftgründe im Rahmen der Überstellungshaft (→ Rn. 226 f.) annehmen können,
- dies zur **Sicherung einer einheitlichen Rechtsprechung** (§ 70 Abs. 2 S. 1 Nr. 2 FamFG) erforderlich ist, also bei **Divergenz** in der Beurteilung eines konkreten, entscheidungstragenden Rechtssatzes ggü. anderen Landgerichten oder Entscheidungen des BGH.[1269]

655 Ohne **positive Zulassung** ist die Rechtsbeschwerde unstatthaft. Die Zulassung muss nicht notwendig in der *Entscheidungsformel* enthalten sein; auch in den Gründen ist sie möglich.[1270] Dies sollte aber aus Klarstellungsgründen vermieden werden. Verweisen die Gründe fälschlich darauf, dass Zulassungsfreiheit bestehe, ist eine nachträgliche Zulassung nicht mehr möglich.[1271] Auch mit einer *Anhörungsrüge* (§ 44 FamFG)

1263 BGH Beschl. v. 12.7.2018 – V ZB 48/18 – juris-Rn. 8.
1264 BGH Beschl. v. 29.6.2017 – V ZB 84/17 – NVwZ 2017, 1808 – juris-Rn. 4.
1265 BGH Beschl. v. 7.6.2018 – V ZB 237/17 – NVwZ 2019, 424 – juris-Rn. 4; Beschl. v. 31.1.2013 – V ZB 22/12 – BGHZ 196, 118 – juris-Rn. 6.
1266 BGH Beschl. v. 11.7.2019 – V ZB 28/18 – juris-Rn. 4; Beschl. v. 29.6.2017 – V ZB 64/17 – Rn. 2, 4.
1267 *Meyer-Holz* in Keidel FamFG § 70 Rn. 21 ff. mwN.
1268 *Meyer-Holz* in Keidel FamFG § 70 Rn. 25 ff. mwN.
1269 *Meyer-Holz* in Keidel FamFG § 70 Rn. 28 ff. mwN.
1270 BGH Beschl. v. 12.7.2018 – V ZB 48/18 – juris-Rn. 5.
1271 BGH Beschl. v. 9.7.2014 – XII ZB 7/14 – NJW 2014, 2879 – juris-Rn. 7.

kann eine falsche Entscheidung nur korrigiert werden, wenn das Verfahren aufgrund Gehörsverletzung fortgesetzt wird und sich ein Zulassungsgrund *aus dem dann gewährten Gehör* ergibt.[1272]

Da es rechtlich keine formale **Nichtzulassung**, sondern nur die (eine Statthaftigkeit ggf. ausschließende) nicht erfolgte Zulassung gibt und diese auch grds. nicht angreifbar ist[1273] (eine *Nichtzulassungsbeschwerde* hat der Gesetzgeber bewusst nicht vorgesehen[1274]), bedarf es auch bei einer Negativentscheidung **nicht** notwendig einer entsprechenden **Beschlussformel**; derlei ist aber nicht unüblich, soweit Beteiligte die Zulassung ausdrücklich beantragt haben.   656

Die **Beschlussformel** kann **beispielsweise** wie folgt gefasst werden: 657

- ▪ **Zulassung:** „Die Rechtsbeschwerde wird zugelassen."
- ▪ **Nichtzulassung:** „Die Rechtsbeschwerde wird nicht zugelassen."

Die **Begründung** der Zulassung oder Nichtzulassung kann knapp und ggf. formelhaft erfolgen (zB: „Gründe für die Zulassung der Rechtbeschwerde gem. § 70 Abs. 2 FamFG waren nicht ersichtlich."). Wenn die Zulassung nahe liegt, sollte aber etwas ausführlicher ausgeführt werden; sonst kann in einer Verfassungsbeschwerde ggf. erfolgreich eine willkürliche Verletzung des Rechtes auf den gesetzlichen Richter (Art. 101 Abs. 1 S. 2 GG) gerügt werden.[1275]   658

6. Festsetzung des Gegenstandswertes

Zur Kostenberechnung bedarf es der Festsetzung eines **Gegenstandswertes** (bzw. Geschäftswert, § 36 FamFG). Da es sich bei Freiheitsentziehungssachen nicht um vermögensrechtliche Verfahren handelt, geschieht die Festsetzung nach *Ermessen* (§ 36 Abs. 2 FamFG) bzw. bei Fehlen von hinreichenden Anhaltspunkten nach dem *Auffangwert* (§ 36 Abs. 3 FamFG) von 5.000 Euro.   659

Die **Praxis** setzt regelmäßig einen Wert von **5.000 Euro** fest, auch wenn die dafür benannte Begründung variiert.[1276] Oftmals werden auch beide Normen[1277] oder gar keine[1278] genannt. Da Anhaltspunkte für *Werte* bei Abschiebungshaft kaum ersichtlich sind, spricht Einiges für den Auffangwert (§ 36 Abs. 3 FamFG).   660

Die **Begründung** kann kurz und formelartig geschehen (zB „Die Festsetzung des Gegenstandswertes folgt aus § 36 Abs. 3 FamFG"), die **Beschlussformel** mag beispielsweise wie folgt gefasst werden: 661

- ▪ „Der Gegenstandswert des Beschwerdeverfahrens beträgt 5.000 Euro."

1272 BGH Beschl. v. 9.11.2017 – V ZB 25/17 – juris-Rn. 7; Beschl. v. 16.10.2014 – V ZB 223/12 – FGPrax 2015, 41 – juris-Rn. 7 f.
1273 BGH Beschl. v. 25.6.2019 – XI ZB 3/19 – juris-Rn. 3; Beschl. v. 15.11.2012 – I ZB 69/12 – juris-Rn. 1.
1274 BT-Drs. 16/6308, S. 225.
1275 BVerfG Beschl. v. 7.9.2015 – 1 BvR 1863/12 – FamRZ 2015, 2123 – juris-Rn. 14.
1276 ZB *Ermessen*: LG Hildesheim Beschl. v. 22.12.2017 – 5 T 281/17 – juris-Rn. 11; LG Halle (Saale) Beschl. v. 19.1.2017 – 1 T 359/16 – juris-Rn. 23 und *Auffangwert*: LG Kassel Beschl. v. 17.4.2019 – 3 T 182/19 – juris-Rn. 31; LG Hannover Beschl. v. 18.1.2019 – 8 T 2/19 – juris-Rn. 26.
1277 ZB BGH Beschl. v. 22.8.2019 – V ZB 39/19 – juris-Rn. 10; Beschl. v. 21.8.2019 – V ZB 97/17 – juris-Rn. 13.
1278 BGH Beschl. v. 21.8.2019 – V ZB 138/18.

7. Gründe des Beschlusses

662 Der Beschluss des Beschwerdegerichtes ist zu **begründen** (§ 69 Abs. 2 FamFG). Soweit § 38 Abs. 4 FamFG **Ausnahmen** hiervon vorsieht (→ Rn. 476), ist die ggf. gem. § 69 Abs. 3 FamFG erfolgende Anwendbarkeit auf das Beschwerdeverfahren zweifelhaft; denn es spricht Einiges dafür, § 69 Abs. 2 FamFG als lex specialis zu begreifen.[1279]

a) Sachgründe (Gründe zu I.)

663 Unterliegt die Beschwerdeentscheidung (ggf. aufgrund Zulassung) der **Rechtsbeschwerde**, muss zwingend eine **vollständige Darstellung** des Sachverhaltes enthalten sein. Denn das Rechtsbeschwerdegericht hat die vom Landgericht festgestellten Tatsachen zugrunde zu legen und kann daher ohne den Sachverhalt keine Prüfung vornehmen.[1280] Mithin erfolgt in diesen Fällen ohne Sachprüfung die Aufhebung der Beschwerdeentscheidung nebst Zurückverweisung ans Landgericht.[1281]

664 Der festgestellte Sachverhalt kann sich allerdings auch durch eine **konkrete Bezugnahme** auf den **Beschluss des Amtsgerichts** (zB „zur Vermeidung von Wiederholungen wird auf die Darlegungen … verwiesen.") ergeben, wenn die dortigen Feststellungen für die Entscheidung hinreichen und das Beschwerdegericht sie sich umfassend zu eigen macht.[1282] Neben der Verweisung auf den Beschluss ist auch ein solcher auf **andere Aktenbestandteile** möglich.[1283] Es gelten aber die obigen Ausführungen (→ Rn. 480 ff.) über die Notwendigkeit einer *hinreichend konkreten* Bezugnahme.

665 Der Verweis auf die erstinstanzliche Entscheidung reicht dann nicht mehr hin, wenn sich zwischenzeitlich der **Sachverhalt verändert** hat, insbesondere **Erledigung** eingetreten ist; dann muss konkret dargelegt werden, inwiefern Änderungen erfolgt sind und wie die Beteiligten darauf reagiert haben.[1284]

666 Theoretisch sind durch die Verweismöglichkeit **Ketten-Bezugnahmen** denkbar, bei denen das Landgericht auf das Amtsgericht verweist und jenes auf den Haftantrag der Behörde. Derlei ist zu vermeiden. Während ein solches Vorgehen im amtsgerichtlichen Eildienst aufgrund des oftmals erheblichen Zeitdrucks der unverzüglichen Entscheidung notwendig sein kann (→ Rn. 481 f.), hat das Landgericht Zeit, die Entscheidung vorzubereiten; praktisch sind Behörden oftmals bereit, Haftanträge per E-Mail nachzureichen, so dass ggf. Passagen von dort per Copy&Paste unter anschließender Raffung zugrunde gelegt werden können.

667 Soweit die Entscheidung **nicht der Rechtsbeschwerde** unterliegt, kann die Sachdarstellung **unterbleiben**. Sie ist dann nur erforderlich, soweit sie zur *Verständlichkeit* der Entscheidung nötig ist,[1285] und kann insofern im Rahmen der Rechtsgründe bei den einzelnen Tatbestandsmerkmalen ausgeführt werden.

1279 *Sternal* in Keidel FamFG § 69 Rn. 42; aA *Obermann* in BeckOK FamFG § 69 Rn. 20.
1280 BGH Beschl. v. 26.7.2012 – V ZB 26/12 – juris-Rn. 4.
1281 StRspr BGH Beschl. v. 6.7.2016 – V ZB 136/15 – juris-Rn. 3; Beschl. v. 26.7.2012 – V ZB 26/12 – juris-Rn. 4.
1282 BGH Beschl. v. 18.8.2010 – V ZB 119/10 – juris-Rn. 7.
1283 BGH Beschl. v. 18.10.2018 – V ZB 178/17 – juris-Rn. 6 f.; Beschl. v. 29.3.2012 – V ZB 3/12 – juris-Rn. 4.
1284 BGH Beschl. v. 8.11.2012 – V ZB 112/12 – juris-Rn. 5.
1285 *Sternal* in Keidel FamFG § 69 Rn. 44.

b) Rechtsgründe (Gründe zu II.)

Für die Rechtsgründe gelten **dieselben Anforderungen** für das Beschwerdegericht, die **668** auch für das Amtsgericht bestehen. Daher sei auf die dortigen Darlegungen Bezug genommen (→ Rn. 484 ff.).

8. Rechtsmittelbelehrung und Unterschrift

Der Beschluss hat, soweit ein Rechtsmittel gegeben ist (→ Rn. 641 ff.) eine **Rechtsmit-** **669** **telbelehrung** (§§ 69 Abs. 3, 39 FamFG) zu enthalten und ist durch alle entscheidenden Richter (bzw. nach Einzelrichterübertragung nur durch diesen) zu **unterschreiben** (§§ 69 Abs. 3, 38 Abs. 3 S. 2 FamFG). Ist ein Richter zB durch Tod, Krankheit oder Urlaub[1286] verhindert, wird dies analog § 315 Abs. 1 S. 2 ZPO[1287] unter Angabe des Verhinderungsgrundes vom Vorsitzenden und bei dessen Verhinderung vom ältesten Beisitzer unter dem Beschluss vermerkt.

9. Einstweilige Anordnung (§ 64 Abs. 3 FamFG)

Eine **besondere Beschlussform** während des Beschwerdeverfahrens ist die einstweilige **670** Anordnung nach § 64 Abs. 3 FamFG. Sie ermöglicht es dem Beschwerdegericht, **ab Eingang** der Beschwerde[1288] die Rechtsbeziehungen der Beteiligten im Rahmen des Beschwerdegegenstandes bis **zum Erlass der Beschwerdeentscheidung** vorläufig zu regeln.[1289] Diese Befugnis besteht wegen des klaren Wortlautes nur für das *Beschwerdegericht*, nicht für das Amtsgericht iRd Abhilfeverfahrens.

a) Verfahrenseinleitung und Verfahrensgegenstand

Die einstweilige Anordnung kann **von Amts wegen** jederzeit getroffen werden, eines **671** **Antrages** bedarf es nicht. Dieser ist rechtlich nur eine *Anregung* und nicht zwingend zu bescheiden.[1290] Insbesondere fehlt solchen Anregungen, soweit sie ohne entscheidungserhebliche Veränderung der Sach- und Rechtslage mehr als einmal erfolgen, das Rechtsschutzbedürfnis.[1291]

Die Möglichkeit zum Erlass der Anordnung ist vom **Beschwerdeverfahren abhän-** **672** **gig**,[1292] insbesondere handelt es sich um *kein selbstständiges Verfahren* gem. § 51 Abs. 3 S. 1 FamFG.[1293] Die Befugnis ist daher von vornherein auf den **Gegenstand** der Beschwerde (→ Rn. 563, 622 ff.) beschränkt und geht nicht darüber hinaus. Insbesondere kommt damit eine **Haftaussetzung** bis zur Beschwerdeentscheidung in Betracht (§ 64 Abs. 3 letzter Hs. FamFG).

b) Prüfungsmaßstab und Verfahrensgang

Ob und inwiefern eine einstweilige Anordnung erlassen wird, steht im **Ermessen des** **673** Beschwerdegerichtes. Geboten ist dabei eine **summarische Prüfung** der Erfolgsaus-

---

1286 *Musielak* in Musielak/Voit ZPO § 315 Rn. 5.
1287 *Meyer-Holz* in Keidel FamFG § 69 Rn. 81.
1288 *A. Fischer* in MüKoFamFG § 64 Rn. 49.
1289 BGH Beschl. v. 5.4.2001 – III ZB 48/00 – NJW 2001, 2181 – juris-Rn. 16.
1290 *Sternal* in Keidel FamFG § 64 Rn. 59 a; zB keine Bescheidung bei LG Köln Beschl. v. 2.12.2015 – 34 T 236/15 – juris-Rn. 11.
1291 BGH Beschl. v. 25.7.2014 – V ZB 137/14 – InfAuslR 2014, 441 – juris-Rn. 4.
1292 BGH Beschl. v. 1.3.2010 – II ZB 1/10 – FGPrax 2010, 102 – juris-Rn. 13.
1293 *Sternal* in Keidel FamFG § 64 Rn. 59.

sicht des Rechtsmittels, wobei die **drohenden Nachteile** für den Beschwerdeführer für den Zeitraum bis zum Erlass der Beschwerdeentscheidung mit zu berücksichtigen sind.[1294]

674 Zu beachten ist auch, inwiefern **Mängel** im Beschwerdeverfahren **geheilt** werden können.[1295] Soweit der BGH auf eine *tatsächliche Heilung* in der Vergangenheit abstellt, ist dies der dortigen prozessualen Situation im *Rechts*beschwerdeverfahren geschuldet, in dem neue Tatsachen nicht mehr berücksichtigungsfähig sind und deswegen eine *künftige Heilbarkeit* ausscheidet;[1296] für das Beschwerdegericht ist das anders.

675 Bei Beschwerden durch **Gefährder** sind darüber hinaus in die Abwägung auch die *erheblichen Gefahren* für Leib und Leben Dritter oder bedeutende Rechtsgüter der inneren Sicherheit (§ 62 Abs. 3 S. 4 AufenthG → Rn. 120 ff., 139 ff.) einzubeziehen. Dies bedingt, dass in solchen Fällen die **Anforderungen an die Wahrscheinlichkeit** eines Obsiegens erheblich gesteigert sind.[1297]

676 Soll nach diesem Maßstab bei **Erfolgsaussicht** einer Beschwerde des **Ausländers** gegen einen Haft(verlängerungs)beschluss eine Anordnung getroffen werden, ist der mögliche Inhalt nicht auf die reine *Außervollzugsetzung* des erstinstanzlichen Haftbeschlusses beschränkt (vgl. „insbesondere", § 64 Abs. 3 letzter Hs. FamFG). Daher sind auch *Auflagen* wie bei § 424 FamFG möglich (→ Rn. 521).

677 Auf die Beschwerde einer **Behörde** hin kommt durch § 64 Abs. 3 FamFG insbesondere die Nachholung einer ggf. vom Amtsgericht vergessenen *Anordnung sofortiger Wirksamkeit* (§ 422 Abs. 2 FamFG → Rn. 450) in Betracht.[1298] Denkbar ist auch, bei erfolgter Haftverlängerungsablehnung einstweilig die *Haftfortdauer* bis zum Erlass der Beschwerdeentscheidung anzuordnen.[1299]

678 Die Gewährung **rechtlichen Gehörs** vor einer Entscheidung ist geboten[1300] und kann durch kurzes gerichtliches Schreiben per Fax oder fernmündlich geschehen; da es sich nicht um ein selbstständiges Anordnungsverfahren gem. § 51 Abs. 3 S. 1 FamFG handelt, sind die Maßstäbe des § 427 FamFG nicht anwendbar. **Zuständig** ist für die Entscheidung der Spruchkörper insgesamt bzw. der Einzelrichter nach einer Übertragung. Ist in der Beschwerde entschieden, *erledigt* sich die Anregung bzgl. einstweiliger Anordnung.[1301]

c) Beschlussgestaltung und -inhalt

679 Die Entscheidung über eine einstweilige Anordnung ergeht (jedenfalls im positiven Falle) durch **Beschluss**.[1302] Dieser muss **keine Kostenentscheidung** enthalten,[1303] da

---

1294 StRspr BGH Beschl. v. 29.5.2019 – V ZB 72/19 – juris-Rn. 1; Beschl. v. 29.9.2010 – V ZB 233/10 – NVwZ 2011, 320 – juris-Rn. 5.
1295 BGH Beschl. v. 8.11.2018 – V ZB 176/18 – juris-Rn. 1; Beschl. v. 31.3.2017 – V ZB 74/17 – InfAuslR 2017, 295 – juris-Rn. 1.
1296 BGH Beschl. v. 13.9.2018 – V ZB 145/17 – juris-Rn. 20; Beschl. v. 11.7.2017 – V ZB 143/17 – juris-Rn. 3.
1297 BGH Beschl. v. 21.12.2017 – V ZB 249/17 – InfAuslR 2018, 99 – juris-Rn. 8.
1298 *Sternal* in Keidel FamFG § 64 Rn. 58 b.
1299 So wohl die Anregung in BGH Beschl. v. 10.2.2010 – V ZB 35/10 – InfAuslR 2010, 202 – juris-Rn. 3.
1300 *Sternal* in Keidel FamFG § 64 Rn. 59 b.
1301 BGH Beschl. v. 10.2.2010 – V ZB 35/10 – InfAuslR 2010, 202 – juris-Rn. 3.
1302 *Sternal* in Keidel FamFG § 64 Rn. 59 b.
1303 BGH Beschl. v. 1.3.2010 – II ZB 1/10 – FGPrax 2010, 102 – juris-Rn. 16.

für diesen unselbständigen Verfahrensteil (→ Rn. 672) keine gesonderten Kosten anfallen.[1304]

Die **Beschlussformel** kann beispielsweise wie folgt gefasst werden: 680

- **Aussetzung:** „Die Vollziehung der mit Beschluss des Amtsgerichts ... vom ... (Az. ...) gegen den Betroffenen angeordneten ...haft wird einstweilen ausgesetzt. (ggf.: Der Betroffene ist sofort zu entlassen. [→ Rn. 454])"
- **Nichtaussetzung:** „Der Antrag, die Vollziehung der mit Beschluss des Amtsgerichts ... vom ... (Az. ...) gegen den Betroffenen angeordneten ...haft einstweilen auszusetzen, wird zurückgewiesen."

Die **Gründe** können knapp gefasst werden, sollten aber kurz den rechtlich entschei-   681
denden Punkt für die (Miss-)Erfolgsaussicht und das Ermessen herausstellen.

Die einstweilige Entscheidung **erledigt** sich mit Erlass der Beschwerdeentscheidung   682
und bedarf daher keiner gesonderten Aufhebung.[1305] Eine **Rechtsmittelbelehrung** ist
nicht erforderlich, denn ein Beschluss nach § 64 Abs. 3 FamFG ist **nicht anfecht-**
bar.[1306]

1304 *Sternal* in Keidel FamFG § 64 Rn. 72.
1305 *Sternal* in Keidel FamFG § 64 Rn. 70 mwN.
1306 *Sternal* in Keidel FamFG § 64 Rn. 71; BGH Beschl. v. 9.12.1996 – AnwZ (B) 48/96 – NJW-RR 1997, 1149 – juris-Rn. 4.

G. Das Verfahren in 3. Instanz

683 In dritter Instanz ist der **Bundesgerichtshof** für die **Rechtsbeschwerde** gegen Beschlüsse des Landgerichtes (→ Rn. 641 ff.) bzw. **Sprungrechtsbeschwerde** gegen Beschlüsse des Amtsgerichtes (→ Rn. 489) zuständig. Die Zuständigkeit ergibt sich aus § 133 GVG. Zu entscheiden ist im **Senat**, eine Einzelrichterübertragung ist nicht möglich.[1307]

I. Verfahrensgegenstand

684 Verfahrensgegenstand ist der **erstinstanzliche** Beschluss in der Gestalt, die er ggf. durch die **zweitinstanzliche Entscheidung** gefunden hat, soweit in der Sache die Rechtsbeschwerde statthaft ist (→ Rn. 691 ff.) und begrenzt durch die **Anträge** der Beteiligten (§ 74 Abs. 3 S. 1 FamFG).[1308] Das Verfahren vor dem BGH ist *keine weitere Tatsacheninstanz*, sondern eine **reine Rechtsprüfung**; die von der Vorinstanz festgestellten Tatsachen (die sich neben dem Beschluss auch aus dem Sitzungsvermerk und weiteren Aktenbestandteilen ergeben können[1309]) sind gem. § 74 Abs. 3 S. 4 FamFG iVm § 559 ZPO zugrunde zu legen.[1310]

685 Der oben beschriebene Zusammenhang mit dem bisherigen **Hauptsache-** oder **einstweiligen Verfahren** (→ Rn. 622 f.) greift auch hier; die Verfahrensart darf der BGH in der Rechtsbeschwerde nicht wechseln. Die für das Landgericht offenstehende Möglichkeit der *einstweiligen Entscheidung* über einen Haftantrag *neben* der Hauptsache (→ Rn. 623) ist gem. § 50 Abs. 1 S. 2 FamFG in der Rechtsbeschwerde nicht gegeben,[1311] so dass die Zuständigkeit hierfür nach Abschluss der Beschwerde an das Amtsgericht zurückfällt.[1312]

686 Im Rahmen des Gegenstandes der Rechtsbeschwerde kann der BGH aber analog § 64 Abs. 3 FamFG[1313] eine **einstweilige Anordnung** zur Regelung der Rechtsbeziehung zwischen den Beteiligten treffen. Hierbei gelten im Wesentlichen dieselben Maßstäbe wie für das Beschwerdegericht (→ Rn. 670 ff.).

687 In der Sache hat der BGH daher zu prüfen, inwiefern die *Rechtsbeschwerde statthaft* und auch im Übrigen *zulässig* ist; fehlt es daran, erfolgt **Verwerfung als unzulässig** (§ 74 Abs. 1 S. 2 FamFG). Ist das Rechtsmittel zulässig, wird die *Begründetheit* geprüft. Fehlt sie, wird die Rechtsbeschwerde **zurückgewiesen**; ist sie gegeben, wird der angegriffene **Beschluss aufgehoben** (§ 74 Abs. 5 FamFG) und in der Sache **selbst entschieden** (§ 74 Abs. 6 S. 1 FamFG) bzw., bei fehlender Entscheidungsreife, die Sache an das Beschwerde- oder erstinstanzliche Gericht **zurückverwiesen**, das dann an die Vorgaben des BGH gebunden ist (§ 74 Abs. 6 S. 2 bis 4 FamFG).

1307 *Obermann* in BeckOK FamFG § 74 Rn. 16.
1308 ZG *Meyer-Holz* in Keidel FamFG § 74 Rn. 14 ff.
1309 Vgl. BGH Beschl. v. 19.12.2013 – V ZB 107/13 – juris-Rn. 3.
1310 Eingehend *Meyer-Holz* in Keidel FamFG § 74 Rn. 26 ff.
1311 BGH Beschl. v. 28.7.2010 – XII ZB 253/10 – juris-Tenor Abs. 2.
1312 *Giers* in Keidel FamFG § 50 Rn. 6 a.
1313 StRspr BGH Beschl. v. 29.5.2019 – V ZB 72/19 – juris-Rn. 1; Beschl. v. 21.1.2010 – V ZB 14/10 – FGPrax 2010, 97 – Rn. 3.

II. Postulationsfähigkeit

Anders als vor dem Amts- und Landgericht sind die Beteiligten vor dem BGH nur 688 bzgl. *Verfahrenskostenhilfe* sowie der Ausschließung und Ablehnung von Richtern selbst postulationsfähig. Nach § 10 Abs. 4 S. 1 FamFG müssen sie sich im Übrigen durch einen **beim BGH zugelassenen Rechtsanwalt** vertreten lassen. Soweit es sich um Behörden handelt, gilt dies zwar nicht; die Vertretung durch eigene Beschäftigte oder solche anderer Behörden muss aber durch Personal erfolgen, das die **Befähigung zum Richteramt** hat (§ 10 Abs. 4 S. 2 FamFG).

Diese Einschränkung ist für verfahrensleitende **Schriftsätze** und eingereichte *Nachträge* 689 *ge* wie auch *Vermerke* zu beachten; sie müssen von entsprechend qualifizierten Vertretern unterzeichnet sein und sind sonst unbeachtlich.[1314] Fehlt es an einer solchen Unterschrift unter den Rechtsmittelschriftsatz, droht die Verwerfung der Rechtsbeschwerde als unzulässig.[1315]

III. Zulässigkeitsprüfung

Im Rahmen der Zulässigkeitsprüfung ist festzustellen, ob die Rechtsbeschwerde *statt-* 690 *haft* ist, die *Rechtsbeschwerdeberechtigung* besteht und das Rechtsmittel *form- und fristgerecht* eingelegt wurde. Mangelt es hieran, erfolgt **Zurückweisung** als unzulässig (§ 74 Abs. 1 S. 2 FamFG). Selbst eine an sich zulässige Rechtsbeschwerde kann aber mit einstimmigem Beschluss zurückgewiesen werden, wenn sie keine Erfolgsaussicht hat und die Zulassung zu Unrecht erfolgt ist (§ 74 a Abs. 1 S. 1 FamFG).

1. Statthaftigkeit der Rechtsbeschwerde

Die **Rechtsbeschwerde** ist statthaft, wenn sie **zulassungsfrei** gegeben ist oder **zugelas-** 691 **sen** wurde. Ist sie *zugelassen* (→ Rn. 657), ist der BGH vorbehaltlich eines Vorgehens nach § 74 a FamFG hieran gebunden (§ 70 Abs. 2 S. 2 FamFG), auch wenn die Zulassung zu Unrecht erfolgt ist.[1316] *Ohne Zulassung* wird geprüft, ob ein Fall des § 70 Abs. 3 S. 1 Nr. 3, S. 2 und 3 FamFG vorliegt;[1317] mangelt es hieran, erfolgt die Verwerfung als unzulässig (§ 74 Abs. 1 S. 2 FamFG[1318]).

Eine **Sprungrechtsbeschwerde** ist gem. § 75 FamFG statthaft, soweit die Entscheidung 692 des Amtsgerichtes (mit Ausnahme einstweiliger Anordnungen[1319]) **beschwerdefähig** ist, die Beteiligten auf die Beschwerdeinstanz *verzichten* und der BGH die Rechtsbeschwerde zulässt. Der **Verzicht** der Beteiligten ist als Prozesshandlung *unwiderruflich* und *bedingungsfeindlich*.[1320]

Die **Zulassung** muss beantragt und durch einen am BGH zugelassenen **Rechtsanwalt** 693 bzw. entsprechend qualifizierten **Behördenvertreter** unterzeichnet (→ Rn. 688 f.) sein. Sie ist binnen **Monatsfrist** nach Bekanntgabe bzw. Zustellung der erstinstanzlichen

1314 BGH Beschl. v. 7.10.2013 – V ZB 24/13 – EzAR-NF 57 Nr. 31 – juris-Rn. 16.
1315 BGH Beschl. v. 27.2.2013 – XII ZB 6/13 – NJW 2013, 1308 – juris-Rn. 4.
1316 BGH Beschl. v. 29.9.2011 – V ZB 241/10 – juris-Rn. 8.
1317 *Haußleiter* in ders. FamFG § 74 Rn. 4.
1318 Vgl. zB BGH Beschl. v. 29.6.2017 – V ZB 64/17 – juris-Rn. 4.
1319 *Meyer-Holz* in Keidel FamFG § 75 Rn. 3.
1320 BGH Beschl. v. 5.7.1984 – I ZR 102/83 – BGHZ 92, 76 – juris-Rn. 3.

Entscheidung (§ 75 Abs. 2 S. 1 FamFG) beim **BGH einzureichen** (§ 75 Abs. 2 S. 2 FamFG iVm § 556 Abs. 2 ZPO). Der Antrag muss ua die Zulassungsvoraussetzungen darlegen, insbesondere also die Gründe des § 75 Abs. 2 S. 2 FamFG iVm § 556 Abs. 2 S. 3, Abs. 4 ZPO.[1321]

694 Anschließend prüft der BGH, ob diese Voraussetzungen eingehalten sind, und entscheidet über die Zulassung durch **unanfechtbaren**[1322] **Beschluss**, der den Beteiligten *zuzustellen* ist (§ 75 Abs. 2 S. 2 FamFG iVm § 566 Abs. 5 ZPO). Bei **Ablehnung** wird die Entscheidung des Amtsgerichtes *rechtskräftig* (§ 566 Abs. 6 ZPO), weswegen die Einlegung der Sprungrechtsbeschwerde durch die wegfallende Beschwerdeinstanz riskant ist. Nur bei einer **Stattgabe** wird das Verfahren *als Sprungrechtsbeschwerde fortgesetzt* (§ 566 Abs. 7 S. 1 ZPO).

695 Die **Beschlussformel** kann beispielsweise wie folgt lauten:

- Stattgabe: „Die Sprungsrechtsbeschwerde des ... gegen den Beschluss des Amtsgerichts ... vom ... (Az. ...) wird zugelassen."
- Ablehnung: „Der Antrag auf Zulassung der Sprungrechtsbeschwerde gegen den Beschluss des Amtsgerichts ... vom ... (Az. ...) wird auf Kosten des ... zurückgewiesen."

2. Zulässigkeitsvoraussetzungen

696 Die Rechtsbeschwerde muss **fristgemäß**, dh *binnen eines Monats* nach Bekanntgabe der *schriftlichen* Entscheidung des Beschwerdegerichtes (§ 71 Abs. 1 S. 1 FamFG) **beim BGH eingelegt** (*iudex ad quem*)[1323] sein. Im Falle der Einlegung beim Landgericht kommt es auf den Zugang beim BGH nach Weiterleitung im ordentlichen Geschäftsgang an.

697 Der entsprechende **Schriftsatz** muss durch einen *qualifizierten Absender* (→ Rn. 688 f.) *unterzeichnet* (§ 71 Abs. 1 S. 3 FamFG) sein und soll gem. § 71 Abs. 1 S. 4 FamFG (Ordnungsvorschrift, deren Verletzung nicht zur Unzulässigkeit führt[1324]) eine Ausfertigung oder beglaubigte Abschrift des *angefochtenen Beschlusses* als Anlage enthalten.

698 Die Rechtsbeschwerde bedarf der **Begründung**, die grds. in der *Einlegungsfrist* zu erfolgen hat (§ 71 Abs. 2 FamFG); die Frist kann jedoch durch den Vorsitzenden auf Antrag *verlängert* werden (§ 75 Abs. 2 S. 2 FamFG iVm § 551 Abs. 2 S. 5 und 6 ZPO).[1325] Die Begründung muss einen **bestimmten Rechtsbeschwerdeantrag** (§ 71 Abs. 3 Nr. 1 FamFG) enthalten, der die *Prüfungskompetenz* des BGH festlegt (→ Rn. 684); er kann sich ggf. durch *Auslegung* ergeben.[1326] Soweit die **Gründe** für die *Zulassung darzulegen* sind (§ 71 Abs. 3 Nr. 2 FamFG), sind die Anforderungen bei

---

1321 ZG *Meyer-Holz* in Keidel FamFG § 75 Rn. 6 ff.; zu Modifikationen des Maßstabs ggü. § 70 Abs. 2 FamFG vgl. *Schmidt-Räntsch* in BeckOK KostR GNotKG § 129 Rn. 72.
1322 *Meyer-Holz* in Keidel FamFG § 75 Rn. 15.
1323 *A. Fischer* in MüKoFamFG § 71 Rn. 4.
1324 *Meyer-Holz* in Keidel FamFG § 71 Rn. 24.
1325 ZG *Meyer-Holz* in Keidel FamFG § 71 Rn. 26 ff.
1326 BGH Beschl. v. 16.11.2017 – V ZB 124/17 – MDR 2018, 630 – juris-Rn. 7.

gesetzlicher (§ 70 Abs. 3 FamFG) bzw. bindend erfolgter (§ 70 Abs. 2 S. 2 FamFG) Zulassung entsprechend geringer.[1327]

Es muss zudem eine **Rechtsbeschwerdeberechtigung** vorliegen. Ist diese nicht aufgrund einer Antragsablehnung gegeben (*formelle Beschwer*, § 59 Abs. 2 FamFG), muss sie *materiell* vorliegen.[1328] Insofern wird auf die obigen Darlegungen Bezug genommen (→ Rn. 569 ff.). Die Sache darf sich auch, vorbehaltlich der *Feststellungsverfahren* nach § 62 FamFG (→ Rn. 537 ff.), **nicht erledigt** haben.[1329]   699

IV. Entscheidung des Gerichtes

Nach *Zustellung* (wg. Fristauslösung für die Anschlussrechtsbeschwerde, § 73 FamFG) der Rechtsbeschwerde an die übrigen Beteiligten (§ 71 Abs. 4 FamFG) haben diese Gelegenheit zur Stellungnahme. Im Anschluss an die Durchführung des **Verfahrens**, auf das im Übrigen weitgehend die Vorschriften über den *ersten Rechtszug* entsprechend anwendbar sind (§ 74 Abs. 4 FamFG), entscheidet der BGH durch **Beschluss**.   700

Der **Maßstab** der Entscheidung ist die Rechtmäßigkeit des Verfahrensgegenstandes (→ Rn. 684 ff.) unter Berücksichtigung etwaig **erfolgter Heilungen**. Die dem Landgericht offenstehende Möglichkeit nachträglicher Korrekturen sind jedoch beim BGH eingeschränkt; denn mangels Berücksichtigungsfähigkeit neuer Tatsachen (→ Rn. 684) können zB nachträgliche Darlegungen vormals unzureichende **Prognosen** nicht korrigieren. Allerdings können derartige Fehler *unbeachtlich* sein (§ 74 Abs. 2 FamFG), wenn die Abschiebung fristgemäß erfolgt ist.[1330] Auch können **Haftgründe** **ausgetauscht** (→ Rn. 325) werden, soweit dies durch den feststehenden Sachverhalt getragen wird.[1331]   701

In der Sache erfolgt entweder **Zurückweisung** der Beschwerde oder **Aufhebung** des angefochtenen Beschlusses (§ 74 Abs. 2 und 5 FamFG). In letzterem Falle entscheidet das Gericht bei *Entscheidungsreife* selbst (§ 74 Abs. 6 S. 1 FamFG) und *verweist* die Sache andernfalls an das Land- oder (ausnahmsweise) Amtsgericht zur erneuten Entscheidung zurück (§ 74 Abs. 6 S. 2 ff. FamFG), das dann an die rechtliche Beurteilung des BGH gebunden ist (§ 74 Abs. 6 S. 4 FamFG).   702

Die **Beschlussformel** kann beispielsweise wie folgt lauten: 703

- ▪ Stattgabe (eigene Entscheidung): „Auf die Rechtsbeschwerde hin wird der Beschluss des … vom … aufgehoben. Es wird festgestellt, dass der Beschluss des … vom … den Betroffenen in seinen Rechten verletzt hat."
- ▪ Stattgabe (Zurückverweisung): „Auf die Rechtsbeschwerde wird der Beschluss des … vom … aufgehoben. Die Sache wird zur erneuten Entscheidung, auch über die Kosten des Rechtsbeschwerdeverfahrens, an das Beschwerdegericht zurückverwiesen."

1327   *A. Fischer* in MüKoFamFG § 71 Rn. 14; zG *Meyer-Holz* in Keidel FamFG § 71 Rn. 38 ff. und 46.
1328   BGH Beschl. v. 14.10.2015 – XII ZB 695/14 – NJW 2016, 250 – juris-Rn. 9.
1329   *Meyer-Holz* in Keidel FamFG § 74 Rn. 6 ff., bes. 9.
1330   BGH Beschl. v. 3.5.2012 – V ZB 244/11 – InfAuslR 2012, 419 – juris-Rn. 23; Beschl. v. 22.7.2010 – V ZB 29/10 – InfAuslR 2011, 27 – juris-Rn. 24.
1331   BGH Beschl. v. 9.11.2017 – V ZB 15/17 – juris-Rn. 5 ff.

- Zurückweisung: „Die Rechtsbeschwerde gegen den Beschluss des ... vom ... wird auf Kosten des ... zurückgewiesen."

704   Neben der Sache selbst entscheidet der BGH auch über die **Verfahrenskosten** nach den og Maßstäben (→ Rn. 456 ff.). Er trifft insofern eine *einheitliche Kostenentscheidung* über alle bisherigen Instanzen. Schließlich wird auch über den **Gegenstandswert** des Rechtsbeschwerdeverfahrens (→ Rn. 659 ff.) entschieden.

705   Die **Begründung** des Beschlusses muss nicht umfassend sein. Gem. § 74 Abs. 3 S. 4 FamFG iVm § 564 S. 1 ZPO braucht zu nicht durchgreifenden *Verfahrensrügen* keine Stellung genommen zu werden. Im Übrigen kann, was regelmäßig geschieht, gem. § 74 Abs. 7 FamFG von einer Begründung ganz oder teilweise abgesehen werden, soweit sie nichts zur Klärung von *Rechtsfragen grundsätzlicher Bedeutung*, zur *Rechtsfortbildung* oder zur *Sicherung einer einheitlichen Rechtsprechung* beiträgt.

706   Eine **Rechtsmittelbelehrung** ist nicht erforderlich, denn gegen die Entscheidung des BGH sind keine Rechtsmittel gegeben.

H. Protokoll- und Beschlussmuster

I. Sitzungsprotokoll Amtsgericht

Nicht öffentliche Sitzung des Amtsgerichts ...

Geschäftsnummer:	Beginn:	... Uhr
... XIV .../ ... B	Ende:	... Uhr

Freiheitsentziehungssache nach dem Aufenthaltsgesetz	
gegenwärtig	betreffend
...	...
als Richter/in am Amtsgericht	geboren am ... in ...
...	wohnhaft ...
als Urkundsbeamte/r der Geschäfts- stelle	Staatsangehörigkeit ...
...	zurzeit in
als Verfahrensbevollmächtigte/r	☐ Strafhaft, Buch-Nr.: ...
☐ mit Vollmacht zur Akte	☐ Polizeigewahrsam im Hause
...	
als Dolmetscher/in für ...	
unter Berufung auf den allgemein ge- leisteten Dolmetschereid.	
D. Dolmetscher/in wurde ausdrücklich darauf hingewiesen, dass über Um- stände, die bei hiesiger Tätigkeit zur Kenntnis gelangen, Verschwiegenheit zu wahren ist.	
Antragsteller: ...	
...	
als Sitzungsvertreter/in des Antrag- stellers	

Vorgeführt wird d. Betroffene.

D. Betroffenen wird der Gegenstand der Vorführung bekannt gegeben. D. Betroffe- nen wird der Haftantrag – ☐ sowie folgende Unterlagen: ... – ausgehändigt und voll- ständig übersetzt.

D. Betroffene wird über die Möglichkeit der Unterrichtung des Heimatstaates über die diplomatische Vertretung gem. Art. 36 des Wiener Übereinkommens über konsu- larische Beziehungen (WÜK-BGBl. 1969 II S. 1585), Art. 14 des Internationalen Paktes über Bürgerliche und Politische Rechte (Zivilpakt-BGBl. 1973 II S. 1534) belehrt.

D. Betroffene erklärt: ./.

D. Betroffene wird darauf hingewiesen, dass es ihm/ihr freistehe, sich zum Grund der Vorführung zu äußern und dass eine etwaige Äußerung freiwillig erfolge. Er/Sie wird zudem darauf hingewiesen, dass er/sie sich in jeder Lage des Verfahrens eines Beistandes, insbesondere eines Rechtsanwaltes bedienen kann.

Ersuchen um rechtsanwaltlichen Beistand

☐ D. Betroffene wünscht Kontakt zu einem/einer Rechtsanwalt/Rechtsanwältin und
  ☐ benennt …
  ☐ ihm/ihr wird daraufhin ein Telefon – ☐ und die Rufnummer des anwaltlichen Notdienstes – zur Verfügung gestellt. Für das Telefonat – ☐ unter Beteiligung d. anwesenden Dolmetscher/in – wird die Sitzung von … Uhr bis … Uhr unterbrochen.
  ☐ auf Wunsch d. Betroffenen wird der anwaltliche Notdienst angerufen.

☐ Infolge der Kontaktaufnahme wird d. angerufene Rechtsanwalt/Rechtsanwältin
  ☐ hier erscheinen, weshalb die Sitzung um … Uhr unterbrochen wird.
  ☐ nicht rechtzeitig zum Termin erscheinen können, sondern erst ….
  ☐ das Mandat nicht übernehmen.

☐ Ergänzend wird darauf hingewiesen, dass d. Betroffenen, sollte er/sie nach seinen/ihren persönlichen und wirtschaftlichen Verhältnissen nicht oder nur zum Teil über die Möglichkeit verfügen, ohne staatliche Unterstützung einen Rechtsanwalt zu beauftragen, auf Antrag Verfahrenskostenhilfe unter Beiordnung eines Rechtsanwalts bewilligt werden kann, wenn die beabsichtigte Rechtsverteidigung hinreichende Aussicht auf Erfolg bietet und nicht mutwillig erscheint. ☐ D. Betroffenen wird auf seinen Wunsch hin das Formular „Erklärung über die persönlichen und wirtschaftlichen Verhältnisse bei Prozess- und Verfahrenskostenhilfe (ZP 40)" sowie das Merkblatt „Hinweise zur Erklärung über die persönlichen und wirtschaftlichen Verhältnisse bei Prozess- und Verfahrenskostenhilfe (ZP 40)" in Übersetzung in die … Sprache ausgehändigt.
☐ D. Betroffene beantragt die Bewilligung von Verfahrenskostenhilfe unter Beiordnung von Rechtsanwalt/Rechtsanwältin …. ☐ D. Betroffene überreicht eine Erklärung über die eigenen persönlichen und wirtschaftlichen Verhältnisse, welche zum Sonderheft VKH genommen wird.
☐ Nach Eintreffen d. Rechtsanwaltes/Rechtsanwältin wird die Sitzung in Anwesenheit d. Verfahrensbevollmächtigten und ansonsten gleicher Besetzung um … Uhr fortgesetzt.

☐ **Beschlossen und verkündet:**	
Es ergeht nach §§ 76 Abs. 1, 78 Abs. 2 FamFG iVm §§ 114 ff. ZPO der anliegende Beschluss über die Bewilligung von Verfahrenskostenhilfe unter Beiordnung d. Verfahrensbevollmächtigten ☐ und eines Sprachmittlers.	**Beschluss** **Beiordnung**

☐ Die Ausländerakte liegt vor und ist Gegenstand der Anhörung.

☐ D. Sitzungsvertreter/in des Antragstellers stellt den Antrag aus dem Haftantragsschriftsatz.

☐ D. Verfahrensbevollmächtigte beantragt: Zurückweisung des Haftantrages

D. Betroffene erklärt:

Über die Freiheitsentziehung wird verhandelt.

Beschlossen und verkündet:

Es ergeht der anliegende Beschluss, der verkündet/übersetzt wird.

D. Betroffene erhält eine Ausfertigung ausgehändigt. Rechtsmittelbelehrung wird erteilt.

Ausfertigungen des Beschlusses ergehen ferner an:

☐ Verfahrensbevollmächtigte/n – ☐ zur Zustellung – nebst Protokollabschrift
   ☐ persönlich ausgehändigt
   ☐ gef. und ab per Telefax – ☐ gegen EB
☐ Antragsteller – ☐ zur Zustellung – nebst Protokollabschrift
   ☐ Sitzungsvertreter/in persönlich ausgehändigt
   ☐ gef. und ab per Telefax – ☐ gegen EB
☐ Abschiebehaftgewahrsam ... über den Polizeigewahrsam im Hause

D. Betroffene erklärt, dass von der Inhaftierung benachrichtigt werden soll: ./.

☐ Haftnachricht gef. und ab

Benachrichtigung der Auslandsvertretung d. Betroffenen
☐ D. Betroffene wird über die Möglichkeit der Unterrichtung des Heimatstaates über die diplomatische Vertretung gem. Nr. 135 Abs. 1 S. 3 RiVASt, Art. 36 des Wiener Übereinkommens über konsularische Beziehungen (WÜK-BGBl. 1969 II S. 1585), Art. 14 des Internationalen Paktes über Bürgerliche und Politische Rechte (Zivilpakt-BGBl. 1973 II S. 1534) belehrt.
☐ D. Betroffene wird darauf hingewiesen, dass das Gericht nach zwischenstaatlichen Vereinbarungen verpflichtet ist, dem Heimatstaat über die diplomatische Vertretung auch gegen den Willen d. Betroffenen Mitteilung von der Inhaftierung zu machen.
☐ D. Betroffene wünscht die Unterrichtung.
☐ D. Betroffene wird darauf hingewiesen, dass er/sie jederzeit auch selber mit der ausländischen Vertretung Kontakt aufnehmen kann.
☐ D. Betroffene erhält das Merkblatt StP8 „Merkblatt über die Unterrichtung einer Auslandsvertretung nebst Übersetzung" ausgehändigt.
☐ Nachricht gem. Art. 36 WÜK, Art. 14 Zivilpakt gef. und ab

☐ Eine Übersetzung des Haftbeschlusses wird nicht veranlasst, weil d. Betroffene der deutschen Sprache in Wort und Schrift hinreichend mächtig ist.

☐ D. Betroffene wird dahin belehrt, dass er/sie eine schriftliche Übersetzung des haftanordnenden Beschlusses in seine oder eine andere ihm/ihr verständliche Sprache beanspruchen kann. D. Betroffene

   ☐ bittet um Übersetzung in die ... Sprache.

   ☐ erklärt, dass er/sie darauf verzichtet.

   in Übersetzung vorgelesen u. genehmigt

☐ D. anwesende Dolmetscher/in erhält eine Ausfertigung des Haftbeschlusses nebst Übersetzungsauftrag mit der Maßgabe einer unverzüglichen Übersetzung.

als Dolmetscher/in unter Anerkennung der Pflicht zur Verschwiegenheit	
als Richter/in	als Urkundsbeamte/r der Geschäftsstelle

II. Ablehnungsbeschluss (unzulässiger Haftantrag)

708 In pp.

hat das Amtsgericht ..., Abt. ..., durch ... beschlossen:

1. **Der Haftantrag wird (☐ im einstweiligen Anordnungsverfahren und in der Hauptsache) als unzulässig zurückgewiesen. (→ Rn. 284 ff., 453)**
2. **Der Betroffene ist sofort zu entlassen. (→ Rn. 454)**
3. **Die Gerichtskosten und die notwendigen außergerichtlichen Kosten des Betroffenen trägt der Landkreis bzw. die Stadt ... (→ Rn. 464 ff.)**

Gründe

Die beantragte Haft war (☐ sowohl in der Hauptsache als auch im Verfahren auf Erlass einer einstweiligen Anordnung) abzulehnen, weil der Haftantrag unzulässig ist.

Das Vorliegen eines zulässigen Haftantrags ist eine in jeder Lage des Verfahrens von Amts wegen zu prüfende Verfahrensvoraussetzung. Zulässig ist ein Haftantrag nur, wenn er den Vorgaben des § 417 Abs. 2 FamFG entspricht. Darzulegen sind danach die zweifelsfreie Ausreisepflicht, die Abschiebungsvoraussetzungen, die Erforderlichkeit der Haft, der Durchführbarkeit der Abschiebung und die notwendige Haftdauer (§ 417 Abs. 2 S. 2 Nr. 3 bis 5 FamFG). Die Darlegungen dürfen zwar knapp gehalten sein, sich aber nicht in Textbausteinen und Leerformeln erschöpfen (BGH Beschl. v. 20.10.2016 – V ZB 167/14 – juris-Rn. 6; Beschl. v. 27.10.2011 – V ZB 311/10 – InfAuslR 2012, 25 – juris-Rn. 13). Vielmehr müssen alle für die gerichtliche Prüfung wesentlichen Aspekte angesprochen werden. Fehlt es daran, darf eine Haft nicht angeordnet werden (st. Rspr. BGH Beschl. v. 4.7.2019 – V ZB 190/18 – juris-Rn. 5; Beschl. v. 29.4.2010 – V ZB 218/09 – NVwZ 2010, 1508 – juris-Rn. 14).

Diesen Vorgaben genügt der Haftantrag nicht.

1. Ausreisepflicht (→ Rn. 314 ff.)

☐ Es fehlt an einer hinreichenden Darlegung der Ausreisepflicht. Erforderlich sind nachvollziehbare Angaben zu den Voraussetzungen einer gesetzlichen Ausreisepflicht oder einer entsprechenden Bescheidlage nebst Bekanntgabe bzw. Zustellung. Insofern können die Bescheide vollständig referiert (BGH Beschl. v. 22.6.2017 – V ZB 127/16 – InfAuslR 2017, 345 – juris-Rn. 7) oder es kann auf Anlagen Bezug genommen werden (BGH Beschl. v. 11.1.2018 – V ZB 28/17 – juris-Rn. 5). Anlagen ohne Inbezugnahme sind unbeachtlich (BVerfG Beschl. v. 9.2.2012 – 2 BvR 1064/10 – InfAuslR 2012, 186 – juris-Rn. 24; BGH Beschl. v. 22.7.2010 – V ZB 28/10 – NVwZ 2010, 1511 – juris-Rn. 12).

Nach diesem Maßstab ist nicht ersichtlich, wie der Bescheid ... ergangen und zugestellt wurde und welchen konkreten Inhalt er hat. Allein der Verweis auf die Mitteilung des ... genügt nicht, da dem Gericht die für die Prüfung einer wirksamen Zustellung erforderlichen Tatsachen nicht mitgeteilt werden.

2. Vollstreckungsvoraussetzung, insbes. Rückkehrentscheidung (→ Rn. 317 f.)

☐ Es fehlt an einer hinreichenden Darlegung der Vollstreckungsvoraussetzungen. Erforderlich sind Angaben dazu, dass eine Androhung bzw. Anordnung der Abschiebung ergangen oder entbehrlich ist. In letzterem Fall muss auch dargetan werden, worin sonst die notwendige Rückkehrentscheidung liegt bzw. warum diese ggf. nicht erforderlich sein soll (BGH Beschl. v. 16.5.2019 – V ZB 1/19 – juris-Rn. 12; Beschl. v. 14.7.2016 – V ZB 32/15 – InfAuslR 2016, 432 – juris-Rn. 10).

Nach diesem Maßstab ...

3. Haftgründe (→ Rn. 321 ff.)

☐ Die darin enthaltenen Darlegungen genügen nicht, um den Haftgrund ... gem. ... zu begründen. Insofern müssen die inhaltlichen Voraussetzungen dargelegt werden und der Antragsteller muss sich mit diesen auseinandersetzen (BGH Beschl. v. 15.9.2011 – V ZB 123/11 – InfAuslR 2012, 25 – juris-Rn. 11).

Nach diesem Maßstab ...

4. Einvernehmen der Staatsanwaltschaft (→ Rn. 326 f.)

☐ Es fehlt an einer hinreichenden Darlegung des Einvernehmens gem. § 72 Abs. 4 AufenthG. Soweit sich Ermittlungsverfahren aus dem Haftantrag selbst, seinen Anlagen oder der Ausländerakte ergeben, muss mitgeteilt werden, für welches Verfahren das (ggf. auch generell erteilte) Einvernehmen welcher Staatsanwaltschaft erteilt wurde oder warum es entbehrlich ist. Insofern kann eine Darlegung im Text selbst oder in beigefügten, referenzierten Anlagen erfolgen (BGH Beschl. v. 9.5.2019 – V ZB 188/17 – juris-Rn. 8; Beschl. v. 9.2.2017 – V ZB 129/16 – juris-Rn. 5).

Nach dieser Maßgabe ergibt sich aus ..., dass gegen den Betroffenen durch die Staatsanwaltschaft ... ein Ermittlungsverfahren wegen ... (... Js ...) geführt wird. Inwieweit die benannte Staatsanwaltschaft beteiligt wurde oder dies entbehrlich ist, wird jedoch nicht angegeben.

5. Durchführbarkeit der Abschiebung (→ Rn. 328 ff.)

☐ Es fehlt an einer hinreichenden Darlegung der Durchführbarkeit der Abschiebung in der beantragten Haftzeit. Dafür muss zielstaatsbezogen ausgeführt werden, welche konkreten Schritte innerhalb welcher Zeiträume erforderlich sind (BGH Beschl. v. 15.11.2018 – V ZB 251/17 – juris-Rn. 7; Beschl. v. 15.10.2015 – V ZB 82/14 – juris-Rn. 7), in welchem Zeitraum Abschiebungen üblicherweise möglich sind, wovon das abhängt und wie dies im konkreten Fall zu beurteilen ist (st. Rspr. BGH Beschl. v. 4.7.2019 – V ZB 173/18 – juris-Rn. 7; Beschl. v. 9.10.2014 – V ZB 75/14 – juris-Rn. 5).

a) **Nicht hinreichend konkret** (→ Rn. 331 ff.)

☐ Daran gemessen sind die zeitlichen Angaben im Haftantrag nicht hinreichend konkret. Sie müssen faktenbasiert und nicht lediglich pauschal darauf verweisen, dass zB der „frühest mögliche Flug" gebucht werde (BGH Beschl. v. 12.4.2018 – V ZB 208/17 – juris-Rn. 6). Die Anforderungen sind auch dann nicht geringer, wenn eine Haftdauer bis zu drei Monaten beantragt wird. § 62 Abs. 3 S. 3 AufenthG bestimmt lediglich die regelmäßige obere Grenze, nicht eine Normaldauer der Haft (st. Rspr. BGH Beschl. v. 27.9.2018 – V ZB 96/18 – juris-Rn. 5; Beschl. v. 10.5.2012 – V ZB 246/11 – juris-Rn. 10).

Nach diesem Maßstab ...

b) **Dublin-III-Fälle** (→ Rn. 337 ff.)

☐ Daran gemessen sind die zeitlichen Angaben im Haftantrag nicht hinreichend konkret. Zwar kann bei feststehender Rücknahmeverpflichtung grds. davon ausgegangen werden, dass innereuropäisch eine fristgemäße Überstellung möglich ist (BGH Beschl. v. 31.5.2012 – V ZB 167/11 – NJW 2012, 2448 – juris-Rn. 10). Allerdings muss auch die im Bereich der Dublin-III-Verordnung Haft so kurz wie möglich gehalten werden (BGH Beschl. v. 4.7.2019 – V ZB 190/18 – juris-Rn. 8), weswegen zur gerichtlichen Kontrolle der konkrete Ablauf des in Haftsachen beschleunigten Überstellungsverfahrens nach Art. 28 Abs. 3 Dublin-III-Verordnung (BGH Beschl. v. 20.9.2017 – V ZB 118/17 – NVwZ 2018, 349 – juris-Rn. 8) nebst zugehöriger bekannter Verwaltungspraxis (BGH Beschl. v. 31.1.2013 – V ZB 20/12 – InfAuslR 2013, 200 – juris-Rn. 19 [Dublin II]) darzulegen ist.

Nach diesem Maßstab ...

c) **Angaben zur Dokumentenbeschaffung** (→ Rn. 344 ff.)

☐ Daran gemessen sind die zeitlichen Angaben über die Beschaffung der Ersatzdokumente nicht hinreichend. Es bedarf Darlegungen, wann und aufgrund welcher Verfahrensschritte mit einer Ausstellung durch wen zu rechnen ist (vgl. BGH Beschl. v. 25.1.2018 – V ZB 201/17 – juris-Rn. 6) und auch, ob über die Ausstellung hinaus noch weitere Formalitäten erforderlich sind (BGH Beschl. v. 19.1.2012 – V ZB 70/11 – juris-Rn. 7). Dies kann mithilfe von Referenzfällen geschehen (zB Zentrales Ausländerinformationsportal, BGH Beschl. v. 11.1.2018 – V ZB 178/16 – InfAuslR 2018, 287 – juris-Rn. 10), die aber nur ein Hilfsmittel sind. Auch ist darzulegen, mit welchen Schritten die Abschiebung nach der Passersatzbeschaffung fortgesetzt werden soll (BGH Beschl. v. 19.9.2012 – V ZB 69/12 – juris-Rn. 6).

Nach diesem Maßstab ...

d) **Angaben anderer Behörden** (→ Rn. 347 f.)

☐ Daran gemessen sind die zeitlichen Angaben nicht aufgrund der referenzierten Auskünfte hinreichend. Angaben anderer Behörden dürfen nicht ungefiltert übernommen werden (BGH Beschl. v. 17.5.2018 – V ZB 92/16 – juris-Rn. 6), denn sie betreffen regelmäßig nur die durchschnittliche Dauer, nicht aber den Einzelfall. Erforderlich sind daher auch bei Auskünften des LKA oder der Zentralen Auskunftsstelle Erläuterungen, welche Verfahrensschritte im konkreten Fall noch durchzuführen sind und warum frühere Flüge nicht in Betracht kommen (BGH Beschl. v. 25.10.2018 – V ZB 83/18 – juris-Rn. 7; Beschl. v. 17.5.2018 – V ZB 92/16 – juris-Rn. 6).

Nach diesem Maßstab …

e) **Sonderfall: Sicherheitsbegleitung** (→ Rn. 349 ff.)

☐ Daran gemessen sind die zeitlichen Angaben auch nicht aufgrund einer etwaigen Sicherheitsbegleitung hinreichend. Zwar sind die Darlegungsanforderungen geringer, wenn die Abschiebung mit Sicherheitspersonal im Flugzeug durchgeführt werden muss. Dann ist ein Haftzeitraum von sechs Wochen zur Bewältigung des damit verbundenen Organisationsaufwandes stets angemessen und muss nicht unter Darlegung der bis dahin durchzuführenden Einzelschritte begründet werden (st. Rspr. BGH Beschl. v. 20.9.2018 – V ZB 4/17 – InfAuslR 2019, 23 – juris-Rn. 11; Beschl. v. 16.5.2019 – V ZB 1/19 – juris-Rn. 14).

☐ Hier hält sich die beantragte Haftdauer aber nicht in dem vorgenannten Rahmen von sechs Wochen. Vielmehr wird eine Dauer von … beantragt, für welche daher ua Angaben über die Art des Fluges, der Buchungslage der in Betracht kommenden Fluggesellschaften, die Anzahl der Begleitpersonen und die Personalsituation erforderlich gewesen wären (BGH Beschl. v. 23.5.2019 – V ZB 49/18 – juris-Rn. 5; Beschl. v. 20.9.2018 – V ZB 4/17 – InfAuslR 2019, 23 – juris-Rn. 11).

☐ Hier hat aber weder die Bundespolizei im Rahmen ihrer Zuständigkeit (VGH München Beschl. v. 14.2.2012 – 10 C 11.2591 – juris-Rn. 14) die Erforderlichkeit einer Sicherheitsbegleitung entschieden, noch hat der Antragsteller dargelegt, warum eine solche erforderlich sein soll. Sie liegt auch nicht etwa durch im Haftantrag vorhandene Verweise auf Gewaltdelikte, Suizidgefahr etc auf der Hand (vgl. BGH Beschl. v. 21.3.2019 – V ZB 91/18 – juris-Rn. 8).

6. **Haftverlängerung** (→ Rn. 307)

☐ Dabei gelten die vorgenannten Anforderungen gem. § 425 Abs. 3 FamFG auch für Verlängerungsanträge (BGH Beschl. v. 21.12.2017 – V ZB 249/17 – InfAuslR 2018, 99 – juris-Rn. 10). Hier kann zwar auf den ersten Antrag Bezug genommen werden (BGH Beschl. v. 14.7.2011 – V ZB 50/11 – juris-Rn. 9); anzugeben ist aber, warum die Verlängerung erforderlich ist und wann mit der Behebung des bisherigen Hindernisses gerechnet werden kann (BGH Beschl. v. 15.11.2011 – V ZB 302/10 – juris-Rn. 16).

Nach diesem Maßstab …

7. **Ablehnung auch der (zusätzlich beantragten) einstweiligen Haft**

☐ Die beantragte Haft war auch im Verfahren auf Erlass einer einstweiligen Anordnung abzulehnen. Denn dringende Gründe gem. § 427 Abs. 1 FamFG für die Annahme, dass die Voraussetzungen für die Anordnung einer Freiheitsentziehung gegeben sind, lagen schon mangels zulässigen Haftantrages in der Hauptsache nicht vor. Anhaltspunkte dafür, dass die Mängel durch etwaige Auflagenerteilung an den Antragsteller behebbar waren, lagen nicht vor, denn …

Kostenentscheidung (→ Rn. 464 ff.)

Die Kostenentscheidung ergibt sich aus §§ 81, 430 FamFG und entsprechend Art. 5 Abs. 5 EMRK. Sie folgt im Rahmen des Ermessens für die Gerichtskosten der Entscheidung in der Sache und berücksichtigt für die außergerichtlichen Kosten, dass kein hinreichender Anlass zur Stellung des Haftantrages bestand.

III. Haftbeschluss (Sicherungshaft)

709   In pp.

hat das Amtsgericht ..., Abt. ..., durch ... beschlossen:

1. **Gegen d. Betr. wird (☐ im Wege der einstweiligen Anordnung → Rn. 444) die Haft zur Sicherung der Abschiebung bis zum Ablauf des ... angeordnet.**
2. **Der Beschluss ist sofort wirksam. (→ Rn. 450)**
3. **☐ Dem Antragsteller wird aufgegeben, (→ Rn. 452)**
   ☐ eine vollziehbare Rückkehrentscheidung zu erlassen und diese nebst Zustellungsnachweis dem Gericht vorzulegen.
   ☐ das Einvernehmen der Staatsanwaltschaft ... im Verfahren ... Js ... einzuholen und dies dem Gericht nachzuweisen.
   ☐ Zur Erfüllung der Auflage(n) wird eine Frist bis zum ... gesetzt.
4. **Die Gerichtskosten und die notwendigen außergerichtlichen Kosten des Antragstellers trägt d. Betr. (→ Rn. 463 ff.) (☐ Dolmetscherkosten werden nicht erhoben. → Rn. 470 f.)**

Gründe

I.

(→ Rn. 478 ff.)

II.

Die tenorierte Haft war gegen d. Betr. anzuordnen, denn der Haftantrag erfüllt die Zulässigkeitsvoraussetzungen des § 417 FamFG und ist auch begründet.

Obersatz-Variante: Hauptsache

☐ Nach § 62 Abs. 3 AufenthG ist ein Ausländer zur Sicherung der Abschiebung in Haft zu nehmen, wenn er vollziehbar ausreisepflichtig ist (dazu 1.), die Vollstreckungsvoraussetzungen gegeben sind (dazu 2.), ein Haftgrund vorliegt (dazu 3.) und der Abschiebung und Haft keine Gründe entgegenstehen (dazu 4.).

Obersatz-Variante: einstweilige Anordnung

☐ Nach § 427 Abs. 1 FamFG ist eine einstweilige Freiheitsentziehung anzuordnen, wenn dringende Gründe für die Annahme vorhanden sind, dass in der Hauptsache Sicherungshaft anzuordnen sein wird und ein dringendes Bedürfnis für ein sofortiges Tätigwerden besteht. Dabei ist gem. § 62 Abs. 3 AufenthG ein Ausländer zur Sicherung der Abschiebung in Haft zu nehmen, wenn er vollziehbar ausreisepflichtig ist (dazu 1.), die Vollstreckungsvoraussetzungen gegeben sind (dazu 2.), ein Haftgrund vorliegt (dazu 3.) und der Abschiebung und Haft keine Gründe entgegenstehen (dazu 4.). Eine Entscheidung in der Hauptsache ist auch (noch) nicht möglich (dazu 5.).

Diese Voraussetzungen liegen vor.

1.

D. Betr. ist **vollziehbar ausreisepflichtig**. Dies ist gem. §§ 50 Abs. 1, 58 Abs. 2 AufenthG der Fall, da d. Betr. einen erforderlichen Aufenthaltstitel nicht oder nicht mehr besitzt und ein Aufenthaltsrecht nach dem Assoziationsabkommen EWG/Türkei nicht oder nicht mehr besteht.

a) **Asylantrag** (→ Rn. 28 ff., 49)

☐ Zugunsten d. Betr. besteht auch **keine Aufenthaltsgestattung** gem. § 55 AsylG. Zwar ist danach einem Ausländer, der um Asyl nachsucht, zur Durchführung des Asylverfahrens der Aufenthalt im Bundesgebiet gestattet.

☐ Der Asylantrag d. Betr. wurde jedoch **bestandskräftig abgelehnt**, weswegen die Aufenthaltsgestattung gem. § 67 Abs. 1 Nr. 6 AsylG erloschen ist. Die Zustellung des Ablehnungsbescheides vom ... ist durch ... nachgewiesen. Damit ist die Ausreisepflicht auch vollziehbar, § 58 Abs. 2 S. 2 AufenthG. (→ Rn. 33, 49)

☐ Da es sich jedoch um einen **Asylfolgeantrag** handelt, steht dieser gem. § 71 Abs. 8 AsylG der Anordnung von Abschiebungshaft nur entgegen, wenn ein weiteres Asylverfahren durchgeführt wird. Hierzu bedürfte es einer Entscheidung des Bundesamts für Migration und Flüchtlinge, ob die Voraussetzungen des § 51 Abs. 1 bis 3 VwVfG vorliegen. Solange eine solche Entscheidung nicht vorliegt, ist d. Betr. der Aufenthalt nicht nach § 55 Abs. 1 S. 1 AsylG gestattet. (→ Rn. 32)

☐ Der durch d. Betr. allein auf das Vorliegen zielstaatsbezogener Abschiebungshindernisse gerichtete Antrag auf teilweises Wiederaufgreifen des Verfahrens (**isoliertes Folgeschutzgesuch**) hindert jedoch die Abschiebung nicht (auch nicht analog § 71 Abs. 5 S. 2 AsylG; OVG Lüneburg Beschl. v. 26.2.2018 – 13 ME 438/17 – AuAS 2018, 77 – juris-Rn. 19). Eine Entscheidung des Bundesamtes für Migration und Flüchtlinge, das Verfahren wiederaufzunehmen, ist nicht ergangen. (→ Rn. 32)

☐ Soweit d. Betr. in **der haftrichterlichen Anhörung** bzw. im Polizeigewahrsam einen Asylwunsch geäußert hat, hätte die Entstehung einer Aufenthaltsgestattung den Eingang des schriftlichen Asylantrages beim Bundesamt für Migration und Flüchtlinge in Nürnberg erfordert, §§ 55 Abs. 1 S. 3, 14 Abs. 2 Nr. 2 AsylG. Daran fehlt es. (→ Rn. 32)

☐ Dies steht jedoch gem. § 14 Abs. 3 S. 1 Nr. ..., S. 3 AsylG bei einem **aus ...haft gestellten Antrag** der Haftanordnung nicht entgegen, (→ Rn. 32)

☐ solange der Antrag **unbeschieden** ist und seit seinem Eingang beim Bundesamt für Migration und Flüchtlinge noch keine vier Wochen vergangen sind. Das ist bei dem am ... aus der Haft heraus gestellten Asylantrag der Fall, über den bis zum heutigen Tage noch nicht entschieden wurde.

☐ weil der Antrag mit Bescheid vom ... als unzulässig gem. § 29 Abs. 1 Nr. 4 AsylG oder als offensichtlich unbegründet **abgelehnt wurde**. Der Bescheid wurde auch innerhalb der vier-Wochen-Frist zugestellt.

☐ weil nach Mitteilung des Bundesamtes für Migration und Flüchtlinge unter dem ... ein **(Wieder-)Aufnahmeersuchen** an den Zielstaat ... gerichtet wurde.

☐ Die Aufenthaltsgestattung ist jedoch gem. § 67 Abs. 1 Nr. 2 AsylG erloschen. D. Betr. hat nämlich nicht innerhalb von **zwei Wochen** nach Ausstellung des **Ankunftsnachweises** einen Asylantrag gestellt. Die zwischenzeitlich erloschene Aufenthaltsgestattung ist auch nicht wieder in Kraft getreten. Denn über eine Wiederaufnahme des Verfahrens hat das Bundesamt für Migration und Flüchtlinge bislang nicht entschieden, § 67 Abs. 2 AsylG. (→ Rn. 32)

☐ Mit Bescheid vom ... wurde gegen d. Betr. als **Gefährder** eine **Abschiebungsanordnung** gem. § 58 a AufenthG erlassen, so dass die Aufenthaltsgestattet gem. § 67 Abs. 1 Nr. 5 a AsylG erloschen ist. Dieser Bescheid wurde ggü. d. Betr. ausweislich ... durch Bekanntgabe wirksam und ist gem. § 58 a Abs. 1 S. 2 AufenthG sofort vollziehbar. (→ Rn. 49)

b) **Aufenthaltstitel** (→ Rn. 24 ff., 49)

☐ Für d. Betr. besteht **kein Aufenthaltstitel** (mehr).

☐ Der vormalige Aufenthaltstitel d. Betr. zur ... ist mit Wirkung vom ... **abgelaufen** und damit gem. § 51 Abs. 1 Nr. 1 AufenthG erloschen.

☐ D. Betr. hat auch **nicht** rechtzeitig eine **Verlängerung** beantragt, so dass keine Verlängerungsfiktion gem. § 81 Abs. 4 AufenthG greift. Damit ist die Ausreisepflicht auch vollziehbar, § 58 Abs. 2 S. 1 Nr. 2 AufenthG. (→ Rn. 49)

☐ Die beantragte **Verlängerung** des Aufenthaltstitels zur ... wurde mit Bescheid vom ... **abgelehnt**, so dass die Verlängerungsfiktion gem. § 81 Abs. 4 AufenthG nicht mehr greift. Damit ist die Ausreisepflicht auch vollziehbar, § 58 Abs. 2 S. 2 AufenthG. (→ Rn. 49)

☐ Zwar bestand für d. Betr. für Kurzaufenthalte von bis zu **90 Tagen** eine **Visumsfreiheit**. Diese ist jedoch am ... abgelaufen, da der Zeitrahmen aufgrund der Einreise am ... zu diesem Zeitpunkt überschritten war. Daher war im Anschluss ein Aufenthaltstitel erforderlich, welcher aber nicht vorliegt. Damit ist die Ausreisepflicht auch vollziehbar, § 58 Abs. 2 S. 1 Nr. 2 AufenthG. (→ Rn. 25, 27, 49)

☐ Mit Bescheid vom ... wurde d. Betr. aus dem Bundesgebiet **ausgewiesen**, so dass gem. § 51 Abs. 1 Nr. 5 AufenthG ein etwaiges früheres Aufenthaltsrecht erloschen ist. Dieser Bescheid wurde ggü. d. Betr. ausweislich ... durch Bekanntgabe wirksam und ist nunmehr (☐ nach Abschluss des Rechtsmittelverfahrens durch Urteil des ... vom ..., Az. ...) bestandskräftig. Damit ist die Ausreisepflicht auch vollziehbar, § 58 Abs. 2 S. 2 AufenthG. (→ Rn. 27, 36, 49)

☐ Mit Bescheid vom ... wurde gegen d. Betr. als **Gefährder** eine **Abschiebungsanordnung** gem. § 58 a AufenthG erlassen, so dass gem. § 51 Abs. 1 Nr. 5 a AufenthG ein etwaiges früheres Aufenthaltsrecht erloschen ist. Dieser Bescheid wurde ggü. d. Betr. ausweislich ... durch Bekanntgabe wirksam und ist gem. § 58 a Abs. 1 S. 2 AufenthG sofort vollziehbar. (→ Rn. 27, 49)

c) Unerlaubte Einreise (→ Rn. 39 ff., 49)

☐ D. Betr. gem. § 58 Abs. 2 S. 1 Nr. 1 AufenthG vollziehbar ausreisepflichtig, weil eine **Einreise** unter **Verstoß gegen § 14 AufenthG** vorliegt. Nach dieser Norm ist die Einreise verboten, weil d. Betr.

   ☐ nicht den gem. §§ 14 Abs. 1 Nr. 1, 3 AufenthG erforderlichen **Reisepass** besitzt und auch keine Befreiung von der Passpflicht besteht. (→ Rn. 40 ff.)

   ☐ nicht den gem. §§ 14 Abs. 1 Nr. 2, 4 AufenthG **erforderlichen Aufenthaltstitel** besitzt. (→ Rn. 43)

   ☐ gem. §§ 14 Abs. 1 Nr. 2 a, 4 AufenthG zwar mit einem **Visum** eingereist ist, dieses aber durch Drohung, Bestechung oder Kollusion erwirkt oder durch unrichtige oder unvollständige Angaben erschlichen wurde und deshalb mit Wirkung für den Zeitpunkt der Einreise **zurückgenommen** oder **annulliert** wird. Dies ist hier der Fall: ... (→ Rn. 44)

   ☐ gem. §§ 14 Abs. 1 Nr. 3, 11 AufenthG sich entgegen § 11 Abs. 1 S. 2 AufenthG im Bundesgebiet aufhält und nicht im Besitz einer Betretenserlaubnis gem. § 11 Abs. 8 AufenthG ist. D. Betr. wurde mit Bescheid vom ... ausgewiesen, zurückgeschoben oder abgeschoben und mit einem **Einreise- und Aufenthaltsverbot** bis zum ... belegt. Dieser Bescheid ist wirksam geworden, nämlich durch ... Entgegen diesem Verbot ist er gleichwohl am ... eingereist, ohne zuvor eine gem. § 11 Abs. 8 AufenthG mögliche Betretenserlaubnis erlangt zu haben. (→ Rn. 45 f., 103)

2.

Die Ausreisepflicht ist auch **vollstreckbar** (§ 59 AufenthG). (→ Rn. 51 ff.)

a) **Regelfall: Abschiebungsandrohung** (→ Rn. 51)

☐ Gegenüber d. Betr. wurde gem. § 59 Abs. 1 AufenthG die Abschiebung mit Bescheid vom ... mit hinreichender **Frist angedroht** und d. Betr. zur freiwilligen Ausreise aufgefordert. Darin liegt auch die erforderliche Rückkehrentscheidung. (→ Rn. 51 f., 59)

☐ Gegenüber d. Betr. wurde gem. § 59 Abs. 1 AufenthG die Abschiebung mit Bescheid vom ... **angedroht**. Eine Fristsetzung war gem. §§ 59 Abs. 5, 58 Abs. 3 Nr. 1 AufenthG wegen **Inhaftierung** d. Betr. nicht erforderlich. In der Androhung liegt auch die erforderliche Rückkehrentscheidung. (→ Rn. 53, 59)

☐ Zwar wurde die Abschiebung gegenüber d. Betr. **nicht** gem. § 59 Abs. 1 S. 1 und 2 AufenthG **angedroht**. Eine Androhung war jedoch ausnahmsweise entbehrlich, weil

   ☐ die Voraussetzungen des § 59 Abs. 1 S. 3 AufenthG vorlagen. Danach kann eine **Androhung unterbleiben**, soweit der Aufenthaltstitel nach § 51 Abs. 1 Nr. 3 bis 5 AufenthG erloschen ist oder der Ausländer bereits unter Wahrung der Erfordernisse des § 77 AufenthG auf das Bestehen seiner Ausreisepflicht hingewiesen worden ist. Dies ist hier der Fall ... (→ Rn. 53)
   Die erforderliche Rückkehrentscheidung liegt daher im vorigen Bescheid vom ... (→ Rn. 59)

   ☐ gem. § 58 a Abs. 1 S. 2 letzter Hs. AufenthG eine solche wg. der **Abschiebungsanordnung** gegen d. Betr. als **Gefährder** nicht notwendig war. (→ Rn. 87)

In der Anordnung liegt die erforderliche Rückkehrentscheidung. (→ Rn. 59)

b) Sonderfall: Abschiebungsanordnung Asylrecht (→ Rn. 56 f.)

☐ Gegenüber d. Betr. wurde gem. § 34 a Abs. 1 AsylG die Abschiebung mit Bescheid vom ... **angeordnet.** Darin liegt auch die erforderliche Rückkehrentscheidung. (→ Rn. 57, 59)

3.

Es besteht (☐ nach summarischer Prüfung) ein Haftgrund.

a) Haftgrund: Fluchtgefahr (→ Rn. 89 ff.)

☐ Dieser ergibt sich aus § 62 Abs. 3 S. 1 Nr. 1 AufenthG, da Fluchtgefahr besteht.

aa) Fluchtgefahr: Vermutung (→ Rn. 90 ff.)

☐ Sie wird widerleglich vermutet, ohne dass d. Betr. dieser Vermutung glaubhaft entgegengetreten wäre.

(1) Vermutung: Identitätstäuschung (aktuell) (→ Rn. 91 ff.)

☐ Die Fluchtgefahr wird gem. § 62 Abs. 3 a Nr. 1 AufenthG vermutet, wenn ein Ausländer gegenüber den mit der Ausführung dieses Gesetzes betrauten Behörden abschiebungsrelevant über seine Identität getäuscht hat und die Angabe nicht selbst berichtigt hat; insbesondere, wenn Dokumente vernichtet bzw. eine falsche Identität vorgegeben wurde. Dabei muss die Täuschungshandlung aktuell sein (BGH Beschl. v. 19.7.2018 – V ZB 223/17 – InfAuslR 2018, 413 – juris-Rn. 18), wobei die Anforderungen an die Aktualität umso geringer sind, je gewichtiger die Täuschungshandlung war (BT-Drs. 19/10047 S. 41). Eine Täuschung kann zB durch Stellung von Asylfolgeanträgen unter falschen Personalien vorliegen (BGH Beschl. v. 20.9.2018 – V ZB 102/16 – juris-Rn. 18).

Dies ist hier der Fall: ...

(2) Vermutung: Nichterscheinen bei Anhörung/Untersuchung (→ Rn. 95 ff.)

☐ Die Fluchtgefahr wird gem. § 62 Abs. 3 a Nr. 2 AufenthG vermutet, wenn der Ausländer unentschuldigt einer Anhörung oder ärztlichen Untersuchung (§ 82 Abs. 4 S. 1 AufenthG) ferngeblieben ist, sofern bei Terminsankündigung in einer dem Ausländer verständlichen Sprache (vgl. BGH Beschl. v. 14.1.2016 – V ZB 178/14 – InfAuslR 2016, 234 – juris-Rn. 9) auf die Möglichkeit der Inhaftnahme im Falle des Nichtantreffens hingewiesen wurde.

Dies ist hier der Fall: D. Betr. ist dem Termin am ... ferngeblieben. Dies geschah auch unentschuldigt, denn Entschuldigungsgründe, die vom Gewicht her einem Unfall, kurzfristiger (schwerer) Erkrankung oder plötzlich eintretenden familiären Problemen gleichstehen (BT-Drs. 19/10047, S. 41), sind nicht ersichtlich. Die Belehrung ist auch durch ... in einer für d. Betr. verständlichen Sprache erfolgt.

(3) Vermutung: Wohnortwechsel ohne Anzeige (→ Rn. 98 ff.)

☐ Die Fluchtgefahr wird gem. § 62 Abs. 3 a Nr. 3 AufenthG vermutet, wenn die Ausreisefrist abgelaufen ist und der Ausländer seinen Aufenthaltsort trotz Hinweises auf die Anzeigepflicht gewechselt hat, ohne der zuständigen Behörde eine Anschrift anzugeben, unter der er erreichbar

ist. Dabei muss der Aufenthaltswechsel nach Entstehen der Ausreisepflicht und Ablauf der Ausreisefrist erfolgt (BGH Beschl. v. 19.5.2011 – V
ZB 15/11 – InfAuslR 2011, 361 – juris-Rn. 12) und zuvor ein Hinweis auf die
mögliche Haftfolge in einer für den Ausländer verständlichen Sprache erteilt worden sein (BGH Beschl. v. 19.7.2018 – V ZB 223/17 – InfAuslR 2018,
413 – juris-Rn. 14).

Dies ist hier der Fall: Die Ausreisefrist ist am … abgelaufen und durch
… ist die erforderliche Belehrung erfolgt. Sodann ist am … durch Verzug
nach Unbekannt bzw. … ein Wohnortwechsel für mehr als drei Tage (vgl.
§ 50 Abs. 4 AufenthG; OLG München Beschl. v. 22.11.2006 – 34 Wx 121/06
– OLGR 2007, 144 – juris-Rn. 12) erfolgt, wobei eine neue Adresse nicht
mitgeteilt wurde. Es ist auch nicht ersichtlich, dass dies auf bloßer Nachlässigkeit beruhte, was gegen die Vermutungswirkung der Norm sprechen könnte (vgl. OLG Karlsruhe Beschl. v. 11.2.1993 – 4 W 20/93 – NVwZ
1993, 813 – juris-Rn. 12).

(4) Vermutung: Einreise trotz Einreise-/Aufenthaltsverbots (→ Rn. 102 ff.)

☐ Die Fluchtgefahr wird gem. § 62 Abs. 3 a Nr. 4 AufenthG vermutet,
wenn der Ausländer sich entgegen § 11 Abs. 1 S. 2 AufenthG im Bundesgebiet aufhalt und nicht im Besitz einer Betretenserlaubnis nach § 11 Abs. 8
AufenthG ist.

Dies ist hier der Fall: D. Betr. wurde mit Bescheid vom … ausgewiesen, zurückgeschoben oder abgeschoben und mit einem Einreise- und Aufenthaltsverbot bis zum … belegt. Dieser Bescheid ist wirksam geworden,
nämlich durch … Entgegen diesem Verbot ist er gleichwohl am … eingereist, ohne zuvor eine gem. § 11 Abs. 8 AufenthG mögliche Betretenserlaubnis erlangt zu haben.

(5) Vermutung: Entzug in der Vergangenheit (→ Rn. 105 ff.)

☐ Die Fluchtgefahr wird gem. § 62 Abs. 3 a Nr. 5 AufenthG vermutet,
wenn der Ausländer sich bereits in der Vergangenheit einer konkreten
Maßnahme der Abschiebung (BGH Beschl. v. 22.6.2017 – V ZB 21/17 –
InfAuslR 2017, 345 – juris-Rn. 6) entzogen hat. Dies kann zB durch aktiven
Widerstand beim Flug (LG Münster Beschl. v. 22.2.2016 – 05 T 62/16 – ZAR
2016, 153 – juris-Rn. 12) oder Falschangaben gegenüber den Behörden des
Zielstaates (OLG Bayern Beschl. v. 13.3.1998 – 3Z BR 65/98 – InfAuslR
1998, 455 – juris-Rn. 11) geschehen.

Dies ist hier der Fall: …

(6) Vermutung: Erklärung der Entziehung (→ Rn. 109 ff.)

☐ Die Fluchtgefahr wird gem. § 62 Abs. 3 a Nr. 6 AufenthG vermutet,
wenn der Ausländer ausdrücklich erklärt hat, dass er sich der Abschiebung entziehen will. Dies liegt vor, wenn klar zum Ausdruck gebracht
wird, dass der Ausländer nicht freiwillig ausreisen und sich auch nicht
für eine behördliche Durchsetzung seiner Rückführung zur Verfügung
halten würde (BGH Beschl. v. 23.1.2018 – V ZB 53/17 – InfAuslR 2018, 187 –
juris-Rn. 10). Gleichgestellt sind Fälle, in denen der Ausländer dies konkludent, aber unmissverständlich durch Gewaltanwendung (BGH Beschl.

v. 20.7.2017 – V ZB 5/17 – InfAuslR 2017, 449 – juris-Rn. 6) oder Suizidandrohung (BGH Beschl. v. 20.10.2016 – V ZB 13/16 – juris-Rn. 5) zum Ausdruck bringt.

Dies ist hier der Fall: …

bb) Fluchtgefahr: Anhaltspunkte (→ Rn. 112 ff.)

☐ Fluchtgefahr ergibt sich (☐ auch) aus folgenden konkreten Anhaltspunkten, die das Gericht in eine Gesamtabwägung aller Umstände (vgl. BT-Drs. 19/10047 S. 41) einbezogen hat:

(1) Anhaltspunkte: Identitätstäuschung (länger her) (→ Rn. 114 f.)

☐ Für Fluchtgefahr spricht gem. § 62 Abs. 3 b Nr. 1 AufenthG, wenn ein Ausländer gegenüber den mit der Ausführung dieses Gesetzes betrauten Behörden abschiebungsrelevant über seine Identität getäuscht hat und die Angabe nicht selbst berichtigt hat; insbesondere, wenn Dokumente vernichtet bzw. eine falsche Identität vorgegeben wurde. Dies muss, anders als bei Abs. 3 a Nr. 1, nicht in engem zeitlichem Zusammenhang mit aktuellen Maßnahmen des Antragstellers stehen (BT-Drs. 19/10047 S. 41).

Dies ist hier der Fall: …

(2) Anhaltspunkte: Schleuserkosten (→ Rn. 116 ff.)

☐ Für Fluchtgefahr spricht gem. § 62 Abs. 3 b Nr. 2 AufenthG, wenn ein Ausländer zu seiner unerlaubten Einreise derart erhebliche Geldbeträge aufgewandt hat, dass daraus geschlossen werden kann, dass er die Abschiebung verhindern wird, um diese nicht fruchtlos werden zu lassen. Irrelevant ist, ob Zahlungen für einzelne Reiseabschnitte oder insgesamt geleistet wurden, solange sie in Summe erheblich sind (BGH Beschl. v. 16.2.2017 – V ZB 115/16 – NVwZ 2017, 816 – juris-Rn. 5); lediglich Kleinbeträge sind ausgeschlossen (BGH Beschl. v. 25.2.2016 – V ZB 157/15 – NVwZ 2016, 1111 – juris-Rn. 12).

Dies ist hier der Fall: …

(3) Anhaltspunkte: Gefährlicher Ausländer (→ Rn. 119 ff.)

☐ Für Fluchtgefahr spricht gem. § 62 Abs. 3 b Nr. 3 AufenthG, wenn von dem Ausländer eine erhebliche Gefahr für Leib und Leben Dritter oder bedeutende Rechtsgüter der inneren Sicherheit ausgeht. Dabei sind Leib und Leben Dritter durch Gewalttaten oder ähnlich schwere Delikte (AG Tiergarten Beschl. v. 19.4.2018 – 382 XIV 39/18 B – juris-Rn. 26) und die innere Sicherheit durch zB Gefahren durch Anschläge (BVerwG Beschl. v. 16.1.2018 – 1 VR 12/17 – InfAuslR 2018, 124 – juris-Rn. 19) und bereits die Anwesenheit ausländischer Terrorhelfer beeinträchtig (BVerwG Urt. v. 15.3.2005 – 1 C 26/03 – BVerwGE 123, 114 – juris-Rn. 17).

Dies ist hier der Fall: …

(4) Anhaltspunkte: Wiederholte Verurteilung zu Freiheitsstrafe (→ Rn. 123 ff.)

☐ Für Fluchtgefahr spricht gem. § 62 Abs. 3 b Nr. 4 AufenthG, wenn der Ausländer wiederholt wegen vorsätzlicher Straftaten rechtskräftig zu mindestens einer Freiheitsstrafe verurteilt worden ist. Dabei genügt nicht schon jede Vorsatztat (vgl. BGH Beschl. v. 14.7.2011 – V ZB 50/11 –

juris-Rn. 12), sondern die beiden konkreten Verfahren müssen den Schluss zulassen, dass der Ausländer der deutschen Rechtsordnung ablehnend oder gleichgültig gegenüberstehe, weswegen eine freiwillige Erfüllung der Ausreisepflicht nicht zu erwarten sei (BT-Drs. 19/10047, S. 42).

Dies ist hier der Fall: ...

(5) **Anhaltspunkte: Fehlende Mitwirkung** (→ Rn. 126 ff.)

☐ Für Fluchtgefahr spricht gem. § 62 Abs. 3 b Nr. 5 AufenthG, wenn der Ausländer die Passbeschaffungspflicht nach § 60 b Abs. 3 S. 1 Nr. 1, 2 und 6 AufenthG nicht erfüllt oder andere als in Abs. 3 a Nr. 2 genannte gesetzliche Mitwirkungshandlungen zur Feststellung der Identität (insbes. § 48 Abs. 3 S. 1 AufenthG) verweigert oder unterlassen hat und vorher in einer ihm verständlichen Sprache (vgl. BGH Beschl. v. 14.1.2016 – V ZB 178/14 – InfAuslR 2016, 234 – juris-Rn. 9) auf die Möglichkeit der Inhaftierung im Falle der Nichterfüllung hingewiesen wurde.

Dies ist hier der Fall: ...

(6) **Anhaltspunkte: Verstoß gegen Beschränkung, Auflage** (→ Rn. 129 ff.)

☐ Für Fluchtgefahr spricht gem. § 62 Abs. 3 b Nr. 6 AufenthG, wenn der Ausländer nach Ablauf der Ausreisefrist wiederholt gegen eine Pflicht nach § 61 Abs. 1 S. 1, Abs. 1a, 1c S. 1 Nr. 3 oder S. 2 verstoßen oder eine zur Sicherung und Durchsetzung der Ausreisepflicht verhängte Auflage nach § 61 Abs. 1 e nicht erfüllt hat. Dabei muss ein wiederholter, nicht nur einmaliger Verstoß (BT-Drs. 19/10047, S. 43) nach Ablauf der Ausreisepflicht vorliegen und zuvor eine Belehrung des Ausländers in einer ihm verständlichen Sprache erfolgt sein (vgl. BGH Beschl. v. 14.1.2016 – V ZB 178/14 – InfAuslR 2016, 234 – juris-Rn. 9).

Dies ist hier der Fall: ...

(7) **Anhaltspunkte: Overstayer** (→ Rn. 133 ff.)

☐ Für Fluchtgefahr spricht gem. § 62 Abs. 3 b Nr. 7 AufenthG, wenn der Ausländer, der erlaubt eingereist und vollziehbar ausreisepflichtig geworden ist, dem behördlichen Zugriff entzogen ist, weil er keinen Aufenthaltsort hat, an dem er sich überwiegend aufhält. Dies betrifft Fälle, in denen legal Eingereiste nunmehr vollziehbar ausreisepflichtig sind, zB nach Ablauf von 90 Tagen Visumsfreiheit (sog. „Overstayer", BT-Drs. 19/10047, S. 43).

Dies ist hier der Fall: ...

b) **Haftgrund: Unerlaubte Einreise** (→ Rn. 81 ff.)

☐ Dieser ergibt sich aus § 62 Abs. 3 S. 1 Nr. 2 AufenthG. Nach dieser Norm ist ein Haftgrund gegeben, wenn der Ausländer aufgrund einer unerlaubten Einreise vollziehbar ausreisepflichtig ist. Dies ist hier, wie oben dargestellt, der Fall.

Die vollziehbare Ausreisepflicht beruht auch auf der unerlaubten Einreise, weil sie bis zur Anordnung der Haft ununterbrochen fortwirkt (BGH Beschl. v. 28.10.2010 – V ZB 210/10 – InfAuslR 2011, 71 – juris-Rn. 19). Dabei lässt zwar eine zwischenzeitliche Aufenthaltsgestattung die Ursächlichkeit entfallen (BGH Beschl. v. 10.1.2019 – V ZB 159/17 – juris-Rn. 19), nicht jedoch eine zwischenzeitliche Duldung (BGH

Beschl. v. 12.5.2011 – V ZB 309/10 – juris-Rn. 13). Insbesondere ist hier nicht durch Asylantragstellung gem. § 55 AsylG eine zwischenzeitliche Aufenthaltsgestattung, die den Haftgrund entfallen lassen könnte, entstanden.

Der Betroffene hat auch nicht glaubhaft gemacht, sich der Abschiebung nicht entziehen zu wollen (§ 62 Abs. 3 S. 2 AufenthG).

c) **Haftgrund: Abschiebungsanordnung gem. § 58 a (Gefährder)** (→ Rn. 86 ff.)

☐ Dieser ergibt sich aus § 62 Abs. 3 S. 1 Nr. 3 AufenthG. Nach dieser Norm ist ein Haftgrund gegeben, wenn eine Abschiebungsanordnung nach § 58 a AufenthG ergangen ist, diese aber nicht unmittelbar vollzogen werden kann. Dabei ist die Anordnung selbst und die ihr zugrunde liegende Gefahrenprognose nicht durch den Haftrichter, sondern allein durch die Verwaltungsgerichte zu prüfen.

So liegt der Fall hier: Mit Bescheid vom ... hat ... eine Abschiebungsanordnung gem. § 58 a AufenthG erlassen. Diese ist auch wirksam, denn sie wurde durch ... gegenüber d. Betr. bekannt gegeben. Insbesondere hindert ein Rechtsmittel nicht, da gem. § 58 a Abs. 4 AufenthG die Anordnung nur bis zum Ablauf des einstweiligen Rechtsschutzverfahrens nicht vollzogen werden darf. Hier kann die Abschiebung nicht unmittelbar vollzogen werden, weil ...

d) **Keine Wiederlegung des Haftgrundes** (→ Rn. 85, 90)

☐ Auch hat d. Betr. den Haftgrund nicht zu entkräften vermocht. Zwar kann d. Betr. gem. § 62 Abs. 3 S. 2 AufenthG **glaubhaft** machen, sich der Abschiebung nicht entziehen zu wollen, was auch bei Fluchtgefahr i.R.d. Wiederlegung der Vermutung (§ 62 Abs. 3 a AufenthG) bzw. Gesamtwürdigung (§ 62 Abs. 3 b AufenthG) zu beachten wäre. Daran fehlt es hier jedoch.

☐ Insbesondere genügt nicht der Vortrag, dass d. Betr. sich nun um eine **Rechtmäßigkeit seiner Aufenthaltsverhältnisse** bemühen wolle. Dies begründet gerade nicht die Erwartung, dass d. Betr. sich insofern auch und gerade für eine Abschiebung zur Verfügung halten werde, sondern zeigt vielmehr auf sein Bleibeinteresse.

☐ Soweit d. Betr. in der haftrichterlichen Anhörung **freiwillige Ausreisebereitschaft** vorgetragen hat, ist dies nach Würdigung des Gerichtes nicht glaubhaft. Insbesondere hat er in der Vergangenheit, wie dargelegt, ein erhebliches Entziehungsverhalten an den Tag gelegt. Auch sind keine konkreten Ausreisevorbereitungen dargetan und auch nicht ersichtlich, wie d. Betr. ohne finanzielle Mittel bzw. Pass(ersatz)papiere freiwillig würde ausreisen können. Insofern ...

☐ ...

4.

a) **Dauer des Abschiebeverfahrens** (→ Rn. 138 ff., 328 ff.)

Die angeordnete Haftdauer ist auf den **kürzestmöglichen Zeitraum** (BGH Beschl. v. 20.9.2018 – V ZB 102/16 – juris-Rn. 22) beschränkt. Sie ist erforderlich, um die Abschiebung organisatorisch vorzubereiten, wie das Gericht anhand der im Wege eigener Amtsermittlung (§ 26 FamFG) nachvollzogenen **Prognose** des Antragstellers ermittelt hat.

☐ Bzgl. der **Beschaffung von Reisedokumenten** hat der Antragsteller konkret dargelegt, inwiefern wann aufgrund welcher Schritte mit einer Ausstellung durch wen zu rechnen ist (vgl. BGH Beschl. v. 25.1.2018 – V ZB 201/17 – juris-Rn. 6). Das Gericht schließt sich in seiner Würdigung den aufgrund der benannten Referenzfälle bzw. erteilten Auskünfte schlüssigen Darlegung an. (→ Rn. 344 ff.)

☐ Der Antragsteller hat schlüssig in Form eines sog. Abschiebeplanes die **einzelnen Verfahrensschritte** bis zur Abschiebung konkret und bezogen auf das Zielland **dargelegt** (vgl. BGH Beschl. v. 15.11.2018 – V ZB 251/17 – juris-Rn. 7). Er hat dargetan, wie lange sie üblicherweise in Anspruch nehmen, wovon sie abhängen und wie dies im hiesigen Fall zu beurteilen ist (vgl. BGH Beschl. v. 4.7.2019 – V ZB 173/18 – juris-Rn. 7). Die vom Antragsteller vorgelegten Unterlagen bzw. referenzierten Beispielsfälle stützen diese Angaben und es sind keine Anhaltspunkte ersichtlich, die Zweifel an der Zeitdauer oder einzelnen Verfahrensschritten bzw. die Erwartung einer früher möglichen Abschiebung begründen würden. (→ Rn. 328 ff.)

aa) Anordnung unter drei Monate (→ Rn. 139 f., 334 ff.)

☐ Insofern steht § 62 Abs. 3 S. 3 AufenthG der Abschiebungshaft nicht entgegen, denn es steht nicht fest, dass die Abschiebung innerhalb der nächsten drei Monate aus **Gründen**, die d. Betr. nicht zu vertreten hat, **nicht durchgeführt werden** kann.

☐ Zwar hat der Antragsteller die einzelnen Verfahrensschritte bis zur Abschiebung nicht im Einzelnen dargelegt. Dies ist jedoch entbehrlich, weil die Abschiebung mit **Sicherheitsbegleitung** erfolgen soll. In diesen Fällen ist ein Haftzeitraum von, wie hier, bis zu **sechs Wochen** zur Bewältigung des damit verbundenen organisatorischen Aufwandes stets angemessen, so dass dafür konkrete Darlegungen nicht erforderlich sind (BGH Beschl. v. 20.9.2018 – V ZB 4/17 – InfAuslR 2019, 23 – juris-Rn. 11). Dabei steht das Erfordernis der Sicherheitsbegleitung (→ Rn. 350 f.)

☐ aufgrund der **Auskunft der Bundespolizei** fest, die hierüber in eigener Zuständigkeit entscheidet, was durch das Haftgericht inhaltlich nicht kontrollierbar ist (BGH Beschl. v. 23.5.2019 – V ZB 236/17 – juris-Rn. 9).

☐ aufgrund der **Darlegungen des Antragstellers** fest, welchen sich das Gericht anschließt. (Insbes. aktuelle) Verurteilungen wegen Gewaltdelikten (BGH Beschl. v. 21.3.2019 – V ZB 91/18 – juris-Rn. 8), sonstigen Straftaten (BGH Beschl. v. 7.3.2019 – V ZB 176/18 – juris-Rn. 6) und Suizidgefahr (BGH Beschl. v. 14.4.2016 – V ZB 112/15 – juris-Rn. 18) sind hierfür hinreichend.

bb) Anordnung über drei Monate hinaus (→ Rn. 139 f., 336)

☐ Insofern konnte die Haft für bis zu sechs Monate (§ 64 Abs. 4 S. 1 AufenthG) angeordnet werden. Dies war ausnahmsweise (BGH Beschl. v. 17.5.2018 – V ZB 54/17 – InfAuslR 2018, 339 – juris-Rn. 7) möglich, da

☐ **Verzögerungsgründe** vorliegen, welche d. Betr. **zu vertreten** hat (vgl. BGH Beschl. v. 2.6.2016 – V ZB 26/16 – juris-Rn. 9). Das betrifft Umstände, die entweder zu einem temporären Hindernis geführt haben oder seiner Behebung entgegenstehen (BGH Beschl. v. 19.1.2017 – V ZB 99/16 – NVwZ 2017, 737 – juris-Rn. 6) und durch eine vom Willen d. Betr. abhängige pflichtwidrige Handlung verursacht wurden (vgl. BGH Beschl. v. 25.2.2010 – V ZA 2/10 – juris-Rn. 13). (→ Rn. 145 f.)

Dies ist hier der Fall: …

☐ da von d. Betr. eine **erhebliche Gefahr** für Leib und Leben Dritter oder bedeutende Rechtsgüter der inneren Sicherheit ausgeht (§ 62 Abs. 3 S. 4 AufenthG).

Dies ist hier der Fall: …

b) Keine Unverhältnismäßigkeit (→ Rn. 157 ff.)

Die angeordnete Haft verstößt auch nicht gegen das aus Art. 2 Abs. 2 S. 2 GG folgende **Übermaßverbot**, da keine weniger rechtsbeeinträchtigenden Mittel als der Haftvollzug zur Sicherung der Ausreisepflicht ersichtlich sind.

☐ Insbesondere ist die Haft auch grundrechtlich angemessen, weil der Antragsteller die Abschiebung ernstlich und mit größtmöglicher **Beschleunigung** betreibt (vgl. BGH Beschl. v. 17.10.2013 – V ZB 172/12 – InfAuslR 2014, 52 – juris-Rn. 13). (→ Rn. 161 ff.)

Soweit d. Betr. rügt, der Antragsteller hätte früher … greift dies nicht durch, weil …

☐ Insbesondere erfordert auch das Grundrecht des Art. 6 GG nicht, von der Haft abzusehen. **Ehe, Familie** bzw. gelebte **Eltern-Kind-Beziehung** begründen zuvörderst Abschiebungshindernisse und sind im Rahmen verwaltungsgerichtlichen Eilrechtsschutzes geltend zu machen (BGH Beschl. v. 6.12.2012 – V ZB 218/11 – InfAuslR 2013, 154 – juris-Rn. 10). Sie sind haftrichterlich nur beachtlich, soweit sie spezifisch durch den Haftvollzug, also über die durch eine Abschiebung ohnehin erfolgende Trennung hinaus beeinträchtigt werden. (→ Rn. 165 ff.)

Daran fehlt es hier, weil …

☐ Insbesondere hindert die **Minderjährigkeit** d. Betr. die Haft nicht. Dabei hat das Gericht berücksichtigt, dass Haft gegen Minderjährige gem. § 62 Abs. 1 S. 3 AufenthG nur ausnahmsweise (BGH Beschl. v. 29.9.2010 – V ZB 233/10 – NVwZ 2011, 320 – juris-Rn. 9) und für den kürzestmöglichen Zeitraum (BGH Beschl. v. 12.2.2015 – V ZB 185/14 – NVwZ 2015, 840 – juris-Rn. 5) anzuordnen ist. (→ Rn. 169 ff.)

Die tenorierte Haftdauer ist aber unter Berücksichtigung des Kindeswohls angemessen, da … Der Sicherungszweck kann auch nicht durch zB Meldepflichten oder räumliche Beschränkungen (BGH Beschl. v. 29.9.2010 – V ZB 233/10 – NVwZ 2011, 320 – juris-Rn. 9) erreicht werden, weil …

c) Einwendungen d. Betr. gegen die Abschiebung (→ Rn. 144 ff., 438)

☐ Die von d. Betr. erhobenen **Einwendungen** betreffen nicht die Haftanordnung als solche, sondern die Durchführung der Abschiebung. Sie sind damit haftrichterlich nicht zu prüfen, sondern von d. Betr. ggf. im Wege verwaltungsgerichtlicher einstweiliger Rechtsschutzanträge geltend zu machen. Dies betrifft insbesondere

☐ den Vortrag, d. Betr. drohe im **Zielstaat** eine **menschenunwürdige Behandlung** (BGH Beschl. v. 29.4.2010 – V ZB 202/09 – juris-Rn. 11). (→ Rn. 144)

☐ den Vortrag **fehlender Reisefähigkeit**. Das Bestehen von Reisefähigkeit ist gem. § 60 c Abs. 2 c S. 1 AufenthG zu vermuten. Das Gegenteil ist haftrichterlich grds.

nicht zu prüfen (BGH Beschl. v. 1.6.2017 – V ZB 163/15 – InfAuslR 2017, 380 – juris-Rn. 8). Anhaltspunkte dafür, dass etwaige Probleme nicht durch ärztliche Begleitung lösbar wären und damit die Durchführung hindern würden, bestehen nicht (vgl. zB zur Methadon-Substitution, LG Paderborn Beschl. v. 31.1.2018 – 5 T 29/18 – juris-Rn. 33; Sicherheitsbegleitung und ärztlicher Aufsicht wg. Suizidversuchs, BGH Beschl. v. 14.4.2016 – V ZB 112/15 – juris-Rn. 18). (→ Rn. 144, 172 ff.)

☐ die **Ankündigung** von **Suizid** bzw. **Selbstverletzung.** Dass sie durch die Haft bedingt wäre, ist nicht ersichtlich (☐ da d. Betr. sie schon durch seine Wortwahl auf die Rückkehr in den Zielstaat bezogen hat: …). Als potenzielles Abschiebungshindernis ist sie allein durch die Verwaltungsgerichte zu beurteilen (BGH Beschl. v. 14.4.2016 – V ZB 112/15 – juris-Rn. 16). (→ Rn. 144)

d) Haftvollzug (→ Rn. 60 ff.)

Schließlich genügt der vom Antragsteller vorgesehene Haftvollzug auch den Voraussetzungen des **Trennungsgebotes** nach Art. 16 Abs. 1 Richtlinie 2008/115/EG. Gem. § 62 a Abs. 1 S. 1 AufenthG findet die Unterbringung d. Betr. in … und damit getrennt von Strafgefangenen statt.

☐ Insbesondere ist nicht die Unterbringung in einer **getrennten Haftanstalt** erforderlich, wie d. Betr. meint. Gem. Art. 18 Richtlinie 2008/115/EG ist eine Abweichung vom Trennungsgrundsatz für und während Notlagen möglich, worunter ein plötzlicher Zustrom einer großen Zahl von Drittstaatsangehörigen zählt (EuGH Urt. v. 26.7.2017 – C-646/16 – NVwZ 2017, 1357 – Rn. 98). Eine solche Lage ist aufgrund der seit 2015 signifikant erhöhten Zahl von Flüchtlingen gegeben, worauf der Gesetzgeber für den aktuellen Zeitraum mit der übergangsweise geltenden Ausnahmevorschrift des § 62 a Abs. 1 S. 1 AufenthG reagiert hat (BT-Drs. 19/10047, S. 44). (→ Rn. 67 ff., 69)

☐ Insbesondere genügt die Haftanstalt auch den aufgrund der **Minderjährigkeit** d. Betr. gesteigerten Anforderungen des § 62 a Abs. 3 AufenthG. Insofern sind Gelegenheiten zu Freizeitbeschäftigungen einschließlich altersgerechter Spiel- und Erholungsmöglichkeiten und, nach je Aufenthaltsdauer, Zugang zur Bildung gegeben (Art. 17 Abs. 3 Richtlinie 2008/115/EG), bzw. für unbegleitete Minderjährige eine personell und materiell besondere Ausstattung (Art. 17 Abs. 4 Richtlinie 2008/115/EG). (→ Rn. 66)
Dies ist hier der Fall: …

5.

a) Nebenentscheidung: Einstweilige Anordnung (→ Rn. 443 f., 487)

☐ Es besteht ein dringendes Bedürfnis für ein sofortiges Tätigwerden (§ 427 Abs. 1 S. 1 FamFG), da ohne die einstweilige Haftanordnung eine Flucht bzw. ein Untertauchen d. Betr. und damit die Unmöglichkeit der Sicherung einer Hauptsacheentscheidung zu erwarten ist. Über den Haftantrag kann auch noch nicht endgültig entschieden werden:

☐ Es fehlt noch die nach der Richtlinie 2008/115/EG notwendige **Rückkehrentscheidung.** (→ Rn. 58 f., 362, 444)

☐ Die **Staatsanwaltschaft** ... hat bzgl. d. Verf. ... Js ... noch keine **Zustimmung** zur Abschiebung erklärt, die aber gem. § 72 Abs. 4 AufenthG erforderlich ist. (→ Rn. 155)

☐ Es besteht nur eine **Notzuständigkeit** des Antragstellers gem. § ... VwVfG-Land iVm § 3 Abs. 4 VwVfG-Bund, so dass die Stellung des Hauptsache-Antrages der eigentlich zuständigen Behörde vorbehalten ist. (→ Rn. 297)

☐ Die vom Betr. als **Verfahrensbevollmächtigte/r** bestellte Person konnte zum Termin nicht rechtzeitig erscheinen, weswegen eine nur vorläufige Entscheidung zur Wahrung der Verteidigungsrechte d. Betr. geboten ist. (→ Rn. 402)

☐ Es sind für eine Hauptsache-Entscheidung noch **Zeugen** bzw. Beteiligte zu **hören**, was im Rahmen der gebotenen schnellen Entscheidung über die Haft noch nicht möglich war. (→ Rn. 167)

☐ Es muss noch der Ausgang d. folgenden anhängigen Verf. beim **Verwaltungsgericht** ... abgewartet werden: Az. ... (→ Rn. 149)

☐ Dem Antragsteller war daher aufzugeben, fehlende Aspekte zu beseitigen und Nachweise innerhalb der tenorierten Frist zur Akte zu reichen.

b) Einvernehmen der Staatsanwaltschaft (→ Rn. 151 ff.)

☐ Der Haftanordnung steht auch nicht § 72 Abs. 4 FamFG entgegen. Zwar darf danach ein Ausländer, soweit **Ermittlungsverfahren** gegen ihn laufen, grds. nur im Einvernehmen mit der zuständigen Staatsanwaltschaft abgeschoben werden. Hier laufen folgende Ermittlungsverfahren gegen d. Betr.: ...

☐ Das Einvernehmen ist aber bzgl. d. Verf. ... gem. § 72 Abs. 4 S. 3 ff. nicht erforderlich, da nur ein **geringes Strafverfolgungsinteresse** besteht. Gegenständlich ist nämlich ein Vorwurf des § ..., welcher in dem entsprechenden Katalog des § 72 Abs. 4 S. 4 f. AufenthG genannt ist. Dabei ist die Norm auch nicht mehrfach verletzt worden (Tatmehrheit, § 53 StGB) und es wurde kein Strafantrag gestellt. (→ Rn. 153)

☐ Das Einvernehmen ist aber bzgl. d. Verf. ... durch die Generalstaatsanwaltschaft ... mit Verfügung vom ... (Az. ...) **generell erteilt** worden. Danach ist für den gegenständlichen Vorwurf des § ... unter der Voraussetzung, dass ... ein generelles Einverständnis für alle Abschiebungen erklärt worden. (→ Rn. 154)

☐ Das Einvernehmen ist aber bzgl. d. Verf. ... durch die Staatsanwaltschaft ... erteilt worden. (→ Rn. 152)

c) Nebenentscheidung: Sofortige Wirksamkeit (→ Rn. 450)

Die Anordnung der sofortigen Wirksamkeit beruht auf § 422 Abs. 2 S. 1 FamFG. Sie ist geboten, um den Zweck der Sicherungshaft sicherzustellen und den Beschluss vollziehen zu können. Würde der Beschluss erst mit Rechtskraft wirksam werden, wäre die Abschiebung ggf. in Frage gestellt.

d) Nebenentscheidung: Kosten (→ Rn. 463)

Die Kostenentscheidung ergibt sich aus § 81 Abs. 1 FamFG und folgt im Rahmen des gerichtlichen Ermessens der Entscheidung in der Sache.

☐ Von der Auferlegung von **Dolmetscherkosten** ist gem. § 81 Abs. 1 S. 2 FamFG wegen Art. 6 Abs. 3 lit. e EMRK abgesehen worden (vgl. BGH Beschl. v. 25.1.2018 – V ZB 191/17 – NJW 2018, 219 – juris-Rn. 15). (→ Rn. 470 f.)

IV. Haftbeschluss (Vorbereitungshaft)

In pp.

710

hat das Amtsgericht ..., Abt. ..., durch ... beschlossen:

1. **Gegen d. Betr. wird (☐ im Wege der einstweiligen Anordnung → Rn. 444) die Haft zur Vorbereitung der**
   ☐ **Ausweisung**
   ☐ **Abschiebungsanordnung**
   bis zum Ablauf des ... angeordnet.
2. **Der Beschluss ist sofort wirksam.** (→ Rn. 450)
3. **Die Gerichtskosten und die notwendigen außergerichtlichen Kosten des Antragstellers trägt d. Betr.** (→ Rn. 463 ff.) (☐ **Dolmetscherkosten werden nicht erhoben.** → Rn. 470 f.)

Gründe

I.

(→ Rn. 478 ff.)

II.

Die tenorierte Haft war gegen d. Betr. anzuordnen, denn der Haftantrag erfüllt die Zulässigkeitsvoraussetzungen des § 417 FamFG und ist auch begründet.

Obersatz-Variante: Hauptsache

☐ Nach § 62 Abs. 2 S. 1 AufenthG ist ein Ausländer zur Vorbereitung der Ausweisung oder der Abschiebungsanordnung nach § 58 a AufenthG in Haft zu nehmen, wenn über deren Erlass nicht sofort entschieden werden kann (dazu 1.), die Abschiebung ohne die Inhaftnahme wesentlich erschwert oder vereitelt würde (dazu 2.) und der Haft keine Gründe entgegenstehen (dazu 3.).

Obersatz-Variante: einstweilige Anordnung

☐ Nach § 427 Abs. 1 FamFG ist eine einstweilige Freiheitsentziehung anzuordnen, wenn dringende Gründe für die Annahme vorhanden sind, dass in der Hauptsache Überstellungshaft anzuordnen sein wird und ein dringendes Bedürfnis für ein sofortiges Tätigwerden besteht. Nach § 62 Abs. 2 S. 1 AufenthG ist ein Ausländer zur Vorbereitung der Ausweisung oder der Abschiebungsanordnung nach § 58 a AufenthG in Haft zu nehmen, wenn über deren Erlass nicht sofort entschieden werden kann (dazu 1.), die Abschiebung ohne die Inhaftnahme wesentlich erschwert oder vereitelt würde (dazu 2.) und der Haft keine Gründe entgegenstehen (dazu 3.). Eine Entscheidung in der Hauptsache ist auch (noch) nicht möglich (dazu 4.).

Diese Voraussetzungen liegen vor.

1.

Der Erlass einer Ausweisung oder Abschiebungsanordnung gem. § 58 a AufenthG ist rechtlich möglich, kann aber derzeit noch nicht verfügt werden.

a) Rechtliche Möglichkeit (→ Rn. 177 ff.)

Dabei ist haftrichterlich entscheidend, ob nach Aktenlage dem Erlass eines solchen Bescheides (offensichtliche) Rechtsfehler entgegenstünden. Das ist nicht der Fall.

aa) Ausweisung (→ Rn. 179 f.)

☐ Die Voraussetzungen für eine Ausweisung gem. §§ 53 ff. AufenthG sind nach den **Darlegungen im Haftantrag**, die das Gericht im Wege der Amtsermittlung (§ 26 FamFG) nach eigener Prüfung nachvollzogen hat, voraussichtlich gegeben. Der **Anwendungsbereich** der Normen ist eröffnet.

Es besteht **kein Ausweisungsschutz** nach § 53 Abs. 3 ff. AufenthG.

Die **Ausweisungsinteressen** können gem. § 54 AufenthG anhand der Kataloge des Abs. 1 und 2 ermittelt und gewichtet werden. Vorliegend ...

Es besteht eine **Gefahr für die öffentliche Sicherheit oder Ordnung**, die freiheitlich demokratische Grundordnung oder sonst erhebliche Interessen der Bundesrepublik Deutschland, § 53 Abs. 1 AufenthG. Vorliegend ...

Die **Bleibeinteressen** können gem. § 55 AufenthG anhand der Kataloge des Abs. 1 und 2 ermittelt und gewichtet werden. Vorliegend ...

Der **Interessenabwägung** zulasten d. Betr. unter Berücksichtigung aller Umstände des Einzelfalles (§ 53 Abs. 1 und 2 AufenthG) stehen nach den im Haftantrag enthaltenen Darlegungen keine durchgreifenden Bedenken entgegen. Insbesondere sind die in Abs. 2 benannten Abwägungspunkte beachtet, ebenso die Kriterien des EGMR (Urteile vom 2.8.2001 – 54273/00 [Boultif] – InfAuslR 2001, 476 und vom 5.7.2005 – 46410/99 [Üner] – InfAuslR 2005, 450) und das Übermaßverbot (BVerwG Urt. v. 22.2.2017 – 1 C 3/16 – BVerwGE 157, 325 – juris-Rn. 21).

bb) Abschiebungsanordnung § 58 a AufenthG (→ Rn. 181 ff.)

☐ Die Voraussetzungen für eine Abschiebungsanordnung gem. § 58 a AufenthG sind nach den **Darlegungen im Haftantrag**, die das Gericht im Wege der Amtsermittlung (§ 26 FamFG) nach eigener Prüfung nachvollzogen hat, voraussichtlich gegeben.

Der **Anwendungsbereich** der Norm ist eröffnet.

☐ Die **Sicherheit der Bundesrepublik Deutschland** ist betroffen. Diese umfasst die innere wie äußere Sicherheit, also den Bestand und die Funktionstüchtigkeit des Staates und seiner Einrichtungen. Das Schutzgut wird durch Gewalteinwirkungen und Gewaltdrohungen auf staatliche Funktionen und Gewaltanschläge gegen Unbeteiligte zum Zwecke der Verbreitung allgemeiner Unsicherheit berührt (BVerwG Beschl. v. 25.6.2019 – 1 VR 1/19 – juris-Rn. 9; Urt. v. 22.8.2017 – 1 A 3/17 – BVerwGE 159, 296 – juris-Rn. 21).

Für das Schutzgut besteht eine auf Tatsachen gestützte **besondere Gefahr**, also eine Sachlage, die bei ungehinderter Fortentwicklung typischerweise zu gewichtigen Tathandlungen und erheblichen Schäden führen wird. Dabei müssen Anhaltspunkte für ein beachtliches **Risiko** in der **Person** d. Betr. vorliegen, das jederzeit in eine konkrete Gefahr umschlagen kann, wenn nicht eingeschritten wird (vgl. BVerwG Urt. v. 22.8.2017 – 1 A 3/17 – BVerwGE 159 – juris-Rn. 25).

Dies ist hier der Fall, weil …

☐ Es liegt eine **terroristische Gefahr** vor. Eine solche ist gegeben, wenn politische oder ideologische Ziele unter Einsatz gemeingefährlicher Waffen oder durch Angriffe auf das Leben Unbeteiligter verfolgt werden (BVerwG Beschl. v. 25.6.2019 – 1 VR 1/19 – juris-Rn. 11; Urt. v. 25.10.2011 – 1 C 13/10 – BVerwGE 141, 100 – juris-Rn. 19 mwN). Dabei genügt bereits die Anwesenheit von Terroristen im Bundesgebiet, weil dies die Sicherheitsinteressen der Staatengemeinschaft insgesamt, beeinträchtigt (BVerwG Urt. v. 6.2.2019 – 1 A 3/18 – NVwZ-RR 2019, 738 – juris-Rn. 31).

Dabei müssen Anhaltspunkte für ein beachtliches **Risiko** in der **Person** d. Betr. vorliegen, das jederzeit in eine konkrete Gefahr umschlagen kann, wenn nicht eingeschritten wird (vgl. BVerwG Urt. v. 22.8.2017 – 1 A 3/17 – BVerwGE 159 – juris-Rn. 25). Ein solches Risiko ist gegeben, wenn sich d. Betr. in hohem Maße mit einer **militanten, gewaltbereiten Auslegung des Islam** identifiziert, den Einsatz von Gewalt zur Durchsetzung dieser radikal-islamischen Auffassung für gerechtfertigt und die Teilnahme am sog. Jihad als verpflichtend ansieht (vgl. BVerwG Beschl. v. 25.6.2019 – 1 VR 1/19 – juris-Rn. 12 f.; Beschl. v. 19.9.2017 – 1 VR 8/17 – juris-Rn. 18).

Dies ist hier der Fall: …

Der Erlass einer Abschiebungsanordnung wäre auch **nicht** offensichtlich **ermessensfehlerhaft** (§ 114 VwGO). Da der Schutz der Allgemeinheit vor Anschlägen zu den wichtigsten öffentlichen Aufgaben zählt, rechtfertigt er regelmäßig auch sehr weitreichende Eingriffe in die Rechte Einzelner (BVerwG Urt. v. 21.8.2018 – 1 A 16/17 – juris-Rn. 83), so dass Fehler hier nicht ersichtlich sind.

☐ Die von d. Betr. erhobenen Bedenken gegen die **Verfassungsmäßigkeit** der Norm teilt das Gericht nicht, denn die Verfassungskonformität ist höchstrichterlich geklärt (BVerwG Beschl. v. 21.3.2017 – 1 VR 2/17 – BVerwGE 158, 249 – juris-Rn. 7 ff.; BVerfG Beschl. v. 24.7.2017 – 2 BvR 1487/17 – NVwZ 2017, 1526 – juris-Rn. 20).

b) Zu erwartender Erlass (→ Rn. 183 ff.)

Die behördliche Entscheidung ist **nicht sofort möglich**, weil (→ Rn. 183)

☐ noch Zeit zum Abfassen der Entscheidung benötigt wird.
☐ noch folgende Ermittlungen nötig sind: …
☐ …

Der Erlass ist aber **mit hoher Wahrscheinlichkeit zu erwarten**, weil (→ Rn. 184 f.)

☐ der Antragsteller als **zuständige Behörde** detailliert dargelegt hat, inwiefern er selbst das Verwaltungsverfahren (§ 9 VwVfG) zum Bescheiderlass bereits eingeleitet hat, in welchem Verfahrensstadium es sich befindet und wie weit der Entscheidungsprozess mit welchem aktuell zu erwartenden Ergebnis fortgeschritten ist.

☐ der Antragsteller die **Verwaltungspraxis** der für den Bescheiderlass zuständigen weiteren Behörde detailliert dargelegt und damit schlüssig ausgeführt hat, welche Wahrscheinlichkeit für eine entsprechende Verfügung besteht. Danach ...

☐ ...

2.

Die Abschiebung würde ohne die Inhaftnahme wesentlich erschwert oder vereitelt. Anhand **konkreter Verdachtsmomente** (vgl. OLG Zweibrücken Beschl. v. 9.12.2003 – 3 W 247/03 – FGPrax 2004, 95 – juris-Rn. 9) ist ersichtlich, dass d. Betr. versucht, die **Abschiebung zu verhindern** (vgl. AG Hannover Beschl. v. 16.12.2005 – 44 XIV 301/05 – NdsRpfl 2006, 93 – juris-Rn. 9).

a) Indizwirkung der Sicherungshaft (→ Rn. 89 ff., 186 f.)

☐ Dies ergibt sich bereits daraus, dass d. Betr. die Voraussetzungen der **Fluchtgefahr** gem. § 62 Abs. 3 Nr. 1 AufenthG erfüllt. Die dort benannten Fälle haben Indizwirkung für die hier gegenständliche Vorbereitungshaft (OLG Bayern Beschl. v. 1.6.2001 – 3Z BR 110/01 – InfAuslR 2001, 445 – juris-Rn. 15).

Danach ... *vgl. Beschluss Sicherungshaft* (→ Rn. 709)

b) Indizwirkung Überwachungsbedürftigkeit (→ Rn. 187)

☐ Konkrete Verdachtsmomente bestehen gem. § 58 Abs. 3 AufenthG. Soweit eine Überwachungsbedürftigkeit der Abschiebung besteht, ist regelmäßig die Gefahr einer Vereitelung der Abschiebung gegeben (*Winkelmann* in Bergmann/Dienelt AuslR, 12. Aufl. 2018, AufenthG § 62 Rn. 41). Insofern ist

☐ d. Betr. aufgrund richterlicher Anordnung in Haft oder sonstigem öffentlichen Gewahrsam aufhältlich (§ 58 Abs. 3 Nr. 1 AufenthG).

☐ aufgrund eines besonders schwerwiegenden Ausweisungsinteresses nach §§ 54 Abs. 1, 53 AufenthG mit einer Ausweisung d. Betr. zu rechnen (§ 58 Abs. 3 Nr. 3 AufenthG).

☐ d. Betr. mittellos (§ 58 Abs. 3 Nr. 4 AufenthG).

☐ d. Betr. nicht in Besitz eines Passes oder Passersatzes (§ 58 Abs. 3 Nr. 5 AufenthG).

☐ d. Betr. gegenüber der Ausländerbehörde durch unrichtige Angaben zum Zweck der Täuschung oder die Verweigerung von Angaben in Erscheinung getreten (§ 58 Abs. 3 Nr. 6 AufenthG).

☐ d. Betr. erkennbar durch sein Verhalten zur freiwilligen Erfüllung der Ausreisepflicht nicht bereit (§ 58 Abs. 3 Nr. 7 AufenthG).

c) Gesamtabwägung (→ Rn. 187)

Im Rahmen der nötigen Gesamtabwägung ergibt sich damit eine Vereitelungs- bzw. Fluchtprognose. Es ist überwiegend wahrscheinlich, dass sich d. Betr. durch Flucht,

Untertauchen oder sonstige Maßnahmen der Abschiebung entzieht wird. Insbesondere ...

3.

a) Nebenentscheidung: Einstweilige Anordnung (→ Rn. 443 f., 487)

☐ Es besteht ein dringendes Bedürfnis für ein sofortiges Tätigwerden (§ 427 Abs. 1 S. 1 FamFG), da ohne die einstweilige Haftanordnung eine Flucht bzw. ein Untertauchen d. Betr. und damit die Unmöglichkeit der Sicherung einer Hauptsacheentscheidung zu erwarten ist. Über den Haftantrag kann auch noch nicht endgültig entschieden werden:

　☐ Es besteht nur eine **Notzuständigkeit** des Antragstellers gem. § ... VwVfG-Land iVm § 3 Abs. 4 VwVfG-Bund, so dass die Stellung des Hauptsache-Antrages der eigentlich zuständigen Behörde vorbehalten ist. (→ Rn. 297)

　☐ Die vom Betr. als **Verfahrensbevollmächtigte/r** bestellte Person konnte zum Termin nicht rechtzeitig erscheinen, weswegen eine nur vorläufige Entscheidung zur Wahrung der Verteidigungsrechte d. Betr. geboten ist. (→ Rn. 402)

　☐ Es sind für eine Hauptsache-Entscheidung noch **Zeugen** bzw. Beteiligte zu **hören**, was im Rahmen der gebotenen schnellen Entscheidung über die Haft noch nicht möglich war. (→ Rn. 167)

　☐ Es muss noch der Ausgang d. folgenden anhängigen Verf. beim **Verwaltungsgericht** ... abgewartet werden: Az. ... (→ Rn. 149)

b) Haftzeitraum (→ Rn. 188 ff.)

Die angeordnete Haftdauer ist auf den **kürzestmöglichen Zeitraum** (BGH Beschl. v. 9.2.2012 – V ZB 305/10 – juris-Rn. 14) beschränkt. Dabei stellt eine Dauer von sechs Wochen gem. § 62 Abs. 2 S. 2 AufenthG denjenigen Zeitraum dar, binnen dessen grds. mit dem Erlass des og Bescheides zu rechnen sein muss (BGH Beschl. v. 9.2.2012 – V ZB 305/10 – juris-Rn. 14; Beschl. v. 12.7.2013 – V ZB 92/12 – InfAuslR 2013, 279 – juris-Rn. 8). Der Zeitraum kann in atypischen Fällen auch (jedenfalls geringfügig) überschritten werden (OLG Bayern Beschl. v. 25.11.1993 – 3Z BR 262/93 – NVwZ 1994, 726 – juris-Rn. 7, direkt zitiert von BGH Beschl. v. 9.2.2012 – V ZB 305/10 – juris-Rn. 14).

Nach diesem Maßstab ist daher in der tenorierten Haftzeit mit dem Erlass des Bescheides zu rechnen. Der Antragsteller hat schlüssig und hinreichend detailliert dargelegt, welche **Verfahrensschritte** bis zum Erlass erforderlich sind und welche Zeit diese voraussichtlich in Anspruch nehmen werden. Die Haftzeit ist daher erforderlich, um den Bescheiderlass organisatorisch vorzubereiten, wie das Gericht anhand der im Wege eigener Amtsermittlung (§ 26 FamFG) nachvollzogenen **Prognose** des Antragstellers ermittelt hat.

c) Haftausschließungsgründe (→ Rn. 157 ff., 189)

Die angeordnete Haft verstößt auch nicht gegen das aus Art. 2 Abs. 2 S. 2 GG folgende **Übermaßverbot**, da keine weniger rechtsbeeinträchtigenden Mittel als der Haftvollzug zur Sicherung des Bescheiderlasses und Vorbereitung der Abschiebung ersichtlich sind.

d) Nebenentscheidung: Sofortige Wirksamkeit (→ Rn. 450)

Die Anordnung der sofortigen Wirksamkeit beruht auf § 422 Abs. 2 S. 1 FamFG. Sie ist geboten, um den Zweck der Vorbereitungshaft sicherzustellen und den Beschluss vollziehen zu können. Würde der Beschluss erst mit Rechtskraft wirksam werden, wäre die Vorbereitung der Abschiebung ggf. in Frage gestellt.

e) Nebenentscheidung: Kosten (→ Rn. 463)

Die Kostenentscheidung ergibt sich aus § 81 Abs. 1 FamFG und folgt im Rahmen des gerichtlichen Ermessens der Entscheidung in der Sache.

☐ Von der Auferlegung von **Dolmetscherkosten** ist gem. § 81 Abs. 1 S. 2 FamFG wegen Art. 6 Abs. 3 lit. e EMRK abgesehen worden (vgl. BGH Beschl. v. 25.1.2018 – V ZB 191/17 – NJW 2018, 219 – juris-Rn. 15). (→ Rn. 470 f.)

V. Haftbeschluss (Ausreisegewahrsam)

711 In pp.

hat das Amtsgericht ..., Abt. ..., durch ... beschlossen:

1. **Gegen d. Betr. wird (☐ im Wege der einstweiligen Anordnung → Rn. 444) der Ausreisegewahrsam bis zum Ablauf des ... angeordnet.**
2. **Der Beschluss ist sofort wirksam.** (→ Rn. 450)
3. ☐ **Dem Antragsteller wird aufgegeben,** (→ Rn. 452)
   ☐ **das Einvernehmen der Staatsanwaltschaft ... im Verfahren ... Js ... einzuholen und dies dem Gericht nachzuweisen.**
   ☐ **Zur Erfüllung der Auflage(n) wird eine Frist bis zum ... gesetzt.**
4. **Die Gerichtskosten und die notwendigen außergerichtlichen Kosten des Antragstellers trägt d. Betr.** (→ Rn. 463 ff.) **(☐ Dolmetscherkosten werden nicht erhoben.** → Rn. 470 f.)

Gründe

I.

(→ Rn. 478 ff.)

II.

Der tenorierte Gewahrsam war gegen d. Betr. anzuordnen, denn der Gewahrsamsantrag erfüllt die Zulässigkeitsvoraussetzungen des § 417 FamFG und ist auch begründet.

Obersatz-Variante: Hauptsache

☐ Gem. § 62 b Abs. 1 AufenthG kann ein Ausländer zur Sicherung der Durchführbarkeit der Abschiebung bis zu zehn Tage in Gewahrsam genommen werden. Das setzt voraus, dass er ausreisepflichtig ist (§ 50 AufenthG, dazu 1.), die Vollstreckungsvoraussetzungen des § 59 AufenthG gegeben sind (dazu 2.) und die Anforderungen des § 62 b AufenthG erfüllt sind (dazu 3.).

Obersatz-Variante: einstweilige Anordnung

☐ Nach § 427 Abs. 1 FamFG ist eine einstweilige Freiheitsentziehung anzuordnen, wenn dringende Gründe für die Annahme vorhanden sind, dass in der Hauptsache Überstellungshaft anzuordnen sein wird und ein dringendes Bedürfnis für ein sofortiges Tätigwerden besteht. Gem. § 62 b Abs. 1 AufenthG kann ein Ausländer zur Sicherung der Durchführbarkeit der Abschiebung bis zu zehn Tage in Gewahrsam genommen werden. Das setzt voraus, dass er ausreisepflichtig ist (§ 50 AufenthG, dazu 1.), die Vollstreckungsvoraussetzungen des § 59 AufenthG gegeben sind (dazu 2.) und die Anforderungen des § 62 b AufenthG erfüllt sind (dazu 3.). Eine Entscheidung in der Hauptsache ist auch (noch) nicht möglich (dazu 4.).

Diese Voraussetzungen liegen vor.

1.

D. Betr. ist **vollziehbar ausreisepflichtig.** (→ Rn. 193)

Vgl. Beschluss Sicherungshaft (→ Rn. 709)

2.

Die Ausreisepflicht ist auch **vollstreckbar.**

Vgl. Beschluss Sicherungshaft (→ Rn. 709)

3.

Die Voraussetzungen für die Anordnung von Ausreisegewahrsam liegen (☐ nach summarischer Prüfung) vor. (→ Rn. 194 ff.)

a) Ablauf der Ausreisepflicht (→ Rn. 195)

Dafür ist es nach § 62 b Abs. 1 S. 1 Nr. 1 AufenthG erforderlich, dass die **Ausreisefrist abgelaufen** ist, es sei denn, der Ausländer ist unverschuldet an der Ausreise gehindert oder die Überschreitung der Ausreisefrist ist nicht erheblich. Hier wurde d. Betr. eine Ausreisefrist bis zum … gesetzt, die nunmehr abgelaufen ist. Die Fristüberschreitung ist mit … auch erheblich. Dies ist ab einer Überschreitung von etwa einem Drittel der gesetzten Frist bzw. ab zehn Tagen anzunehmen (*Winkelmann* in Bergmann/Dienelt AuslR, 12. Aufl. 2018, AufenthG § 62 b Rn. 4). Gründe für eine unentschuldigte Fristversäumung, wie beispielsweise eine die Ausreise hindernde Erkrankung, sind nicht ersichtlich.

b) Durchführbarkeit der Abschiebung (→ Rn. 196)

Darüber hinaus steht gem. § 62 b Abs. 1 S. 1 Nr. 2 AufenthG fest, dass die Abschiebung innerhalb der tenorierten Frist durchgeführt werden kann. Dies schließt das Gericht aus den schlüssigen Darlegungen des Antragstellers, die es anhand der im Wege eigener Amtsermittlung (§ 26 FamFG) nachvollzogenen **Prognose** nachvollzogen hat. Insofern hat der Antragsteller hinreichend detailliert zu den einzelnen Verfahrensschritten, Transportmitteln und dem Zeitrahmen des Organisationsaufwandes vorgetragen. Die vom Antragsteller vorgelegten Unterlagen bzw. referenzierten Beispielsfälle fügen sich in das Gesamtbild ein und es sind keine Anhaltspunkte ersichtlich, die Zweifel an der Zeitdauer oder einzelnen Verfahrensschritten bzw. die Erwartung einer früher möglichen Abschiebung begründen würden.

c) Gewahrsamsgrund (→ Rn. 197 ff.)

Schließlich hat d. Betr. nach § 62 b Abs. 1 S. 1 Nr. 3 AufenthG auch ein Verhalten gezeigt, das erwarten lässt, dass die Abschiebung dadurch erschwert oder vereitelt wird. Dies ist hier zu vermuten, denn

aa) Mitwirkungspflichten verletzt (→ Rn. 200)

☐ nach lit. a der Norm hat d. Betr. die gesetzlichen Mitwirkungspflichten verletzt. Dabei umfasst die Norm insbesondere die aus §§ 49, 82 AufenthG folgenden Pflichten zur Mitwirkung bei der Pass(ersatz)beschaffung und Erscheinen zu Abschiebungsterminen (BGH Beschl. v. 20.4.2018 – V ZB 226/17 – NVwZ-RR 2018, 746 – juris-Rn. 9). Erforderlich ist eine schuldhafte (BGH Beschl. v. 20.4.2018 – V ZB 226/17 – NVwZ-RR 2018, 746 – juris-Rn. 10), aber nicht notwendig wiederholte Verletzung (BT-Drs. 19/10047, S. 45). Wegen des aus dem Übermaßverbot folgenden Vorrangs der Verwaltungsvollstreckung sind Verzögerungen, welche die konkrete Maßnahme nicht in Frage stellen, unerheblich.

Die Voraussetzungen liegen vor: D. Betr. hat entgegen ... nicht ... Dies war auch schuldhaft, weil ... Auch durch Vollstreckungsmaßnahmen ließe sich diese Pflichtverletzung nicht hinreichend kompensieren, da sie insbesondere wegen der Unsicherheit des Erfolges die Durchführung der konkreten Abschiebung nicht nur verzögern, sondern prognostisch verhindern könnte.

bb) Täuschung über Identität, Staatsangehörigkeit (→ Rn. 201)

☐ nach lit. b der Norm hat d. Betr. über seine Identität oder Staatsangehörigkeit getäuscht. Die Täuschung war auch aktuell genug, um der Norm zu unterfallen, da sie mindestens eine Erschwerung der derzeitigen Abschiebung befürchten lässt (vgl. *Winkelmann* in Bergmann/Dienelt AuslR, 12. Aufl. 2018, AufenthG § 62 Rn. 4 aE).

Die Angabe d. Betr., ..., trifft nach den durchgeführten Ermittlungen nicht zu. Diese für das ausländerrechtliche Verfahren wegen ... erhebliche Falschangabe indiziert prognostisch, dass d. Betr. nicht an einer wahrheitsgemäßen Verfahrensabwicklung interessiert ist, sondern sich ein Aufenthaltsrecht erschleichen und die Abschiebung vereiteln will.

cc) Verurteilung Vorsatztat (→ Rn. 202)

☐ nach lit. c der Norm ist d. Betr. wegen einer im Bundesgebiet begangenen vorsätzlichen Straftat zu einer Geldstrafe von mehr als 50 Tagessätzen verurteilt worden, nämlich durch Urteil des ... (Az. ...) wegen ... zu ...

Die Norm ist richtlinienkonform gem. Art. 15 Abs. 1 lit. b Richtlinie 2008/115/EG und im systematischen Kontext dahin gehend auszulegen, dass nicht jede Verurteilung genügt; vielmehr muss die konkret abgeurteilte Tat, ggf. auch durch die Mehrzahl von Taten, nahe legen, dass der d. Betr. den Anforderungen der Rechtsordnung und damit auch des ausländerrechtlichen Verfahrens mindestens gleichgültig gegenübersteht und daher prognostisch nicht zu erwarten ist, er werde sich für die Abschiebung verfügbar halten.

Dies ist hier der Fall: ...

dd) Fristüberschreitung um mehr als 30 Tage (→ Rn. 203)

☐ nach lit. d der Norm hat d. Betr. die Ausreisefrist um mehr als 30 Tage überschritten.

d) Verfassungsrechtliche Einwände (→ Rn. 199)

☐ Gegen die gesetzliche Anordnungsbefugnis für Ausreisegewahrsam ist auch **verfassungsrechtlich nichts zu erinnern** (offengelassen von BGH Beschl. v. 20.4.2018 – V ZB 226/17 – NVwZ-RR 2018, 746 – juris-Rn. 8). Soweit wegen unscharfer Tatbestandsmerkmale (*Hörich/Tewocht* NVwZ 2017, 1153 [1155]) und verkürzter Gelegenheit für Rechtsschutz (*Neundorf/Brings* ZRP 2015, 145 [146]) Bedenken geltend gemacht werden, sind die Normen einer hinreichend konkretisierenden Auslegung fähig. Überdies ist es kein Spezifikum gerade des Abschiebungsgewahrsams, dass Rechtsschutz gegen vollstreckungsrechtliche Handlungen oftmals erst nach ihrer Erledigung erlangt werden kann (vgl. nur BVerfG Beschl. v. 5.12.2001 – 2 BvR 527/99 – BVerfGE 104, 220 – juris-Rn. 36 zum Polizeigewahrsam). Dies nicht ausreichen zu lassen, hieße, behördliche (insbesondere Vollstreckungs-)Befugnisse bis zur faktischen Wirkungslosigkeit zu beschneiden.

e) Fehlende Entziehungsabsicht (→ Rn. 198)

Von der Gewahrsamsanordnung ist auch nicht gem. § 62 b Abs. 1 S. 2 AufenthG abzusehen, denn es ist weder glaubhaft gemacht, noch offensichtlich, dass sich d. Betr. der **Abschiebung nicht entziehen** will.

f) Gerichtliches Ermessen (→ Rn. 204 f.)

Die Anordnung ist auch **ermessensgerecht**. Dabei hat das Gericht das aus Art. 2 Abs. 2 S. 2 GG folgende Übermaßverbot beachtet. Insofern sind weniger rechtsbeeinträchtigende Maßnahmen für eine vergleichbar effektive Sicherung der Abschiebung nicht ersichtlich. Auch im Einzelfall überwiegt das Interesse am Vollzug der zügigen Umsetzung der Ausreisepflicht die Interessen d. Betr. Dabei hat das Gericht in seine Abwägung ua einbezogen, dass …

☐ **Minderjährige** und Familien mit Minderjährigen gem. §§ 62 b Abs. 4, 62 Abs. 1 S. 3 AufenthG nur in besonderen Ausnahmefällen und nur so lange in Gewahrsam genommen werden dürfen, wie es unter Berücksichtigung des Kindeswohls angemessen ist (BT-Drs. 19/10047, S. 45).
Dies ist hier der Fall: …

g) Hinreichender Vollzug des Gewahrsams (→ Rn. 73)

Der Vollzug des Gewahrsams genügt den Voraussetzungen des § 62 b Abs. 2 AufenthG. Es ist sichergestellt, dass dieser im **Transitbereich** eines Flughafens oder in einer **Unterkunft** vollzogen wird, von der aus die Ausreise d. Betr. ohne Zurücklegen einer größeren Entfernung möglich ist. Dem unterfällt der Nahbereich von Flughäfen bzw. Grenzübergangsstellen mit einer Fahrzeit von bis zu einer Stunde (BT-Drs. 19/10047, S. 45), also auch die hier vorgesehene Gewahrsamsstelle ...

4.

a) Nebenentscheidung: Einstweilige Anordnung (→ Rn. 443 f., 487)

☐ Es besteht ein dringendes Bedürfnis für ein sofortiges Tätigwerden (§ 427 Abs. 1 S. 1 FamFG), da ohne die einstweilige Gewahrsamsanordnung eine Flucht bzw. ein Untertauchen d. Betr. und damit die Unmöglichkeit der Sicherung einer Hauptsacheentscheidung zu erwarten ist. Über den Gewahrsam kann auch noch nicht endgültig entschieden werden:

   ☐ Es fehlt noch die nach der Richtlinie 2008/115/EG notwendige **Rückkehrentscheidung**. (→ Rn. 58 f., 362, 444)

   ☐ Die **Staatsanwaltschaft** ... hat bzgl. d. Verf. ... Js ... noch keine **Zustimmung** zur Abschiebung erklärt, die aber gem. § 72 Abs. 4 AufenthG erforderlich ist. (→ Rn. 155)

   ☐ Es besteht nur eine **Notzuständigkeit** des Antragstellers gem. § ... VwVfG-Land iVm § 3 Abs. 4 VwVfG-Bund, so dass die Stellung des Hauptsache-Antrages der eigentlich zuständigen Behörde vorbehalten ist. (→ Rn. 297)

   ☐ Die vom Betr. als **Prozessbevollmächtigte** bestellte Person konnte zum Termin nicht rechtzeitig erscheinen, weswegen eine nur vorläufige Entscheidung zur Wahrung der Verteidigungsrechte d. Betr. geboten ist. (→ Rn. 402)

   ☐ Es sind für eine Hauptsache-Entscheidung noch **Zeugen** bzw. Beteiligte zu **hören**, was im Rahmen der gebotenen schnellen Entscheidung über die Haft noch nicht möglich war. (→ Rn. 167)

   ☐ Es muss noch der Ausgang d. folgenden anhängigen Verf. beim **Verwaltungsgericht** ... abgewartet werden: Az. ... (→ Rn. 149)

   ☐ Dem Antragsteller war daher aufzugeben, fehlende Aspekte zu beseitigen und Nachweise innerhalb der tenorierten Frist zur Akte zu reichen.

b) Einvernehmen der Staatsanwaltschaft (→ Rn. 151 ff.)

☐ Der Haftanordnung steht auch nicht § 72 Abs. 4 FamFG entgegen. Zwar darf danach ein Ausländer, soweit **Ermittlungsverfahren** gegen ihn laufen, grds. nur im Einvernehmen mit der zuständigen Staatsanwaltschaft abgeschoben werden. Hier laufen folgende Ermittlungsverfahren gegen d. Betr.: ...

   ☐ Das Einvernehmen ist aber bzgl. d. Verf. ... gem. § 72 Abs. 4 S. 3 ff. nicht erforderlich, da nur ein **geringes Strafverfolgungsinteresse** besteht. Gegenständlich ist nämlich ein Vorwurf des § ..., welcher in dem entsprechenden Katalog des § 72 Abs. 4 S. 4 f. AufenthG genannt ist. Dabei ist die Norm auch nicht mehrfach verletzt worden (Tatmehrheit, § 53 StGB) und es wurde kein Strafantrag gestellt. (→ Rn. 153)

   ☐ Das Einvernehmen ist aber bzgl. d. Verf. ... durch die Generalstaatsanwaltschaft ... mit Verfügung vom ... (Az. ...) **generell erteilt** worden. Danach ist für den gegenständlichen Vorwurf des § ... unter der Voraussetzung, dass ... ein generelles Einverständnis für alle Abschiebungen erklärt worden. (→ Rn. 154)

☐ Das Einvernehmen ist aber bzgl. d. Verf. … durch die Staatsanwaltschaft … erteilt worden. (→ Rn. 152)

c) Nebenentscheidung: Sofortige Wirksamkeit (→ Rn. 450)

Die Anordnung der sofortigen Wirksamkeit beruht auf § 422 Abs. 2 S. 1 FamFG. Sie ist geboten, um den Zweck des Gewahrsams sicherzustellen und den Beschluss vollziehen zu können. Würde der Beschluss erst mit Rechtskraft wirksam werden, wäre die Abschiebung ggf. in Frage gestellt.

d) Nebenentscheidung: Kosten (→ Rn. 463)

Die Kostenentscheidung ergibt sich aus § 81 Abs. 1 FamFG und folgt im Rahmen des gerichtlichen Ermessens der Entscheidung in der Sache.

☐ Von der Auferlegung von **Dolmetscherkosten** ist gem. § 81 Abs. 1 S. 2 FamFG wegen Art. 6 Abs. 3 lit. e EMRK abgesehen worden (vgl. BGH Beschl. v. 25.1.2018 – V ZB 191/17 – NJW 2018, 219 – juris-Rn. 15). (→ Rn. 470 f.)

VI. Haftbeschluss (Überstellungshaft)

In pp.   712

hat das Amtsgericht …, Abt. …, durch … beschlossen:

1. **Gegen d. Betr. wird** (☐ **im Wege der einstweiligen Anordnung** → Rn. 444) **die Haft zur Sicherung der Überstellung bis zum Ablauf des … angeordnet.**
2. **Der Beschluss ist sofort wirksam.** (→ Rn. 450)
3. ☐ **Dem Antragsteller wird aufgegeben,** (→ Rn. 452)
   ☐ **dem Gericht eine vollziehbare Rückkehrentscheidung nebst Zustellungsnachweis vorzulegen.**
   ☐ **das Einvernehmen der Staatsanwaltschaft … im Verfahren … Js … einzuholen und dies dem Gericht nachzuweisen.**
   ☐ **Zur Erfüllung der Auflage(n) wird eine Frist bis zum … gesetzt.**
4. **Die Gerichtskosten und die notwendigen außergerichtlichen Kosten des Antragstellers trägt d. Betr.** (→ Rn. 463 ff.) (☐ **Dolmetscherkosten werden nicht erhoben.** → Rn. 470 f.)

Gründe

I.

(→ Rn. 478 ff.)

II.

Die tenorierte Haft war gegen d. Betr. anzuordnen, denn der Haftantrag erfüllt die Zulässigkeitsvoraussetzungen des § 417 FamFG und ist auch begründet.

Obersatz-Variante: Hauptsache

☐ Nach Art. 28 Abs. 2 Verordnung (EU) Nr. 604/2013 des Europäischen Parlaments und des Rates vom 26.6.2013 (Dublin-III-Verordnung) kann Haft zur Sicherung der Überstellung eines Ausländers in einen anderen Mitgliedstaat der Europäischen

Union angeordnet werden, wenn ein Überstellungsverfahren eingeleitet wurde und der Ausländer vollziehbar ausreisepflichtig ist (dazu 1.), erhebliche Fluchtgefahr besteht (dazu 2.) und der Haft keine Gründe entgegenstehen (dazu 3.).

Obersatz-Variante: einstweilige Anordnung

☐ Nach § 427 Abs. 1 FamFG ist eine einstweilige Freiheitsentziehung anzuordnen, wenn dringende Gründe für die Annahme vorhanden sind, dass in der Hauptsache Überstellungshaft anzuordnen sein wird und ein dringendes Bedürfnis für ein sofortiges Tätigwerden besteht. Nach Art. 28 Abs. 2 Verordnung (EU) Nr. 604/2013 des Europäischen Parlaments und des Rates vom 26.6.2013 (Dublin-III-Verordnung) kann Haft zur Sicherung der Überstellung eines Ausländers in einen anderen Mitgliedsstaat der Europäischen Union angeordnet werden, wenn ein Überstellungsverfahren eingeleitet wurde und der Ausländer vollziehbar ausreisepflichtig ist (dazu 1.), erhebliche Fluchtgefahr besteht (dazu 2.) und der Haft keine Gründe entgegenstehen (dazu 3.). Eine Entscheidung in der Hauptsache ist auch (noch) nicht möglich (dazu 4.).

Diese Voraussetzungen liegen vor.

1.

Die Dublin-III-Verordnung ist für alle seit 2014 gestellten Anträge auf internationalen Schutz und Wiederaufnahmeanträge anwendbar, also auch für das Verfahren d. Betr.

a) Sicherungsfähiges Überstellungsverfahren (→ Rn. 216 ff.)

Es besteht insofern ein durch Haft gem. Art. 28 Abs. 2 Dublin-III-Verordnung zu sicherndes Überstellungsverfahren.

aa) Regelfall: Zuständigkeitsbestimmung abgeschlossen (→ Rn. 217)

☐ Das Bundesamt für Migration und Flüchtlinge hat mit Schreiben vom ... den Zielstaat ... um (Wieder-)Aufnahme d. Betr. ersucht. Der Zielstaat hat

☐ mit Antwort vom ... die **(Wieder-)Aufnahmebereitschaft erklärt.**

☐ **nicht fristgemäß geantwortet,** so dass die (Wieder-)Aufnahmebereitschaft gem. Art. 22 Abs. 7, 25 Abs. 2 Dublin-III-Verordnung fingiert wird.

Die Überstellungsfrist gem. Art. 29 Dublin-III-Verordnung ist auch nicht abgelaufen.

bb) Ausnahme: noch keine Zuständigkeitsbestimmung (einstw. AO) (→ Rn. 218)

☐ Durch den Eurodac-Treffer, der gem. Anhang II Verzeichnis A II Nr. 1 der Durchführungsverordnung (EU) Nr. 118/2014 Beweiskraft hat, ist die frühere Registrierung im Zielstaat ... (☐ bzw. mehreren möglichen Zielstaaten) nachgewiesen. Mithin kann d. Betr. nach summarischer Prüfung grundsätzlich dorthin im Rahmen einer (Wieder-)Aufnahme überstellt werden, denn

☐ da er im **Zielstaat keinen,** hier aber einen **Schutzantrag** gestellt hat, kann ein Aufnahmeverfahren gem. Art. 18 Abs. 1 lit. a, 21 f. Dublin-III-Verordnung betrieben werden.

☐ da er im **Zielstaat einen Schutzantrag** gestellt hat, kann ein Wiederaufnahmeverfahren gem. Art. 18 Abs. 1 lit. b bis d, 20 Abs. 5, 23 f. Dublin-III-Verordnung betrieben werden.

Dieses Verfahren soll nach den Angaben des Antragstellers auch betrieben werden und kann in der Haftfrist einer einstweiligen Anordnung abgeschlossen werden.

☐ Die maßgeblichen Fristen für die **noch ausstehende Stellung des (Wieder-)Aufnahmegesuchs** (Art. 25 Abs. 2, 22 Abs. 7 Dublin-III-Verordnung) sind noch nicht abgelaufen.

☐ Zwar wurde auf das **fristgerecht gestellte (Wieder-)Aufnahmegesuch** vom ... durch den Zielstaat noch nicht geantwortet; im Falle nicht fristgerechter Antwort würde aber eine Zustimmung zur (Wieder-)Aufnahme fingiert (Art. 22 Abs. 7, 25 Abs. 2 Dublin-III-Verordnung).

Auch ist mit der Entscheidung des Bundesamtes für Migration und Flüchtlinge innerhalb der Haftfrist zu rechnen.

b) Vollziehbarkeit der Ausreisepflicht (→ Rn. 212 ff.)

D. Betr. ist auch **vollziehbar ausreisepflichtig**. Dies ist gem. §§ 50 Abs. 1, 58 Abs. 2 AufenthG der Fall, da d. Betr. einen erforderlichen Aufenthaltstitel nicht oder nicht mehr besitzt und ein Aufenthaltsrecht nach dem Assoziationsabkommen EWG/Türkei nicht oder nicht mehr besteht.

aa) Regelfall: Asylantrag in Deutschland (→ Rn. 28 ff., 49)

☐ Zugunsten d. Betr. besteht auch **keine Aufenthaltsgestattung** gem. § 55 AsylG. Zwar ist danach einem Ausländer, der um Asyl nachsucht, zur Durchführung des Asylverfahrens der Aufenthalt im Bundesgebiet gestattet.

☐ Der Asylantrag d. Betr. wurde jedoch **bestandskräftig abgelehnt**, weswegen die Aufenthaltsgestattung gem. § 67 Abs. 1 Nr. 6 AsylG erloschen ist. Die Zustellung des Ablehnungsbescheides vom ... ist durch ... nachgewiesen. Damit ist die Ausreisepflicht auch vollziehbar, § 58 Abs. 2 S. 2 AufenthG. (→ Rn. 33, 49)

☐ Da es sich jedoch um einen **Asylfolgeantrag** handelt, steht dieser gem. § 71 Abs. 8 AsylG der Anordnung von Abschiebungshaft nur entgegen, wenn ein weiteres Asylverfahren durchgeführt wird. Hierzu bedürfte es einer Entscheidung des Bundesamts für Migration und Flüchtlinge, ob die Voraussetzungen des § 51 Abs. 1 bis 3 VwVfG vorliegen. Solange eine solche Entscheidung nicht vorliegt, ist d. Betr. der Aufenthalt nicht nach § 55 Abs. 1 S. 1 AsylG gestattet. (→ Rn. 32)

☐ Der durch d. Betr. allein auf das Vorliegen zielstaatsbezogener Abschiebungshindernisse gerichtete Antrag auf teilweises Wiederaufgreifen des Verfahrens (**isoliertes Folgeschutzgesuch**) hindert jedoch die Abschiebung nicht (auch nicht analog § 71 Abs. 5 S. 2 AsylG; OVG Lüneburg Beschl. v. 26.2.2018 – 13 ME 438/17 – AuAS 2018, 77 – juris-Rn. 19). Eine Entscheidung des Bundesamtes für Migration und Flüchtlinge, das Verfahren wiederaufzunehmen, ist nicht ergangen. (→ Rn. 32)

☐ Soweit d. Betr. in **der haftrichterlichen Anhörung** bzw. im Polizeigewahrsam einen Asylwunsch geäußert hat, hätte die Entstehung einer Aufenthaltsgestattung den Eingang des schriftlichen Asylantrages beim Bundesamt für Migration und Flüchtlinge in Nürnberg erfordert, §§ 55 Abs. 1 S. 3, 14 Abs. 2 Nr. 2 AsylG. Daran fehlt es. (→ Rn. 32)

☐ Dies steht jedoch gem. § 14 Abs. 3 S. 1 Nr. ..., S. 3 AsylG bei einem aus ...haft gestellten Antrag der Haftanordnung nicht entgegen, (→ Rn. 32)

    ☐ solange der Antrag **unbeschieden** ist und seit seinem Eingang beim Bundesamt für Migration und Flüchtlinge noch keine vier Wochen vergangen sind. Das ist bei dem am ... aus der Haft heraus gestellten Asylantrag der Fall, über den bis zum heutigen Tage noch nicht entschieden wurde.

    ☐ weil der Antrag mit Bescheid vom ... als unzulässig gem. § 29 Abs. 1 Nr. 4 AsylG oder als offensichtlich unbegründet **abgelehnt wurde.** Der Bescheid wurde auch innerhalb der vier-Wochen-Frist zugestellt.

    ☐ weil nach Mitteilung des Bundesamtes für Migration und Flüchtlinge unter dem ... ein **(Wieder-)Aufnahmeersuchen** an den Zielstaat ... gerichtet wurde.

☐ Die Aufenthaltsgestattung ist jedoch gem. § 67 Abs. 1 Nr. 2 AsylG erloschen. D. Betr. hat nämlich nicht innerhalb von **zwei Wochen** nach Ausstellung des **Ankunftsnachweises** einen Asylantrag gestellt. Die zwischenzeitlich erloschene Aufenthaltsgestattung ist auch nicht wieder in Kraft getreten. Denn über eine Wiederaufnahme des Verfahrens hat das Bundesamt für Migration und Flüchtlinge bislang nicht entschieden, § 67 Abs. 2 AsylG. (→ Rn. 32)

bb) Ausnahmefall: Kein Asylantrag in Deutschland („Aufgrifffall")

(→ Rn. 215, 38 ff., 49)

☐ D. Betr., der in Deutschland keinen Antrag auf internationalen Schutz gestellt hat, ist wegen unerlaubter Einreise gem. § 58 Abs. 2 S. 1 Nr. 1 AufenthG vollziehbar ausreisepflichtig. Die Einreise ist unerlaubt, weil sie unter **Verstoß gegen § 14 AufenthG** erfolgt ist. Nach dieser Norm ist die Einreise verboten, weil d. Betr.

    ☐ nicht den gem. §§ 14 Abs. 1 Nr. 1, 3 AufenthG erforderlichen **Reisepass** besitzt und auch keine Befreiung von der Passpflicht besteht. (→ Rn. 40 ff.)

    ☐ nicht den gem. §§ 14 Abs. 1 Nr. 2, 4 AufenthG **erforderlichen Aufenthaltstitel** besitzt. (→ Rn. 43)

    ☐ gem. §§ 14 Abs. 1 Nr. 2 a, 4 AufenthG zwar mit einem **Visum** eingereist ist, dieses aber durch Drohung, Bestechung oder Kollusion erwirkt oder durch unrichtige oder unvollständige Angaben erschlichen wurde und deshalb mit Wirkung für den Zeitpunkt der Einreise **zurückgenommen** oder **annulliert** wird. Dies ist hier der Fall: ... (→ Rn. 44)

    ☐ gem. §§ 14 Abs. 1 Nr. 3, 11 AufenthG sich entgegen § 11 Abs. 1 S. 2 AufenthG im Bundesgebiet aufhält und nicht im Besitz einer Betretenserlaubnis gem. § 11 Abs. 8 AufenthG ist. D. Betr. wurde mit Bescheid vom ... ausgewiesen, zurückgeschoben oder abgeschoben und mit einem **Einreise- und Aufenthaltsverbot** bis zum ... belegt. Dieser Bescheid ist wirksam geworden, nämlich durch ... Entgegen diesem Verbot ist er gleichwohl am ... eingereist, ohne zuvor eine gem. § 11 Abs. 8 AufenthG mögliche Betretenserlaubnis erlangt zu haben. (→ Rn. 45 f., 103)

c) Vollstreckbarkeit der Ausreisepflicht

Die Ausreisepflicht ist auch vollstreckbar. (→ Rn. 51 ff.)

☐ Gegenüber d. Betr. wurde mit dem vorgenannten Bescheid des Bundesamtes für Migration und Flüchtlinge eine **Abschiebungsanordnung** (§ 34 a AsylG) erlassen. Darin liegt auch die erforderliche Rückkehrentscheidung. (→ Rn. 213)

☐ Zwar wurde gegenüber d. Betr. noch **keine Abschiebungsanordnung** (§ 34 a AsylG) bekannt gegeben. Es genügt aber, wenn ihr Erlass innerhalb der angeordneten Haftfrist zu erwarten ist (BGH Beschl. v. 21.8.2019 – V ZB 60/17 – juris-Rn. 9 ff.). Dies ist hier nach den insofern schlüssigen Angaben des Antragstellers, denen sich das Gericht nach eigener Prüfung anschließt, der Fall. In dieser zu erlassenden Anordnung liegt auch die erforderliche Rückkehrentscheidung (BGH Beschl. v. 21.8.2019 – V ZB 60/17 – juris-Rn. 13). (→ Rn. 57)

☐ Gegenüber d. Betr. wurde mit dem vorgenannten Bescheid des Bundesamtes für Migration und Flüchtlinge eine **Abschiebungsandrohung** (§§ 34 a Abs. 1 S. 4, 34 AsylG) mit **Fristsetzung** zur freiwilligen Ausreise erlassen (§ 38 Abs. 1 S. 1 AsylG). Darin liegt auch die erforderliche Rückkehrentscheidung. (→ Rn. 214)

☐ Die erforderliche Rückkehrentscheidung liegt in ... (→ Rn. 59)

2.

Es liegt (☐ nach summarischer Prüfung) erhebliche Fluchtgefahr als Haftgrund für die Überstellungshaft vor. Nach Art. 2 lit. n, 28 Abs. 2 Dublin-III-Verordnung bestehen Gründe im Einzelfall, die auf objektiven gesetzlich festgelegten Kriterien beruhen und zu der Annahme Anlass geben, dass sich d. Betr. dem Überstellungsverfahren möglicherweise durch Flucht entziehen könnte. Die entsprechenden Gründe sind in §§ 2 Abs. 14 S. 1 iVm 62 Abs. 3 a, Abs. 3 b Nr. 1 bis 5 und 2 Abs. 14 S. 2 AufenthG niedergelegt.

a) Erhebliche Fluchtgefahr: Vermutung (→ Rn. 226)

☐ Die erhebliche Fluchtgefahr wird hier widerleglich vermutet, ohne dass d. Betr. dieser Vermutung glaubhaft entgegengetreten wäre.

aa) Vermutung: Identitätstäuschung (aktuell) (→ Rn. 91 ff, 226)

☐ Die erhebliche Fluchtgefahr wird gem. § 62 Abs. 3 a Nr. 1 AufenthG vermutet, wenn ein Ausländer gegenüber den mit der Ausführung dieses Gesetzes betrauten Behörden abschiebungsrelevant über seine Identität getäuscht hat und die Angabe nicht selbst berichtigt hat; insbesondere, wenn Dokumente vernichtet bzw. eine falsche Identität vorgegeben wurde. Dabei muss die Täuschungshandlung aktuell sein (BGH Beschl. v. 19.7.2018 – V ZB 223/17 – InfAuslR 2018, 413 – juris-Rn. 18), wobei die Anforderungen an die Aktualität umso geringer sind, je gewichtiger die Täuschungshandlung war (BT-Drs. 19/10047, S. 41). Eine Täuschung kann zB durch Stellung von Asylfolgeanträgen unter falschen Personalien vorliegen (BGH Beschl. v. 20.9.2018 – V ZB 102/16 – juris-Rn. 18). Dies ist hier der Fall: ...

bb) Vermutung: Nichterscheinen bei Anhörung/Untersuchung (→ Rn. 95 ff., 226)

☐ Die erhebliche Fluchtgefahr wird gem. § 62 Abs. 3 a Nr. 2 AufenthG vermutet, wenn der Ausländer unentschuldigt einer Anhörung oder ärztlichen Untersuchung (§ 82 Abs. 4 S. 1 AufenthG) ferngeblieben ist, sofern bei Terminsankündigung in einer dem Ausländer verständlichen Sprache (vgl. BGH Beschl. v. 14.1.2016 – V ZB 178/14 – InfAuslR 2016, 234 – juris-Rn. 9) auf die Möglichkeit der Inhaftnahme im Falle des Nichtantreffens hingewiesen wurde.

Dies ist hier der Fall: D. Betr. ist dem Termin am ... ferngeblieben. Dies geschah auch unentschuldigt, denn Entschuldigungsgründe, die vom Gewicht her einem Unfall, kurzfristiger (schwerer) Erkrankung oder plötzlich eintretenden familiären Problemen gleichstehen (BT-Drs. 19/10047, S. 41), sind nicht ersichtlich. Die Belehrung ist auch durch ... in einer für d. Betr. verständlichen Sprache erfolgt.

cc) Vermutung: Wohnortwechsel ohne Anzeige (→ Rn. 98 ff., 226)

☐ Die erhebliche Fluchtgefahr wird gem. § 62 Abs. 3 a Nr. 3 AufenthG vermutet, wenn die Ausreisefrist abgelaufen ist und der Ausländer seinen Aufenthaltsort trotz Hinweises auf die Anzeigepflicht gewechselt hat, ohne der zuständigen Behörde eine Anschrift anzugeben, unter der er erreichbar ist. Dabei muss der Aufenthaltswechsel nach Entstehen der Ausreisepflicht und Ablauf der Ausreisefrist erfolgt (BGH Beschl. v. 19.5.2011 – V ZB 15/11 – InfAuslR 2011, 361 – juris-Rn. 12) und zuvor ein Hinweis auf die mögliche Haftfolge in einer für den Ausländer verständlichen Sprache erteilt worden sein (BGH Beschl. v. 19.7.2018 – V ZB 223/17 – InfAuslR 2018, 413 – juris-Rn. 14).

Dies ist hier der Fall: Die Ausreisefrist ist am ... abgelaufen und durch ... ist die erforderliche Belehrung erfolgt. Sodann ist am ... durch Verzug nach Unbekannt bzw. ... ein Wohnortwechsel für mehr als drei Tage (vgl. § 50 Abs. 4 AufenthG; OLG München Beschl. v. 22.11.2006 – 34 Wx 121/06 – OLGR 2007, 144 – juris-Rn. 12) erfolgt, wobei eine neue Adresse nicht mitgeteilt wurde. Es ist auch nicht ersichtlich, dass dies auf bloßer Nachlässigkeit beruhte, was gegen die Vermutungswirkung der Norm sprechen könnte (vgl. OLG Karlsruhe Beschl. v. 11.2.1993 – 4 W 20/93 – NVwZ 1993, 813 – juris-Rn. 12).

dd) Vermutung: Einreise trotz Einreise-/Aufenthaltsverbots (→ Rn. 102 ff., 226)

☐ Die erhebliche Fluchtgefahr wird gem. § 62 Abs. 3 a Nr. 4 AufenthG vermutet, wenn der Ausländer sich entgegen § 11 Abs. 1 S. 2 AufenthG im Bundesgebiet aufhält und nicht im Besitz einer Betretenserlaubnis nach § 11 Abs. 8 AufenthG ist.

Dies ist hier der Fall: D. Betr. wurde mit Bescheid vom ... ausgewiesen, zurückgeschoben oder abgeschoben und mit einem Einreise- und Aufenthaltsverbot bis zum ... belegt. Dieser Bescheid ist wirksam geworden, nämlich durch ... Entgegen diesem Verbot ist er gleichwohl am ... eingereist, ohne zuvor eine gem. § 11 Abs. 8 AufenthG mögliche Betretenserlaubnis erlangt zu haben.

ee) Vermutung: Entzug in der Vergangenheit

Unionsrechtlich nicht anwendbar (→ Rn. 226)

ff) Vermutung: Erklärung der Entziehung (→ Rn. 109 ff., 226)

☐ Die erhebliche Fluchtgefahr wird gem. § 62 Abs. 3 a Nr. 6 AufenthG vermutet, wenn der Ausländer ausdrücklich erklärt hat, dass er sich der Abschiebung entziehen will. Dies liegt vor, wenn klar zum Ausdruck gebracht wird, dass der Ausländer nicht freiwillig ausreisen und sich auch nicht für eine behördliche Durchsetzung seiner Rückführung zur Verfügung halten würde (BGH Beschl. v. 23.1.2018 – V ZB 53/17 – InfAuslR 2018, 187 – juris-Rn. 10). Gleichgestellt sind Fälle, in denen der Ausländer dies konkludent, aber unmissverständlich durch Gewaltanwendung (BGH Beschl. v. 20.7.2017 – V ZB 5/17 – InfAuslR 2017, 449 – juris-Rn. 6) oder Suizidandrohung (BGH Beschl. v. 20.10.2016 – V ZB 13/16 – juris-Rn. 5) zum Ausdruck bringt. Dies ist hier der Fall: ...

b) Erhebliche Fluchtgefahr: Anhaltspunkte (→ Rn. 227)

☐ Erhebliche Fluchtgefahr ergibt sich (☐ auch) aus folgenden konkreten Anhaltspunkten, die das Gericht in eine Gesamtabwägung aller Umstände (vgl. BT-Drs. 19/10047, S. 41) einbezogen hat:

aa) Anhaltspunkte: Identitätstäuschung (länger her) (→ Rn. 114 f., 227)

☐ Für erhebliche Fluchtgefahr spricht gem. § 62 Abs. 3 b Nr. 1 AufenthG, wenn ein Ausländer gegenüber den mit der Ausführung dieses Gesetzes betrauten Behörden abschiebungsrelevant über seine Identität getäuscht hat und die Angabe nicht selbst berichtigt hat; insbesondere, wenn Dokumente vernichtet bzw. eine falsche Identität vorgegeben wurde. Dies muss, anders als bei Abs. 3 a Nr. 1, nicht in engen zeitlichem Zusammenhang mit aktuellen Maßnahmen des Antragstellers stehen (BT-Drs. 19/10047, S. 41). Dies ist hier der Fall: ...

bb) Anhaltspunkte: Schleuserkosten (→ Rn. 116 ff., 227)

☐ Für erhebliche Fluchtgefahr spricht gem. § 62 Abs. 3 b Nr. 2 AufenthG, wenn ein Ausländer zu seiner unerlaubten Einreise derart erhebliche Geldbeträge aufgewandt hat, dass daraus geschlossen werden kann, dass er die Abschiebung verhindern wird, um diese nicht fruchtlos werden zu lassen. Irrelevant ist, ob Zahlungen für einzelne Reiseabschnitte oder insgesamt geleistet wurden, solange sie in Summe erheblich sind (BGH Beschl. v. 16.2.2017 – V ZB 115/16 – NVwZ 2017, 816 – juris-Rn. 5); lediglich Kleinbeträge sind ausgeschlossen (BGH Beschl. v. 25.2.2016 – V ZB 157/15 – NVwZ 2016, 1111 – juris-Rn. 12). Dabei muss es dem Ausländer gerade auf die Einreise in einen bestimmten Mitgliedsstaat ankommen (BGH Beschl. v. 16.2.2017 – V ZB 115/16 – NVwZ 2017, 816 – juris-Rn. 5 ff.). Dies ist hier der Fall: ...

cc) Anhaltspunkte: Gefährlicher Ausländer

Unionsrechtlich nicht anwendbar (→ Rn. 227)

dd) Anhaltspunkte: Wiederholte Verurteilung zu Freiheitsstrafe (→ Rn. 123 ff., 227)

☐ Für erhebliche Fluchtgefahr spricht gem. § 62 Abs. 3 b Nr. 4 AufenthG, wenn der Ausländer wiederholt wegen vorsätzlicher Straftaten rechtskräftig zu mindestens einer Freiheitsstrafe verurteilt worden ist. Dabei genügt nicht schon jede Vorsatztat (vgl. BGH Beschl. v. 14.7.2011 – V ZB 50/11 – juris-Rn. 12), sondern die beiden konkreten Verfahren müssen den Schluss zulassen, dass der Ausländer der deutschen Rechtsordnung ablehnend oder gleichgültig gegenüberstehe, weswegen eine freiwillige Erfüllung der Ausreisepflicht nicht zu erwarten sei (BT-Drs. 19/10047, S. 42).

Dies ist hier der Fall: ...

ee) Anhaltspunkte: Fehlende Mitwirkung (→ Rn. 126 ff, 227)

☐ Für erhebliche Fluchtgefahr spricht gem. § 62 Abs. 3 b Nr. 5 AufenthG, wenn der Ausländer die Passbeschaffungspflicht nach § 60 b Abs. 3 S. 1 Nr. 1, 2 und 6 AufenthG nicht erfüllt oder andere als in Abs. 3 a Nr. 2 genannte gesetzliche Mitwirkungshandlungen zur Feststellung der Identität (insbes. § 48 Abs. 3 S. 1 AufenthG) verweigert oder unterlassen hat und vorher in einer ihm verständlichen Sprache (vgl. BGH Beschl. v. 14.1.2016 – V ZB 178/14 – InfAuslR 2016, 234 – juris-Rn. 9) auf die Möglichkeit der Inhaftierung im Falle der Nichterfüllung hingewiesen wurde.

Dies ist hier der Fall: ...

ff) Anhaltspunkte: Nicht nur vorübergehender Staatenwechsel (→ Rn. 229 ff.)

☐ Für erhebliche Fluchtgefahr spricht gem. § 2 Abs. 14 S. 2 Nr. 1 AufenthG, wenn ein Ausländer einen Mitgliedstaat vor Abschluss eines dort laufenden Verfahrens zur Zuständigkeitsbestimmung nach der Dublin-III-Verordnung oder Prüfung eines Antrags auf internationalen Schutz verlassen hat und die Umstände der Feststellung im Bundesgebiet konkret darauf hindeuten, dass er den zuständigen Mitgliedstaat in absehbarer Zeit nicht aufsuchen will. Dabei ist eine vorige Belehrung nicht erforderlich (BGH Beschl. v. 11.1.2018 – V ZB 28/17 – InfAuslR 2018, 372 – juris-Rn. 16).

Dies ist hier der Fall: ...

gg) Anhaltspunkte: Asyl-Hopping (→ Rn. 232 ff.)

☐ Für erhebliche Fluchtgefahr spricht gem. § 2 Abs. 14 S. 2 Nr. 2 AufenthG, wenn ein Ausländer zuvor mehrfach einen Asylantrag in anderen Mitgliedstaaten gestellt und den jeweiligen anderen Mitgliedstaat der Asylantragstellung wieder verlassen hat, ohne den Ausgang des dort laufenden Verfahrens zur Zuständigkeitsbestimmung nach der Dublin-III-Verordnung oder zur Prüfung seines Antrags abzuwarten.

Dies ist hier der Fall: ...

3.

Aus den vorgenannten Gründen bestand kein Anlass, von der Haftanordnung abzusehen. Insbesondere ist sie in jeder Hinsicht ermessensgerecht.

a) Haftdauer (→ Rn. 235 ff., 328 ff.)

Die angeordnete Haftdauer ist auch gem. Art. 28 Abs. 3 UAbs. 1 Dublin-III-Verordnung auf den **kürzestmöglichen Zeitraum** (BGH Beschl. v. 20.9.2018 – V ZB 102/16 – juris-Rn. 22) beschränkt. Sie ist erforderlich, um die Überstellung organisatorisch vorzubereiten, wie das Gericht anhand der im Wege eigener Amtsermittlung (§ 26 FamFG) nachvollzogenen **Prognose** des Antragstellers ermittelt hat.

☐ Der Antragsteller hat schlüssig die **einzelnen Verfahrensschritte** bis zur Überstellung konkret und bezogen auf das Zielland **dargelegt**. Er hat insofern hinreichend detailliert die Abstimmung mit dem Zielstaat, sowie den Ablauf des in Haftsachen beschleunigten Überstellungsverfahrens gem. Art. 28 Abs. 3 Dublin-III-Verordnung beschrieben (vgl. BGH Beschl. v. 20.9.2017 – V ZB 118/17 – NVwZ 2018, 349 – juris-Rn. 8). Die vom Antragsteller vorgelegten Unterlagen bzw. referenzierten Beispielsfälle stützen diese Angaben und es sind keine Anhaltspunkte ersichtlich, die Zweifel an der Zeitdauer oder einzelnen Verfahrensschritten bzw. die Erwartung einer früher möglichen Überstellung begründen würden. (→ Rn. 337 ff.)

☐ Zwar hat der Antragsteller die einzelnen Verfahrensschritte bis zur Überstellung nicht im Einzelnen dargelegt. Dies ist jedoch entbehrlich, weil die Abschiebung mit **Sicherheitsbegleitung** erfolgen soll. In diesen Fällen ist ein Haftzeitraum von, wie hier, bis zu **sechs Wochen** zur Bewältigung des damit verbundenen organisatorischen Aufwandes stets angemessen, so dass dafür konkrete Darlegungen nicht erforderlich sind (BGH Beschl. v. 20.9.2018 – V ZB 4/17 – InfAuslR 2019, 23 – juris-Rn. 11). Dabei steht das Erfordernis der Sicherheitsbegleitung (→ Rn. 350 f.)

   ☐ aufgrund der **Auskunft der Bundespolizei** fest, die hierüber in eigener Zuständigkeit entscheidet, was durch das Haftgericht inhaltlich nicht kontrollierbar ist (BGH Beschl. v. 23.5.2019 – V ZB 236/17 – juris-Rn. 9).

   ☐ aufgrund der **Darlegungen des Antragstellers** fest, welchen sich das Gericht anschließt. (Insbes. aktuelle) Verurteilungen wegen Gewaltdelikten (BGH Beschl. v. 21.3.2019 – V ZB 91/18 – juris-Rn. 8), sonstigen Straftaten (BGH Beschl. v. 7.3.2019 – V ZB 176/18 – juris-Rn. 6) und Suizidgefahr (BGH Beschl. v. 14.4.2016 – V ZB 112/15 – juris-Rn. 18) sind hierfür hinreichend.

b) Einvernehmen der Staatsanwaltschaft (→ Rn. 151 ff., 243)

☐ Der Haftanordnung steht auch nicht § 72 Abs. 4 FamFG entgegen. Zwar darf danach ein Ausländer, soweit **Ermittlungsverfahren** gegen ihn laufen, grds. nur im Einvernehmen mit der zuständigen Staatsanwaltschaft abgeschoben werden. Hier laufen folgende Ermittlungsverfahren gegen d. Betr.: ...

   ☐ Das Einvernehmen ist aber bzgl. d. Verf. ... gem. § 72 Abs. 4 S. 3 ff. nicht erforderlich, da nur ein **geringes Strafverfolgungsinteresse** besteht. Gegenständlich ist nämlich ein Vorwurf des § ..., welcher in dem entsprechenden Katalog des § 72 Abs. 4 S. 4 f. AufenthG genannt ist. Dabei ist die Norm auch nicht mehrfach verletzt worden (Tatmehrheit, § 53 StGB) und es wurde kein Strafantrag gestellt. (→ Rn. 153)

   ☐ Das Einvernehmen ist aber bzgl. d. Verf. ... ist aber durch die Generalstaatsanwaltschaft ... mit Verfügung vom ... (Az. ...) **generell erteilt** worden. Danach ist für den gegenständlichen Vorwurf des § ... unter der Voraussetzung, dass ... ein generelles Einverständnis für alle Abschiebungen erklärt worden. (→ Rn. 154)

☐ Das Einvernehmen ist aber bzgl. d. Verf. ... durch die Staatsanwaltschaft ... erteilt worden. (→ Rn. 152)

c) Keine Unverhältnismäßigkeit (→ Rn. 157 ff., 243)

Die angeordnete Haft verstößt auch nicht gegen das aus Art. 2 Abs. 2 S. 2 GG folgende **Übermaßverbot**, da keine weniger rechtsbeeinträchtigenden Mittel als der Haftvollzug zur Sicherung der Ausreisepflicht ersichtlich sind.

☐ Insbesondere ist die Haft auch grundrechtlich angemessen, weil die Überstellung ernstlich und mit größtmöglicher **Beschleunigung** betrieben wird (vgl. BGH Beschl. v. 17.10.2013 – V ZB 172/12 – InfAuslR 2014, 52 – juris-Rn. 13). Auch die in Art. 28 Abs. 3 Dublin-III-Verordnung benannten Fristen sind eingehalten. (→ Rn. 161 ff., 235 ff.)

Soweit d. Betr. rügt, es hätte früher ... greift dies nicht durch, weil ...

☐ Insbesondere erfordert auch das Grundrecht des Art. 6 GG nicht, von der Haft abzusehen. **Ehe, Familie** bzw. gelebte **Eltern-Kind-Beziehung** begründen zuvörderst Überstellungshindernisse und sind im Rahmen verwaltungsgerichtlichen Eilrechtsschutzes geltend zu machen (BGH Beschl. v. 6.12.2012 – V ZB 218/11 – InfAuslR 2013, 154 – juris-Rn. 10). Sie sind haftrichterlich nur beachtlich, soweit sie spezifisch durch den Haftvollzug, also über die durch eine Überstellung ohnehin erfolgende Trennung hinaus beeinträchtigt werden. (→ Rn. 165 ff., 243)

Daran fehlt es hier, weil ...

☐ Insbesondere hindert die **Minderjährigkeit** d. Betr. die Haft nicht. Dabei hat das Gericht berücksichtigt, dass Haft gegen Minderjährige nur ausnahmsweise (BGH Beschl. v. 29.9.2010 – V ZB 233/10 – NVwZ 2011, 320 – juris-Rn. 9) und für den kürzestmöglichen Zeitraum (BGH Beschl. v. 12.2.2015 – V ZB 185/14 – NVwZ 2015, 840 – juris-Rn. 5) anzuordnen ist. (→ Rn. 169 ff., 243)

Die tenorierte Haftdauer ist aber unter Berücksichtigung des Kindeswohls angemessen, da ... Der Sicherungszweck kann auch nicht durch zB Meldepflichten oder räumliche Beschränkungen (BGH Beschl. v. 29.9.2010 – V ZB 233/10 – NVwZ 2011, 320 – juris-Rn. 9) erreicht werden, weil ...

d) Einwendungen d. Betr. gegen die Überstellung (→ Rn. 144 ff., 438)

☐ Die von d. Betr. erhobenen **Einwendungen** betreffen nicht die Haftanordnung als solche, sondern die Durchführung der Überstellung. Sie sind damit haftrichterlich nicht zu prüfen, sondern von d. Betr. ggf. im Wege verwaltungsgerichtlicher einstweiliger Rechtsschutzanträge geltend zu machen. Dies betrifft insbesondere

☐ den Vortrag, d. Betr. drohe im **Zielstaat** (insbes. wg. **systemischer Mängel**) eine menschenunwürdige Behandlung (vgl. BGH Beschl. v. 29.4.2010 – V ZB 202/09 – juris-Rn. 11). (→ Rn. 144)

☐ den Vortrag **fehlender Reisefähigkeit**. Das Bestehen von Reisefähigkeit ist gem. § 60 c Abs. 2 c S. 1 AufenthG zu vermuten. Das Gegenteil ist haftrichterlich grds. nicht zu prüfen (BGH Beschl. v. 1.6.2017 – V ZB 163/15 – InfAuslR 2017, 380 – juris-Rn. 8). Anhaltspunkte dafür, dass etwaige Probleme nicht durch ärztliche Begleitung lösbar wären und damit die Durchführung hindern würden, bestehen nicht (vgl. zB zur Methadon-Substitution, LG Paderborn Beschl. v. 31.1.2018 – 5 T 29/18 –

juris-Rn. 33; Sicherheitsbegleitung und ärztlicher Aufsicht wg. Suizidversuchs, BGH Beschl. v. 14.4.2016 – V ZB 112/15 – juris-Rn. 18). (→ Rn. 144, 172 ff.)

☐ die **Ankündigung** von **Suizid** bzw. **Selbstverletzung**. Dass sie durch die Haft bedingt wäre, ist nicht ersichtlich (☐ da d. Betr. sie schon durch seine Wortwahl auf die Rückkehr in den Zielstaat bezogen hat: ...). Als potenzielles Überstellungshindernis ist sie allein durch die Verwaltungsgerichte zu beurteilen (BGH Beschl. v. 14.4.2016 – V ZB 112/15 – juris-Rn. 16). (→ Rn. 144)

e) Haftvollzug (→ Rn. 60 ff.)

Schließlich genügt der vom Antragsteller vorgesehene Haftvollzug auch den Voraussetzungen des **Trennungsgebotes** nach Art. 16 Abs. 1 Richtlinie 2008/115/EG. Gem. § 62 a Abs. 1 S. 1 AufenthG findet die Unterbringung d. Betr. in ... und damit getrennt von Strafgefangenen statt.

☐ Insbesondere ist nicht die Unterbringung in einer **getrennten Haftanstalt** erforderlich, wie d. Betr. meint. Gem. Art. 18 Richtlinie 2008/115/EG ist eine Abweichung vom Trennungsgrundsatz für und während Notlagen möglich, worunter ein plötzlicher Zustrom einer großen Zahl von Drittstaatsangehörigen zählt (EuGH Urt. v. 26.7.2017 – C-646/16 – NVwZ 2017, 1357 – Rn. 98). Eine solche Lage ist aufgrund der seit 2015 signifikant erhöhten Zahl von Flüchtlingen gegeben, worauf der Gesetzgeber für den aktuellen Zeitraum mit der übergangsweise geltenden Ausnahmevorschrift des § 62 a Abs. 1 S. 1 AufenthG reagiert hat (BT-Drs. 19/10047, S. 44). (→ Rn. 67 ff., 69)

☐ Insbesondere genügt die Haftanstalt auch den aufgrund der **Minderjährigkeit** d. Betr. gesteigerten Anforderungen des § 62 a Abs. 3 AufenthG. Insofern sind Gelegenheiten zu Freizeitbeschäftigungen einschließlich altersgerechter Spiel- und Erholungsmöglichkeiten und, nach je Aufenthaltsdauer, Zugang zur Bildung gegeben (Art. 17 Abs. 3 Richtlinie 2008/115/EG), bzw. für unbegleitete Minderjährige eine personell und materiell besondere Ausstattung (Art. 17 Abs. 4 Richtlinie 2008/115/EG). (→ Rn. 66)

Dies ist hier der Fall: ...

4.

Auf das Verfahren auf Anordnung von Haft zur Sicherung der Überstellung finden die Vorschriften des FamFG entsprechend Anwendung, § 2 Abs. 14 S. 5 AufenthG.

a) Nebenentscheidung: Einstweilige Anordnung (→ Rn. 437 f., 487)

☐ Es besteht ein dringendes Bedürfnis für ein sofortiges Tätigwerden (§ 427 Abs. 1 S. 1 FamFG), da ohne die einstweilige Haftanordnung eine Flucht bzw. ein Untertauchen d. Betr. und damit die Unmöglichkeit der Sicherung einer Hauptsacheentscheidung zu erwarten ist. Über den Haftantrag kann auch noch nicht endgültig entschieden werden:

☐ Es fehlt noch die nach der Richtlinie 2008/115/EG notwendige **Rückkehrentscheidung**. (→ Rn. 58 f., 218)

☐ Die **Staatsanwaltschaft** ... hat bzgl. d. Verf. ... Js ... noch keine **Zustimmung** zur Abschiebung erklärt, die aber gem. § 72 Abs. 4 AufenthG erforderlich ist. (→ Rn. 155)

☐ Es besteht nur eine **Notzuständigkeit** des Antragstellers gem. § ... VwVfG-Land iVm § 3 Abs. 4 VwVfG-Bund, so dass die Stellung des Hauptsache-Antrages der eigentlich zuständigen Behörde vorbehalten ist. (→ Rn. 297)

☐ Die vom Betr. als **Verfahrensbevollmächtigte/r** bestellte Person konnte zum Termin nicht rechtzeitig erscheinen, weswegen eine nur vorläufige Entscheidung zur Wahrung der Verteidigungsrechte d. Betr. geboten ist. (→ Rn. 402)

☐ Es sind für eine Hauptsache-Entscheidung noch **Zeugen** bzw. Beteiligte zu **hören**, was im Rahmen der gebotenen schnellen Entscheidung über die Haft noch nicht möglich war. (→ Rn. 167)

☐ Es muss noch der Ausgang d. folgenden anhängigen Verf. beim **Verwaltungsgericht** ... abgewartet werden: Az. ... (→ Rn. 149)

☐ Dem Antragsteller war daher aufzugeben, fehlende Aspekte zu beseitigen und Nachweise innerhalb der tenorierten Frist zur Akte zu reichen.

b) Nebenentscheidung: Sofortige Wirksamkeit (→ Rn. 450)

Die Anordnung der sofortigen Wirksamkeit beruht auf § 422 Abs. 2 S. 1 FamFG. Sie ist geboten, um den Zweck der Überstellungshaft sicherzustellen und den Beschluss vollziehen zu können. Würde der Beschluss erst mit Rechtskraft wirksam werden, wäre die Überstellung ggf. in Frage gestellt.

c) Nebenentscheidung: Kosten (→ Rn. 463)

Die Kostenentscheidung ergibt sich aus § 81 Abs. 1 FamFG und folgt im Rahmen des gerichtlichen Ermessens der Entscheidung in der Sache.

☐ Von der Auferlegung von **Dolmetscherkosten** ist gem. § 81 Abs. 1 S. 2 FamFG wegen Art. 6 Abs. 3 lit. e EMRK abgesehen worden (vgl. BGH Beschl. v. 25.1.2018 – V ZB 191/17 – NJW 2018, 219 – juris-Rn. 15). (→ Rn. 470 f.)

VII. Haftbeschluss (Zurückschiebungshaft)

713 In pp.

hat das Amtsgericht ..., Abt. ..., durch ... beschlossen:

1. **Gegen d. Betr. wird** (☐ **im Wege der einstweiligen Anordnung** → Rn. 444) **die Haft zur Sicherung der Zurückschiebung bis zum Ablauf des ... angeordnet.**
2. **Der Beschluss ist sofort wirksam.** (→ Rn. 450)
3. ☐ **Dem Antragsteller wird aufgegeben,** (→ Rn. 452)
   ☐ **das Einvernehmen der Staatsanwaltschaft ... im Verfahren ... Js ... einzuholen und dies dem Gericht nachzuweisen.**
   ☐ **Zur Erfüllung der Auflage wird eine Frist bis zum ... gesetzt.**

4. Die Gerichtskosten und die notwendigen außergerichtlichen Kosten des Antragstellers trägt d. Betr. (→ Rn. 463 ff.) (☐ Dolmetscherkosten werden nicht erhoben. → Rn. 470 f.)

Gründe

I.

(→ Rn. 478 ff.)

II.

Die tenorierte Haft war gegen d. Betr. anzuordnen, denn der Haftantrag erfüllt die Zulässigkeitsvoraussetzungen des § 417 FamFG und ist auch begründet.

Obersatz-Variante: Hauptsache

☐ Gem. §§ 57 Abs. 3, 62 Abs. 3 AufenthG

☐ iVm Art. 28 Abs. 2 Dublin-III-Verordnung (→ Rn. 251 f.)

kann ein Ausländer im unmittelbaren räumlichen und zeitlichen Zusammenhang mit dem Grenzübertritt zur Sicherung der Zurückschiebung in Haft genommen werden. Das setzt voraus, dass er vollziehbar ausreisepflichtig ist (dazu 1.), ein Haftgrund vorliegt (dazu 2.) und der Zurückschiebung keine Gründe entgegenstehen (dazu 3.).

Obersatz-Variante: einstweilige Anordnung

☐ Nach § 427 Abs. 1 FamFG ist eine einstweilige Freiheitsentziehung anzuordnen, wenn dringende Gründe für die Annahme vorhanden sind, dass in der Hauptsache Überstellungshaft anzuordnen sein wird und ein dringendes Bedürfnis für ein sofortiges Tätigwerden besteht. Gem. §§ 57 Abs. 3, 62 Abs. 3 AufenthG

☐ iVm Art. 28 Abs. 2 Dublin-III-Verordnung (→ Rn. 251 f.)

kann ein Ausländer im unmittelbaren räumlichen und zeitlichen Zusammenhang mit dem Grenzübertritt zur Sicherung der Zurückschiebung in Haft genommen werden. Das setzt voraus, dass er vollziehbar ausreisepflichtig ist (dazu 1.), ein Haftgrund vorliegt (dazu 2.) und der Zurückschiebung keine Gründe entgegenstehen (dazu 3.). Eine Entscheidung in der Hauptsache ist auch (noch) nicht möglich (dazu 3.).

Diese Voraussetzungen liegen vor.

1.

Der Anwendungsbereich der Zurückschiebungshaft ist eröffnet, weil d. Betr. in enger räumlicher und zeitlicher Nähe zum Grenzübertritt nach einer **unerlaubten Einreise** aufgegriffen wurde. Die Einreise war unerlaubt, weil sie unter Verstoß gegen § 14 AufenthG erfolgt ist. Nach dieser Norm war die Einreise verboten, weil d. Betr.

☐ nicht den gem. §§ 14 Abs. 1 Nr. 1, 3 AufenthG erforderlichen **Reisepass** besitzt und auch keine Befreiung von der Passpflicht besteht. (→ Rn. 40 ff.)

☐ nicht den gem. §§ 14 Abs. 1 Nr. 2, 4 AufenthG **erforderlichen Aufenthaltstitel** besitzt. (→ Rn. 43)

☐ gem. §§ 14 Abs. 1 Nr. 2 a, 4 AufenthG zwar mit einem **Visum** eingereist ist, dieses aber durch Drohung, Bestechung oder Kollusion erwirkt oder durch unrichtige oder unvollständige Angaben erschlichen wurde und deshalb mit Wirkung für den Zeitpunkt der Einreise **zurückgenommen** oder **annulliert** wird. Dies ist hier der Fall: ... (→ Rn. 44)

☐ gem. §§ 14 Abs. 1 Nr. 3, 11 AufenthG sich entgegen § 11 Abs. 1 S. 2 AufenthG im Bundesgebiet aufhält und nicht im Besitz einer Betretenserlaubnis gem. § 11 Abs. 8 AufenthG ist. D. Betr. wurde mit Bescheid vom ... ausgewiesen, zurückgeschoben oder abgeschoben und mit einem **Einreise- und Aufenthaltsverbot** bis zum ... belegt. Dieser Bescheid ist wirksam geworden, nämlich durch ... Entgegen diesem Verbot ist er gleichwohl am ... eingereist, ohne zuvor eine gem. § 11 Abs. 8 AufenthG mögliche Betretenserlaubnis erlangt zu haben. (→ Rn. 45 f., 103)

Damit ist d. Betr. auch gem. §§ 50 Abs. 1, Abs. 2 S. 1 Nr. 1 AufenthG wegen der unerlaubten Einreise **vollziehbar ausreisepflichtig**. (→ Rn. 49, 254 ff.)

2.

Es besteht (☐ nach summarischer Prüfung) auch ein **Haftgrund**.

☐ Dieser ergibt sich aus §§ 57 Abs. 3, 62 Abs. 3 AufenthG. (→ Rn. 250, 261)

Vgl. Beschluss Sicherungshaft (→ Rn. 709)

☐ Einschlägig ist insofern gem. §§ 57 Abs. 3, 62 Abs. 3 Nr. 1, 2 Abs. 14 S. 1 AufenthG die **erhebliche Fluchtgefahr**, weil ein Fall der Überstellung nach der Dublin-III-Verordnung vorliegt. (→ Rn. 251 f., 261)

Vgl. Beschluss Überstellungshaft (→ Rn. 712)

3.

Auch die sonstigen Voraussetzungen für die Anordnung von Zurückschiebungshaft sind (☐ nach summarischer Prüfung) gegeben.

a) Dauer des Zurückschiebungsverfahrens

Vgl. Beschluss Sicherungshaft (→ Rn. 709)

b) Einvernehmen der Staatsanwaltschaft

Vgl. Beschluss Sicherungshaft (→ Rn. 709)

c) Keine Unverhältnismäßigkeit (→ Rn. 262)

Die angeordnete Haft verstößt auch nicht gegen das aus Art. 2 Abs. 2 S. 2 GG folgende **Übermaßverbot**, da keine weniger rechtsbeeinträchtigenden Mittel als der Haftvollzug zur Sicherung der Ausreisepflicht ersichtlich sind. Insbesondere hat d. Betr. nicht gem. § 62 Abs. 3 S. 2 AufenthG (bzw. im Rahmen der Gesamtwürdigung) das Gericht von seiner **Aus- oder** reinen **Durchreiseabsicht** zu überzeugen vermocht. Auch kann die Zurückschiebung nicht durch vorrangig anzuwendenden unmittelbaren Zwang gesichert werden, weil ...

4.

a) Nebenentscheidung: Einstweilige Anordnung (→ Rn. 443 f., 487)

☐ Es besteht ein dringendes Bedürfnis für ein sofortiges Tätigwerden (§ 427 Abs. 1 S. 1 FamFG), da ohne die einstweilige Haftanordnung eine Flucht bzw. ein Untertauchen

d. Betr. und damit die Unmöglichkeit der Sicherung einer Hauptsacheentscheidung zu erwarten ist. Über den Haftantrag kann auch noch nicht endgültig entschieden werden:

☐ Die **Staatsanwaltschaft** … hat bzgl. d. Verf. … Js … noch keine **Zustimmung** zur Abschiebung erklärt, die aber gem. § 72 Abs. 4 AufenthG erforderlich ist. (→ Rn. 155)

☐ Es besteht nur eine **Notzuständigkeit** des Antragstellers gem. § … VwVfG-Land iVm § 3 Abs. 4 VwVfG-Bund, so dass die Stellung des Hauptsache-Antrages der eigentlich zuständigen Behörde vorbehalten ist. (→ Rn. 297)

☐ Die vom Betr. als **Verfahrensbevollmächtigte/r** bestellte Person konnte zum Termin nicht rechtzeitig erscheinen, weswegen eine nur vorläufige Entscheidung zur Wahrung der Verteidigungsrechte d. Betr. geboten ist. (→ Rn. 402)

☐ Es sind für eine Hauptsache-Entscheidung noch **Zeugen** bzw. Beteiligte zu **hören**, was im Rahmen der gebotenen schnellen Entscheidung über die Haft noch nicht möglich war. (→ Rn. 167)

☐ Es muss noch der Ausgang d. folgenden anhängigen Verf. beim **Verwaltungsgericht** … abgewartet werden: Az. … (→ Rn. 149)

☐ Dem Antragsteller war daher aufzugeben, fehlende Aspekte zu beseitigen und Nachweise innerhalb der tenorierten Frist zur Akte zu reichen.

b) Nebenentscheidung: Sofortige Wirksamkeit (→ Rn. 450)

Die Anordnung der sofortigen Wirksamkeit beruht auf § 422 Abs. 2 S. 1 FamFG. Sie ist geboten, um den Zweck der Zurückschiebungshaft sicherzustellen und den Beschluss vollziehen zu können. Würde der Beschluss erst mit Rechtskraft wirksam werden, wäre die Zurückschiebung ggf. in Frage gestellt.

c) Nebenentscheidung: Kosten (→ Rn. 463)

Die Kostenentscheidung ergibt sich aus § 81 Abs. 1 FamFG und folgt im Rahmen des gerichtlichen Ermessens der Entscheidung in der Sache.

☐ Von der Auferlegung von **Dolmetscherkosten** ist gem. § 81 Abs. 1 S. 2 FamFG wegen Art. 6 Abs. 3 lit. e EMRK abgesehen worden (vgl. BGH Beschl. v. 25.1.2018 – V ZB 191/17 – NJW 2018, 219 – juris-Rn. 15). (→ Rn. 470 f.)

VIII. Haftbeschluss (Zurückweisungshaft, Transitgewahrsam)

In pp.   714

hat das Amtsgericht …, Abt. …, durch … beschlossen:

1. **Gegen d. Betr. wird** (☐ **im Wege der einstweiligen Anordnung** → Rn. 444)
   ☐ **die Haft zur Zurückweisung**
   ☐ **der Transitgewahrsam**
   bis zum Ablauf des … angeordnet.
2. **Der Beschluss ist sofort wirksam.** (→ Rn. 450)

3. Die Gerichtskosten und die notwendigen außergerichtlichen Kosten des Antragstellers trägt d. Betr. (→ Rn. 463 ff.) (☐ Dolmetscherkosten werden nicht erhoben. → Rn. 470 f.)

Gründe

I.

(→ Rn. 478 ff.)

II.

D. ☐ tenorierte Haft / ☐ tenorierte Gewahrsam war gegen d. Betr. anzuordnen, denn der behördliche Antrag erfüllt die Zulässigkeitsvoraussetzungen des § 417 FamFG und ist auch begründet.

Obersatz-Variante: Hauptsache

☐ Gem. § 15 Abs. 5 S. 1 AufenthG soll ein Ausländer zur Sicherung der Zurückweisung in **Haft** genommen werden, wenn eine Zurückweisungsentscheidung ergangen ist (dazu 1.) und diese nicht unmittelbar vollzogen werden kann (dazu 2.). Auch sonstige Gründe stehen der Haft nicht entgegen (dazu 3.).

☐ Gem. § 15 Abs. 6 S. 2 bis 5 iVm Abs. 5 S. 1 AufenthG ist ein Ausländer zur Sicherung der Zurückweisung in **Gewahrsam** genommen werden, wenn er auf dem Luftweg in das Bundesgebiet gelangt, eine Zurückweisungsentscheidung ergangen ist (dazu 1.) und diese nicht unmittelbar vollzogen werden kann (dazu 2.). Auch sonstige Gründe stehen dem Gewahrsam nicht entgegen (dazu 3.).

Obersatz-Variante: einstweilige Anordnung

☐ Nach § 427 Abs. 1 FamFG ist eine einstweilige Freiheitsentziehung anzuordnen, wenn dringende Gründe für die Annahme vorhanden sind, dass in der Hauptsache Überstellungshaft anzuordnen sein wird und ein dringendes Bedürfnis für ein sofortiges Tätigwerden besteht.

☐ Gem. § 15 Abs. 5 S. 1 AufenthG soll ein Ausländer zur Sicherung der Zurückweisung in **Haft** genommen werden, wenn eine Zurückweisungsentscheidung ergangen ist (dazu 1.) und diese nicht unmittelbar vollzogen werden kann (dazu 2.). Auch sonstige Gründe stehen der Haft nicht entgegen (dazu 3.). Eine Entscheidung in der Hauptsache ist auch (noch) nicht möglich (dazu 4.).

☐ Gem. § 15 Abs. 6 S. 2 bis 5 iVm Abs. 5 S. 1 AufenthG ist ein Ausländer zur Sicherung der Zurückweisung in **Gewahrsam** genommen werden, wenn er auf dem Luftweg in das Bundesgebiet gelangt, eine Zurückweisungsentscheidung ergangen ist (dazu 1.) und diese nicht unmittelbar vollzogen werden kann (dazu 2.). Auch sonstige Gründe stehen dem Gewahrsam nicht entgegen (dazu 3.). Eine Entscheidung in der Hauptsache ist auch (noch) nicht möglich (dazu 4.).

Diese Voraussetzungen liegen vor.

1.

Gegen d. Betr. ist eine Zurückweisungs- bzw. Einreiseverweigerungsentscheidung ergangen.

☐ Nach Ablehnung des am ... gestellten **Asylantrages** durch Bescheid des Bundesamtes für Migration und Flüchtlinge vom ... erfolgte die **Einreiseverweigerung** in das Bundesgebiet gem. § 18 a Abs. 3 AsylG. Die Zustellung an d. Betr. erfolgte gem. § 18 a Abs. 3 S. 2 AsylG durch ... am ... (☐ Das verwaltungsgerichtlichen Eilrechtsschutzverfahren endete mit Ablehnung durch das VG ... mit Beschl. v. ..., Az. ...) An die behördliche Entscheidung ist das Haftgericht gebunden (BGH Beschl. v. 20.9.2017 – V ZB 118/17 – NVwZ 2018, 349 – juris-Rn. 18). (→ Rn. 268, 272)

☐ Bei der Grenzkontrolle erfolgte die **Einreiseverweigerung** in das Bundesgebiet gem. § 18 Abs. 2 Nr. ... AsylG. (→ Rn. 268)

☐ Bei der Grenzkontrolle erfolgte die **Zurückweisungsverfügung** aus dem Bundesgebiet gem. § 15 Abs. 1 und 2 AufenthG (☐ iVm Art. 14 Verordnung [EU] 2016/399 [Schengener Grenzcodex]). (→ Rn. 267)

Eine darüber hinaus gehende **Vollstreckungsandrohung** oder eine Fristsetzung zur freiwilligen Abreise war nicht erforderlich (BGH Beschl. v. 22.6.2017 – V ZB 127/16 – InfAuslR 2017, 345 – juris-Rn. 8). (→ Rn. 271)

☐ Auch ist für die Anordnung **kein Haft- bzw. Gewahrsamsgrund** erforderlich. Die Regelung des § 15 Abs. 5 und 6 AufenthG verweist gem. § 15 Abs. 5 S. 2 AufenthG nur auf § 62 Abs. 4 AufenthG, also gerade nicht auf die in § 62 Abs. 3 bis 3 b AufenthG genannten Haftgründe (BGH Beschl. v. 20.9.2017 – V ZB 118/17 – NVwZ 2018, 349 – juris-Rn. 12; Beschl. v. 10.3.2016 – V ZB 188/14 – NVwZ-RR 2016, 295 – juris-Rn. 5, 9 f.). (→ Rn. 273)

2.

Die benannte Zurückweisungs- bzw. Einreiseverweigerungsentscheidung kann **nicht unmittelbar vollzogen** werden, weil (→ Rn. 274)

☐ d. Betr. nicht in Besitz eines **gültigen Pass**(ersatz)dokumentes ist.

☐ für den Vollzug noch **Organisationsaufwand** erforderlich ist, nämlich ...

☐ noch eine **Rückmeldung** durch die Behörden im Aufnahmestaat aussteht, ...

☐ ...

3.

Der Anordnung von Haft bzw. Gewahrsam stehen auch keine sonstigen Gründe entgegen.

a) Asylantrag (→ Rn. 270)

☐ Ob, wie d. Betr. meint, eine **Aufenthaltsgestattung** nach § 55 AsylG besteht, ist haftrichterlich nicht zu prüfen. Dies betrifft die Frage der Rechtmäßigkeit der Verweigerung einer Einreise bzw. Zurückweisung, so dass die Prüfung den Verwaltungsgerichten, nicht aber dem Amtsgericht obliegt (BGH Beschl. v. 12.4.2018 – V ZB 164/16 – NVwZ 2018, 1583 – juris-Rn. 8 ff.; Beschl. v. 30.6.2011 – V ZB 274/10 – NVwZ-RR 2011, 875 – juris-Rn. 21).

b) Gerichtliches Ermessen und Übermaßverbot (→ Rn. 279 ff.)

Die Anordnung ist auch **ermessensgerecht**. Dabei hat das Gericht das aus Art. 2 Abs. 2 S. 2 GG folgende Übermaßverbot beachtet. Insofern sind weniger rechtsbeeinträchtigende Maßnahmen für eine vergleichbar effektive Verhinderung der Einreise nicht ersichtlich. Die getroffene Anordnung ist der gesetzliche **Regelfall** (BGH Beschl. v. 12.4.2018 – V ZB 162/17 – NVwZ 2018, 1583 – juris-Rn. 18; Beschl. v. 20.9.2017 – V ZB 118/17 – NVwZ 2018, 349 – juris-Rn. 12). Gründe, hiervon abzuweisen, sind auch im Einzelfall d. Betr. nicht ersichtlich.

☐ Insbesondere bestehen keine Zweifel, dass die Anordnung erforderlich ist. D. Betr. hat nicht **glaubhaft gemacht**, sich der behördlichen Maßnahme **nicht entziehen** zu wollen: ... (→ Rn. 281)

☐ Der Antragsteller betreibt die behördliche Maßnahme ernstlich und mit größtmöglicher **Beschleunigung**. (→ Rn. 151 ff., 278)

☐ Auch hat das Gericht beachtet, dass **Minderjährige** und Familien mit Minderjährigen nur in besonderen Ausnahmefällen und nur so lange in Gewahrsam genommen werden dürfen, wie es unter Berücksichtigung des Kindeswohls angemessen und eine altersgerechte Unterbringung gesichert ist. (→ Rn. 282)
Dies ist hier der Fall: ...

c) Haft- bzw. Gewahrsamsdauer (→ Rn. 275 ff.)

Die angeordnete Haftdauer hält sich im gesetzlichen Rahmen von bis zu sechs Monaten (§§ 15 Abs. 5 S. 2, 62 Abs. 4 S. 1 AufenthG) und ist auf den **kürzestmöglichen Zeitraum** (BGH Beschl. v. 22.6.2017 – V ZB 8/17 – Asylmagazin 2018, 58 – juris-Rn. 8; Beschl. v. 11.1.2018 – V ZB 178/16 – juris-Rn. 8) beschränkt. Sie ist erforderlich, um die Überstellung organisatorisch vorzubereiten, wie das Gericht anhand der im Wege eigener Amtsermittlung (§ 26 FamFG) nachvollzogenen **Prognose** des Antragstellers ermittelt hat.

Vgl. Beschluss Sicherungshaft (→ Rn. 709)

4.

a) Nebenentscheidung: Einstweilige Anordnung (→ Rn. 443 f., 487)

☐ Es besteht ein dringendes Bedürfnis für ein sofortiges Tätigwerden (§ 427 Abs. 1 S. 1 FamFG), da ohne die einstweilige Anordnung eine Einreise d. Betr. und damit die Unmöglichkeit der Sicherung einer Hauptsacheentscheidung zu erwarten ist. Es kann auch noch nicht endgültig entschieden werden:

☐ Die vom Betr. als **Verfahrensbevollmächtigte/r** bestellte Person konnte zum Termin nicht rechtzeitig erscheinen, weswegen eine nur vorläufige Entscheidung zur Wahrung der Verteidigungsrechte d. Betr. geboten ist. (→ Rn. 402)

☐ Es sind für eine Hauptsache-Entscheidung noch **Zeugen** bzw. Beteiligte zu **hören**, was im Rahmen der gebotenen schnellen Entscheidung über die Haft noch nicht möglich war. (→ Rn. 167)

☐ Es muss noch der Ausgang d. folgenden anhängigen Verf. beim **Verwaltungsgericht** ... abgewartet werden: Az. ... (→ Rn. 149)

b) Nebenentscheidung: Sofortige Wirksamkeit (→ Rn. 450)

Die Anordnung der sofortigen Wirksamkeit beruht auf § 422 Abs. 2 S. 1 FamFG. Sie ist geboten, um den Zweck der Haft bzw. des Gewahrsams sicherzustellen und den Beschluss vollziehen zu können. Würde der Beschluss erst mit Rechtskraft wirksam werden, wäre die Einreiseverweigerung bzw. Zurückweisung ggf. in Frage gestellt.

c) Nebenentscheidung: Kosten (→ Rn. 463)

Die Kostenentscheidung ergibt sich aus § 81 Abs. 1 FamFG und folgt im Rahmen des gerichtlichen Ermessens der Entscheidung in der Sache.

☐ Von der Auferlegung von **Dolmetscherkosten** ist gem. § 81 Abs. 1 S. 2 FamFG wegen Art. 6 Abs. 3 lit. e EMRK abgesehen worden (vgl. BGH Beschl. v. 25.1.2018 – V ZB 191/17 – NJW 2018, 219 – juris-Rn. 15). (→ Rn. 470 f.)

Stichwortverzeichnis

Die Zahlen bezeichnen die Randnummern.